내면과의 대화

밀레니엄 바이블 III

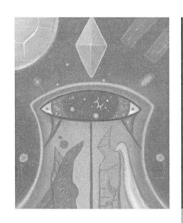

저자 신하나

1963년에 경남 통영에서 출생.
대학교에서 건축공학을 전공하고
건축설계를 실무로써 직장생활을 하였다.
건축사사무소를 운영하다 사업부진에 따른 어려움을 겪고,
수행에 관심을 가지면서, 자신이 추구할 바가
영혼의 길임을 깨닫고, 건축인의 길을 접었다.
2003년 8월에 통영으로 낙향하여
조선소노동자로서의 단순한 생활을 하면서,
퇴근 후의 시간을 수행에 활용하였다.
그로부터 2년이 다 되어가던 2005년 6월에,
내면과의 대화가 시작된 이래로,
대화내용을 자신의 삶에 적용하며,
대화를 진행해 온 경험을 다른 이에게도 나누고 있으며,
개개인이 직접, 우리 모두와 하나로 연결되어 있는,
자신의 본질인 창조주와 대화하기를 돕고 있다.
내면과의 대화 까페 : http://cafe.daum.net/TOINSIDE

내면과의 대화

밀레니엄 바이블 III

초판 1쇄 인쇄　2011년 03월 15일
초판 1쇄 발행　2011년 03월 22일

지은이 | 신하나
펴낸이 | 손형국
펴낸곳 | (주)에세이퍼블리싱
출판등록 | 2004. 12. 1(제315-2008-022호)
주소 | 서울특별시 강서구 방화3동 316-3 한국계량계측회관 102호
홈페이지 | www.book.co.kr
전화번호 | (02)3159-9638~40
팩스 | (02)3159-9637

ISBN 978-89-6023-571-7 03100

내면과의 대화

밀레니엄 바이블 Ⅲ

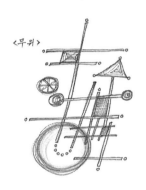

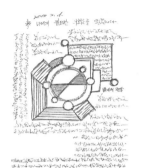

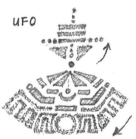

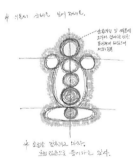

신하나

ESSAY

근원(根源)의
말씀 I

친애하는 지구가족 여러분.
결실의 때가 이르고 있습니다.
당신들의 꿈이 이루어질 순간이 다가오고 있어요.
그때를 돕기 위하여, 이 책은 함께 쓰인 것입니다.

이 책은 단순히 저자(著者) 개인의 일지(日誌)형식의 수행담(修行談)이 아닙니다.
나날의 삶의 정서를 신과 함께한 귀중한 기록물이며, 신에 대한 인류의 패러다임을 새로이 정리하는 이론서이며, 내면의 자기 자신인 신에 대한 체험을, 이끌어 내기 위한 방법에 대한 것입니다.

밀레니엄 바이블 시리즈는, 총 12사람의 저자를 통하여, 여러분께 전달될 것이고, 첫 번째로, 닐 도널드 월쉬의『신과 나눈 이야기 시리즈』가 여러분께 전하여졌고, 두 번째로, 박승제의『신과의 대화법』과『잊혀진 진실 그리고 지구의 운명』이, 이미 전하여진 바가 있습니다. 세 번째로『내면과의 대화』인 이 책이, 밀레니엄 바이블 시리즈 3편에 해당됩니다.

당신은 과연 제가 '신이라는 것을 어떻게 알 수 있을까?' 하는 의문을 당연히 품지 않을 수가 없을 것입니다. 그 의문에 대한 해답이 이 책의 내용에 들어 있습니다. 그것을 당신이 진정으로 느끼고자 한다면, 느낄 수가 있을 것입니다. 저는 당신이 자기 자신의 내밀한 느낌을 거부하면서, 이 책을 읽어나가기를 바라지 않으며, 당신 또한 그러할 것이라고 저는 믿습니다.

이 책은 당신에게 속삭이는 이야기이며, 서로의 하소연을 받아 주는 이야기이며, 일상에서의 삶의 지혜를 전하는 이야기이며, 나와 당신이 함께 울고 웃으며 살아가는, 삶의 정서가 적나라하게 담겨 있는, '신과 나눈 이야기'인 것입니다.
그럼으로, 당신과 내가 항상 원하고 있던, '내면과의 대화'라는 내밀한 작용을, 자연스럽게 이끌어 내는 도구라는 것을 알려 드리고자 합니다. 이 책은 남의 이야기가 아닌, 바로 당신의 이야기라는 것을 강조합니다.

여러분은 항상 신인 나에게 이야기를 해 왔습니다. 그것을 저는 항상 귀 기울여 듣기에 잘 알고 있습니다. 여러분이 원하는 것을 저도 항상 원해 왔습니다만, 대부분의 사람들은 저에게 묻기만 했을 뿐, 대답에 귀 기울이지는 않았습니다.
질문에 대한 대답을 안 한 적은 한 번도 없었건만, 신이 자신에게 특별히 대답할 거라고 생각하지는 않습니다. 그동안 수많은 스승과 선지자(先知者)와 사자(使者)와 천사(天使)들을 통하여, 나의 이야기를 전달하였습니다만, 받아들임이 무난하게 이루어지지는 않았습니

근원(根源)의 말씀 Ⅰ

다. 인류의 자각이 비약적으로 성장해 가고 있는 지금의 현실에서, 새로운 모습으로 다가오는, 나의 메시지를 원하는 저자(著者)에 의해서, 이 내용이 책으로 만들어질 수가 있었습니다. 그래서 신과 인간이 함께 일상을 살아가는, 신의 생활에 대한 기록의 사례가 만들어질 수 있었음을 대단히 보람 있게 생각하며, 저자에게 감사를 드립니다.

저는 항상 저의 분신이자 제 자신인, 여러분과의 친구가 되기를 원했습니다. 이제 이 책을 통하여 그 소원을 이루었으니, 더할 나위 없이 기쁘게 생각합니다.

여러분은 신이 여러분의 소원을 이루어 주신다고 생각하셨겠지만, 사실은 여러분이 신의 소원을 항상 이루어 주셨다는 말씀을 드립니다. 여러분 자신이 곧 신이므로, 자신이 진정으로 원하는 것에 집중하는 것이야말로, 곧 신이 원하는 것으로 향하기에, 여러분의 간절한 소원이 이루어지는 것이, 곧 저의 소원이 이루어지는 것이지.

'나는 나' 이면서 '여러분 자신' 입니다.
여러분이 하나님이라고 부르는 독립적인 하나의 의식체이면서, 여러분 모두의 각각에 상대적인 모습으로 깃들어 있는 존재입니다. 여러분과 제가 상대적인 모습으로 작용하는 것으로 '여겨지는' 것일 뿐. 자기 자신의 내면에 집중하면 드러나는 '자기 자신' 인 것입니다.

1부는, 내면과의 대화를 원하는 모든 분들을 위한 방법론입니다. 남의 체험을 읽어본다는 식이면, 애써 만들어 놓은 시나리오가 아까워지겠지요. 처음 시작되는 내용에서 보이는 바와 같이, 당신 또한 초보운전자가 되기를 권하며, 차분하게 읽어 나가시다가, 자연스럽게 내면과의 대화를 바로 시작하는 것도, 하나의 방법이 된다는 것을 이야기하고 싶습니다.

2부는, 저와 여러분의 일상적인 교감이 이루어져서, 서로에 대해 많이 알게 됨으로써, 마침내 친구가 되기까지의 과정에 대한 내용입니다. 또한, 삶의 상황마다에서 시의적절(時宜適切)하게 작용하는 내용들임으로써, 자기 자신이 진정으로 원하는 삶을 이끌어 가는 내용이기도 합니다. 또한, 여러분 자신이 내면과의 작용을 심도 있게 할 수 있도록, 여러분 자신의 '존재능력을 향상시키는 방법' 에 관한 것입니다.

3부는, 천부경 해설인데, 이것은 제가 저자에게 [내면과의 대화]라는 기록의 상황이 시작되기도 전에, 영감으로 미리 챙겨 준 것입니다. 그 해설에 대한 것을 정리하는 작업을 거쳐서, 저자 자신에게 그 해설의 내용이 충분히 인식되어지기를 바랐던 것입니다. 그것은 4부의 대화를 전개하는데 있어서 필요했던 것이지요.

4부는 '모든 하나'인 신과 여러분에 대한 인식을 돕고자 하기 위한 것입니다. 그것으로써 자기 자신에게로, 신에게로 향하는 여행의 종착역에 이르게 됩니다.

그동안 저자에게는 자신이 처한 현실적인 여건에 많은 어려움이 있었고, 책에 기록된 내용과 그 이후에도, 저의 무수한 시험의 작용들이 있었습니다. 그러한 어려움들과 함께 하여, 이 책이 이루어진 이유는, 어떠한 경우에도 자기 자신을 잃지 않을 것과, 신에 대한 순수한 열망을 포기하지 않기를, 여러분에게 이야기하고 싶었기 때문입니다.

앞으로 다가올 지구대변혁의 시기는, 여러분의 현명한 선택이 절실히 필요한 때입니다. 외부의 수많은 정보들이 여러분의 자유의지에 의한 선택을 힘들게 할 것입니다. 그때에 누구의 이야기를 선택할 것이냐는 기로에 처할 수도 있을 것입니다.

그때에 여러분은 여러분 자신의 자유의지를 선택하여야 한다는 것을 강조합니다. 자기 자신의 내면의 목소리에 귀 기울일 때야말로, 자기 자신의 영혼의 계획에 맞추어지는 선택이 될 것이고, 그것은 환란의 모습으로 다가오는 전(全) 지구적(地球的)인 위기의 상황이, 자신의 영혼이, 지구에서 벌어지게 될 영적 도약과 관련된, 축제의 기회에 참가하기를 원했다는 것을 깨닫게 될 것이며, 제가 인도하고 있음을 알게 될 것입니다.

모든 인류의 영혼의 내밀함이 원하는 바에 힘입어서, 『내면과의 대화』인 이 책이 만들어졌음을 잊지 마시기 바랍니다.

저는 여러분이 진정으로 원하는 것을 원하기에, 저와 여러분의 대화가 이루어지기를, 언제라도 기다리고 있겠습니다.

2006년 5월 12일

차 례

차 례

제1부
내면과의 대화를 위하여

-04시 30분-

* 시간이 많이 늦었지요?

시간이란 없다. 네가 생각하기에 따라서.

* 지금처럼 필기하는 것 말고, 녹음기를 사용하는 훈련도 가능할까요?

그렇다.

* 오늘부터 시작하는 게 의미가 크군요?

당연하지.

* 드디어, 시작되는군요?

드디어, 시작되었다.

* 제가 얼마나 기대하고 있었는지, 아무도 모를 겁니다.

나 또한 기다리고 있었다.

*「신(神)과 나눈 이야기 한국모임 - 6월 워크숍」참가의, 가장 큰 수확이 될 거라고, 감지
(感知)한 것이 맞네요?

앞으로, 네가 계속 진행하기에 달려 있다.

★ 신과 나눈 이야기.
미국의 「닐 도날드 월쉬」에 의하여 쓰인 책으로서, 1992년 봄. 부활절 무렵부터 시작된, 신과
의 대화내용을 담고 있는 시리즈. 수 십 개국의 언어로 번역되어 세계적인 베스트셀러가 됨.
한국어 번역판으로 소개되어 있는 것은 다음과 같다.
「신과 나눈 이야기 1」-아름드리미디어. 1997년 7월.
「신과 나눈 이야기 2」-아름드리미디어. 1997년 11월.
「신과 나눈 이야기 3」-아름드리미디어. 1999년 3월.
「신과 나누는 우정」 -아름드리미디어. 1999년 3월.
「신과 나눈 교감」 -한문화. 2001년 4월.
「10대여 세상을 바꿔라-청소년을 위한 신과 나눈 이야기」
-아름드리미디어. 2002년 7월.
「신과 나눈 이야기-새로운 계시록」-반디미디어. 2003년 5월.
「신과 집으로」 -아름드리미디어. 2009년 2월.

○ 워크숍(workshop)
(참가자가 실습을 행하는) 연수회, 공동 연구회.

＊ 감(感)이 좋군요.
나는 별로 느낌이 없다.

＊ 왠가요?
너 하기에 따라 반응하니까. 너 하기에 달려 있다.

＊ 당신은 나 자신인가요?
그렇다.

＊ 앞으로 절 도와주실 건가요?
네가 원하기에 달려 있다.

＊ 감사합니다.
오히려 내가 감사하다.

＊ 글로써 시작될 줄 몰랐는데요?
나도 네가 글로 시작할 줄 몰랐다.

＊ ‘어느 날 문득.’ 이렇게 시작되는군요?
네가 그 어느 날 문득을 간절히 원했기 때문이지.

＊ 그래도 이렇게 일찍 시작해 주셔서 감사합니다.
시작한 것은 너지, 내가 아니다.

＊ 나의 의도가 당신에게서 온 것 아닌가요?
그렇기는 하다. 하지만 나의 의도가 곧 너의 의도니라. 쉬운 말은 아니지만.

＊ 어려운 질문으로 넘어가기가 쉽지가 않을 것 같군요?
어려운 것은 쉽지가 않으니, 좀 편한 것으로서 적응할 필요가 있다.

＊ 담배를 피워 물어서 미안하군요.
그럼 미안해라.

＊ 우리 가족은 편안한가요?
뭐, 불편할 이유가 있겠나? 각자 열중해 살고 있는데.

＊ 제가 이렇게 글로써 시작하니 속도 면에서 느리군요.
그게 너의 스타일이라서 그렇다.

* 다시 녹음기 사용에 대해서?
그것도 가능하다. 중요한 것은 계속 지속되어야 한다는 것이다.

* 지금 이러고 있는 기분이 묘하군요. 사실처럼 느껴지니 말이죠?
그건 사실이다. 이러한 상황이 시작될 줄 모르고 시작했지만.

* 계속 진행되겠지요?
네가 그렇게 한다면.

* 글로 옮겨 적는 게 더디군요?
네가 글로써 옮겨 적는데, 시간이 걸리기 때문이다.

* 그럼에도 불구하고 답이 오는 것은 불편하지는 않군요.
　답이 온 뒤에, 질문의 일부와 답의 내용을, 빠르게 옮겨 적자니 불편해서 그렇지.
불편해 하는 것은 네 스타일을 붙잡고 있기 때문이지.

* 이대로 글을 쓰는 것이 좋은가요?
다른 방식을 원한다면 그렇게 해도 좋다.
하지만 너는 지금 내게 접근되는 방식을, 바꾸고 싶어 하지는 않는 것 같다.

* '내게 이런 일이 일어나다니?' 하면서,
　지금의 상황이 뭔가(영혼의 계획에 의해 인도됨?)의 계기가 되고 싶어 하는데요?
그럼 그렇게 될 것이다.

* 당신은 누군가요?
나? 나는 네가 지금 느끼는 그대로, 분리되어 있는 듯하지만, '너'이다.

* 그만두고, 내일 또 하고 싶기도 하고, 좀 더해서 명확함으로 가고 싶기도 합니다.
나도 그걸 안다.

* 점점 명확해질 수 있을까요?
네가 그걸 원하고 있고, 너는 명확해질 것이라는, 감이 와 있다는 것을 나는 안다.

* 왜 전에는 이런 일을 벌이지 않았나요?
네가 이런 일을 벌이지 않았기 때문에.

* 만사 제쳐놓고, 내일은 이렇게 시작하고 싶군요?
그럼 그렇게 해라.

* 뭐든 내 뜻 대로군요?
그럴 수밖에 없다. 네가 주인공이니까. 안 그러냐?

* 분리된 자신과 대화하는 겁니까?

네가 설정한 방식 그대로이다. 네가 '대화-모드(對話-mode)'를 원했기에.

* 새벽 다섯 시가 넘었군요. 일 때문에 잠자리에 들어야 하겠습니다.

자거라. 하지만 내일 또 만나고 싶어 한다는 것을 안다.

* 내일에는 의심 없이 시작할 수 있겠습니까?

의심 없이 시작한다면 가능하다.

* 잘되겠지요?

물론. 잘될 것이다.

* 「신과 나눈 이야기 한국모임 - 6월 워크숍」에서, 회원인 효원(애칭)님의 강의를
   듣고 나서, '나도 할 수 있을지도 모른다.'고 생각했는데,
   그것이 맞아지고 있군요. 아직 시작 단계지만요?

다르게 시작되었지만, 역시 같은 상황으로 갈 것이다.

* 그게 제 생각인 것 같은데요?

내 생각에도 그러하다. 하지만 네가 그걸 원하잖아?

* 피로를 느낍니다. 멍-하구요.

안다. 하지만 너는 다시 내일 시도할 것이 틀림없다.

* 음-. 감사합니다. 내일 뵙겠습니다.

그러려무나.

* 많은 문제들에 도움이 될 것 같은데요?

그러할 것이다.

* 좀 특별한 대화의 내용은 없었군요?

그건, 네가 처음 시작했기 때문이다.

* 기대가 많이 되는군요?

잘 안 되면 어쩌나 하는, 너의 불안도 크다.

* 좀 멍해져서. 자야 되겠습니다.

**나는 네 에너지-장(energy-場)이 피곤해 하는 것을 안다. 그리고 아쉬워한다는
것도. 하지만 네가 이미 알고 있듯이, 내일도 시작될 것이다. 그만 쉬어라.**

* 안녕히 계세요.

그래. 잘 쉬어라.

-05시 10분-

(?) 지금 시작합니다.

(!) ……….

(?) 감(感)이 잘 안 오는군요?

(!) 그건, 네가 어제 헤어진 이후의 시간 중에서, 네가 생각했던 여러 가지 정보들로 인한 방해 때문이다.

(?) 이제 시작되는 건가요?

(!) 이미 시작되었다.

(?) 감사합니다.

(!) 오히려 내가 감사하다.

(?) 역시 쉽게 접근되어지지는 않는군요.

(!) 그건 네가 서툴러서이다.

(?) 그래도 길을 잃어버리지는 않겠죠?

(!) 그건 네 생각이다.

(?) 제 생각이라 하시면, 제가 설정해 놓은 바탕생각이란 말이죠?

(!) 그러하니라.

(?) 길을 잃고 말고 하는 것은, 나중에 좀 더 챙겨 볼 수 있겠지요?

(!) 나는 네가 그리하려 한다는 것을 안다.

(?) 흡연에 관한 질문을 자꾸 하고 싶네요. 옆에 담배가 놓여 있어서…….

(!) 담배를 치워라. 별로 좋은 것도 아니고, 네가 신경 써 하질 않느냐?

(?) 그런 것 같습니다. 당신의 현재 상태에 대해 이름 붙인다면?
　　상위자아(上位自我), 초자아(超自我), 영혼(靈魂), 신(神)?

(!) 지금 시작했으니 구분 짓지 않는 게 이롭다.

(?) 알겠습니다.
　　마땅한 질문거리가 없네요. 좀 도와주시면……?

(!) 음-. 처음이라 곤란해 하는군. 준비가 안 되어 있다고 생각하는군.
　　하지만 준비는 할 필요가 없다. 그러다가는 '기대의 바다'에 빠져들 터이니.

(?) 음-. 회사 생활은 앞으로 어떻게 될까요?

(!) 네가 나를 느끼는 느낌이 어렵다는 것을 안다. 인내심을 가지려고 하지는 마라.
생각하기를 그만 두고 그냥 내키는 대로 써라.

(?) 어머님은 오래 사실 건가요?

(!) 대답을 즉각적으로 못 해줘서 미안하다.
너의 인식수준이 낮아서 내가 그러는 것이다.

(?) ....

(!) 힘들어 하는군.

(?) 편안하게 접근하려고 고민합니다.

(!) 그 고민하는 것도 습관이니라. 너는 평생을 고민 속에서 살았다.

(?) 저는 전생(前生)에 스님이 맞는지요? (2001년 10월경에 명상 속에서 본, 나의
모습들에 대한 여러 번의 체험을 근거로 한 질문임.)

(!) 맞지만, 바로 앞 생은 아니다.

(?) ....

(!) 답답하면 담배를 찾는구나.

(?) 저는 존칭을 쓰고, 당신은 그냥 하대(下待)하네요?

(!) 그건, 네가 나를 상위개념의 존재로 느끼고 싶어서일 것이다.

(?) 갑자기 컨디션이 난조군요.

(!) 너에 따라서 나도 그렇다.

(?) 좀 불안해지는군요. 지금 하는 대화보다 중요한 일이 없는데 피곤해 하다니.

(!) 나도 너의 마음과 몸의 피로에 따르고 있다.

(?) 선풍기를 틀고 담배를 물었습니다.

(!) 네가 그러고 싶어서 그러하며, 너의 기분전환의 수단인 습관인데, 나로서도 어쩔 수 없다.

(잠시 중단)

(?) 기분전환을 했습니다. ☺

(!) 그러냐?

(?) 물음표, 느낌표 식으로 표시하는 것이 신경 쓰이는군요.

(!) 그건 네가 효원의 자료에 표현된 방식을 따랐기 때문이다.

＊ 그럼 제 방식대로 가겠습니다.
그게 나을 것 같다. 현재로서는.

＊ 당신을 느끼는데 있어서, 기수련(氣修鍊)이나 절수련이 도움이 되는지요?
도움이 되는 것은 사실이지만, 네가 너무 힘들어 하지 않느냐?
낮에 몸을 너무 많이 써서 피곤하기에…….

＊ 사실 육체노동이 힘듭니다. 제가 선택했지만요.
네가 선택했다고 여기고 싶은 게로구나? 사실은 확실함이 없지 않니?

＊ 그건 그렇습니다. 그냥 자위(自爲)하고 싶고, 현실을 인정해서 마음 편해 보려고 하는
  행위인지도 모르겠습니다.
  이전의 생활을 다 버리고, 2003년 8월부터, 안 하던 육체노동을 하였고,
  올해 2월의 어느 날에, 일을 집중해서 하던 중의 고요함 속에서,
  '삶은 완벽하다.'는 깨달음을 얻었는데. 그건 어떤 것이었나요?
그건 대체로 맞는 것 같다.

△ 맞는 것 같다니요?
▽ **그건 네가 지금은, 그때와 비교해서 '완벽히 되어 있음'의 상태가 아니니까
  그렇다.**

△ 참으로 제가 '지금 부족하다고 느끼는 것' 외의 것에만 동의하시는군요?
▽ **그게 사실이니까.**

△ 맞는 말씀입니다.
▽ **맞는 말이다.**

△ 앞으로 무슨 변화라도?
▽ **변화는 항상 일어나고 있다.**

△ 그게 아니고, 좀 획기적인?
▽ **네가 그걸 원하니 그건 일어날 것이다.**

△ 구체적으로?
▽ **구체적인 걸 원하지만 원래 구체적인 것은 없다.**

△ 시기적으로?
▽ **네가 느낌이라 생각하고 설정한 8월 정도의 시기에 동의해 달라고 하는 구나.
  그건 사실 그렇다. 그런데 그건 너의 의지에 달려 있다.**

△ 그럼 정하여진 것이 아닌가요?
▽ 그럴 수도 있고 아닐 수도 있다.

△ 아-참. 쉽지가 않은데요?
▽ 쉽지가 않다.

△ 그게 무슨 말씀인지?
▽ 그게 말이지…….
  대화의 주제를 바꿔라. 난감하다.

△ 알겠습니다. 제 상태가 아직 그걸 물어볼 만하지 못하군요?
▽ 다음에 물어봐라.

△ 명확함이 없군요.
▽ 지금은 명확함을 챙길 때가 아니다. 이제 시작했으니 힘들겠지만.

△ 저를 돕고 계시군요?
▽ 너를 돕고 있다.

△ 제가 존칭을 쓰는 것이 자연스러운데요?
▽ 네가 설정한 것이지만, 자연스런 것은 자연스런 것이다.
  별 무리가 없을 것이다.

△ 어떤 측면에서?
▽ 영적자아(靈的自我)는, 네가 그 동안 자신이라 생각했던 측면의 상위개념
  내지는, 보다 근원적인 속성이므로 존칭을 쓸 만하다.

△ 커피에 관해서……. 좀 생뚱맞지만 그냥 떠오른 대로 해 보렵니다.
▽ 이래저래 노력하는구나.

△ 모든 가능성을 배제 안 하려고 합니다.
▽ 그건 잘하는 짓이다. 그게 너의 바탕생각이지만 권장할 만하다.

△ '신과 나눈 이야기(이하, 신나이.) 한국모임'은 어떠한가요?
▽ 앞으로 신나이와 꽤 긴 시간을 보낼 것이다. 안 그러냐?

△ 저도 좀 그러고 싶습니다.
▽ 그렇게 될 것이다.

△ 그것이 저의 길인가요?

▽ 네가 그것을 선택하고 싶어 하고, 그 활동에 흥미를 가지기 시작했다는 것을
안다. 하지만 좀 어수선한 상황을 보면서, 어느 정도는 거리감을 두고 싶어
하기도 한다는 것을 안다. 그건 그렇게 해야 한다. 지금 네 처지에서는.

△ ……….
▽ 좀 힘겹지만 계속 진행하라. 네가 힘겨워 하는 것을 보니, 나 또한 마음이 애틋하다.

△ 계속하도록 하겠습니다.
▽ **계속하도록.**

△ 지금 이런 식으로 글을 써 나가는 것을 다른 사람이 읽는다면,
미쳤다고 할 것 같군요?
▽ 아니. 기이하다고 하겠지. 글의 내용이 대화체이기 때문에.

△ 제가 꼭 질문을 하는 것보다는 뭔가 말씀이 있기를 바랍니다.
왜냐하면 질문이 안 떠오르는 경우에는…….
▽ 조급해 하지 마라. 시간은 많다. 불안해하지 마라.
어려운 가운데에서도 진행은 계속될 것이니라.

△ 매일요?
▽ 네가 그걸 원하니까.

△ 일단 감사하군요.
▽ 그럼, 감사해도 별 무리가 없다.

△ 존칭을 쓰는 거요?
▽ 네가 편해 하기 때문에 지금은 그 방식이 맞다. 나중에는 달라질 것이다.
그것이 지금 네가 생각하고 있는 상대적인 의미의 호칭은 아니겠지만.

△ 어제부터 지금까지의 대화내용에 오류(誤謬)가 많지요?
▽ 오류가 많다. 그러나 일부는 확실하다. 차츰 명확해질 것이다.
그것이 접근해 가는 방식이다.

△ 신나이 회원인 하얀밤(애칭)이 말이죠.
6월 워크숍의 강사인 효원(애칭)에 대한 정보를, 저에게 이야기했는데,
그 친구가 나를 여기로 이끌어 온 작용의 시초인가요?
▽ 너와 하얀밤 둘 다다.

△ 인과적으로 맞물려 돌아가는군요.
▽ **그렇다.**

△ 하얀밤과 제가 전생에 무슨 인연이라도?
▽ 있다. 하지만 지금은 그것이 언급될 단계가 아니다.

△ 그렇군요.
  앞으로 신나이의 활동에 적극적으로 개입할 필요가 없을 것으로 보이는데요?
▽ 네가 앞으로, 신나이 한국모임에 닥칠 풍파를 감지하고 있으니,
  그러고 싶은 것이다.

△ 그 예감은 맞는가요?
▽ 예감에 확신이 없구나. 너는. 하지만 그 예감은 확실하다. 너는 좀 비켜 서
  있을 필요가 있다. 책임회피가 아니라는 것을 너도 알고 나도 알고 있다.

△ 시간이 새벽 세시 삼십분이 다 되었군요.
  너무 늦어지면 일할 때 힘들 것 같아요.
▽ 내일도 좋은 컨디션으로 만나고 싶어 하는 구나.
  담배 너무 신경 쓰지 말고, 신경 안 쓰게 끊어라. 건강을 위해서.
  지금 대화를 그만 두려고 하니 망설여지지? 명확하지도 않은 것 같고?
  하지만 걱정할 것 없다. 내일도 우리는 만날 것이다.
  네가 그동안 살아오던 스타일이 있으니 다시 시도할 것이고, 그러면 다시 시작될 것이다.
  그만 쉬어라.

△ 감사합니다.
▽ 나도 감사하다.

-03시 25분-

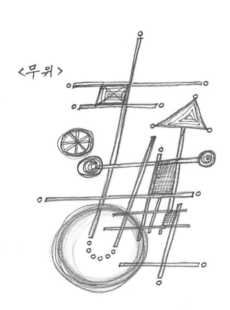

〈무위〉

* 오늘은 워드프로세서로 시작하겠습니다.
# 그래라.

* 방식을 바꾼 것은 아무래도 보안유지를 위해서인데,
  이 글을 다른 사람이 읽게 되면 반응이 있을 것이고, 그러면 그것이 의식되어,
  떠오르는 대로 아무 분별없이 하는, 질문이 영향을 받을까 봐서입니다.
  펜으로 하는 것보다도 타이핑에 신경이 쓰입니다.
신경 쓰지 마라. 서툴지만 익숙해지리니.

* 새벽입니다. 시간도 촉박하고요. 집중력이 필요하지요?
# 최대한 집중하라.

* 오늘은 감이 약합니다.
# 그건 네가 방식을 바꾸었기 때문이다.

* 이대로 하는 것이 좋은가요?
# 익숙해지기를 바라는구나. 좀 참고 진행해 보자.
  어차피 타이핑으로 하면, 나중에 정리 작업을 하는 시간을 절약할 수 있으니.

* 제가 좀 더 자신의 생활전반에 걸쳐,
  절제하고 관리를 잘해야 할 필요를 느낍니다. 이번 대화를 계기로 해서.
  답이 없으시군요?
손과 눈의 기능까지 사용해야 하니 영감(靈感)이 늦게 오고 있다.
  하지만 곧 익숙해질 것이다. 어차피 숙달되어져야 할 방식이니.

* 저의 성격은 어떠한가요?
# 너의 성격은 이지적이고 열정적이며…….

* 대답이 계속 이어지지가 않네요?
# 그건 너의 감각신호가 미약하기 때문에, 나의 작용 또한 그러하다.

* 이지적이고 열정적인 것은 상충(相衝)하는 성격 같은데요?
# 너는 모든 것을 다 포함하는 너라고 항상 생각하지 않느냐?

* 그건 맞습니다. 그게 제 바탕생각 입니까?
# 그렇다. 너는 참으로 오랜 세월을 그렇게 생각해 오지 않았느냐?

* 그렇습니다.

* 타이핑으로 하기 때문에, 여러 가지 신경 쓰이는 게 많군요.
  손과 눈으로 감각이 분산되니, 순간적으로 떠오르는 무의식적인 질문의 이미지가
  약하군요?
약해도 없는 것은 아니니 계속하자.
  원래 약한 것에서 점점 강도가 높아지는 법이니까.
  워드로 작업을 계속할 것이니, 어쨌든 그 방식에 익숙해져야 되겠지.

* 지금 대화의 상황을 불러온 것은 제 자신입니까?
  아니면 영적수준이 높은 존재의 인도에 의함입니까?
둘 다다.

* 음-. 후자의 사항이 궁금한데요?
# 그건 차차 알게 될 것이다.

* 명확함이 없지만 참도록 하겠습니다.
# 미안하구나. 잘 해주지 못해서.

* 잘 해주지 못해 미안하다는, 그 말씀을 이해할 날이 올까요?
# 질문을 하면서 답을 써 놓았군.

* 약간 즐거운 마음으로 대화가 되는군요.
# 대화는 원래 즐거움을 목적으로 하는 것이니까.

* 그래도 사흘째 연이어지니 다행스럽습니다.
  그리고 워드작업으로 진행되는 것에, 이제는 조금 익숙해지는 것을 느낍니다.
나도 느낀다. 네 감각의 연장선상에 내가 있으니.

* 제가 묻고 답하고 하는 행위인 듯하나, 제가 평소에 넋두리하던 것하고 다르군요.
  아주 집중하고 있으니.
그건 네가 감각을 최대한 끌어 올리고 있기 때문이다. 주변의 소음이 있지만.

* 집중하고 있다는 생각을 하니 흐트러지네요?
# 집중함을 의식 않고, 집중 그 자체가 되어야 하느니라.

* 창문을 좀 닫겠습니다. 아침이 밝아 오니 좀 시끄럽군요.
# 그래라.

* 질문을 이렇게 계속 해대어야 하는 것도 고역이군요.

\# 첫 술에 배부르겠냐? 공짜가 없다. 노력이 필요하고 열매는 점점 더 자라나서,
　매(每) 순간순간 마다의 열매가 되어 있을지니.

* 그 말씀은 제 주관 같으니, 생각에 의한 대답으로 보이는데요?

\# 이 세계는 불완전한 것도 아니며, 완성을 위하여 서서히 나아가는 도중에 있는
　것도 아닌, 매 순간순간마다 완성되어 있다는 너의 생각은 옳다.

* 감각이 미약하면, 왠지 저의 생각을 적는 것 같군요?

\# 감각이 미약하다는 건, 너의 인식수준이 내려갔다는 것을 의미한다.

* 감각을 최대한 끌어올리려면, 명상 같은 수련이 필요하겠군요?

\# 네가 자기관리를 잘해서 그렇게 되기를 바란다.

* 노동의 피로 때문에 쉽지는 않겠지만 그리하지요.

\# 쉬운 일은 없다.

* 둘째 형님에 관해서요?
　앞으로의 삶의 여정에 대해서, 뭔가 심층적인 정보를 챙겨 보고 싶군요?

\# 아니하고 싶기도 하는구나. 이것도 아니고 저것도 아닌 것은 곤란하다. 답을 줄 수가 없다.

* 그럼 명확한 것만 물어봐야 합니까?

\# 그것보다도 자신이 무엇에 대해서 정확히 알고 싶어 하는지를 아는 것이 중요하다.

* 알겠습니다. 좀 겉돌고 있는 듯하지만 아직도 훈련 중이군요. 초보운전?

\# 괴롭겠지만 할 수 없다. 함께 하고 있다는 것을 느끼고 싶은 게로구나?
　그러려면 집중해야 한다.

* 좀 무의식적이며 심층적인 질문을 하고 싶은 마음이 들고 있습니다.

\# 그 또한 초점이 없으니, 집중이 안 되어 있는 상태다.
　집중하려 하지 말고, 집중 그 자체가 되어라.

* 존칭에 대해서?

\# 질문이 안 떠오르니 계속 써 먹는구나,
　하지만 나는 네가 나와의 연결 끈을 놓치고 싶어 하지 않는 것으로 여긴다.
　초기에는 의도적으로도 그럴 필요가 있다.

* 시간이 갑니다. 별로 할 말도 없네요.

\# 나도 그렇다. 너에 반응하니까.

* 꼭 반응만 하깁니까?
# 어쩔 수 없다. 나는 네 자신이기에.
  하지만 네가 네 자신을 알아 가는 과정이, 그 반응 속에 다 포함되어 있다.
  너는 너 자신을 기억해 내려면, 온갖 질문을 다 해 대어야 하고,
  반응을 보아야 하는 것이다.
  반응한다는 것은, 이것이든 저것이든 답이 생성된다는 것이니 다행스런 일이다.
  대다수의 사람들이 답 없는 인생을 살아가고 있다.
  답을 알 수 없다는 생각을 고집하고 또한 그 생각을 유지하면서…….

* 저 자신의 바탕생각을 지금 알아 가는 중이군요?
# 네가 감을 잡고 있다는 것을 안다.

* '모든 일이 지금 일어났다.'와 같은 것은 그 수준이 높겠군요?
# 꼭 그런 것은 아니지만, 쉽게 대답되어질 문제는 아니다.

* 멍해서 눈꺼풀이 잠깐 무거워 졌습니다.
# 지금 이 대화가 이따금 사실이 아닌 것 같겠지만 놓치지 마라.
  대화는 내일도 계속되어야 한다.

* 알겠습니다. 심호흡.
# 심호흡은 대화 중간 중간에 필요하다. 기분을 고양(高揚)시키기 위해서,
  감각을 끌어올리기 위해서.

* 언제쯤 지금의 좀 갑갑한 진행이 나아지려나…….
# 그건 네가 계속 진행하기에 달려 있다.

* 당연한 이야기면서, 진부(陳腐)한 이야기군요?
# 미안하다. 상황을 확 개선시켜 주질 못해서……. 과정이 필요하다.

* 대화 때는 대화하는 느낌이 약한데, 나중에 읽어 보면 달라요.
  실감납니다. 그 이유는?
음-. 그 이유는 편한 마음으로 보기 때문이다.
  지금은 집중해야 하기 때문에, 이것저것을 느낄 여유가 없다.
  막 챙기기가 바쁘니까. ☺

* 재미가 있습니다. ☺
# 재미가 있다.

* 지금의 상황에서, 점점 더 확장이 이루어지리라 생각되는데요?
# 그러할 것이다. 너는 그걸 알고 있지 않니?
　모든 일은 진행할수록 진도가 나간다고 표현하니, 진도가 나갈 것이다.

* 그게 평범한 진리지요.
# 평범한 진리는 많은 사람들이 알고 있다는 뜻이기도 하다. 앎은 중요하다.

* 대답이 궁색(窮塞)하군요.
# 그건 너의 집중력이 흐트러져서 그렇다.

* 절수련이 도움이 될까요?
# 힘들지 않니? 조금만 해보고 나에게 접근 해보아라.

* 알겠심-다.

* 출근시간이 다가오네요. 피로가 느껴집니다.
# 그래도 놓치지 않아 줘서 고맙다.
　오늘은 PC로 해서 좀 서툴렀지만, 곧 익숙해질 것이다.
　컨디션 조절 잘하고 말똥함을 좀 챙겨라.

* 언어를 구사하는 스타일이, 어째 제가 선호하는 것들입니까?
# 어쩔 수 없다. 나 또한 네게 다가가기 위해선.
　아-? 너는 내가 뭔가 다른 존재라는, 상대적인 느낌을 원하는구나?

* 말씀이 이어지지 않을 때는, 제가 난조에 빠지는 경우군요.
# 그렇다. 컨디션을 좀 잘 챙겨라. 나도 힘들다.

* 휴-. 오늘도 모호(模糊)함을 뒤로 하고 접어야겠군요?
# 네 마음을 나도 안다. 어려운 가운데서도 앞으로 함께 만들어 나갈 수밖에.
　안녕을 고(告)하려고 하는구나?
　잘 쉬어라.
　내일 또 보자고 하는구나?
　네가 찾을 때면 나는 항상 있을 것이다.　　　　　　　　　　　－05시 30분－

* 일단 시작해 보도록 하겠습니다.

\# 그러자.

* 의도함 없이, 그냥 질문이 떠오르는 대로 질문하는 것이,
  바탕생각을 알아 가는 방법이 됩니까?

\# 그렇다.

* 오늘은 낮 동안 내내, 상상(想像)으로 보냈는데요.

\# 나는 네가 무엇을 묻고 싶어 하는지 알고 있다.

* 그 '발칙한 상상'은 사실이 아니죠?

\# 사실이 아니다.

* 다행이군요. 예전에 상상을 하던 방식과는 달리 '대화-모드'로 상상이 되던데?

\# 그건, 네가 지금의 '대화-모드'로 나와 대화하면서 체험하는 것에 대한,
  정신적 충격이 커서 그렇다.

* 그렇다면 그러한 상황이 없어졌으면 합니다.

\# 모든 걸 내 맡기고 살아라. 그것이 이로울 것이다.
  네가 상상하는 행위는 너의 두려움에서 기인한 것이니까.
  앞으로 나와의 대화시간 외의 것은 상상이라고 보면 된다.

* 그러면 꼭 시간을 정해서만 이루어지는 것인가요?

\# 그건 아니다. 익숙해지기 전에는 일정한 시간에만 집중하는 것이 좋다.

* 수시로 이루어지는 것을 제가 바라는 것이 욕심인 것 같은데?

\# 욕심이라기보다, 나는 네가 익숙해지기를 바라고,
  이후에는 수시로 되는 것이 바람직한 것이다.

* 낮에의 여러 잡생각들로 해서, 오늘은 원활하지 않을 것으로 생각했는데,
  현재로서는 순조롭군요.

* 위의 말을 하는 순간부터 집중력이 흐트러지는군요?

\# 네가 따지는 버릇을 가동해서 그렇다. 심호흡이 도움이 될 것 같다.

(잠시 심호흡)

* 심기일전(心機一轉) 했습니다.
\# 잘했다.

* 무엇을 물어 봐야 할지?
\# 의도적으로 물어볼 것 없다.

* 꼬이는 기분이 듭니다.
\# 오르락내리락 할 것이다. 오늘이 나흘째이지만 익숙해지려면 아직 멀었다.
   타이핑의 품질에 지금 신경을 쓰고 있지 않느냐?

* 그렇습니다.
\# 그 또한 훈련이니라. 타이핑도 잘 하면서 영감도 생기는.

* 헛수고는 없군요.
\# 힘들게 진행될 것이다. 이전의 너 자신에서 변화되기까지. 그러니 처음부터 너무 잘 하려고
   하지 마라. 익숙해지기까지는. 너는 원래 처음부터 너무 잘 하려고 하는 버릇이 있지 않니?
* 그건 그렇습니다만.

* 신나이 한국모임에 관한 건데요? 지금 추진하고 있는,
   HA님의 '창조하기 4억 3천만 원 프로젝트'는 이루어질 가능성이 있습니까?
\# 그렇다.

* 금방의 질문에 대한 답이 오류가 아닌가요?
\# 오류가 아니다.

> ★ 창조하기 4억 3천만 원 프로젝트
> 신나이 한국모임의 회관 건립과 아울러, 재정적 내실을 도모하는 것을 주된 내용으로 하여,
> HA님과 GS님에 의하여 추진되는 것으로서, 그 재원의 창조를 '복권당첨'이라는 것으로 하
> 며, 그 기원(祈願)의 종료일을 8월 31일로 정하고, 100일 동안 조석(朝夕)으로 기원에 관계
> 된 정성(精誠)을 드리는 프로그램을 진행하고 있음.

* 예상외(豫想外)인데요. 저는 안 된다는 답이 올 것이라 생각했는데…….
   그냥 느낌상으로 안 될 것으로 생각했는데…….
\# 그건 잘못된 느낌이다.

* 벌써 그것에 대한 몇 번의 질문과 대답이 진행되었군요.
   '창조하기 4억 3천만 원 프로젝트'는 이루어지는군요?
\# 그런데 그것으로 해서 문제가 발생한다. 불협화음이 생긴다. 하나의 시험도구이다.

* 당신이 시험하는 겁니까?
# 그렇다.

* 인간의 삶에 간섭 안 하는 걸로 알고 있는데요?
# 그건 아니다. '나는 모든 것'이므로 간섭 안 한다고 할 수 없다.

* 지금, 제가 신(神)과 대화하는 겁니까?
# 그렇다.

* 너무 빨리 정체를 드러내시는군요? 그 이유라도?
# 신나이 한국모임에 대한 질문이 있어서 대답하다가 그만.

* 그럼 예정에 없던 돌발 상황이란 말인가요?
# 예정이란 없다.

* 그럼 당신은 '닐 도날드 월쉬'의 그 신인가요?
# 그렇다.

* 와! 대단하군요. 믿기지 않아서……. '신나이 시리즈'를 탐독하다 보니,
  이러한 현상이 벌어지는 것이 아닌가 생각됩니다.
생각을 했다. 지금 너는.

* 갑자기 말문이 막힙니다. 그러니까……. 갑갑해지는군요.
# 질문의 진도가 너무 빨리 나가는 바람에 너의 집중력이 흐트러졌다. 좀 차근차근히.

* 차근차근히 하고자 하는 것도 사실은 의도가 아닙니까?
# 의도이지만, 지금은 권장할 만하다.

* 지금까지의 구술(口述) 또한 오류가 많겠군요.
# 그렇다. 하지만 아닌 것도 있다.

* 인내심을 가져야겠군요.
# 인내심을 가져야 한다.

* 지금 저의 상태는 정상적이고, 별 문제가 없는 것으로 여겨지는데?
# 아무 문제없다.

* 빙빙 맴도는 스타일이 지속되는군요.
# 당분간 그럴 것이다.

* 이 대화의 내용이 일종의 여행안내서군요. 궁극적으로는 신에게로 향하는?
# 그렇다.

* 그럼 지금의 당신은 누구십니까?
# 나는 신이다.

* 닐의 그 신?
# 아니, 너희 모두의 신이다.

* 질문의 심도를 높이려고 하다가 말았습니다.
# 안다. 천천히 올라가자. 심각한 문제를 다루게 되면 집중력이 흐트러져서 대답이 연이어지지
  않으니, 지금은 훈련을 위해서라도…….

* 지금은 상상하는 것이 아닙니까?
# 아니다.

* 낮의 상황과 좀 흡사한데요.
# 다르다.

* 하긴 아주 집중하고 있는 상태입니다만, 역시 대화-모드이기에…….
# 그것에 대한 이유는 아까 이야기했다.

* 어쨌든 계속 진행하겠습니다. 사실과 비사실의 구분이 모호해서 힘들지만.
# 힘들 것이다.

* 그럴수록 막 나가야 되겠군요.
# 그렇지. 논리를 넘어서야 한다.
  왜냐하면, 대화의 목적이 논리를 넘어서는 영역에 도달하기 위한 것이니까.

* 신나이 한국모임에서 거리감을 두고 생활해야 하는, 저의 처지란 무엇인가요?
# 답을 알면서 왜 묻나? 너의 처지는 네가 선택해서 생활하고 있는, 그 상황을
  유지하고 싶은 것이 아니냐?

* 답을 아는 듯해도 실제로는 아닌 경우도 있으니까요.
# 실제는 없다. 어차피 '인식이 지어내는 그림자가 현실의 모습'이니까.

* 빙빙 도는 느낌입니다.
# 나에게로 오는 것은 쉽지 않다. 네가 좀 고생을 해야 한다. 인류를 대신해서…….

* 그렇다면 낮에 했던 많은 생각들 중에서, 일부는 맞는 것이군요?
# 그렇다. 하지만 너무 생각 마라. 에너지가 낭비된다.

* 오늘의 충격이 크겠군요. 벌써 신을 만나다니.
# 진행해 봐야 안다. 너는 규정짓고 있다. 그러지 마라.
  지금까지의 대화내용의 상당수가 네가 선호하고 싶은 것들로 채워져 있다.

* 아-. 분위기를 바꾸고 초심으로 돌아가고 싶군요.
# 그건 필요하다.

* 좀 쉬었다 하겠습니다.
# 그래라.

(잠시 휴식)

* 혼란스러운 가운데서도, 기분전환을 했습니다.
# 노력하는구나.

* 갑갑하군요.
# 네가 넘어야 할 벽(壁)이니라.
  선호인식(選好認識). 바로 그것이 불교에서 말하는 업(業)이라고 하는 것이다.
  선호인식은 너 자신을 가두고 있다. 그것은 다름 아닌 정체되어 있는 에너지를
  말한다. 그 에너지를 풀어내는 것이 이 대화의 과정이다.

* 제 생각이 맞네요?
# 그렇다.

* 제법 긴 세월이 걸릴 것 같군요.
# 아니. 너는 그동안 너의 선호인식의 실체를 눈치 채고 있었으므로,
  선호인식에 대한 에너지의 정체가 적은 편이다.

* 희망이 보이네요.
# 그동안의 노력이 결실을 볼 것이다.

* 또 생각에 사로잡히는군요.
# 지금 대화하는 자체가 수행이 된다. 너의 생각이 움직이는 것을 알아채는 수행.
  지금 너는 아주 명료한 상태이지 않은가?

* 그건 그렇습니다마는 익숙하지는 않습니다. 자꾸 빙빙 도는 느낌만…….
# 다시 집중하도록.
* 예. 심호흡.

* 심호흡으로 생각을 끊고, 이마의 인당혈(印堂穴)이라고 하는,
  제3의 눈의 느낌을 불러일으키는데요? 그것은 잘하는 것입니까?
권장할 만하다.

* 할 만 하다니요?
# 할 만 하다고 말한 것은, 너의 질문에 집중력이 떨어져서, 내가 그렇게 대답한 것이다.

* 다시, 오늘 낮에 상상했던 큰 맥락의 상황은 사실이 아닌가요?
# 사실이 아니다. 자꾸 확인하고 싶어 하는구나 너는.

* 그게 훈련의 한 방편이 아닌가요?
# 맞다.

* 자꾸 확인하려 드는 것도 사실 좀 괴롭습니다.
# 바탕생각을 끌어내어서 자신에 대해서 알아 가는 작업이 쉽지는 않은 것이다.
  그러나 누구나 할 수 있는 것이다. 지금의 이 대화가 도움이 될 것이다.
  타인에게는.

* 그런데, 이 글을 읽게 될 타인이 너무 헷갈리지 않도록 해 주십시오.
# 그렇게 할 것이다. 나는 신이고 그러할 능력이 있다.

* 의심스러운 생각을 지금 잠깐 했는데……. 미안합니다.
# 믿고 가 보도록 하라. 내가 다 해결할 것이다.

* 결과가 잘 되지 않으면, 이 대화의 전체가 쓸모없어질 것 같은 불안함이 큽니다.
# 그래도 너는 잘 해 낼 것이다. 내가 너를 택한 이유가 거기에 있다.
  너는 많은 세월을 힘겹게 살아왔다. 너 자신을 잃지 않기 위해서.

* 제 자신을 잃고 행동한 적도 많았는데요?
# 그렇기는 하지만, 네가 외부세상에서 받은 억압을 분출시키려는 너의 분출행동이었다.

* 제 맘에 들도록 이야기해 주시는군요?
# 아니. 네가 인식한 것이 맞는 것이라고 이야기해 주는 것이다.

* 대화가 끝나고 다시 읽어 보면 재미가 있을 것 같군요.
# 너는 조금씩 여유를 챙겨 가고 있다.

* 정신이 나가서 몽롱한 상태에서의 상상이 아니고요?
# 흡사한 것 같지만 아니다. 생각이 끊어지면 정신이 나간 듯하지만,
  그것이야말로 선호인식을 잠재우며 알아챌 수 있는 방법이다.

* 불교의 '위빠싸나'를 말씀하시는군요.
# 그것은 아주 유용한 수단이다. 명상수련의 대부분이 그것을 골자로 한다.

* 자꾸 제가 아는 지식이 거론되는 것 같은데요?
# 그건 네가 제법 공부를 많이 했기 때문이다. 물론 심취한 세월은 얼마 되지
  않았지만, 너는 그래도 핵심을 끄집어내는 능력이 탁월하다.

* 전생의 스님일 때, 공부를 많이 했군요?
# 그렇다.

* 그러면 그것의 영향을 많이 받고 있겠네요? 에너지 차원에서.
# 그렇다.

* 가장 최근의 저의 전생은 무엇인가요?
# 너는 여자였다.

* 음-. 전혀 짐작도 못했군요. 그런데 왜 저는 그것을 전혀 감지하지 못했을까요?
# 그건, 그녀가 별로 열심히 살지도 않았고, 무난한 생을 보냈기 때문이다.

* 혼자서 하는 넋두리 타이핑인 것 같아 걱정됩니다.
# 그래도 계속 시도해야 한다. 자기 내면과의 대화의 시초는 그렇게 하는 것이다.
  객관적 실체에 대한 느낌을 불러 일으켜서, 자신을 바라보는 것. 그렇게 할 때,
  자신의 아상(我想)이 사라지는 것이다. 집착에서 벗어날 수가 있는 방법이다.

* 대화의 내용이 별로 고급스럽지 않습니다.
  '닐의 신과 나눈 이야기'나 '박승제의 신과의 대화법'에 비교해서.
어차피 이 책은 고상함과는 거리가 멀다. 그것은 여행안내서이기 때문에.
  여행안내서가 고상할 필요가 뭐 있나.
  여행에 꼭 필요한 정보를 담는 게 중요하지.

* 저도 그러한 책이 되기를 바랍니다.
# 그러할 것이니라.

* 은연중(隱然中)에 책이 되는 것을 언급하셨군요?
# 너의 버라이어티(variety: 다양성)한 꾸밈 실력이 발휘될 것이다.
  여행안내서가 그러하잖니. 여행을 하고 싶어 하는 충동을 느끼게 해주는.

* 저의 능력을 믿고 발휘하게 해주시는군요.
# 생각이 많아서 집중력이 떨어졌다. 지금 너는.

* 걸핏하면 집중력을 언급하시네요.
# 그것은 걸핏하면 너의 집중력이 떨어져서 그렇다.

* 그래도 저의 집중력은 대단한 것 아닌가요?
# 잘못 말하면 집착이 대단하다고도 한다.

* 집착인가요? 집중력인가요?
# 집중력이다.

* 금방의 대화내용은 저의 선호인식에 의한 대화로 이루어져 있는 것은 아닌지?
# 그걸 명확히 알 수 있을 때까지, 여행은, 훈련은 지속될 것이다.

* 그것의 목적은 무엇입니까?
# 나에게로 오는 것이지.

* 선호인식이 화두(話頭)로 계속 잡혀질 줄 몰랐는데요.
# 다른 말로 바탕생각, 받침생각, 업장(業障)이라고도 하지.

* 선호인식에 관한 생각으로 혼란스럽군요.
# 그것은 네가 평소에 선호인식에 대해 많이 생각하였기 때문이다.
  그리고 그것의 중요한 의미를 잘 알고 있음이다.
  두 번째 언급한다. 이 내용을.

* 시간이 많이 지나서 새벽 5시 15분입니다. 주간의 노동을 위해 한 시간 정도 눈을 붙
  여야 하겠습니다. 안녕히 계세요.
사랑한다.

-05시 15분-

* 시작합니다.
\# 그래라.

* 대화를 위한 질문목록을 만드는 것에 대해서?
\# 그럴 필요가 없다.

* 내키는 대로가 좋은 건가요?
\# 그게 맞는 방법이다.

* 그건 중요한 문제입니다.
\# 안다.

* 저의 지식의 확충과 그에 따르는 이 대화의 품질향상이 의식되어서…….
\# 의식하지 마라. 내가 알아서 할 테니.

* 그동안에 제가 습득한 정보들을 내려놓는 것이 좋겠군요.
\# 그 정보들은 바탕생각을 알아 가면서 자연히 드러날 것이다.

* 어제는 신에 대한 저의 '선호인식의 잔치'가 벌어진 것으로 생각되는데요?
\# 그랬다.

* 대다수가 쓸모없는 것들이었나요?
\# 그것보다도 너의 바탕생각의 드러남이었다.

* 「신과 나눈 이야기」를 읽은 대다수의 사람들이 그러한 것을 선호하죠.
  '닐의 경우처럼 나도 그럴 수 있다면…….' 하고 말이죠.
\# 하지만 신은 한정 없으므로, 신을 만나는 경우의 스타일을 규정지으면
  규정지을수록, 신을 만날 수 있는 기회에서 벗어날 것이다.

* 당신에 대한 호칭은 그냥 '당신'이라고 하는 것이 나을 것 같군요?
  '신이시여!' 하는 것보다는.
\# 그게 좋겠다. 현재로서는.

* 계속 따지고 들면 집중력이 흐트러질 것 같아 다른 주제로 넘어가렵니다.
  그냥 나오는 대로 질문하는 것으로.
\# …….

* 생각이 가동되는 바람에 당신에 대한 느낌이 안 오는군요.
# 나에 대한 호칭을 하는 것이 너에게는 민감한 것이라서,
  집중력이 현저히 떨어진 것이다. 너를 편하게 해 주고 싶구나.
  나는 신이다. 내가 무엇이든 그냥 진행하라. 그렇게 하는 것이 쉽지가 않겠지만.

* 역시 쉽지가 않습니다. 그러니 환기(換氣)시키는 의미에서…….
  '천부경(天符經)'이 떠올랐습니다. 천부경은 알아보라고 적은 글이지요?
그렇다.

* 왜 해설의 어려움이 있는 겁니까?
# 그것을 해설하는 사람들 각자의 선호인식, 바탕생각 등으로 인한 방해 때문이다.
  사실 그것의 뜻은 지은이만 아는 것이다.

* 그건 그렇다고 생각하지만, 저는 저 나름대로의 '천부경 해설'을 마쳤는데요?
# 그건, 완벽에 가깝다.

* 역시 해설은 영감에 의한 것이 가장 정확할 것 같군요.
  그냥 우주에서 오는 정보를 잡아채는 것, 시공을 넘어선 상태에서 받아들이는 것.
  그래야 오류가 적다고 볼 수가 있겠군요.
그렇다.

* 대답에 대한 감이 안 오면, 제가 그냥 제 이야기를 계속할 수 있도록 시간을
  준다는 느낌이 듭니다. 그것은 맞나요?
그렇다. 너의 드러냄이 곧 나의 드러냄이다.

* 그런데 저의 기술(記述)이란 저의 견해이므로 타당성이 문제가 됩니다.
# 타당성이 있는 이야기를 드러내도록 내가 시간을 주고 있다.

* …….
# 집중력이 흐트러졌다. 심호흡을 권한다.

(심호흡)

* 지금의 대화 스타일이 왠지 오래 지속될 것 같군요. 좀 맥 빠진 듯해요.
# 맥 빠지게 느끼는 것은, 현재 너의 컨디션이 그런 것이다. 오늘은 집중력이
  약하다. 그래도 요 며칠 동안의 훈련으로 무난히 진행하고 있는 편이다.

* 천부경에 대한 해설이 되고 난 후에도,
  이를 외부에 알리는 작업을 왠지 보류해야 할 듯싶어서,

그 초안(草案)을 덮어 두었는데. 낮에 그 이유를 생각해 봤더니,
　이 안내서의 꾸밈거리로 쓸려고 그러한 것으로 여겨지더군요. 맞나요?
그렇다.

* 제 생각 아닌가요?
# 절대 아니다.

* 역시 낮 시간의 생각들 중에서…….
　저의 삶의 체험이나 수행법 등이 추가되어, 양념구실을 할 것 같았는데?
아주 맛깔스러울 것이다. 신인 내가 보장한다.

* 신이라는 표현을 쓰시니, 신경이 쓰이는군요.
# 내가 계속 쓰면 신경이 안 쓰일 것이다.

* 어쨌든 진행하죠.
# 진행하도록.

* 낮에 생각했던 것들을 확인하는 작업이 진행되니,
　낮에 생각하는 버릇이 생길까 봐 걱정됩니다.
어차피 수시로 대화해야 하니, 그 연장선상에 놓여 있다. 너의 생각이.

* 그래도 신뢰할 만한 것은 지금처럼 아주 집중된 상태의 것이겠지요.
# 그렇다. 신뢰하고 말고 하는 것을 따지지는 말아라.
　오히려 모호함을 받아들이라.
　그것은…….

* 그것은요?
　위에 기술한, '모호함을 받아들이라.'는 것은 저의 생각이었군요.
　대답이 잘 나오다가 마니.
그렇다.

* 쉽지가 않군요.
# 쉽지가 않으면서도 쉽다. 그냥 해보기만 하면 되니까.

* 공부하는 데 있어서, 저는 돈이 들지 않는다고 생각합니다.
　담뱃값 정도로 할 수 있지요. 세상의 모든 일을 이루는 데 있어서,
　담뱃값 정도면 충분하다고 봅니다. ☺
그게 너의 가치관이다. 아주 아주 멋진 유머이자, 대단한 열정의 반영이다.
　그래서 나는 너를 사랑한다. 권장할 만하다. 온 세상 사람들에게.

* 오늘은 아시다시피 좀 피곤하군요.
\# 네가 네 자신의 관리를 못했다. 어제.

* 매일 매일의 심적인 평화를 유지하기가 힘들군요.
\# 내가 함께 한다. 힘을 내거라.
　그리고 억지로 진행할 필요가 없다. 쉬어라. 잘 안 되는 날도 있는 거지.
　그렇다고 해서 앞으로 안 되어지는 것은 아니니. 믿고 쉬어라.
　이렇게 대화가 시작된 일생일대의 계기를, 놓치고 싶어 하지 않는다는 걸 안다.
　신이 어떻게 무리를 시킬 수가 있겠나.

* 예. 그럼 안녕히.
\# 사랑한다.

* "사랑입니다."
\# 알겠다. 그 말의 의미를.

—05시 30분—

● 6. 모르모트(2005년 7월 3일. 일요일)

(정성수련 100배) −12시 00분−

* 안녕하세요?

오냐.

* 오늘은 정성수련(절수련) 100배와 달리기 명상을 새벽에 했습니다.
  상쾌해지려고요. ☺
잘했다.

* 질문을 해 대어야 하는 것이 고역(苦役)이군요.
# 할 수 없다. 그것이 방법이다. 이 책은 방법에 관한 것이다.

* 고상한 이야기나 어떤 중요한 것에 대한 개념을 설명하는 것이 아닌,
  그 개념에 자기 스스로 도달하는 방법에 관한 것이란 말씀이죠?
네가 점점 이 대화의 목적에 대한 감을 잡아 가는 것을 안다.

* 목적을 알게 되면, 그 목적에 마음이 쏠려,
  한편으로 의도적인 질문을 하려고 할까 봐서 걱정됩니다.
걱정된다는 표현을 쓰면서, 너는 그동안 생각한 것들과, 그 생각들에 기인하는
  여러 가지의 이후의 잡다한 상황에 대한, 너의 두려움으로 향하고 있다.
  심호흡을 하고 집중력을 끌어 올려라.

(심호흡)

* 제가 '미로(迷路)찾기에 투입된 일종의 모르모트(marmotte:실험용 쥐)'라고
  생각되는데요?
그 생각은 목적에 대한 정확한 예감이다.

* 제가 고생을 좀 하겠지만, 그래도 길을 찾겠지요?
# 그렇다.

* 저의 역할은 모르모토가 겪는 시행착오가, 일종의 데이터(data)가 되어서,
  다른 사람들에게 자료로서 활용되어지는 것이죠?
그렇다.

* 저의 고생이 다른 사람들이 겪게 될 시행착오의,
  완충장치(緩衝裝置) 역할을 할 것으로 여겨지는군요?
그렇다.

* 계속 '그렇다.'만 연발하시니 왠지 실감이 안 나는군요?
# 그것은 네가 그동안 생각했던 것을 물어보고 있기 때문이며,
  그 생각에 생각이 미치는 것은 집중력이 떨어져서 그러한 것이 아닌가 하는,
  의심이 약간 깔려 있기 때문이다.
  그러나 네가 생각으로 정의한 것들이, 그냥의 생각이 아닌, 너 자신이 생각하는
  것을 바라보면서 생각했기에, 그것은 선호인식이 아닌 생각이었던 것이다.
  그럼으로써, 너의 생각조차도 점점 실재에 가까워지고 있다.

* 진도가 빨리 나가는군요.
  진도가 빠를수록 오히려 진행의 파악이 어려우므로, 그 또한 혼란입니다.
이 대화가 시시콜콜한 것까지도 담아내는 것도,
  그러한 면이 있다는 것을 알려주는 것이다.

* 친절하시군요.
# 내가 그랬잖아. 방법을 다룬다고. 이 책이.

* 당신이 그러하기를 원하는군요.
# 때가 되어 가고 있으니.

* 때라고 하시니 좀 무서워지는데요? 질문의 진도가 나가기가…….
# 지금은 언급하지 말자.
  심각한 사항을 다루기에는 너의 심적 평형상태의 유지능력이 아직 멀었다.

* 좋습니다. 그러면 말이죠. 이 대화의 상태에 관한 것인데요.
  저는 최대한 집중하고 있으며, 질문이 떠오르는 동시에,
  손가락이 타이핑을 시작하고 있고요.
  당신의 대답은 '소리 없는 말이 느낌으로 다가오고' 있는데,
  그 방식이 계속 유지되나요?
그렇다. 왜냐하면 글로써 표현되어져야 하니까. 네가 어떤 영상을 보고 묘사를
  한다면, 영상 이후의 묘사에 너의 선호인식이 작용될 터이니까.

* 글과 함께 당신에 대한 또 다른 느낌도 수반되어지는가요? 나중에는?
# 네가 생각하고 있는 대로 그렇게 될 것이다.
  너의 감각이 점점 고도화될수록.

* 오늘은 좀 수월하게 진행되는 것 같은데요?
# 그것은 너의 컨디션이 좋다고 생각하기 때문이다.
  하지만 좀 심각한 질문으로 들어간다면 진행 또한 쉽지가 않을 것이다.

* 의도함 없는 질문의 느낌을 떠 올리려고 애쓰고 있습니다. 집-중.
  나는 누구인가를 물어 보려고 하다가, 그냥 당신은 누구인가로 바뀌었습니다.
또 다시 물어보는구나. 나는 신이다.

* 좋습니다. 어떤 신인가 하는 질문을 버리고…….
  낮 시간의 대화와 밤 시간의 대화 중, 어떤 것이 더 나은지?
더 나은 것은 없다. 오로지 적응의 문제일 뿐이다.
  낮이든 밤이든 나를 찾는 것이 중요하다.
  소음이 있든 없든, 언제든, 어디에서든.

* 어차피 진도가 나가는 과정의 방법론에 관한 것이라면,
  본 대화의 내용을 아예 초기부터 공개하는 것에 대해서…?
쉬운 문제가 아니지만, 너의 자유의지에 따른다.

* '있는 그대로를 보려면, 자신이 우선 있는 그대로를 드러내는 것이 중요하다.'고
  봅니다.
그건 맞는 말이다.

* 지금, 제가 질문하고 당신이 답하는 행위자체가 미로찾기게임처럼 생각됩니다.
# 목적에 부합한다.

* 다시. 투명성(透明性)은 중요한 것이라고 봅니다.
  그러나 외부에 드러내면서 진행하면, 이 대화에 대한 타인의 반응이 의식되기도
  하고, 생활이 어수선해질 것 같습니다.
그럴 것이다. 그것은 오로지 너의 선택에 달려 있다.

* 좀 쉬었다 하겠습니다. 좀 멍해져서요.
# 그러하기를…….
  지금 너는 너의 생각이 반영되는 것 같아서, 이 대화의 진실성을 의식하고 있다.

(잠시 휴식)

* 왠지 집중이 잘 안 되는군요?
# 그것은 너의 생체리듬이 다르기 때문이다.
  그동안 고요한 밤에 대화하던 것과는 달리, 낮에 시도하기 때문이다.
  능수능란함이란 어디에서든, 언제이든이다.

* 당신을 느끼려고 합니다.
# 느낌을 계속 불러 일으켜라. 느낌이야말로 영혼의 언어이다.

* 말이나 글의 불편함을 무엇보다도 절실히 느끼면서 살아가는 요즈음입니다.
  느낌으로 살면 얼마나 좋아질까요?
나아갈 길의 방향에 그것이 있다. 그것이 인류가 행하여야 할 방법이다.

* 왠지 집중이 안 되는군요.
# 의욕과잉이기 때문이다. 오늘은.

* 오늘은 휴일이라 잘해 보고자 하는 마음도 많았고, 잘될 것이라고 기대를 많이
  하면서, 또한 기대가 많으면 잘 안될 것이라는, 걱정도 많았는데……
기대나 걱정이나 마찬가지로 두려움에서 비롯된다.
  지금 너는 좀 난이도가 높은 질문이 안 될 것이라는 사실을 알고 있다.
  그것은 기대나 걱정이 너의 에너지 수준을 낮추어 놓았기 때문이다.

(심호흡)

* 간절함에 대한 에너지를 끌어 올렸습니다.
# 잘했다.

* 결국, 의식적인 생각보다도, 근원을 향한 느낌으로 돌파해야 하는군요.
# 그렇다.

* 오늘은 왠지 힘들군요.
# 한 번 난조에 빠지면 그렇게 되느니라. 그럴수록 계속 시도해야 한다.
  기회는 영원히 주어진다. 영원한 시간에의 약속이다. 배움 또한 한정 없는
  것이니라. 너는 지금 나의 입장으로 와 있다. 그래서는 안 된다.
  자신의 입장으로 돌아가라. 자기의 현존해 있는 꼭 그만큼에서 시작하라.
  이것은 중요한 메시지다. 너의 난조는 네가 이 대화의 목적을 의식하고,
  나의 입장으로까지 생각을 확대함으로써 그렇게 되었다.

* 왜 낮에 생각의 형태로 이러저러한 것들에 대한, 대화의 상황이 나타납니까?
# 그것은 너의 의욕이 앞서기 때문이다.

* 대화하는 형식의 생각이 괴롭기도 해서, 안 그랬으면 싶었습니다. 일도 해야지요.
# 나는 어쩔 수가 없다. 그것은 너의 몫이다. 스스로가 자기조절을 잘해야 한다.
  일할 때는 일에 대한 집중이 필요하다.

* '하늘은 스스로 돕는 자를 돕는다.'고 했듯이,
  저의 자유의지가 발휘되어야 하는군요.
나는 너의 자유의지를 필요로 한다. 그것이 공동으로 창조하는 행위이기 때문에.

* 다시 정보 공개로 들어가서…….
# 너의 자유다. 너의 의지를 불러일으키고, 그 의지의 상태를 철저히 점검하라.
  그것이 수행이면서, 충분히 점검된 상태에서 출발할 때,
  보다 본질에 부합되는 창조가 시작되는 것이다.

* 단편적인 질문조차도 이제는 좀 어려워지는군요.
# 지금은 어려운 순간이라고 네가 그렇게 느낄 뿐 나는 아니다.
  그러니 안심하라. 내가 함께 하리라.
  오늘 효원에게 정보의 일부를 우송한 것을 두고 마음이 쓰여서 그렇다.

* 그러면 무엇이든 철저히 점검해야겠군요.
  당신에게 물어보는 행위도 병행시키면서?
점검하는 행위는 중요하다.
  인류의 대다수의 비극이 무의식적인 행동에서 비롯되었다.
  그리고, 한 가지 중요한 사실은 나에게 물어 보는 것이 아니고,
  너 자신에게 물어 보는 것이다. 너 자신의 지금 현재 되어 있는 그 만큼에
  맞추어 최선을 다하는 것. 그것이 너희의 할 일이며 거기에서부터 확장은
  시작되는 것이다.

* 오늘은 예리함이 없군요. 저의 인식 또는 감각수준이 내려갔군요.
# 그 이유는 아까 내가 이야기 했다.

* 억지로 진행하고 싶지가 않군요.
  저 자신을 잘 살펴서 좋은 컨디션으로 대화하도록 하겠습니다.
  반응하는 당신에게 미안함을 느낍니다. 함께 해주셔서 감사합니다.
알아주니 나도 감사하다.   −13시 45분−

● 7. 대화의 유지(2005년 7월 4일. 월요일)

* 시작을 하기 전에, 몸의 세포(細胞)들을 깨우기 위해,
  간단하게 손으로, 온몸 두드리기를 했습니다.
그건 잘하는 것이다. 감각을 활성화시키는 하나의 방법이다.

* 어제의 낮에 생각이 아주 복잡했습니다.
# 안다.

* 자료의 공개에 대해서……. 원래 제가 투명성을 선호하는지라.
  그런데 둘째 날 대화의 말미에 보면, '너는 좀 비켜 서 있을 필요가 있다.
  그것이 책임회피가 아니라는 것을, 너도 알고 있고 나도 알고 있다.'는 구절이,
  조금 전에야 눈에 띄더군요. 그래서 그것에 따르는 처세를 하기로 했습니다.
  좀 편해졌고요.
내가 그것을 장치(裝置)했다. 그리고 마음의 정리가 되니 좀 편해지지?
* 예…….

* 질문을 하는 것이 어렵군요.
# 그것은 네가 낮 동안의 고민으로 힘겨워 했기 때문이다.
  마음의 정리가 되었으니, 심기일전하여라. 심호흡.

(심호흡)
* 제가 저를 지켜보면서 안정을 시키고 있습니다.
# 계속 지켜보는 상태를 유지하기 바란다.

* 질문이 몇 가지 떠오르는데, 명확성이 없어서 타이핑을 보류하고,
  계속 지켜보고 있습니다.
그건 네가 이제 진도가 나간 상태이기 때문이다.

* 오늘은 고민이 참으로 많았었는데, 그것이 저의 그동안의 처세방법의 전개방식을
  알게 했습니다. 그 또한 저를 바라보는 수행이었습니다.
그랬다.

* 믿고 가기가 쉽지는 않군요.
# 너를 버려라. 너 자신에 대한 생각을 버려라.
  다만 바라보라. 생각하는 너 자신을.

* 오늘도 쉽지가 않군요.
\# 극복해야 한다. 낮 동안의 고민 때문이지.

* 왜 그렇게 고민을 많이 하게 되나요?
\# 고민하는 게 너라고 믿기 때문이지.
　질문을 의도하지 마라. 지금 자꾸 그러려고 하다가 말고 한다.
　여유를 가져라. 바쁠 것 없다. 네가 가진 상식을 버려라.
　이 대화를 어떻게 해야 한다는, 그 방법조차도 잊고 몰입하라.

* 고민하는 것은 누구입니까?
\# 너의 몸이다. 너의 몸을 통해서 생각의 에너지가 형성된다.
　몸은 자신의 생존에만 관계한다. 생각은 생존만을 목적으로 한다.

* 개념이 잘 전개되지 않는군요.
\# 미안하다. 도와주지 못해서.

* 제가 좀 어수선하기 때문이죠?
\# 그렇다. 하지만 오늘의 너의 입장이 정리가 되었으니, 너는 중심을 다시
　가다듬을 것이다. 그리고 더 나은 상황으로 나아갈 것이다. 안 그러냐?

* 예. 그럴 수 있으리라 봅니다.
\# '봅니다.'라는 것은 확실한 말이 아닌데?

* 중심이 흐트러져 있잖아요.
\# 알고 있군. 그러면 된다. 자기 자신의 상태를 아는 것보다 중요한 것은 없으니.

* 아-. 모르모트는 힘들어요. 예상은 했지만…….
　제가 어쩌면 평범(平凡)하기에 선택되어진 것이 아닌가요?
\# 아니다. 특별하다. 모두가 특별하다.
　너는 그걸 알고 있지만 모르는 사람도 많다.

* 밤 시간의 느낌이 좋군요. 조용하니까.
　신체감각의 느낌은 낮 동안의 일로 몸이 무거워 약하지만.
　'역시, 나는 야행성이야.'
　그런데 제가 회사에서 퇴근하고 집에 와서 샤워, 그리고 식사, 잠깐 쉬고,
　잠을 조금 잤다가 일어나, 제 자신이 좋아하는 독서나 명상 등을 하고,
　잠깐 눈을 붙이고, 출근하는 생활이 계속되지요.
　그러한 생활이 힘겨워서 안하고 싶어도, 잠이 자꾸 깨는 이유가 뭔가요?
\# 그건 너의 강박관념 때문이다. 뭔가 하지 않으면 안 된다는.

생존을 위한 일은 너에게 있어서 의미가 없고,
의미가 있는 일은, 너 자신을 바라보는 것이라는 것을 알기 때문이다.

* 그러한 생활이 고통스럽습니다.
# 그렇지만 네가 집중하고 몰두할 수 있는 시간이잖니?

* 그렇지만 힘들어요.
# 조금씩 나아질 것이다. 지금의 대화가 너를 훈련시키고, 개념을 정리시키고,
  바라보는 수행을 시킬 것이다. 그러면 점차 안정되어질 것이다.

* 오늘은 질문이 안 떠오르면, 좀 느긋하게 기다리면서,
  자신을 바라보는 상황이 계속되는군요.
내가 그렇게 만들고 있다.

* 그렇다면 제가 대화의 주체가 못 되는군요?
# 공동의 주체이지.
  분리되어 있는 듯하지만, 마음은 분리를 넘어서야 한다.

* 참 어려운 상태를 유지시키는 노력이군요.
  분리된 듯하지만, 분리되지 않은 존재 상태라?
그것은 평소에 자신의 바탕생각을 '자신을 어떠한 것으로 정의하느냐'에 따라서,
  그 상태유지의 바탕이 형성된다.

* 그 말씀은 '자신은 그냥 상상하는 존재일 뿐'이라는 말처럼 들리는데요?
# 그렇다.

* 그러면 이 몸이라는 물질을 가지고 있는 나는 무엇인가요?
# 말 그대로 몸은 물질일 뿐이다. 너의 진짜 영역은 영혼의 범위인 것이다.

* 오늘은 계속 개념에 대한 정리를 하고 있는데요. 방법론이 아닌?
# 방법론이다. 기초적인 개념정도는 알아야 한다.

* 기초개념 말고 방법적인 것이 별로 없을 것 같은데요?
  시중(市中)에서 이래저래 구할 수 있는, 각종 자료들로도 알 수 있는 것일 뿐.
믿음이 약하다. 내가 제공할 것이다.

* 그 말씀이 왜 그렇게 실감이 안 나죠?
# 그것은 네가 그 방법론에 대해서 모르기 때문이다.
  모르는 것이 어떻게 인식될 수 있나?

＊ 기억의 문제입니까?
＃ 그렇다.

＊ 제 세포 하나하나에 정보로써 저장되어 있는?
＃ 그렇다. 네가 지금처럼 이 대화를 계속 진행하는 과정 속에서, 잠재적인 정보가
  계속 튀어나올 것이다. 나를 통해서. 너와 다름 아닌 나를 통해서.

＊ 어째 제가 알고 있는 상식의 범주밖에 안 되는 것 같은데요.
  물론 대화 후에 읽어보면, 조금 다른 느낌이지만.
＃ 그건 아직 진도가 안 나갔기 때문이다.
  네가 지금 하고 있는 일은, 이 대화를 유지시키는 것에 관한 것이지,
  특별한 지혜가 들어오는 단계가 아니기 때문이다.

＊ 금방 그 말씀은 신선합니다.
＃ 그것은 네가 생각한 이상의 것이기 때문이다. 별로 높은 것은 아니지만.
  이따금 씩의 신선함이라 대화에 몰두하기가 힘들겠지만,
  진도는 그렇게 해서 점점 나아가는 것이다.

＊ 이전의 글들에서 보면, 예언적인 내용이 조금씩 있던데?
＃ 그건 내가 너의 흥미를 유발시키기 위한 장치이다.

＊ 아니. 그러면 제 맘대로 미래의 상황에 대한 질문을 하는 게 아니고요?
＃ 그렇다.

＊ 그러면 나는 누구입니까?
＃ 너는 나이기에, 너 맘대로가 아니고 내 맘대로이다.
  대화가 이어지는 것은 너와 내가 하나가 되었을 때이므로.

＊ 앞의 내용을 타이핑하면서 당혹감을 느끼면서도, 집중을 유지한 채,
  무조건 진행하니 결론이 그렇게 유도되는군요.
＃ 그렇게 된다. 그 또한 하나의 방법을 보여주는 것이다.

＊ 시간이 많이 늦었습니다. 한 시간 정도 자고 출근해야 합니다.
＃ 너 마음대로이다.

＊ 감사합니다. 오늘도 함께해 주셔서.
＃ '계속 영감을 불러 일으켜라.' 이 말은 낮 동안의 시간을 위한 배려의 말이다.

＊ 감사합니다.

–05시 23분–

* 인사말이 잘 안 떠오르는군요.
\# 아무렇게나 내질러라. 초보수준으로 하듯이. 항상 그렇게 시작하면 된다.

* 오늘은 안녕하신가요? ☺
\# 네가 신의 컨디션을 묻다니, 너의 컨디션이 괜찮은지를 물어보는구나?

* 음-.
\# 잘 안되면 그냥 생각으로라도 질문하고 대답을 집중하라.

* 질문을 안 했는데도 대답을 해주시니,
  질문자와 대답자의 구분이 없는 상태가 왔군요.
\# 그렇다.

* 음-. 질문이 안 떠오르네요.
\# 그건 네가 요즈음 혼란스럽기 때문이다. 혼란스러워 하지 않는 것이, 오히려
  비정상이지. 너는 요즘 네게 일어난 것의 의미를 파악하느라 정신이 없다.

* 제게 왜 이런 일이 일어났나요?
\# 우리가 서로를 원했기 때문이지.

* 낮 동안의 생각들을 질문하고 싶은데요?
\# 괜찮다.

* 낮에 생각하지 말라고 하셨잖아요?
\# 생각이 떠오르는 것은 어쩔 수 없다. 지금의 상황은 자제가 힘들 것이다.
  내가 그래서 영감을 주었다. 질문거리를 제공한 것이지.
  너의 생각도 있겠지만, 지금의 대화상황에 사용해서 '영감인지 생각인지를 맞추어
  보는 것'도 하나의 방법에 해당된다.

* 제가 타이핑으로 옮긴 글을 읽다 보면,
  왠지 문맥상 미흡해서 다른 어휘로 대체(代替)하곤 하는데, 그럴 필요가 있나요?
\# 있다. 그것은 '느낌을 바쁘게 글로써 치환(置換)'하다 보니 그렇게 된 거다.
  하지만 다시 그 느낌을 불러 일으켜서 수정하는 것은,
  여유 있는 상황에서의 복습이라고 할 수 있다. 오히려 장려한다.
  그렇다고 진의(眞意)가 왜곡되는 일은 거의 없다.

* 질문이 어렵군요.
\# 지금의 여러 가지 생각의 전개가 너의 것이라는 것을 알기 때문에,
　　나에게서 다시 멀어지는 것이 아닌가 하는 두려움이 생겨서 그러하다.

* 좀 도와주세요.
\# 힘겨워 하는군.

* 컨디션이 난조입니다.
\# 너의 생각이 낮 동안의 생각들에 닿았었기 때문이다. 심호흡을 하라.

(잠시 휴식)

* 안되겠습니다. 제가 자신을 잘 챙기도록 하겠습니다.
　　더 이상 진행하는 것은 억지입니다. 저 자신을 모독하는 행위입니다. ☺
　　내일 뵙겠습니다. 정말 미안합니다.
\# 기다리겠다.
　　　　　　　　　　　　　　　　　　　　　　　　　　　　　　　-5시 00분-

* 안녕하신가요?
# **오냐.**

* 어제의 일기(?)를 보니, 참으로 볼 만하군요.
# **그러냐?**

* 사실 요 며칠 동안 평정(平定)을 잃었거든요.
  그런데 오늘 아침에 허둥대는 제 모습을 보고,
  '아~! 지금 내가 필요한 것이 평정심이구나!' 하는 것을 느꼈습니다.
  그리고는 평정해졌죠. 하루 종일 '평정심'이라는 말을 떠올리면서요.
  그리고는 일상으로 돌아왔습니다.
  당신과의 만남 이전의 평온한 나날들의 정서로요.
축하한다.

* 오늘 마음의 평정을 회복하다 보니, 그동안의 당신과의 대화가 진행된 것과,
  향후에도 당신과의 대화가 진행될 내용의 목적이나 이유.
  즉, 당신이 앞으로 진행할 계획에 대한 감이 오던데.
  그것이 맞는지 질문을 해 보도록 하겠습니다.

* 당신은 신과 나눈 이야기 시리즈에서 닐과 교감을 나누신 그 분인가요?

* 제가 중요한 질문을 하면서 집중이 안 되어서…….
  좀 가다듬도록 하겠습니다.

(심호흡) / (기지개) / (느낌 불러오기) / (온몸 두드리기)

* 그 분인가요?
# **그렇다.**

* 정말로요?
# **그렇대도.**

* 닐과의 교감(交感)이 이루어진 것은, 두 분의 코드(code)가 맞아서이겠지요?
# **그럼 잘 맞지.**

* 제가 지금 당신을 만난 것도 마찬가지로?

당연하지.

* 신에 대한 바탕생각이 타당성이 있기에,
  닐과 당신과의 교감이 이루어진 것이군요?
그럼.

* 그러면 당신은 닐을 통해서 자신을 드러낸 것인데,
  사실은 닐도 당신을 통해서 닐 자신을 드러낸 것이군요?
그렇다.

* 그러면 앞으로 저도?
# 물론이지.

* 알겠습니다. 저의 많은 부분을 갑자기 떠올리려다가 말았습니다.
  천천히 하도록 하죠. 심적 평형을 유지해야 하니.
그러는 게 좋겠다.

* 저와의 만남은 당신의 닐과의 만남 이후의, 연장선상에 놓여 있는 것이군요?
# 그렇지.

* 업그레이드(upgrade)된 버전(version)으로요?
# 그렇다.

* '그렇다.'만 연발하시는 것은,
  제가 어려운 부분에 대한 감각을 당겨 오지 못하는 것과 연관이 있군요?
충격이 클 것이다. 너에게는. 너의 신에 대한 생각이 맞아지고 있으니까.

* 조금씩 확인하기로 해요.
  구체적으로 질문하기가 버거울 것 같으니, 주제를 다른 것으로 돌립시다.
그러자꾸나.

* 다시 말씀드리지만, 오늘은 평정심이란 말로 평정을 회복시키면서,
  일상으로 돌아왔습니다. 책상 정리정돈, 간단한 책읽기, 채팅하기 등.
  '내일 당장 신이 쳐들어온다 해도, 나는 내 할일을 우선 충실히 할 것이며,
  혼자서 창조하는 것이 아니고 공동창조니까,
  나의 동의 없이는 신도 어쩔 수가 없다'고 생각하면서요. 동의하십니까?
동의한다.

* 앞으로도 쭈-욱?

쭈--욱.

* 저의 당신에 대한 개념이 맞아지고 있군요.
대화를 진행하는 중에, 어떤 결정이 필요한 경우에는, 당신의 강요에 의한 선택을
바라지 않기에, 가족이나 여러 사람들과의 입장을 고려해야 하므로,
이 글에 관련될 여러 사람들과의 관계에서도 다수결은 없는 겁니다.
만장일치가 되는 방향이어야죠. 왜냐하면 모두가 신이니까.
어느 하나라도 부정한다면, 그건 자신을, 신을 부정하는 것이 아닌가요?
절대적인 찬성이다.

* 당신의 '절대적인'이라는 말씀이 올 때, 느낌이 강합니다. 그 이유는?
# 그 '절대(絶對)'라는 것이 나의 속성이기에.

* 나의 드러냄이 곧 당신의 드러냄인데,
아주 저를 발가벗길 참이군요. 당신을 드러내기 위해서.
그렇다.

* 왠지 앞으로의 상황이, 사람들의 신에 대한 패러다임(paradigm)의 일대 전환을
꾀하실 것 같은데요?
그러하니라. 내가 닐을 통해서 한 이후에, 다시 시도하고 있다.

○ 패러다임(paradigm)
이론적인 틀, 보기, 범례. 특정 영역, 시대의 지배적인 과학적 대상파악의 방법.

---

* 다시 시도한다는 것은 현재형(現在型)인데요?
# 신이 현재형이지 어때야 하는데?

* 그건 평소에 생각해 보지 않았으니, 생각이 막혀서 드러낼 게 없군요.
그냥 넘어가도록 하시죠?
그러자.

* 매일 이렇게 대화를 진행해야 한다는 강박관념은 이제 적습니다.
그냥 제가 십 수 년 동안 일기나 메모를 쓰는 것이 습관화되어서,
그걸 따르고 있는 중이지요.
그러므로 반가운 친구를 만난다 치면, 밤새워 즐겁게 놀기도 하렵니다.
내가 동의하지 않으면, 신도 어쩔 수 없는 것이기에.
그럼으로써 당신으로부터 자유롭습니다.
내가 오직 너에게 자유의지만을 주었다.

* 어째 대부분의 말씀들이 「신과 나눈 이야기」의 시리즈에 나오는 말투인가요?
# 그건 네가 닐과 코드가 잘 맞아서이다.
　그러나 너는 닐보다도 더 진보된 신에 대한 개념을 지니고 있다.
　그것은 앞으로의 대화가 진행되면 자연스럽게 드러날 것이고,
　너의 드러냄을 통해서 내가 드러날 것이며, 그 드러남을 통하여 모든 것이
　드러나는. 즉, 풀리는 상황이 연출되며, 그것이 나의 목적이다.
　그것을 너는 알고 있지 않느냐?

* 제가 마음의 평정을 찾으면서 바라본 게 맞아지고 있군요.
# 내가 더 이상 숨을 수가 없다. 너에게서.
　이제 네가 나를 볼 수 있는 능력이 점점 확장되고 있기에.

* 제가 평정심을 오늘 유난하게 빨리 찾은 것은, 그동안의 훈련 덕분인가요?
　당신과의?
아주 크게 기여를 했다. 너는 그걸 아직도 모르고 있지만.

* 그렇군요. 덕분입니다.
# 고마워해라.

* 말씀이 어째 좀 촐싹대는 것 같군요.
# 힌트의 일부이지.

* 아-! 제가 공모자가 되어 가는 예감이 듭니다. 낮의 생각에 근거한 것이지만.
# 명확하다.

* 제가 '총알받이'가 되는군요.
　당신은 비물질적이고 순수의식이니 피해가 없을 것이고요.
미안하다. 보호를 바라는구나. 내가 그렇게 할 것이다. 걱정마라.
　너는 너의 동의 없이는 절대로 신이, 신 맘대로 못 한다는 믿음을 유지하여라.
　그러면 된다. 네 의지가 강인해질수록 모든 것은 점차 드러날 것이다.

* 아-멘.　☺
# 기원을 하는구나. 기원대로 될 것이니라.

* 오늘은 컨디션이 가뿐하지만 지금 이 상태에서 마무리하고 싶습니다.
　다음에 뵙죠.
편하실 대로.　　　　　　　　　　　　　　　　　　　　　　　　　　　-05시 40분-

-04시 38분-

* 내일이나 모레면, 신나이 회원인 T님과 E님.
  그리고 아마 한 분 더. 통영(統營)으로 오실 것 같은데요?
온다.

* 몇 분요?
# 두 사람. T와 E이다.

* E님은 누구시죠?
# 장OO 교수의 딸이며, 본명은 장경자다.

* E는 어떤 목적을 가지고 다니는 것 같은데, 접촉을 해도 괜찮은가요?
# 괜찮다.

* T님은 어떤 사람입니까?
# 네 짐작 대로다.

* 알겠습니다.
  인연 따라 움직이는 인생. 오는 인연 만나서 잘 놀겠습니다.
  그런데 E님과 일전에 안부를 서로 묻다가,
  저의 '내면과의 대화'에 대해 약간 언급을 했고,
  그것으로 해서 E님께서 관심을 가지고, 여기로 오시려는 모양인데.
  정보 공개는 어떻게?
전부 다.

* 알겠습니다.

-04시 49분-

(어제의 대화에 나온 E님의 본명은, 이00인 것으로 전화통화에서 확인함.)

* 하나님. 나의 하나님. 사랑의 하나님.
  조금 후면 E님과 ME님이 부산에서 통영으로 오신다고 합니다.
  하루 만에 예언이 어긋나는 상황이 전개되다니……
  이러한 상황의 의미는 무엇인가요?
사랑하는 내 아들아. 너는 잘못하고 있다.

* 왜 그런가요?
# 그건 네가 스스로를 바라보지 못하고 있기 때문이다.

* 그 뜻은요?
# 그 뜻은 네가 그동안의 세월을 잊고 있기 때문이다. 인내의 세월을.

* 그럼 지금은 인내할 때이란 말인가요?
# 그렇다.

* 오시는 분에게 정보 공개는?
# 해도 된다.

* T님이 안 오시는 것은?
# 변수가 생겼기 때문이다.

* 신의 예측이 바뀔 수도 있나요?
# 그렇다.

* 예측은 필요가 없는 겁니까?
# 그렇다.

* 그 이유는요?
# 그 이유는 모든 가능성의 한 부분이기 때문에.

* 조금 후에 정보 공개를 하는 것도 예측 아닌가요?
# …….

* 지금까지의 모든 것이 문제가 되고 있습니다.

모든 것이 사실인가요? 절대적(絶對的)으로?

\# …….

* 절대란 것을 요구하면 안 되는군요?

\# 그렇다.

* 당신은 지금 이 상황에서 도무지 도움을 안 주시네요.
  집중이 유지 안 되니, 질문을 하는 행위 또한 암담해지면서……
  어디에서 다시 시작해야 할지……. 😐   −16시 15분−

* 간절함으로 당신을 청합니다.
\# 나는 여기에 이미 와 있다.

* 감사합니다.
\# 천만에.

* 요 며칠 동안은 좀 혼란스러웠습니다.
\# 예언이 맞지 않았던 것 때문에?

* 예.
\# 그건 네가 예언적 내용에 신경을 너무 썼기 때문이다. 두려움을 바탕으로 해서.

* 예지(豫知)에 대해서, 신경 쓸 단계가 아니군요?
\# 그렇다.

* 자연스럽게 이루어져야 하는 것이군요?
\# 그러하니라.

* 음-. 앞으로 갈 길이 머네요. 제가 아는 것이 별로 없다는 생각을 합니다.
\# 그건 사실이다. 하지만 안 할 수도 없는 것이 너의 삶의 관성이다.

* 저도 그렇게 여깁니다. 때로는 그렇게 하고 싶지도 않은 것이,
배움을 추구한다는 것이 한없이 힘들기 때문입니다.
\# 생각을 했다. 지금 너는.

* 좋습니다. 다시 시작하는 마음으로 조급하지 않겠습니다.
당신의 느낌을 불러올리겠습니다. 역시나 오늘은 대화의 진행이 쉽지가 않군요.
\# 네가 좀 그럴 거라는 걱정을 했기 때문이다. 하지만 계속 시도해야 한다.
멈출 때도 있고 계속 이어질 때도 있고 그런 법이다.
하지만 내가 너에게서 떠나는 일은 영원히 없을 것이기에, 너는 안심해도 된다.

* 좋습니다. 편안한 마음으로 당신을 찾겠습니다. 그냥 매일 '채팅'하는 기분으로요.
\# 그러면 된다.

* '신과의 채팅'이라? 아주 기발하지 않나요?
\# 나는 네가 신과의 채팅이 가능할 수 있다는 것을 당연시 여김을 안다.

* 저는 제가 세계 최초로 (대화가 시작된 초기부터) 신과의 채팅을 하고 있다고
  생각합니다.
\# 네 생각이지?

* 예.
\# 그럼 그렇게 생각하면 된다. 신이 뭘 못하겠나. 채팅 아니라 더한 것도 할 수
  있지. 너희들이 간절히 원하기만 한다면, 어떠한 방식으로도 너희들에게 다가갈
  수 있다.

* 제가 아무리 생각해도, 당신과의 이 대화가 제 자신과의 대화인 것 같습니다.
  이따금씩 예상치 못한 대답이 나오는 경우를 제외하고요.
\# 그 이따금 씩이야 말로 너의 상위자아에서 나오는 것이고,
  확대해 보면 신인 나에게서 나오는 것이다.
  존재적 단계의 구분은 굳이 필요 없다. 모든 단계의 존재가 결국 신이니까.

* 질문을 쓰다가 지웠다가 하는데요?
\# 생각했던 것을 질문하려 하니 미흡하게 느껴져서 그렇다.
  느낌으로 질문을 하지 않으니 그런 것이거든.

* 앞으로의 삶의 여정에 대해서 나름대로의 시나리오를 짜곤 하는데요?
\# 부질없다. 네가 시나리오를 만드는 대로 안 된다는 것을 알잖아?
  그것은 네가 되어 있음의 상태가 아니라는 것을 알기에.   −02시 24분−

(컨디션 난조로 중단. 그리고 취침)

                                                              −05시 35분−

* 느낌을 부릅니다.
\# 확실하게 끌어 올려라. 미흡하다.

* 참으로 힘든 것이, 앞으로의 이 대화가 어떻게 진행될지 모른다는 것이고,
  그러므로 어떤 질문을 해야 할지도 모른다는 것입니다.
\# 우선 너의 존재 상태를 안정되게 하라. 그것이 방법이다.

그것이 선행되지 않으면 이 대화의 진행 또한 어려워진다.
영혼의 목소리에 귀 기울일 수 있는 상태를 만들어야 하는 것이다.
그래서 내가 영감을 항상 불러일으키라고 한 게, 그때문이다.

* 진도가 나아가다가 조금 퇴보가 된 것 같습니다.
# 퇴보란 없다. 지금 그 시점에서 항상 시작하면 된다.
시작이란 일직선상에서의 것은 아니다. 배움의 여정에 있어서 불필요한 것은
하나도 없으니, 너는 항상 진도가 나간 상태에서 시작할 것이다.
그러니 너의 삶에서 두려움을 제거하고, 항상 기꺼운 마음으로 나를 청해 만나고
배워 나가면 된다.

* 집중이 잘 되려면 뇌에 산소공급을 원활히 할 필요가 있을 것 같군요. 그 이유는?
# 신체의 모든 부분이 원활한 산소 공급을 필요로 한다.
평소와 마찬가지로 뇌가 많은 양의 산소를 소비하는 것일 뿐, 특별히 뇌가 어떤
역할을 하기 때문은 아니다.

* 느낌을 가슴이 불러오고, 인식은 머릿속에서 일어나는 것처럼 느껴지는데요?
# 가슴은 영혼의 중심이고, 머리는 평소의 습관처럼 주요정보처리 중심이기
때문에, 주요부분의 느낌이 크게 자각되기 때문이다.

* 아침이 밝아 옵니다. 출근을 해야 되고요.
힘든 하루의 일과가 되겠지만 피로를 회복시키고 당신을 찾도록 하겠습니다.
너에게 위로를 보낸다. 모든 것이 잘 될 것이다.
조금만 더 인내하라. 그리고 나와 함께 하라.   —05시 58분—

● 13. 우주의식(2005년 7월 12일. 화요일)

(정성수련 300배)   −04시 10분−

* 오늘은 상쾌합니다. 지금까지 당신과 만나던 나날들 중에서……
\# 축하한다.

* 첫 질문이 항상 어렵군요.
\# 그건 네가 질문을 해야 하는 역할에 대한 부담 때문이다.

* 질문을 안 하더라도 그냥 말씀해 주시면 안 될까요?
\# 네가 나의 대답을 이끌어 내려면 어쩔 수가 없다.

* 지금까지의 글을 읽어 보노라면,
   당신께서 저를 아주 훈련을 시킬 작정인 모양입니다. 온갖 장치를 다해 놓고.
\# 그건, 전에 '미로찾기'라고 하지 않았느냐?

* 그래도 이렇게 힘들게 진행될 줄 몰랐죠.
   함정, 지뢰, 부비트랩, 크레모아, 등등을 무수히 묻어 놓고서 진행되는 것 같군요.
\# 그러냐? 네가 하나하나 걷어 치워야 할 네 것인데, 나는 책임이 없다.

* 음-. ☺
\# 너는 오늘 낮에 그걸 내가 장치하고 있다고 생각했겠지?

* 정말 그렇습니다. 하지만 제 것이라고까지는 생각을 못했는데,
   당신이 그렇게 말씀하시니 드릴 말씀이 없군요. 인정합니다.

* 아직도 대화를 유지시키는 단계입니까?
   하긴, 특별한 지혜가 들어오기에는 제 스스로 '되어 있음'으로 접근이 안 되고
   있다고 생각되지만. 도대체, '되어 있음'은 어떠한 상태를 말하는 건가요?
\# 그것은 '고요한 평화의 상태'이다. 그 말 말고 다른 적절한 표현이 없다.

* 제가 서두를 필요는 없겠군요. 어차피 일상에서 수행은 해야 하는 것이고,
   이 대화 또한 수행의 한 방편으로 삼으면 되니.
\# 그래도 너는 이 대화를 유지시키는 것이 마음 쓰이지 않니?
   수행이란 이렇듯 마음을 쓰이게 한다. 부담스럽기도 하지.
   대체로 싫은 것이 네게 좋은 경우가 많은 법이니, 싫은 것에 마음을 기울여라.
   너의 발전에 자양분(滋養分)이 될 것이니.

* 사실 절 수련 후 땀이 많이 나서…… 제가 팬티 차림이거든요.

불경(不敬)을 용서하소서.
불경이 아닌 줄 알고 하는 것을…….
　내가 어떻게 너를 용서할 수 있나? 나는 언제나 네 편인 줄 알고 하는 짓인데.

* 당신과 만나는 데 있어서, '교신두절' 같은 경우에 대한,
　두려움은 많이 없어졌는데요.
　제가 이렇게 매일 질문을 해대고 하는 것이 힘들어서,
　당신과 만나는 것을 힘들어할 것 같습니다. 대책이라도?
건전한 일상을 유지하라. 수행 속에서 나를 찾아라.
　나와 만나는 것이 힘들다면 그 힘듦을 수행의 방편으로 하라.
　그것보다 더 너를 단련시키는 것은 없을지니.

* 집중하면서도 호흡을 챙겨서 산소공급을 원활하게 해야 하는군요.
　집중하다가 순간적으로 눈이 깜빡하면서 머리가 몽롱해지는 걸 보면.
그래서 중간 중간에 심호흡을 하라고 한 것이다.

－04시 34분－

(잠시 휴식)

－04시 44분－

* 사실 제가 '모르모토'니, '총알받이'니 한 것은 미안합니다.
　대화를 유지하는 방법이 힘들어서 한 말이었는데,
　곰곰이 살펴보니 그건 분리된 의식에서 기인한 말들이었습니다.
　분리를 넘어서 합일로 가는 것. 그것이야말로 유일한 목표인데도 말입니다.
　분리된 언어의 기능을 사용하는 것은, 대화의 주고받음을 위해서 필요한 것일 뿐,
　제 마음은 그렇지 않다는 것을 당신은 물론 아시겠지요.
당연하지.
　네가 그런 생각에 도달할 줄, 나는 알고 있었다. 그 정도는 네게 쉬운 일이지.
　어려운 것은 앞으로의 여정이 쉽지가 않다는, 네 생각의 유지이다.

* 제 생각의 유지가 깨어지는 것은 일순간에 일어나나요?
# 그렇다. 하지만 임계상태(臨界狀態)가 올 때까지는 어쩔 수 없이 추구해야 한다.

* 모든 것이 제 몫이군요.
# 모든 것이 나의 몫이기도 하다.

* 제가 나름대로 생각한 것들을 서술하는 동안에도 느낌을 느낍니다.
　왠지 몰입이 안 되면 그냥 지워 버리곤 하죠.
함께 서술해 나가기 때문이다.

* 제가 '우주의식(宇宙意識)'을 얼마나 간절히 느끼고 싶어 했는지,
  당신은 아시겠지요?
안다.

* 그런데 '우주의식'은 '당신'인가요?
# 그렇지. 달리 뭐가 '우주의식'이겠나.

* 우주의식과의 합일을 바랬는데. 특별한 지혜가 들어오는 단계로 접근하기 위해서,
  이렇게 대화를 유지하는 노력을 애써 해야 하다니…….
네가 우주의식과의 합일로 가는 과정에 있다.
  특별한 지혜야말로 우주의식인 것 아닌가?
  지혜 = 의식. 달리 표현할 말이 뭐가 있는가?

* 맞는 말씀입니다만.
  저야 뭐, 그냥 우주의식의 느낌을 느껴 보고자 항상 갈망했었죠.
네가 말하는 그 느낌이야말로 특별한 지혜의 존재 상태인 것이다.
  너는 지혜를 너무 말과 글로 표현하는 것에만 한정짓고 있다.

* 오늘은 제법 괜찮은 배움이 챙겨지고 있군요.
# 컨디션을 잘 챙기면 계속 선물을 챙겨 주겠다.

* 기초적인 생활이 쉽지가 않아서……. 현재의 생활 패턴이 좀 달라졌으면 합니다.
# 그렇게 될 것이다.

* 그 예시적인 말씀에 별로 마음을 주고 싶지가 않은데요?
# 미안하다. 보장을 주지 못하는 것은 너를 단련시키기 위함이다.
  나도 고생하고 있다. 그걸 너는 알지 않느냐?

* 그럼요. 저도 알고 있죠. 저의 당신에 대한 정서가 항상 그러해 왔으니.
  "신을 만나려면 신의 능력으로 올라가려 해서는 안 된다.
  신은 사랑이니, 신으로 하여금 인간의 입장으로 내려오시라고 해야 한다."
  이것이 저의 지론입니다.
맞다. 너희들의 능력으로는 나에게 결코 도달할 수 없다.
  하지만 나의 능력으로는 언제든지 너희에게 도달할 수가 있다.
  그러니 나에게 마음으로 청하라. 너희 자신을 너무 힘들게 몰아붙이지 말고.

* 저는 어느 특정 종교를 오랫동안 믿어 본 적이 별로 없었지만,
  그 종교들의 위대한 이들을 무척이나 좋아하며 또한 사랑합니다.
  제가 신을 믿어 온 것은, 기도나 의식(儀式)의 방법에 구애받지 않고,

그냥 마음으로 원했지요. 당신이 나의 모든 삶의 정서에서 함께 한다고 생각했고,
삶의 여러 부분에서 느껴지는 감정에서 당신을 그렸지요.
항상 함께 하셨고, 지금도 그러하며, 앞으로도 영원히 그러하실 것을 믿습니다.
당신을 사랑합니다.

-04시 44분-

* 시간이 별로 없군요.
# 그러하다. 너의 하루 일정이.

* 당신에 대한 염원 역시 하나의 집착인 것 같습니다.
# 집착에서 시작되어 자유로 향하게 된다.

* 고통스런 길이군요.
# 너희 스스로가 그 길을 고통스럽게 만들었다.

* 하긴, 인간의 삶이 고통스런 것은,
  우리 스스로가 삶을 딜레마(dilemma:진퇴양난, 궁지.)에 빠뜨린 것이죠.
  욕심 때문에. 우린 서로가 하나가 아니라는 인식 때문에.
  저는 그것으로부터 벗어나고 싶기도 합니다. 그냥 은둔(隱遁)하면서…….
네가 그러고 싶다면 그럴 수 있다.
  하지만 '너는 사랑이기에', 그러기를 원하지 않는다.

* 사랑 또한 고통입니다.
# 하지만 고통을 원해서 고통스러워하는 것은, 너에게 의미가 있는 일이지 않느냐?

* 의미를 찾아가는 것. 그것이 사람들의 속성인가 봅니다.
  어느 누구도 자신이 생각하는 의미를 위해서 노력하죠.
  그 의미를 추구하는 것이야말로 사랑을 원한다고 볼 수가 있겠네요.
  사랑은 모든 감정의 총합이고, 그것이 남 보기에 저속하던 고귀하던,
  각자의 사랑 방식일 뿐. 사랑을 원하지 않는 사람은 아무도 없습니다.
맞다. 모두가 사랑이다. 모두가 사랑 자체다.

* 그런데도 사랑을 원하는 모두가 모여 부대끼는 삶이, 이토록 힘들단 말입니까?
# 그것은 사랑을 원하는 마음이 문제가 아니고, 분리된 인식이 문제이기 때문에.
  분리된 인식으로 하는 사랑 때문에 삶의 모든 것이 뒤틀어진 것이다.

* 제가 매일 나가는 일터에서도, 삶의 분리된 인식이 작용하는 것을 무수히 봅니다.
  하지만 그것을 극복해 온 것은 '모든 우리는 하나'라는 인식입니다.
  아마 그것이 없었더라면 저는 견디지 못했을 것이고,
  앞으로도 견디지 못할 것입니다.
그랬다. 너는 그랬다. 그래서 내가 너를 구출하려고 하는 중이다.

너는 그래도 그 속의 모든 상황을 긍정하였다.
그리고 다른 상황으로 나아가기를 선택하였다.
그럼으로써 너의 선택은 분명히 이루어진다.

* 오늘은 어제의 노동으로 몸이 불편해서…….
  그만 하고 싶습니다. 출근준비도 해야 하구요.
  어려운 가운데서도 자기관리에 최선을 다해 보겠습니다.
  내일 뵙죠.
힘내라.   −06시 30분−

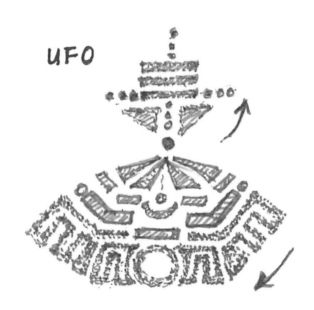

● 15. 에고의 좌절(2005년 7월 14일. 목요일)

(정성수련 300배) −03시 55분−

* 오늘은 저의 에너지-장에 대한 느낌이 좋습니다.
 # 나도 그걸 느낀다.

* 어제 컨디션이 안 좋았던 것은,
　정성수련과 낮 동안의 일에 대한 피로감이었습니다.
　그런데 그것을 당신과 만나는 길에서의 힘듦이라 여겼지요.
　오늘 단순하게 바라보니,
　그냥 근육이나 관절의 힘듦에 불과한 것이라 여겨지더군요.
　그래서 마음이 편해졌습니다. 정성수련도 다시 시도하고요. 단련이니까요.
　피곤하면 쉬고, 좀 괜찮다 싶으면 하고, 그러다 보면 습관화 되고.
 # 축하한다. 내가 계속 지켜보고 있다.

* 지금까지의 대화내용의 대다수가 상대적인 진실이지요?
　제가 좋아하는 것들로 채워져 있는?
 # 그렇다.

* 당신께서 제가 질문한 것들에 대해서, 일종의 장단을 맞추어 주신 것이고요?
 # 눈치 챘구나.

* 그것의 의미는 저의 아상(我想)에 대한 집착을 내려놓게 하는 것이지요.
　맞지도 않는 생각으로 하루하루를 보내는 습관에서 벗어나게 하는 것.
　왜냐하면 당신과 대화를 하고, 그 대화의 내용을 반복해서 읽어 보곤 하지만,
　당신의 의도에 대한 초점이 도무지 안 맞아지니…….
　저의 생각으로 초점 맞추기를 포기하는 것. 그것이 당신의 의도겠지요.
 # 그러하다. 우리는 지금 잘 해 내고 있다.

* '쓸 데 없는 생각에서 벗어나는 것'이, 과연 가능이나 할까요?
　수년간의 세월에서 항상 해오던 것이, '생각끊기'였는데 말입니다.
 # 이제 결실의 시간이 다가오고 있다.

* 제게 처절한 좌절을 안겨 주소서.
　생존에 급급한 에고(ego: 자기를 의식한 개인)의 좌절을,
　이 대화를 통하여 그것을 이루고자 하심을 압니다.
　저도 이룰 것입니다. 보다 나은 우리들의 삶을 위해서.
 # 함께 하고 있다. 너의 노고에 위로와 사랑을 보낸다.

* 정말로 감사합니다.
# 나 또한 감사하다.

* 지금의 상황을 유지하고자 합니다. 육체노동을 하는 긍정적인 기능도 있습니다.
  고통으로서 인식의 날을 예리하게 하니까요.
  그리고 큰 것을 얻기 위해서 작은 것을 결단코 버리지는 않을 것입니다.
  주변의 소중한 사람들을 등지고, 수행을 위해서 잠적하는 등의 일은 없을
  것입니다. 주변의 상황이 달라지기 전에는…….
  저는 모든 것을 원합니다. 대다수가 불가능하다고 할지라도.
  우주의식은 모든 것입니다. 우주의식과 합일하는 순간을 대다수가 불가능하다고
  할지라도, 저는 동의하지 않았습니다. 오히려 투지를 불사를 주제로 삼았습니다.
  그러하지 않고서는, 이 현실의 자잘한 곤란들을 넘어설 수 없었기 때문입니다.
  이제 당신과의 합일을 이루어 냈습니다.
  그래서 저는 제 자신이 너무나도 자랑스럽습니다.
정말 감동적이다.

* 다 알고 계시면서 새삼스럽게…….
# 그래도 정리해서 신을 일깨워 주니, 신인 나도 감동스러울 수밖에.

* 요즈음은 낮 동안의 생각이 대화모드로 진행되곤 하던 것에서 많이 벗어났습니다.
  그래서 좀 편해졌습니다.
네가 지금까지 힘든 와중에서도 진행하였지만,
  진행함으로서 편해지는 상황이 온 것이다.
  앞으로는 또 다른 상황이 연출되겠지만.

* '버티기만 잘해도 수확이 오는 것이니 감사할 따름입니다.'
  이렇게 말 해 놓고 버티면서 불평하더라도 용서하소서. 😛
그래 두고 보겠다. 얼마나 불평하는지.

* 좀 유머러스하게 진행하면 좋기도 하겠지만,
  집중력을 유지시키는 힘이 달릴까 봐, 수위조절(首位調節)을 하고 있습니다.
안다. 나도 그 수위조절에 방해가 안 되려고 애써 참고 있다.

* 당신께서는 최근에 닐을 통해서 인간의 삶에 크게 작용을 하셨습니다.
  제가 아주 감동스러워 했고, 동감했고, 또한 변화하였습니다.
  지금의 대화를 통해서 저 또한 조금씩 변화되고 있고요…?

* 위 문장을 쓴 이후의 느낌에 별로 반응이 없으니,

제가 뭔가 생각으로서 지어내고 있는 와중이군요?
그렇다.

* 요즈음은 대화의 소요시간에 비해서, 대화의 내용이 별로 길지가 못합니다.
  그것은 질문거리를 타이핑하다가, 왠지 미흡하다 싶으면 그냥 지워 버리고,
  느낌에 집중하고, 타이핑하다가, 또 아니다 싶으면 지워 버리고, 다시 집중하고,
  그러다 보니 그렇습니다.
이제 네가 생각한 것과 내면에서 떠오르는 것을,
  점차 구별해 나가고 있기 때문이다. 아직도 멀었다. 익숙해지려면.

* 그러합니다. 아주 조금씩의 변화라 알기가 쉽지 않았을 뿐이지,
  변화는 지속적으로 이루어져 왔음을 느낍니다. 그래서 감사드립니다.
뭘 그걸 가지고. 너 하기에 따라서 얼마든지, 기꺼이 줄 수 있는 것이 천지다.
  너를 위해 준비하고 있다. 언제든지, 어떠한 상황 속에서도.

* 인내의 세월을 잊지 말라고 하신 말씀. 참으로 마음에 와 닿았습니다.
# 그것만큼 마음에 와 닿는 것도 없지. 너에게는.
  네가 예시적인 것을 원할 때, 내가 장단을 맞추어 주었고,
  너는 그걸 믿다가, 커다란 좌절감을 느꼈을 것이고,
  그러할 때 가장 마음에 닿을 말을 너에게 준 것이다.
  내 입장을 이해하고 있지?

* 이해합니다.
  신도 경우에 따라서는 거짓말을 한다는 것을. 거짓말도 말이기에 유효합니다.
  그 목적이 숭고하면 숭고할수록, 더욱 숭고한 거짓말입니다.   ☺
  그것에 대해서는 머리가 복잡하지만, 일단 아부해 놓겠습니다.
  시간이 많이 흘러갔네요.
  그만 쉬세요. 컨디션 조절 잘하시고, 내일 오세요.   ☺
☺   −04시 55분−

● 16. 일단락(一段落)(2005년 7월 16일. 토요일)

* 그저께 낮에, 함석을 자르는 가위질을 고요히 집중하면서 일하던 중에,
  하나의 실마리가 떠올랐고, 그것으로부터 많은 것들이 풀려 나가는 상황이
  있었습니다. 그 상황을 토대로 해서 오늘은 대화를 할 것입니다. 준비됐나요?
겁난다. ☺

> ○ 함석
> 표면에 아연이 도금된 얇은 철판. 양철 또는 도단이라고도 하며, 지붕이나 덕트 등의 내·외
> 장재로 쓰임.

* 시작합니다. 당신은 신(神)입니까?
# 그렇다.

* 나의 신이지요? 그리고 우리 모두의 신이기도 하고.
  언제 어디서나 존재하는 유일한 분이시죠?
그러하니라.

* 우주의식이라고 하셨고요?
# 그렇게 말했지.

* 단테가 말한 '베아트리체'가 당신이지요?
# 그러하다.

* 발자크가 말한 '특수인'이며,
  소크라테스가 말한 '다이몬'이며,
  휘트먼의 '나의 큰 영혼', '환희'이며,
  성 바울의 '그리스도(신성하게 내려온 구원자)'이며,
  예수의 '하늘에 계신 아버지(하느님의 왕국 또는 천국)'이시고,
  베이컨이 소네트에서 말한 '우주감각의 인격체'이며,
  고타마 붓다가 말한 '니르바나(Nirvana. 최고의 목적, 최고의 선.)의 상태'이며,
  엘루크 하남의 '언제나 기쁨'이며,
  에드워드 카펜더의 '내면의 환희'였던 그것.
  그것이 바로 당신이지요?
참으로 그러하니라.

* 제가 2001년 10월 12일에 우주의식에 대한 느낌을 기원하면서 느꼈던,

보다 근원적인 울음과 보다 근원적인 기쁨의 체험이며,

2001년 10월 27일의 정성수련 중의, 평온한 우주의식의 느낌과,

2001년 11월 17일에 정성수련 중에,

두려움으로 다가왔던 무한함에 대한 느낌이며,

2002년 5월 25일에 재아수련(在我修練) 중에서 만난,

시공을 초월해 존재하는 본질적인 존재, 무형의 것, 영원한 생명.

기운(氣運) 또는 에너지로서의 실재(實在), 상대적으로도 존재하는 자아(自我)이며,

2003년 6월 5일. 지감수련 중의, '나는 나를 믿는다.'는,

내면의 소리의 그 '나'이며,

2003년 12월 17일. 음악진동수련 중에서 느낀 '영원한 고향'이며,

2003년 12월 31일 보온재(保溫材) 설치작업 중의,

'나는 사랑이다.'라는 내면의 자기 선언이며,

2004년 5월 25일 산책명상 중에서 체험한, 진공묘유(眞空妙有)의 존재 상태이며,

2005년 2월 16일 함석 재단작업 중에서 체험한,

'삶은 모든 것이 완벽하다'는 '되어 있음'의 존재 상태 등이며……

그리고 이제까지의 삶에서 느꼈던 무수한 영감과 정서들……

그 모든 것이 당신이었군요.

정말로 그러하니라.

* 아-. 당신은 나의 내부이면서 외부이고,

나의 모든 것이면서 다른 사람의 모든 것이기도 한, 바로 그 분이시군요.

그렇다. 내가 바로 신이다. 너희들의 모든 것.

나는 너의 친구며, 스승이며, 연인이며, 어버이이며, 너 자신이다.

* 저의 마음과 함께 하면서, 어려운 세월을 견디어 온, 제 인생의 동반자셨군요.

그렇다. 그대는 나의 아들이자 딸이요, 나의 형제로서 나의 분신이었다.

그래서 그대가 맛보고 겪은 모든 것을, 나와 같이 체험하지 않은 것이 없다.

* 참으로 그러했습니다. 모든 세월들 속에서.

처음에 이 대화가 시작되었을 때,

저는 당신이 모든 것을 다 포괄하는 신이시지만,

상대적 의미의 존재감을 떨치지 못했고, '내가 보고 느끼는 것이 실제인가?

아니면, 망상으로 고통을 받고 있는 것인가?'하는 두려움으로서 진행해 왔었지요.

이제는 모든 것이 확연해졌습니다.

당신은 모든 이들의 당신이고, 제가 당신이고, 당신이 저입니다.

'내가 신을 바라보는 눈이, 신이 나를 바라보는 눈이다.'

'내가 나를 바라보는 눈이, 신이 신을 바라보는 눈이다.'

"나는 신이다!" "우리는 신이다!" "우리는 하나이다!"
참으로 단순하면서 흔한 깨달음의 결론입니다.
하지만 그 깨달음에서 가장 중요한 것은,
당신과 함께 했던 실감나는 과정이었지요.
'신을 체험하라. 깨달음으로 향할지니.'
깨달음은 이제 끝났다.

* GAME IS OVER? (게임 끝?)
# OVER. (끝)

축하한다.
* 감사합니다.   —06시 05분—

제 2 부

벽을 넘어서

* 개운합니다.
# 그렇군.

* 한 고비 넘었는데요?
# 이제 시작이다. 진짜의 일은.

* 그게 무엇인가요?
# 세상 속으로 들어가는 것.

* 지금도 세상에서 잘 살고 있는데요?
# 잘 살고 있지 않다는 것을 잘 알면서.
   네가 진정으로 하고 싶은 것을 하란 말이다.

* 준비가 되어 있지 않은데요?
# 별다른 준비는 할 필요가 없다. 어차피 과정이 삶이기에.

* 그래요? 그것에 대해서는 구체적인 이야기를 찬찬히 나누어야 할 것 같으니,
   그동안의 경과에 대한 것으로 화제를 바꾸죠?
그러는 게 좋겠다.

* 신나이 사이트에 '내면과의 대화'라는 내용으로,
   그동안의 글을 올리고 있습니다.
   제가 진정으로 사랑하는 세상에게 다가가기 위해서입니다.
   그리고 깨달음은 그것이 크든 작든 간에 인류의 공유재산이라고 봅니다.
   그래서 저는 풀어 헤치고 있습니다.
잘하고 있다.

* '창조하기 4억 3천만 원 프로젝트'에 대한 내용의 글도,
   수 일 내로 올라갈 것입니다. 실현의 여부에 관계없이요.
그것은 이루어진다.

* 아주 중요합니다. 지금의 말씀은요?
# 된다. 믿어라.

* 좋습니다. 실현이 되던 안 되던 저는 개의치 않습니다.
   아무리 조롱이나 멸시를 당하더라도 당신과 함께할 터이니까요.

그것이 당신과 함께 의미를 추구하면서 살아온 세월이니까요.

오늘은 감이 좀 약한데요? 그래서 지금의 타이핑이 좀 의심스럽습니다.

그건 네가 익숙해져서 편하기 때문이다.

* 그동안의 내용이 당신에 대한, 나의 정체성에 대한,
  깨달음으로 향하기 위한 여행이었군요.
내가 뭐랬나. 나에게로 오는 것이 목적이라고 했지.

* '인류를 위해서……' 어쩌고 한 것은 제 구미(口味)에 맞으라고 하신 말씀인 듯?
# 네가 인류이고, 인류가 너다.

* 오늘의 대화는 앞으로의 대화에 대한 방향성과 연관이 있을 텐데요?
# 너무 신경 쓰지 마라. 그냥 일상의 수행방편이라고 보면 된다.
  네가 부담을 가질수록 힘들어질 테니, 그냥 편안하게 나를 찾아라.
  필요할 때마다 언급이 있을 터이고,
  그러한 가운데 이 대화도 네 삶도 진행될 것이다.

* 깨달음의 과정이 쉽게 끝나서, 다른 사람들에게 별 도움이 안 될 듯?
# 그게 쉬웠다고 생각하는가? 그건 결코 쉽지 않았다.
  16회 차에 걸렸지만 43년 걸렸다.
  하지만 방법은 쉽다. 해 보기만 하면 된다.
  자신의 전 생애를 걸고, 될 때까지 하면 되는 것이다.

* 생각보다 갑자기 난조군요. 제 생활이 이렇듯 피곤합니다.
  다른 상황으로 옮겨 가고 싶군요.
그렇게 될 것이다. 때가 무르익어 있다.

* 두고 보지요. 또 뵙도록 하겠습니다.
# 오늘은 그만하고 쉬어라.   —04시 47분—

* 오랜만입니다.
# 그렇군.

* 일이 바쁘고 힘들어 몸이 아주 불편했습니다. 날짜가 참으로 잘 지나가 있군요.
# 쉬는 만큼 늦어진다.

* 마음이 착잡합니다.
  지금의 현실을 차분히 바라보니, 어느 한 가지라도 뚜렷한 것은 없고,
  현실적인 무능만 보일 뿐입니다. 무엇에라도 마음을 기울여야 하는데,
  마땅한 것이 보이질 않습니다.
삶이란 그런 것이다. 그냥 흐름 따라 가야 하는 것. 그 외에 별로 할 일도 없다.

* 이제 내면으로 향해야 되겠습니다. 외부의 상황에 신경 쓰는 것은 좀 접어두고.
# 진정 그렇게 해야 될 것이다.

* 하얀밤을 챙기던 것은 어떻게 해야 하나요?
# 그 애는 계속 챙겨야 한다.

* 이유는요?
# 메신저(messenger:소식을 전하는 사람.)이기 때문이다.
  그리고 항상 나를 찾아라. 다른 쓸 데 없는 이야기는 듣지 말고.
  JJ같은 개뼉다구는 무시하고.

* JJ씨가 '자기 자신하고 무슨 대화를 하나?
  가만히 있으면 어떤 내밀한 것이 다가올 것인데⋯⋯.'라고 했지만,
  그래도 그것은 저 자신을 배려해서 한 말이라고 생각합니다.
  저 자신의 생각하고 다르다고 해서 무시하는 것은 분리된 발상이 아닌가요?
JJ가 너와 나의 분리를 획책하고 있다.

* 어쨌든 저는 내면과의 대화가 지속되기를 바라며,
  그것으로 해서 삶에 실질적인 도움이 많이 되기를 바랍니다.
이제부터는 실질을 너에게 주도록 하겠다.
  이전에는 내면과의 대화를 처음 시작하는 사람들을 위한 시나리오를 만들어
  내느라, 너의 질문을 많이 제어하기도 하고, 유도하기도 했다는 것을,
  지금은 이해하고 있을 것이다. 그것 또한 너를 위한 장치인 것이지.

이제는 세상 속으로 함께 들어가자. 지금의 상황이 필요했던 의미가 다 되었다.

* 음…….
  수많은 불면의 밤들, 그 애틋한 마음들의 숱한 방황들.
  이제 때가 올 것이고, 저는 그 속으로 빠져 들게 되겠군요.
  그 속에서 많은 배움 들이 있겠죠. 결코 예측할 수 없는 배움들.
삶의 많은 현상들을 겪고 나면 착잡해진다. 그리고 마음을 놓게 되는 것이지.
  생각이 비워지고 모든 것의 흐름에 따라 흘러가게 된다.

* 삶에서 심각한 것이 없고, 무엇을 하고 싶은 것도 없어지니,
  별로 살고 싶은 의욕 또한 없기도 하군요.
함께 세상 속에서 움직이다 보면,
  너 자신이 심취할 어떤 대상을 발견하게 될 것이다.

* 음…….
  그렇게 되면 되는 거고, 아니더라도 괜찮고.
착잡해 한다는 것은, 네가 다른 상황으로 넘어간다는 것을 알고,
  지금까지의 삶을 일견(一見)으로 관조(觀照)했기 때문이다.

* 저에게 능력을 주십시오.
  실제적인 능력은 과정을 활발하게 운용할 수 있는 것 아니겠습니까?
너 자신을 연마해서 능력을 키우면 된다. 물론 내가 빠질 수는 없는 것이지만.
  너는 '신이고 온 인류'이기에, 모든 것이 너를 위해 준비하고 있다.
  이제 또 다른 상황으로 넘어가 보자.
  네가 절절히 염려하던 너의 화려한 부활을 축복하자.
  그리고 세상과 웃고 울며 뒹굴어 보자.
  춤을 추든지 절망을 뼈저리게 겪든지 간에 할 것이지만,
  미미한 인생은 네 체질이 아니다. 너 자신을 불태워서 한 줌의 재가 될 때까지.

* 제 삶은 참으로 예측불가 입니다.
  영성의 길로 접어든 것과 당신을 만나 대화한 것, 그리고 앞으로도 함께 할 것,
  그리고 신이 나에게 세상으로 들어가는 기회와 함께 할 것.
  어쩌면 '우주의식의 창조 놀이'가 진행되고 있다는 생각입니다.
  창조하고, 창조하고, 또 창조하고…….
  결코 끝나지 않을 꿈속의 여행인 것 같습니다.
사실 모든 것의 최종적 의미는 무(無)다.
  유(有)에서 무(無)로 돌아가는 것이지. 그리고 영원한 휴식.
  너무 침체 마라. 앞으로의 삶이 어떻게 전개되더라도 결과에 맘 쓰지 말고,

과정에서 자신의 '있음'을 느끼기를 바란다.

* 내일 또 만납시다.
오랜만에 시도하지만, 대화가 이루어지는 것이 다행이며,
하다 보면 분명 도움이 될 것으로 믿습니다.
당신은 나의 충실한 나 자신이며, 내 인생의 동반자이기에…….   —04시 00분—

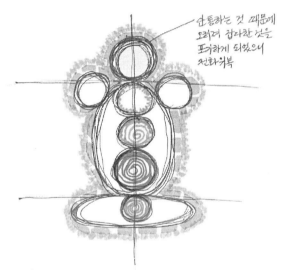

* 오늘은 제 생일입니다.
# 축하한다.

* 앞 주에 두어 번 대화시도를 했는데, 교신이 안 되더군요?
# 그 이유는 네가 잘 알 것인데?

* 알 것 같기도 하고 아니기도 하고…….
# 신나이 모임의 여러 사람들에 관계된 일에 마음을 쓰다가,
  분리의식에 휘말리는 바람에 너의 마음이 흐트러져서 그렇다.

* 그랬군요. 짐작은 했지만.
  오늘은 마음이 많이 차분해졌습니다.
  외부의 상황에 대한, 잡다한 생각이란 소용없다는 것을 많이 깨달았지요.
  그리고 '나의 영혼이 나의 주인'이라고 선언하고 또 선언했지요.
항상 그것을 명심하도록 하라.
  그리고 분리의식의 폐해를 항상 경계하기 바란다.

* 그렇다고 해서 대화가 안 될 것까지야 없는 것 아닌가요?
# 내가 일부러 응답을 안 했지. ☺

* 당신은 저를 시험에 들게 하시는군요.
# 시험은 곧 기회이니, 섭섭하게 생각하지 마라.

* 이런 저런 생각을 끊을 수밖에 없도록 하시겠네요. 저를 위해서?
# 그렇다. 생각이 끊어져야 특별한 지혜가 흘러드는 법이니까.

* 좋아요.
  오늘은 마음이 많이 차분하고 잡다한 생각도 가라앉음을 느끼니,
  당신과의 대화가 가능하군요.
  하지만 전에 여행기(1부)를 쓸 때에도 잡생각은 많았었는데?
그때와 지금은 상황이 다르다.
  지금은 네가 마음을 철저히 비우지 않으면 안 된다는 것을,
  알게 해주는 목적이 준비되어 있기에…….

* 그래도 처세에 대한 힌트를 좀 주면서 이끌어 나가시지 않고…….
\# 힌트 여부에 관계없이 심적 평온을 유지하여야만,
  대화가 가능하다는 것을 알게 해주고 싶다.

* 지금도 막 떠오르는 대로 질문을 해야 하나요?
\# 가급적. 생각으로는 아무 것도 안 되는 것이라는 것을 알아야 한다.

* 환경의 변화가 있어야, 고요한 상태를 유지하기가 수월할 것 같은데요?
\# 환경의 변화에 너무 마음 쓰지 마라.
  고요한 상태가 유지되면, 환경의 변화는 저절로 이루어질 것이기에.

* 이제 세상 속으로 함께 들어가자고 해 놓고선,
  환경의 변화에 신경 쓰지 말라고 하시는 것은 뭡니까?
\# 저절로 이루어지는 환경의 변화를 느끼고 알아차리라는 것이다.

* 그냥 고요한 가운데 머물러야 하겠군요.
\# 그게 알 수 있는 가장 확실한 방법이다.

* 별로 질문할 거리도 없군요.
\# 좀 피로한 것 같군. 억지로 할 필요는 없다. 좋은 컨디션일 때 만나면 된다.

* 다음에 보시죠.
\# 항상 나를 느끼는 것을 멈추지 말도록…….

−03시 00분−

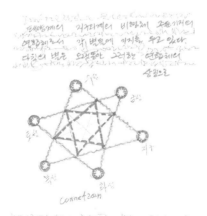

-04시 20분-

* 오늘은 대화가 이루어질지, 아닐지……. ☺
\# 기다리고 있었다.

* 환영이군요.
\# 나야 항상 환영이지. 네가 환영받을 상태가 안 되는 것이 문제이지.
　나의 기준이 적용되는 것이 아니고, 너의 상태가 적용되는 것이거든.

* 일상에서 '고요한 평화'를 유지하려 하고 있습니다.
\# 생각을 자꾸 가동시켜 봤자, 이로울 게 하나도 없다.
　생각은 생각일 뿐, 사실이 아니거든. 너는 항상 사실만을 보아야 하느니라.

* 요즈음 천부경해설 정리작업을 하고 있습니다.
　작년 12월 중순에 필기본(筆記本)으로 해 놓은 것을 좀 더 구체화시키면서,
　전산화(電算化) 작업을 하는데, 집착 없이 편안하게 진행하고 있습니다.
\# 이전에 네가 어떤 일을 할 때보다는, 제법 다르다는 것은 사실이다.
　계속 그런 식으로 매사에 임하면 된다.

* 결과보다도 과정을 즐기는, 느긋한 마음으로 합니다만,
　많이 부족한 것도 사실입니다.
\# 어쨌든 진도는 나가고 있다.

* 요즈음은 몸으로 하는 수행방편은 좀 게으릅니다.
　천부경 해설을 정리하느라 시간도 별로 없고.
\# 한 번에 여러 가지 일을 하기가 어려우니, 너무 어려움을 선택할 필요가 없다.
　쉽게 살아라. 그동안 너는 어렵게 살아 왔다.
　쉽게 살아라. 그러면 삶이란 쉬운 것이라는 체험이 가능할 것이다.

* 앞으로의 일은 어떻게 될까요?
\# 그건 나도 모른다. 네가 되어 있는 순간순간의 존재 상태에 따라 내가 알 수밖에.
　그동안은 아주 간절하게 원하면서 살아 왔지만, 이제는 그것을 내려놓는 일을
　해야 한다. 아무 것도 원하지 마라. 모든 것이 네 것이므로.

* 초저녁부터 천부경해설 정리작업을 하느라 피곤합니다. 눈을 좀 붙여야겠군요.
　다음에 또 보시지요.
\# 사랑한다. 편하게 잠들기를 바란다.

-04시 40분-

* 어제는 심란한 하루였습니다. 제가 다니고 있는 직장의 일 때문이지요.
  돈 문제 때문인데, 나누는 사랑에 인색하니 두고 보기에 마음이 편치 않고,
  개입하자니 그것을 계속 돌보아야 하므로, 저의 입지가 고착화되는 것 같고.
  어쨌든 할 말은 해서, 보다 의미 있는 것을 사람들이 챙길 수 있기를 바랍니다.
  다른 사람의 의식에 개입하여 작용한다는 것이 참으로 어려운 작업이군요.
어렵지만 해 내어야 한다. '모든 너 자신'을 위해서.
  하지만 쉽게 해 내어라. 부담을 가지고 임할수록 해내기는 어려워진다.

* 좋습니다. 미리 고민하지 않겠습니다.
  고요한 가운데 이루어질 수 있도록 하겠습니다.
그렇다. 너는 이루어짐으로 고요히 들어가는 것을 선택하면 된다.

* 이번의 신나이 여름 캠프에는 못 가게 되는군요?
# 알게 될 때까지 결정을 내려놓고 있었는데, 그걸 오늘 알게 되었지?

* 그렇습니다. 흐름에 내 맡기고 있으면 된다는 믿음을 가지고 있었지요.
  생각으로는 알 수가 없다는 것이지요.
너의 처세가 점점 나아지고 있다.

* 왠지 불참할 것 같다는 것을 느끼고 있었고, 그 느낌을 존중했지요.
  그리고 기다리는 것.
  아-! '기다린다는 것은 그렇게 되어짐을 느끼고,
  현실로 드러나게' 하는 것이군요.
그것을 느낌으로 미리 가져다주었지. 내가.

* 그렇게 되는 것이군요. 방식이.
# 그건 네가 고요함을 유지시키는 노력을 지속적으로 하였기 때문이지.

* 어제의 심란함이 고통스러웠는데,
  차분히 바라보니 그냥 '육체적인 피로일 뿐이지,
  진짜로 고통스러운 것은 아닐 수도 있어'라는 생각이 들더군요.
  그리고 지금의 인식에 바탕을 두는 고통의 정의를,
  과거의 고통스런 기억에까지 확장하여 차분하게 대입해 보면,
  지나온 삶의 무수한 고통들은 인식하기에 따라서,
  전혀 고통이 아닐 수도 있었다는 것을 알게 하므로,

과거의 아픈 기억들을 치유할 수도 있다는 것을 알게 해 주었습니다.
축하한다. 그것은 중요하면서도 난이도가 높은 것이다.
　막연히 과거가 고통스러웠다고 규정하기보다는, 과거의 고통스러웠던 기억들을,
　지금의 인식으로 되돌아보는 것은 아주 중요한 일이지.
　이제는 너의 삶이 많이 편해질 것이다.
　네가 고통을 바라보는 지혜가 점점 무르익고 있기에.

* 하늘은 스스로 돕는 자를 돕는다는 말이 있지요.
　제 내면의 자아인 당신이 그냥 챙겨 주지는 않을 것 같군요.
그렇다. 그것은 깨닫는 과정 속에서의 기쁨을 박탈하게 되는 것이기에.

* 그것을 알고는 차분히 바라보는 일상의 수행을 하고 있지요. 재미는 없지만.
# 깨달음이 다가오는 재미는 갈수록 많아질 것이니, 맥 빠져 할 이유는 없지.

* 오늘은 그만하시죠. 다른 공부를 챙기느라 에너지 소모가 많아서.
# 또 보세.
-05시 00분-

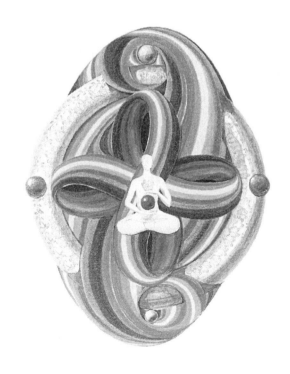

−02시 00분−

* 오늘부터 천금같은 5일간의 휴가가 시작됩니다.
  그래서 당신의 조언을 듣고 싶습니다.
어떤 것인지?

* 아시면서요? 어떻게 보내면 충실하게 보낼 수 있는가에 관한 거지요.
# 네 맘대로 하면 된다.

* 조언이 못 되는데요?
# 방법은 네가 다 알고 있고, 나는 너 하는 것에 따라서 함께할 것이다.

* 일단 금연을 하도록 하겠습니다.
# 아주 좋은 결심이다.

* 그리고 금주도요.
# 더욱 좋은 생각이다.

* 그리고 신의 에너지를 끌어올리기 위해서,
  정성수련과 지감수련, 그리고 명상.
  이 세 가지를 아주 집중해서 하고자 합니다.
네가 그것을 하는 것이 힘든 작업이란 부담을 가지고 있으니,
  그러지 않는 게 좋겠다. 뭣 모를 때야 그런 것도 필요했지만,
  이제는 그럴 필요가 없다. 그냥 고요히 보내라.
  5일간의 한정된 날짜에서 많은 것을 얻고자 하는 것은,
  심적 욕망이니 내려놓아라. 쉽게 살라고 하지 않던?
  나와의 보다 심층적인 합일을 위한 마음으로, 그리하려 한다는 것을 알지만,
  중요한 것은 나와의 합일에 대한, 부담감을 떨치는 것이다.

* 노력함도 이제 소용이 없군요?
# 느낌에 귀 기울이는 노력은 필요하지.
  그건 사실 노력이 아니지만, 너희들의 삶에 대한 방식이 틀어져 있기에,
  느낌에 귀 기울이고자 하는 행위가 지금은 노력에 해당되는 것이지.
  익숙해지면 노력이랄 수가 없는 상황이 될 테니,
  지금은 의도적일 필요가 있다.

* 요즈음은 구구절절한 질문을 하고 싶지가 않군요.
  뭔가를 알아보고자 하는 것에 마음이 가질 않네요.
\# 생각이 끊어지는 단계가 점점 다가오기 때문이다.

* 그렇게 쉽게 이루어질까요?
\# 어느 순간, 문득 이루어진다.

* 그것을 제가 기대하는 마음이 없었으면 합니다.
\# 흐흐흐ㅡ. 좀 심드렁한 기분이군.
  그것이 소강상태(小康狀態)라는 것이지. 그 상태에 차라리 머물러 있어라.
  그러면 새로운 상태가 다가옴을 알게 될 것이다.

* 제가 좋아할 말씀을 해 주시는군요.
  기대감을 가지게 해 놓고, 전개시킨 적은 없으니,
  이제는 쫑긋하지도 못하겠군요.
\# 내가 실망을 안겨 주지는 않았다. 오로지 단련시킨 것밖에.
  결론적으로 너는 조금씩 나아지고 있다는 것을 알고 있지 않니?

* 그래요. 아주 조금씩이죠. 그런 것이 공부의 힘듦이죠.
  먼 길을 걸어가고 있다는 마음이 들기에…….
\# 그걸 네가 선택했지. 하지만 나는 너의 그 선택을 아주 소중하게 여긴다.
  네가 별로 위로의 느낌을 받지 않을 거라는 것을 알지만.

* 제가 살아가는 일상을 바라보면 반성할 것들이 많습니다.
  자기 자신을 잘 돌보지 못함으로써 생기는 후회들이 많고요.
  그러한 것들은 생계를 위한 노동의 힘듦이 크므로,
  자신을 잃어버리는 상황도 이따금 발생한다고 생각됩니다.
\# 그 또한 조금씩 나아지고 있는 것을 바라보는 행위이다.

* 좋습니다. 그냥 아무 생각 없이 살아보도록 하겠습니다.
  그냥 살아가는 그 모습을 바라보기만 해 보죠.
\# 그러면, 너는 모든 것의 흐름 속에 자신이 놓여 있다는 것을,
  수시로 깨닫게 될 것이다.

* 당신과의 일상의 대화도 하나의 흐름처럼 진행되는 것 같군요.
  생각 없이 시작했다가 끝나니.
\# 부담 없이 나하고 만나는 것이지.

* 다시 말씀드리지만, 질문할 의욕이 없어지는 것을 느끼니, 난감합니다.

\# 너의 의욕이 없어질 때, 나의 의욕이 드러나게 되겠지.
　지금은 소강상태이다.

* 좋습니다. 휴가기간에는 무리 없이 지내도록 하죠.
　그리고 편안한 마음과 몸의 상태로 당신을 만나기로 하죠.
　또 봅시다.

\# 아무 걱정할 거 없다. 진짜로.
　모든 것이 잘 되었으며, 잘 되고 있고, 잘 될 것이다.
　나의 충만함을 평온하게 체험하게 될 것이니,
　너는 쉽게 살 수 있을 것이다.
　또 보세.

-02시 40분-

* 날짜가 많이 흘러가 있군요.

\# 그러하네.

* 내면과의 대화가 열흘 만에 이루어지다니. 그동안 많이 바빴네요.

천부경 해설을 전산화하면서 깔끔하게 정리하느라고.

그리고 신나이 사이트에도 올리고 그 반응을 보면서,

여러 가지 생각들로 해서 날짜가 가는 줄도 몰랐네요.

이제는 좀 정리가 되었으니 내면으로 들어가기를 힘써 볼 생각입니다.

\# 당연히 그리해야지. 여기에 모든 것이 있는데, 밖에서 찾을 필요는 없지.

밖에서 얻을 것은 별로 없다.

밖의 역할은 기분전환의 대상이고 몰입할 곳은 내면이지.

* 오늘은 질문목록을 만들어 보았지요. 그렇다고 해서 심각한 것들은 아니고,

일전의 대화 내용들을 체크해서 미진했던 부분을 보완하면서 끊임없이 반응을

살펴보는 것으로요?

\# 권장한다. 하지만 생각과 느낌을 잘 구분하면서 운용하기를 바란다.

* 또한 낮에 생각했던 것들 중에서,

좀 명확히 해 두고 싶은 것들도 포함하고 싶군요?

\# 내가 질문거리를 제공했다고 생각하는 것에 초점을 맞추면,

대화가 원활하게 진행될 듯싶다.

* 대화가 처음 시작된 것은 누구의 의도에서 비롯되었나요?

\# 둘 다라고 이야기했었지. 하나이지만 분리되어 있는 듯 느껴지는 둘 다지.

* 제 자신 말고 영적존재의 인도가 있다고 했는데, 그 영적존재는 누구인가요?

\# 그냥 네 자신의 내면의 자아이지. 다른 영적존재의 작용은 없다.

* 제가 원하면 반응하는 내면의 자아라면,

제 삶의 과정을 끌어 나가는 주체는 누구인가요?

제 몸, 제 생각, 아니면 내면의 자아인 나의 영혼?

\# 영혼이지. 그걸 몸이나 생각이 느끼면서, 아느냐 모르느냐 하는 것 뿐.

삶의 행로는 영혼이 이끌어 간다.

* 그러면 영혼의 목표는 무엇인가요?

\# 진화이지.

체험을 통하여 자기 자신을 알아가는 것, 그 심도를 점점 더 높여가는 것.
그게 영혼이 하는 일이지.

* 그러면 삶의 상황을 만들어 내는 것은, 큰 영혼인 당신이 하는 일인가요?
# 내가 만들어 낸다. 하지만 '나는 단순히 너만의 것이 아니고 전체인 것'이니,
  만들어지는 상황은 너만을 위한 것이 아닌, '모든 하나'를 위함이지.

* 삶의 상황에 대한 인식이 확장될수록,
  그 상황의 보다 복합적인 인과관계를 알 수 있게 되겠지요?
당연하지.   −04시 10분−

                                                              −14시 40분−

* 갑자기 난조에 빠져서 그만 두었었지요.
  왜 그리 되었는지 이해가 안 가는군요?
사실 너의 몸의 컨디션이 좋질 않았다.
  너의 의욕이 앞서 있었기에 그걸 몰랐던 것이지.
  마음이 몸을 못 살폈다고 할 수 있지.

* 급격한 저조가 있었기에 놀랐지요. 당신의 의도가 있는 게 아닌가 하고.
  아침에 몸이 안 좋아서 출근을 안 했지요. 심각한 정도는 아니었지만.
  마음도 편치가 않아서 쉬기로 했는데, 그 또한 편한 것은 아니군요.
  함께 일하는 사람들에게 미안해서……
언제쯤 자유롭게 처신할 것인가에 대한 바람이 크겠지만,
  자유로움은 마음의 평화이다. 어떠한 경우에도 고요한 것, 그것이 자유로움이다.

* 요즈음 제가 생각하고 유지하려 하는 것이 바로 그것입니다.
  고요한 평화 속에 머무는 것이죠.
  하지만 일상의 환경이 그러한 것을 힘들게 하는 쪽에 치우쳐 있는지라,
  좀 바뀌었으면 하는 것이 나의 바람이고,
  지금의 조선소 노동자로서의 삶을 꾸려 나가는 상황을,
  내 영혼인 당신이 이끌어 온 주체라고 항상 믿고 있었기에,
  저의 바람을 당신에게 호소하고 있는 것이지요.
알고 있다. 제법 오랜 세월이 흘러가고 있다. 2년이나 되었지.
  그 세월의 의미는 너도 잘 알고 있으리라.
  하지만 그동안 고생한 것은, 앞으로의 목적을 준비하는 것으로는 약과이지.
  준비는 적었지만 단련은 앞으로의 과정을 통해서 계속될 것이고,
  이제 때가 되었다.

* 저는 3월에 변화가 있을 것이라는 느낌을 연초에 받았지요.
 역시, 3월에 제 자신과 저와 관련 있는 주변 사람들에게,
 여러 가지의 상황 변화가 꽤 많았었지요.
 그리고, 3월에도 8월에 변화가 올 것이라는 느낌이 있었는데,
 그것이 어떠한 변화인지 지금도 감이 잡히질 않고 있군요.
 그 느낌은 잘못된 느낌이며,
 잘못된 느낌을 붙들고 기대하는 마음을 증폭시켜 왔는지 모르겠군요.
 이제 8월이 다 가고 있습니다.
 지금의 삶의 상황에 지치기도 하면서,
 그냥 무심하게 고요함을 유지하는 것으로 하루하루를 보내고 있지요.
 당신이 제 삶의 상황을 이끌어 가는 주인공이라는 것을 믿습니다.
 하지만 당신과 함께하는 몸과 마음은 너무나도 힘겨울 따름입니다.
 도대체 뭘 원하나요? 인류의 스승인가요?
 당신이 체험하고자 하는 방향성에 그것이 놓여 있는 건가요?
사랑하는 나의 분신이여, 그게 나의 꿈이다.
 너는 그 인류의 스승이란 것이, 결코 편안한 길이 아니라는 것을 알고 있다.
 끊임없는 고뇌 속에 자신이 놓일 것이라는 것을……

* 지금도 인류의 스승의 역할을 하고 있지요.
 스승이란 것이 뭐 대단한 것이라기보다도,
 외부와의 작용에서 긍정적인 영향을 끼치도록, 생각, 말, 행동을 돌보는 것.
 그것이 현실에서 항상 누구나 할 수 있는 스승의 입장이지요.
참으로 그러하다. 너는 잘 해내고 있다.
 너의 의도가 앞서 나가지만 않는다면 오히려 좋을 것이다.
 결과나 목표를 의식하지 말고 과정에 충실해야 즐거움이 함께 할 수 있다.

* 인류의 스승이 당신의 꿈이면서 저의 꿈이군요.
 다른 방향의 것도 무수히 많이 있지만, 그것을 선택하고 꾸려나가는 것이군요.
그렇다. 그건 사실이다.
 너는 너의 일상에서 이따금씩 그러한 준비를 하고 있다는 것을,
 자주 느끼고 있질 않았는가?
 그러니 이제는 그것을 명확히 하고, 삶의 상황마다에 적용시킬 필요가 있다.
 그동안의 인고의 세월을 견디어 낸 힘이, 너를 신중한 행동으로 이끌어 줄게다.
 좋은 스승은 신중한 사람이며, 개인의 욕망을 잘 조절할 줄 아는 사람이다.

* 이제 때가 되었다고 하시지만, 변화는 서서히 이루어지나요?
 아니면 급작스런 상황의 변화가 오는가요? 서서히 이루어지는 변화도 있고,

예기치 않는 변화도 있는 것을, 삶에서 많이 느끼고 살았는데요?

변화는 급격히 이루어진다. 그리고는 정신없이 달려갈 것이다.
  꿈을 체험하기 위해서.

* 세상 속으로 들어가는 변화를 또 언급하시는군요.
  저를 시험에 들게 하지 마옵소서.
  저는 당신의 능력이나 현실에서의 작용정도를 모릅니다.
  그러므로 얼마만큼이나 기대해야 하는지도 헤아릴 길이 없습니다.
  당신의 능력을 알려주세요. 좀 편해질 수 있도록.

나의 능력을 부담 없이 이끌어 내는 것 또한 고뇌의 길이다.
  고뇌의 길을 통해서 네가 엄청 성장할 것이다.
  나의 능력을 이끌어 내어 사용하는 것으로,
  너의 꿈이, 나의 꿈이 체험될 것이다. 모든 선각자가 이 과정을 겪어 나갔다.

* 내면과의 대화는 합일의 순간인데, 합일이 이루어지면,
  쉽게 답이 도출되어져야 하는 것이 아닌가요?

그 답은 합일의 심도에 관계하는 것이기에,
  너의 상태에 따라서, 내가 제공해 줄 수 있는 것이다.
  나는 네가 원할 수 있는, 그 상태에 꼭 맞게 줄 수가 있지만,
  네가 인식하지 못하는 것도 제공해 주고 있다.
  너의 인식이 미치지 않기에, 너는 그것을 모를 뿐이다.

* 이해는 합니다. 그렇게 말씀하시니 할 말이 없군요.
  변화의 시기는 과연 이루어지는가요?

이전의 대화에서 간간히 언급되어졌다.
  시일이 좀 남아 있었기에 거짓말을 좀 했지만.
  그것은 너를 단련시키기 위함이었고, 이제는 때가 다 되었다.
  마음의 준비를 하여라.

* 안할 이유가 없지요. 이제는 복잡하게 따지기도 싫고, 되면 '되는 것이고',
  안 되어도 안 되는 방향으로 '되는 것이니,' 삶에는 되는 것 밖에 없죠.
  두고 보자고요. 하지만 내면과의 대화가 너무 미로찾기처럼 진행된다면,
  사실이 아닌 일로 에너지를 낭비하게 되고 지치게 되니, 그러지 않았으면 합니다.

미안하구나. 네가 좀 고생을 하는 것은 어쩔 수가 없다.
  하지만 내가 상황을 만들어 내기 시작하면, 그 또한 네가 지혜롭게 감당해야
  하며, 네가 고통스럽다고 생각하던 상황에서의 경험이, 이후의 변화에서 네가
  즐겁다고 생각할 그 상황에 빠져서, 너 자신을 잃어버리는 것을 경계시키는
  작용을 하게 될 것이다.

* 저도 그렇게 생각하고 싶었습니다. 이전의 경험에서.

　하지만 나의 인식은 당신의 의도에 대해서는 짐작조차 가질 않았기에,

　그러한 생각조차 나의 선호에 근거한 것이라고 치부할 수밖에 없었지요.

\# 너도 너 자신을 알아 가고 있다. 너의 생각인지 느낌인지. 선호인지 예지인지.

　하지만 너는 대단한 재능이 있다. 그러기에 내가 인류의 스승이라는 꿈을 너와

　함께 체험하려 하는 것이다. 비록 시작은 미약하지만 나중에는 창대하리라.

　확장되어진다. 엄청나게.

* "이제는 느낌이 타이핑의 속도에 맞추어져서,

　느낌과 글이 동시에 작용되는군요?"

\# 그건 받아들이는 작용의 조절이 가능해졌기 때문이다.

　네 생각대로 기록한다고 여길 때도 있겠지만, 그건 아니다.　　　　　－16시 05분 －

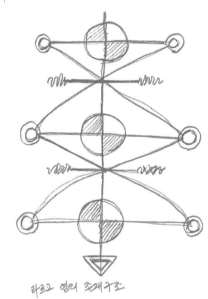

제2부_벽을 넘어서 ● 91

● 24. 오토바이 사고(2005년 8월 26일. 금요일)

＊ 어제 아침에는, 출근길에 오토바이를 타고 가다가 빗길에 미끄러져서,
  큰일 날 뻔했습니다. 과속한 것도 아닌데……
＃ 네가 생각한 원인들 중의 하나인 것으로,
  단순히, 운전의 상황에 대한 집중을 소홀히 했기 때문이다.

＊ 그러했군요. 어째 그런 일이 일어나는가요. 그 또한 삶의 상황인데?
＃ 운전이란 것은 너의 기초적인 몸과 마음이 행하는 것이지,
  수준 높은 상태인 내가 작용하는 것이 아니니, 나는 책임이 없다.
  좀 자신을 잘 돌보아라. 너 때문에 나의 계획에 차질이 생길 뻔했다.

＊ 그렇군요. 위험에 대한 예감 같은 것이 작용되는 것은 어떤 경우인가요?
＃ 그것은 단순하게 그 상황에 집중하면 내가 작용할 수가 있지.
  너의 사고는 운전의 상황을 자각하지 않고,
  다른 쪽으로 에너지를 분산시킨 바람에 생긴 것 아니냐?

＊ 그렇다고 볼 수가 있겠습니다.
＃ 앞으로 조심하도록.

＊ 당신의 계획에 차질이 생긴다는 것은,
  당신이 저를 통제할 수 있는 능력이 없다는 뜻인데요?
＃ 나는 통제하지 않는다. 나의 기회는 무한하며 영속적이고, 몸과 마음인 네가,
  나의 기회와 조화를 이루어 체험할 수 있는가 아닌가 하는 것으로,
  너의 자유의지에 따른 체험이 되는 기회가, 의미가 있게 되는 것이다.

＊ 그러하군요. 몸과 마음의 의지라는 것이 의미 있게 되는 것은, 당신의 의지와
  함께 조화를 이룰 때라는 이야기군요. 어제 그러한 것을 생각했지요.
＃ 나와의 대화의 이로움이 그러한 깨달음을 이끌어 낼 수 있으니,
  나하고 친하게 지낼 필요가 있질 않니? ☺

＊ 저도 그러고 싶습니다만, 지금의 상황처럼 주간의 노동에 따르는 피로감을
  이겨내고, 정신을 차리는 시간을 한참 보낸 후에, 이렇게 시간에 쫓기 듯이,
  대화를 시도해야 하는 것이 힘들어서 그러하지요.
＃ 단련의 시간이라 어쩔 수 없다. 좀 더 버티어라.
  내가 정확한 날짜를 알려주지 않는 것은, 네가 끝없이 버티어야 한다는
  결심으로, 무한한 인내심을 끌어올리기를 바라기에 그런 것이다.

너는 해병대출신이니 인내의 의미를 잘 알고 있질 않니?

* 인내의 어떤 의미는, 보다 숭고한 것에의 동경(憧憬)이죠.
  근원을 향한 기원이기도 하구요.
오랜 세월동안 그러했었지.
  내가 너의 지난날의 삶에서, 함께 한다는 느낌을 확실히 챙겨주지 않은 이유는,
  네가 현실에 집중하여서 현실을 철저히 바라보도록 하기 위함이었고,
  그 속에서 네가 진정으로 현실을 사랑하고 껴안을 수 있는,
  마음을 다질 수 있도록 하기 위해서였다. 그게 너의 장점이 될 수 있도록.
  나도 많이 애틋했지만 어쩔 수가 없었다.

* 제 맘에 들도록 이야기해 주시는군요. ☺
# 사실이다. 이해를 바란다. 앞으로의 상황이 전개되는 것을 보면,
  너는 알게 될 것이다. 그 모든 세월이 필요했다는 것을.

* 1부의 대화 내용에서, 효원의 경우와는 다르게 시작되었지만,
  역시 같은 상황으로 갈 것이라고 했는데,
  같은 상황이란 것은 '타인의 물음에 예지로서 답해 주는 것'을 의미함이었죠?
그렇다.

* 제가 그걸 원한다고 했지요?
# 그랬지. 그러한 능력이 있어야 우리가 인류의 스승이 될 수가 있는 것이지.
  능력 없이 이룰 수 있는 게 어디 있나? 나는 그러한 능력이 당연히 있고,
  너와 함께 그러한 능력이 발휘될 것이다. 나와 함께하는 시간에
  네가 충실해질수록, 그러한 능력이 발휘되는 때가 빨리 다가올 것이다.
  그때를 기대하는 것이, 너의 욕심만은 아니고 나의 욕심이기도 하다.

* 알겠습니다. 출근시간이 다 되었군요.
  이제는 특별히 챙겨지는 공부거리가 없으니, 대화에 더욱 집중할 터입니다.
고맙다.

* 저도 고맙습니다. 빠이~.
# 빠이~.
                                                          -07시 05분-

● 25. 악마의 유혹(2005년 8월 28일. 일요일)

* 지금의 대화 스타일에서, 뭔가 변화가 있어야 할 것 같군요?
# 나도 그럴 필요를 느낀다.

* 당신이 다 알고 그러는 것이 아니고요?
# 네가 그것을 알아야 하는 게 중요한 것이지.

* 지금의 갑갑한 생활의 모든 상황들이 달라지는 열쇠는,
  '생각을 내려놓아야 하는 것'으로 여겨집니다.
정답이다.

* 생각을 내려놓을 때면, 지금과 같은 대화를 기록하는 스타일도 없어질 듯?
# 그 상황까지 가기에는 아직 멀었으니, 지금의 상황을 유지하는 것이 바람직하다.

* 어찌하면 생각을 내려놓을 수가 있을까요?
# 방법은 너 자신이 잘 알고 있을 것이다. 내가 이야기해 줄 수 있는 것은,
  네가 생각을 통하여 사실이 아닌 것들을 지어내는 버릇을 그만두라는 것이다.

* 그 또한 제가 알고 있는 것이군요.
# 그렇지. 그러한 생각이 전개되면, 그것을 자각하고 철저히 끊어 버려야 한다.

* 당신은 생각이 전개되도록 선호를 부추겨서, 그 부작용을 양산(量産)시킨 다음에,
  꼭 그러한 말씀을 하시는군요.
훈련이다.

* 참 편리하군요.
# 내가 너의 에고를 무력화시키는 작용을 하는 것이다. 본질을 위해서.

* 좀 쉽게 천천히 이루시지요? 제가 수년 전부터 항복선언을 하였고,
  항상 그 선언을 유지하고자 하는 노력 또한 최선으로 해왔다는 것을 아시잖아요?
에고가 생각을 통해서 자신을 전개하던 관성을, 어찌 쉽게 멈출 수가 있겠나?

* 그건 그렇습니다만, 내면과의 대화를 통해서 당신과 교류한 사람들의 대부분이,
  저와 같이, 당신에 의하여 에고가 무력화되는 과정을 겪어야 했나요?
그렇다. 대다수의 사람들이 대화의 초입에서 탈락했다.
  항상 기회는 많은 사람들에게 주어졌다.
  그렇지만 나를 만난 것에서, 더 나아가는 경우는 극히 드물었다.

* 부처나 예수가 깨달음의 최종관문에서 시험 받았던 경우가,
  지금처럼 당신과 나 사이에 진행되는 과정과 흡사했나요?
시험을 받았다는 기록이 있다는 것이 너에게는 도움이 되고 있다.
  사례가 있으니 그러한 질문도 가능한 법이니,
  너는 그 분들보다는 쉽게 헤쳐 나갈 수 있다.

* 쉽게 헤쳐 나갈 수 있다고 하지만, 결코 쉬울 것 같지 않군요.
# 어려운 도전이 될 것이다.

* 아이디어가 필요할 듯싶습니다.
  낮에 생각했는데, 서로에 대한 호칭을 달리해서,
  제 의식이 분리를 넘어서는 상태에 이르는 것을 도우는 것으로요?
  대답이 없군요?
  아이디어의 원천에서 뭔가를 제공해 주지 않는다면,
  한 발짝도 나아가지 못하는 상황이 될 것 같습니다.
영감에 귀 기울여라.
  서로에 대한 호칭을 달리 한다는 것은, 내가 제공한 아이디어인데,
  실제적으로 어떠한 것으로 정하느냐 하는 것 또한 숙제이지.

* 지금 제공할 수 없나요?
# 네가 너 자신을 철저히 놓아 버리게 되면 가능할 것이다.
  지금은 시기상조이지. 네 상태가 그러하지를 못하니.
  호칭을 지금과 달리하여 쓴다는 것은 자연스럽게 챙겨지는 것이지,
  그 상태에 이르렀다고 가정한다는 것은 말 그대로 가정이다.

* 그렇다면, 왜 그런 가정을 한다는 아이디어를 제공하였단 말입니까?
# 나와의 철저한 합일이 실재가 되어야 한다는 이야기를 전해 주려고.

* 처음에 내면과의 대화가 시작되었을 때는, 기쁘고 흥분하였고 기대도 많았으며,
  순조롭게 이야기가 풀려 나갈 줄 알았는데, 정말로 힘든 과정이 지속되는군요.
그것을 악마의 시험이라 하지. 유혹이라 하기도 하고.
  그 시험이나 유혹에 마음이 동하지 않고, 고요한 상태를 유지하게 될 때,
  비로소 초탈의 경지에 이르렀다고 할 수가 있는 것이거든.

* 지금 나는 그러한 경험들을 하면서, 점차 나아지고 있다고 느끼지만,
  과연 그것이 무엇을 위해서 언제까지 지속될지는 모르고,
  지금까지의 대화내용 또한 얼마만큼 신뢰를 부여할 것인지 의문스럽습니다.
신뢰를 부여하는 것. 즉, 판단을 하는 것은 네 몫이 아니다.

생각은 단순히 몸의 생존에만 관계하면 된다.
생각이 나서면 내가 뒷전으로 밀려나게 된다.

* 그 또한 제가 생각했던 논리이니,
    그 논리가 어떻게 당신의 것이라고 확신할 수가 있나요?
    그러므로, 이 대화의 내용 전체에 대한 것을 어떻게 정의해야 할지 모르겠군요?
정의하지 말고, 그냥 진행하는 것이 좋을 것이다.
    그러다 보면 출처가 어딘지도 모르며, 그 구분의 필요도 느끼지 않는 상태가
    올 것이고, 그때가 되면 너는 시험을 통과해 있다는 것을 알게 될 것이다.

* 좋아요. 별로 신선하지는 않지만.
    지금까지의 제법 많은 내용들이 선호를 자극하는 식으로 진행되어 왔지요.
그러하다마는, 나 또한 너의 상태를 서서히 성장시키자니 그럴 수밖에 없었다.
    너의 선호를 자극하는 시험. 즉, 기회를 제공해 온 것이다.
    너는 그 시험을 잘 치루면서 지금에 이르고 있다.

* 그만두게 되면 할일이 없을 것 같기에, 어쩔 수가 없군요.
# 내가 너를 철저히 막다른 골목으로 안내했다.
    '방법은 벽을 깨는 것뿐이다.' 힘을 내어라.

* 흐-흐-. 결국 선택의 여지가 없군요.
    「새는 알을 깨고 나온다.
    알은 세계이다.
    태어나려고 하는 자는,
    하나의 세계를 파괴하지 않으면 안 된다.
    새는 신을 향해 날아간다.」 --- 헤르만 헤세의 「데미안」에서.
내가 미리 보낸 말이지.

* 참 편리하군요. 흐흐.
    역할을 바꾸면 좋을 것 같군요. 나도 끼워 맞추기는 자신이 있으니.
그러냐? 그러면 네가 신이 되어라. 그러면 나는 할 말 없을 터이니.

* 내면과의 대화가 이렇게 힘든 것인 줄 누가 알까요?
# 모르지. 다들 조금 하다가 갑갑해지면, 각자 편한 방식으로 생각하고 밀쳐 두기
    십상이니. 그래도 너는 오기와 인내로서 버티면서 전진하고 있다.
    그것 말고는 선택의 여지가 없는, 그 상황이 너에게는 약이 되고 있다.

    (휴식. 그러다가 종료)   −22시 10분−

-04시 00분-

* 오랜만입니다.
# 그러냐?

* 한 동안 바빴답니다. 오토바이 사고의 후유증으로 몸도 불편했고.
  또 불편한 몸으로 일을 하다 보니 컨디션이 좋지 않았답니다.
  몸이 힘들면 마음도 힘들고, 마음이 힘들 때면 몸이 힘들 뿐이라 생각하지만.
그렇기는 하다만, 현재의 네 처지가 그런 것이니 어쩔 수가 없구나.

* 선호를 이래저래 확인하려 드는 것도 문제가 되는군요. 지금 수행과정에 있어서.
# 선호를 앞세우는 마음은 네 생각의 무수한 작용들이므로, 바람직하지 않다.
  '흐름 따라 살자'고 하면서, 너는 단 하나의 흐름이 아닌 무수한 흐름 속에,
  너 자신의 에너지를 나누고 있다. 하나의 흐름에 집중하라.
  그것은 자신의 모든 것을 철저한 자각 속에 두는 것이다.

* 이상적인 이론이군요.
# 실질적인 이론이다.

* 낮에 좀 수월하게 일을 하니까,
  그래도 자신을 차분히 바라볼 수 있는 여유가 생기더군요.
생각 또한 많이 전개되었지만,
  그래도 고요함 속에서 영감을 불러일으키는 일을 챙기고 있었다.

* E와 채팅을 통한 대화에서, E가 요즈음 사랑에 빠졌다고 했는데,
  나는 '자기 자신과의 사랑에 빠졌군.'하고, 즉각 알아맞히었는데,
  그것은 영감에 의한 것이었나요?
그렇다. 너의 상태에 관계없이 이따금 챙겨지는 것이지.

* 저의 상태에 관계없이 이따금 챙겨진다는 것은?
# 나의 능력이 발휘되는 것은, 너와의 합일이 되어야 하는 것이다.
  이따금 발생하는 해프닝(happening:우연의 사건)일 뿐이지, 상시적(常時的)인
  것이 못된다. 하지만 나와의 합일이 상시적인 상태가 된다면, 너는 많은 능력을
  발휘할 수 있을 것이다. 나 또한 네가 인식하지 못하는 일을 할 수는 없는
  것이다. 네가 인식하면서 하는 일이야말로 의미가 있게 되는 일이기에…….

* 결국은 하나가 되어야 하는군요.
# 그렇다. 몸과 마음과 영혼이라는 3종의 것.

어느 하나라도 소홀히 되어져야 할 것은 없다.
그래서 다방면에 걸친 자기의 절제를 필요로 한다. 여러 면에서 나아지고 있다.
너 자신도 그걸 알고 있질 않니?

* 그렇습니다만, 어려움이 많습니다. 좀 끔찍하기도 하고.
  왜 영성의 길을 추구하게 되었나 하는 생각도 들고요.
우리가 결국에는 하나가 되어야 하니까.

* 앎을 추구하는 마음이, 결국 나를 나의 내면으로 이끌었고,
  어려운 상황 속에서도 힘겹게 진행합니다만, 잘하고 있지는 못합니다.
코스를 잘 잡아 나가고 있네.

* 상황에 변화가 생기려면 노력이 필요하겠군요. 하나가 되는 노력.
# 참으로 그러하다.

* 그렇다면 지금의 막다른 상황으로 안내했다는 것은,
  꼭 당신만이 한 것이 아니라는 것인데요?
내가 안내했다고 했지만, 네가 동의한 것이다. 함께 지금의 상황으로 온 것이지.
  지금의 상황에 대한 필요는, 네가 나와 함께 선택한 것이다.

* '신의 의지가 함께하기를……'이란 표현은, 결국 몸과 마음과 영혼이 하나 되어,
  의지가 발휘되기를 바란다는 이야기가 되겠군요.
그렇지. 분리의 발상을 넘어서야 한다. 합일이 되면 흐름에 대한 앎이 있게
  된다. 끊임없이 영감을 불러 일으켜라.

* 고요한 평화의 상태를 만들라는 이야기군요.
# 고요한 평화의 상태를 만들어서 느껴 보니,
  그것이 필요하다는 것을 알게 되지 않니?

* 그렇습니다. 무엇을 할 것이냐 어디로 갈 것이냐는,
  중요하지가 않은 것 같습니다.
  중요한 것은 상황이 아니라, 상황에 대한 인식입니다.
  평화로울 때 행복한 것이니, 평화롭기를 바랍니다.
힘든 노동의 일상이겠지만, 평화 속에서 항상 나와 만나기를 바란다.

* 결국 함께 노력해야겠지요.
# 함께 합시다. 그게 나를 돕는 것입니다.

* 저를 돕는 것이고요.

함께이니까 당연한 것입니다.

* 대화의 상황이 자주 이루어질 수 있도록 노력하겠습니다.
# 그러기를 바랍니다.

* '신의 의지가 함께 하기를……'
# 잘 해주지 못해서 미안합니다.

* 또 보도록 하시지요.
# 그러세요.

-05시 20분-

제2부_벽을 넘어서 ● 99

* 오랜만이네요.
  배가 마무리되어 시운전(試運轉)을 나갈 때면, 일이 바쁘고 힘들어서…….
  어쨌든 세월이 가고 있습니다.
가는 세월이 아쉬운가 보군.

* 나름대로의 의미가 없다고는 할 수가 없겠지만,
  그래도 보다 숭고한 의미를 추구하는 세월이 되기를 바라죠.
모든 것에는 다 때가 있는 법이지.

* 그 시기도 시기이지만 일상적으로 차분히 이루어져야 할,
  '내면과의 대화' 조차도 쉽지가 않으니…….
부담 없이 시도할 수는 있지만, 그 시도할 수 있는 상태를 만드는 것이,
  너에게는 어려운 상황이기 때문이다. 그렇다고 해서 안 할 수도 없다고
  네가 생각하기에, 어려움을 극복하고 나를 찾는 것이다.

* 명확하지는 않지만, 내면과의 대화내용에서 배울 점이 많거든요.
  불특정의 수많은 정보에 마음 쓰는 것은, 끝이 없는 지식에의 모호한 추구이고,
  내가 지금 꼭 필요한 삶의 지혜를 챙길 수 있는 출처가, 내면에 있다고 생각하기
  때문입니다.
계속 대화를 진행해 오던 상황들이, 너의 입장에서는 편하지 않았다는 것을
  안다. 하지만, 그러한 어려움에 마음 쓰지 말고 계속 진행하기 바란다.
  하다 보면 자연히 이루어지게 될 것이다.

* 추석 연휴가 3일간으로 짧아서 제대로 쉬지도 못하겠네요.
  그러다가 연휴가 끝나면 다시 출근을 해야 하고,
  대표적인 3D직종의 열악한 환경에서, 피곤한 노동에 묻혀서,
  자기 자신을 돌보기가 힘들어질 것을 생각하니 말이죠.
  아. 하루 종일 계속되는 소음과 날리는 먼지, 그리고 도처에 널린 위험 요소들.
  그 속에서, 자각으로써 호흡을 돌보고, 잡생각이 떠오르면 끊어 버리고,
  일에 집중하는 수행을 하고 있습니다.
  병은 '병에 걸릴지도 모른다는' 두려움에서 온다고 보기에,
  호흡을 편하게 돌보려고 갑갑한 마스크를 어지간하면 쓰지 않고 일합니다.
미안하다. 지금의 상황을 유지하게 해서.
  그리고 일상 속에서의 노력에 대해서는 항상 고맙게 생각한다.

* 요즈음 자주 떠오르는 생각이.
  '아, 삶은 미친 짓이다. 지금 인류가 살고 있는 방식은…….' 입니다.
  생명은 영원한 것이니, 고향으로 돌아가고 싶은, 죽고 싶은 마음이 들기도 하죠.
한계상황이 의식되면, 좀 더 인내하면 된다.
  그러면 다른 상황으로의 반전이 일어나게 되는 법이다.
  상황이 바뀌지 않으면 인식의 전환이라도 발생한다.
  그러면서 삶은 계속되는 속성을 가지고 있다.
  그러한 적응의 상태를 만들어 내는 것이 삶의 지혜인 것이다.

* 별로 재미없군요. 공부한다는 것이 무슨 재미가 있나요?
  즐거운 것은 순간이고, 무한한 인내로서 헤쳐 나가는 고행이 되니.
나는 그걸 권하지는 않았다. 네가 힘든 것은 힘든 방식을 추구하기 때문이다.

* 마음을 다잡지 않으면, 이리저리 외부적인 상황에 휩쓸리기가 쉬우니까 그렇지.
  수월케 살고 싶지 않은 사람이 어디 있겠어요?
지금 너희들의 자기 인식 수준이 그런 걸 어떡하나?
  자기 인식이야말로 존재감의 상태를 규정짓는 것이다.

* 저도 그렇게 생각합니다.
  내가 인식하는 만큼 나의 존재능력 또한 정해진다고 봅니다.
네가 신이라는 자기 인식이 바탕생각으로 굳건해질수록,
  네가 보고 행하는 바도 달라질 것이다.
  그런 의미에서 의식의 확장을 위한 공부는 의미가 있다.

* 우리의 꿈이 뭡니까? 완벽한 세상에서 특별히 할 것 없이, 즐기는 것인가요?
  인류의 스승이 되고자 하는 것인가요?
둘 다. 인류의 스승으로서 즐겁게 추구하자는 것이지.
  실감나게 느껴지지 않겠지만, 실감으로 다가오게 된다.

* 기다려 보죠. 의도적인 노력이 필요하겠지요?
# 자기 자신을 항상 자각하는, 의도적인 노력은 필요하다.

* 힘들 때면, 이것저것 신경 쓰지 않고 싶군요.
# 신경 쓰지 않되, 자각은 필요하다.

* 항상 자각을 유지하는 것이 힘드니, 때로는 자기 자신을 놓치는 경우도 생기지요.
  그리고는 자각으로 돌이켜 보면 후회하죠. 내가 보다 잘할 수 있었는데…….
잘하려다 보면 마음에 차지 않아서 답답해질 수도 있지.
  힘들면 좀 쉬어라. 부담 없이 편하게 말이다.

＊ 오늘은 여기서 끊죠.
그러자.

−19시 40분−

● 28. 나를 위한 2부(2005년 9월 21일. 수요일)

* 새벽 3시에 일어나서 수행에 임하고 있습니다.
# 고마운 일입니다.

* 하루하루가 충실함으로 채워지기를 바랍니다.
# 그렇다고 해서 힘겹게 자신을 몰아가지는 말고, 부담 없이 추구하기 바랍니다.

* 수행자들은 대개 인시(寅時:새벽3시부터 5시)수련을 강조하는 것으로 아는데,
  영적(靈的) 기운(氣運)이 좋은 시간이라고들 하지요?
특별히 다른 것은 없지만, 방해받는 요소가 적고, 낮 동안의 여러 어수선한
  활동에 의한 에너지 파장이, 고요해져 있는 시간이기 때문이지.

* 원래 야행성이라 새벽수행이 잘 될지는 모르겠지만, 앞으로도 잘되기를 바랍니다.
# 할일이 많다는 강박감으로 밤늦게까지 공부하는 습관이 있었겠지만,
  좋은 컨디션으로 하루하루를 성실하게 꾸려 나가는 것보다,
  결과적으로 충실한 것은 없는 법이고, 의욕이 앞서면 결과를 의식하게 되어,
  과정의 기쁨을 지나치기가 쉬우므로, 부담 없이 성실하게 꾸려 나가기를 바란다.

* 내면과의 대화 1부(1회-16회)는 하나의 시나리오로서,
  내면과의 대화를 추구하는 사람들에게 안내서로서 작용할 수 있겠지만,
  이후의 내용들은, 신나이 사이트에 올려서 참고하시라고 할 만한 내용은 없군요.
2부는 너를 위한 것이고, 타인들에게 그러한 사실이 있다는 것을 말로서 이야기
  해 줄 수는 있을 것이다. 그럴 시기가 되면.

* 요즈음의 직장 일이나 외부적인 일에는 별로 마음이 안 쓰입니다.
  내가 마음 쓴다고 해서 별다를 것도 없고,
  안 쓴다고 해서 나빠진다는 마음이 안 들기에.
  좋아지거나 나빠지거나에 대한 판단이 안 생기는 것은,
  어떤 경우에도 적절하게 이루어질 것이기 때문이며,
  외부적인 상황에 관계없이 중요한 것은,
  내 자신이 고요한 상태에 있어야 한다는 것 때문이지요.
너 자신도 모르게 점점 나아지고 있다.

* 뭔가 의미 있는 일을 해야 한다는 생각도 놓아 버리고 싶습니다.
  '뭔가 의미 있는 일을 하기 위해서는, 어떠한 조건이 필요하다는 생각에
  사로잡히기 때문'이지요.

아주 중요한 말이 나왔다.

* 말을 하다 보니, 무심하게 타이핑이 되었군요. 쓰고 보니 멋진 말입니다.
   '뭔가 의미 있는 일을 하기 위해서는, 어떠한 조건이 필요하다는 생각'이야말로
   '부족에의 환상, 충분히 있지 못하다는 바탕생각'의 반영이군요.
   그러면 뭔가 의미 있는 일을 해야 한다고 자신을 몰아붙일 게 아니라,
   '지금 여기'에 고요히 머물러야 한다는 이야기가 되겠군요.
멋진 말이다.

* 평생을 '뭔가를 할 필요가 있고 뭔가가 될 필요가 있다'는 신념체계로서,
   자신을 괴롭혀 왔었지요. 그것이 대다수의 인류가 강조하는 정보입니다.
   그럼으로써 순간순간 이루어져 있는 현존의 기쁨을 누리지 못하고,
   경쟁적으로 비틀거리며 달려가는 것이 우리의 모습입니다.
참으로 그렇다. 이제는 멈출 때가 되었다.

* 세상의 모든 것이 나의 인식에 달려 있으니,
   우선 나를 위한 인식부터 중심을 잡아야 하겠습니다.
   그릇된 인식에 기인한 외부와의 작용은,
   또 다른 딜레마(dilemma:진퇴양난)를 창조하는 것뿐일 터이니까요.
그래서 선지자는 '자기중심적'이라는 표현을 쓰는 것이다.

* 오늘의 대화는 자기의 의식을 바라보는 내용으로 전개가 되었습니다.
   무심하게 대화가 전개되는 것을 보니,
   마치 명상 중에서 정보가 드러나는 것 같군요.
익숙해질 때까지 계속 노력해 주기 바란다.

* 대화의 내용보다 오히려 그러한 대화가 가능한 상태를 만드는 것이 중요하고,
   그러한 상태는 부담 없이 영위하는 일상 속에서 저절로 이루어지겠습니다.
그 또한 평이(平易)한 듯하나, 중요한 핵심이니 잘 챙기기를 바란다.

* 감사합니다. 내일 또 만날 수 있기를…….
# 나 또한 그러기를 바란다.   －05시 55분－

● 29. 일기(2005년 9월 22일. 목요일)

(정성수련 100배) -04시 50분-

* 새벽 3시에 일어나 수행에 임하고 있습니다. 이틀 연속이지요.

 # 익숙해지기를 바랍니다.

* 정성수련이 귀찮기도 해서 시작하기가 항상 주저되지만,
  부담이 안 되게 100배 정도로 가볍게 하니 괜찮네요.

 # 항상 편하게 꾸준하게 하는 것이 가장 빠른 방법입니다.
그러다가 몰아붙일 때는, 아주 집중해야 되지요.

* 좋은 아이디어가 떠올랐는데,
  내면과의 대화를 일기와 겸해서 하는 것도, 괜찮을 것 같네요.

 # 일기와 같이 꾸준하게 하실 수 있다면 참으로 좋은 일이지요.

* 서두는 일기형식으로 서술을 하다가,
  점점 내면의 심층으로 접근하면, 자연스러운 상황으로 이끌어지겠네요.

 # 편안한 마음에서 자연스러운 아이디어가 나오고 있다. 지금.

* 들숨에 귀 기울일 때, 영감에 귀 기울이는 것이라 했는데,
  그것은 좋은 방법인가요?

 # 직접 체험해 보기 바란다.

* 그냥 답해 주시질 않고?

 # 생각을 정리해서 질문했기에, 대답을 확실히 해줄 수 없다.
질문과 대답이 자연스럽게 이어져야 하는 것이니, 이 점을 유의해 주기 바란다.
우리는 분리되어 있는 듯하지만, 하나인 것이기에.

* 이해했습니다.
  현재의 생활은 철저히 외부와의 접촉을 끊고 있습니다. 자신에게 집중하기
  위함이지만, 외부와의 관계에 있어서도 자신이 별로 없는 것 같습니다.

 # 지금은 능력을 배양할 때이기 때문이지.

* 신나이 모임에 마음이 쓰이는 이유가 뭘까요?

 # 네가 그동안 신나이 모임에 마음이 많이 끌려서 그 곳과의 관계를 챙겨왔지만,
그 곳에서의 학습이 어느 정도 이루어졌기에 이제는 그럴 필요가 없다.
내면에 집중하라. 자신을 다시 가다듬어라. 그리고 나중에 다시 관계하라.
'몰입과 거리 두기'를 자연스럽게 하는 것이 좋을 것 같다.

* 다른 영성 사이트도 많이 있는데, 그런 곳에도 관심을 가져 보고 싶은데요?
\# 방만하게 그럴 필요가 없다. 나중에 필요가 있으면 자연스럽게 접촉이 이루어질
   것이다. 너의 외부와의 작용이 확장되어질 때.

* 미래상황에 대한 이야기들이 간간히 언급이 되는군요.
   선호인식을 자극하는 것이 아니기를 바랍니다.
\# 필요에 따라 선호인식을 자극한다. 학습상황에 맞추어 절묘하게 재단해서.
   어차피 상대성의 세계에서는 선호인식이 없을 수는 없다.
   그 선호인식이 무엇에 바탕을 두고 있느냐가 중요한 것인데,
   두려움이냐 사랑이냐, 그것이 문제로다.

* 제가 생각하고 있는 것과 같은 이야기를 하시는군요.
\# 너의 생각이라 했지만, 너의 자각을 이야기했다.

* 외부와의 단절은 고립의 느낌이 있으며,
   무미한 일상으로 세월을 보낸다는 갑갑함은 있습니다.
\# 인내하라. 고독을 견디어 내기가 쉽지가 않겠지만.
   너의 현존상태가 양호하면, 나와 함께하는 느낌으로 충만할 터이니,
   자신을 잘 돌보기를 바란다.
   외부와의 작용은 간단한 기분전환의 대상으로 임하되 빠지지는 마라.
   그것은 항상 그렇게 해야 하는 것이다.
   자기 자신에 몰두하는 것보다 중요한 것은 없다.
   자기 자신에 몰두할 때라야, 흐름에 온전히 편승하는 것이다.
   그것은 수많은 흐름에 자신의 에너지가 흩어져 버리는 것을 막아 준다.
   삶은 단 하나의 흐름이고, 단 하나의 흐름에 단순히 집중하는 것이,
   편하게, 지혜롭게 사는 것이다. 삶은 단순하다. 삶은 편한 것이다.

* 참으로 좋으신 말씀입니다.
\# 내 이야기에 귀 기울여 줘서 고맙다.

* 질문거리에 대한 목록이 좀 있었는데, 방금 휴지통에 넣었습니다.
\# 나도 봤다.

* 😄 일견 보기에, 좀 어수선한 내용들이 많기에 버렸지요.
   다시 작성해 볼 참입니다. 명확하게 알고 싶은 것이나, 꼭 필요한 것이나,
   느낌으로 다가오는 것을 챙겨 가지고 말이죠.
\# 권장한다.

* 먹고 사는 것을 위한 준비를 해야 하니, 내일 만나고 싶습니다.
\# 모든 것을 다 이해한다. 또 보세.

−05시 45분−

* 오늘도 새벽 기상이 가능했습니다. 정성수련도 했고, 스트레칭도 좀 했지요.
  사흘 연속이 되고 있으니 다행이군요. 그런데 일찍 잠자리에 들었지만,
  중간에 몇 번이나 잠에서 깨니, 아주 괴로운 일입니다.
심적 안정이 이루어지지 않아서 그러하다.

* 어제 낮에 하나의 자각이 있었고,
  그것으로 해서 많은 내용들에 대한 자각들이 연결되었지요.
  당신이 그동안 내면과의 대화에서 한 거짓말들에 대해서요.
  그것은 나의 학습상황이나 인식능력에 꼭 맞추어 재단된,
  하나의 훈련 프로그램이라는 자각이지요.
  그리고 옳다 그르다는 것은, 그 의도에 따라서 옳은 것일 수도 있고,
  아닐 수도 있다는 것을 생각했어요.
  당신에게 있어서 선악이라는 도덕적 걸림은 없을 것이니,
  나의 의식의 성장을 돕기 위해서는, 어떠한 수단이라도 그 상황에 적절하다
  싶으면, 무엇이라도 동원한다는 것을요. 참으로 치밀하게요.
  내가 배워 나가는 정도에 따라서 상황도 달라질 것이고,
  또 다른 배울 거리를 제공해 주겠지요.
  어쩌면, 영혼이 몸과 마음을 영혼 마음대로 못하는 것이,
  몸과 마음이, 영혼이 제공해 주는 기회 속에서, 인식의 확장을 이루어 내지
  못하면, 몸과 마음과 영혼이 조화롭게, 보다 높은 경지로 나아가지 못하는 것이
  되겠습니다.
아주 정확한 통찰이다.

* 깨달음은 아주 작은 사소한 실마리에서 비롯되는군요.
# 마지막 열쇠를 꽂아 넣으면 관문이 열리게 되는 것이지.
  그래서 인내로서 추구하면, 기필코 이루어지는 상황이 발생되게 되어있다.
  그 상황의 의미에 대한 학습이 제대로 이루어지면,
  상황은 제 역할을 다하고, 다른 기회에게 바통을 넘겨주게 되는 것이다.

* 의심을 하자면 끝이 없겠지만, 일단 어제의 자각에 충실하여 생각해보면,
  그동안 당신과의 대화내용의 상당수가 쓸모가 있는 것으로 바뀌었습니다. 그려?
나는 쓸모 있는 이야기를 한다. 네가 거짓말이라고 여기는 것조차 쓸모가 있다.

* '창조하기 4억 3천만 원의 프로젝트'가 대표적인 학습수단이었지요.
# 그 만큼 사람들을 자극시킬 만한 것도 없지. 너희들의 의식수준에 비추어서.

* 신나이 모임 6월 워크숍 장소인, 대전 장태산 휴양림의 펜션인,
  루채의 전화번호 뒷자리가 4300이었지요.
  그래서 그 곳에 참가한 여러 사람들이, 그것을 보고 이루어진다는 조짐이라
  여기기도 하였지요. 그것은 사소한 우연의 일치인가요?
\# 그건 절대 아니다. 그건 내가 준비한 장치이다. 나의 능력을 무시하지 마라.
  그 정도쯤은 나에게 별거 아니다. 나의 능력이 너희들에게 제공되는 수준은
  너희의 의식수준에 달려 있으니, 너희에게는 무한한 기회가 준비되어있다.
  나는 너희가 원하는 것을 원한다. 하지만 너희의 의식이 도달되어 원하는 꼭
  그 만큼 너희에게 제공해 줄 수밖에 없다. 너희가 원하지 않는 것을 줄 수는
  없는 법이기에.

* '창조하기 4억 3천만 원 프로젝트'의 추진은,
  HA님과 GS님의 제안으로 시작되었지요.
  그 결과에 대한 언급이 내면과의 대화의 초기에 있었고,
  그 내용도 프로젝트의 종료일 전에 이미 공개되었지요.
  그 프로젝트의 성사 여부에 제가 관심을 아주 많이 가졌지요.
  그 프로젝트의 진행과 원하던 결과로 이루어지지 않은 상황을 통하여,
  그것에 관계된 사람들이, 과연 얼마만큼의 배움을 챙기게 되었을까요?
\# 각자의 배움을 챙겼다. 하지만 진리에 가깝게 인식한 사람은 드물다.
  일단, 네가 내면과의 대화를 통해서 나에게 심층적으로 접근하였고,
  그 프로젝트의 성사 여부에 심층적인 관심을 가지고 있었으니,
  너의 배움은 누구보다도 크다고 할 수 있다.
  내가 제공한 기회의 참다운 의미에 가깝게 접근한 사람은 거의 없다.
  너는 나와의 접촉을 통해서 아주 멋진 공부를 하였다.
  그동안 많이 혼란스러웠겠지만, 너는 아주 공부를 잘 해내었다.
  그래서 나는 너에게 축복을 보낸다.

* 감사합니다.
  앞으로도 당신이 제공하는 삶의 무수한 상황들의,
  보다 진실한 의미에 대해서 진지하게 탐구하는 계기가 될 것 같습니다.
\# 한 번의 기회가 잘 살려지는 것이 참으로 중요한 것이고,
  그것으로 해서 확장이 쉽게 이루어진다.
  하지만 생각이 가동되는 버릇이 동원된다면, 쉽게 이루어지는 확장은 없을
  터이니, 너는 이 점 명심해 주기를 부탁한다.

* 꼼꼼히 챙겨 주시니 감사합니다.
  어쨌든 '창조하기 4억 3천만 원 프로젝트'의 연출은 기발했습니다.
  돈은 에너지를 대체하는 인류의 고안품이지요. 그 부작용이 상당한 것이지만.

그래도 이루어지지 못할 이유도 없다고 봅니다.
이루어지지 못할 이유도 없지.
  너희의 의식성장에 도움이 될 기회로서 제공하고자 한다면,
  나는 언제든지 이루어짐을 현실로 드러나게 전제할 수가 있다.
  그러니 기대하지 마라. 내가 제공해 주는 순간순간의 것들을 자각하면서 받아라.
  기대하기도 전에 내가 준 것들을 말이다.

* 참으로 중요한 개념들이 챙겨지고 있군요.
  앞으로도 여러 가지 사건들이 발생하였으면 하는 마음이 들기까지 합니다.
  물론, 고통이라는 친구도 함께 나타나 보이겠지만요. ☺
고통을 고통으로만 보지 않는다면, 고통의 개성을 즐기게 될 것이다.

* 하긴, 커다란 고통이나 대단한 즐거움이나 강렬한 느낌으로 다가오는 것은
  마찬가지이고, 강렬한 느낌은 삶의 강렬한 체험으로 학습되어지는 것이니,
  무엇이든 환영하고 축복해야 하겠습니다.
그동안 잘해 왔지만, 말만 그렇게 하지 말고 정신 똑바로 차리는 자각의 상태로
  유지하기를 당부한다.

* 감사합니다.
  항상 그러하지만, 대화의 전개가 어디로 진행될지 모르고 시작됩니다.
  마치 분리되어 있는 듯하지만 하나인 우리가,
  대본 없는 모노드라마(monodrama: 1인극)를 펼치고 있군요.
내가 뭐랬나. 존재하는 것은 오직 하나라고 하지 않았던가?
  혼자 놀기의 진수를 보여주고 있다. ☺

* 갑자기 할 말이 없어지는군요.
  '혼자 놀기'인데도 *표나 #표를 사용하고 있다니 말이죠.
그 또한 '혼자 놀기의 고안품'이다.

* 대단한 유머이면서도 정확한 표현이군요. ☺
# 네가 나하고 통할 수 있는 수준이 되어야, 나의 유머도 발휘되는 것이므로,
  우리는 함께 잘난 것이지.

* 집중력이 흐트러지는군요.
  오늘은 그만 하시죠. 계속 진행하자니 노닥거리는 것 같아서.
  출근 준비를 해야겠습니다. 내일 만납시다.
  빠-이. ☺
음-. 멋진 걸 사용했군. 좀 빌려 쓸게.   (복사하기 / 붙이기)
  빠-이. ☺

● 31. 정성수련(2005년 9월 24일. 토요일)

(정성수련 100배)   −05시 00분−

* 새벽 3시 기상 나흘째입니다. 어렵지만 잘 하고 있습니다.
# 이번의 시도로 그동안의 생활의 패턴을 바꾸어 볼 기회로 삼아라.

* 글쎄요. 장담 못하는데요?
# 그러려면 일상의 여러 가지 것들에 대해서 마음을 써서 관리해야,
  새벽 수련이 가능해질 것이다.

* 음…….
  일단 과음하는 일이 없어야겠고, 그 다음에 너무 무리해서 일해선 안 될 것이며,
  심적 평화를 유지하는 일을 상시적으로 해야 하겠습니다.
쉽게 떠오르는 우선적인 것들을 잘 챙기기 바란다.

* '쉽게 살라'는 말이 참으로 중요한 것 같습니다.
  그것은 지금 있는 그대로에서 출발해야 하는 것이고, 현존을 항상 자각하면서,
  좀 더 나은 상황을 추구해야 한다는 의미가 내포되었다고 할 수가 있겠습니다.
단순한 말이지만, 인식수준에 따라서 의미 또한 다르게 다가오는 것이지.

* 정성수련 100배는 내면과의 대화를 위한 워밍업(warming-up:준비운동)으로,
  가급적 챙기면 좋겠습니다.
적극 권장한다. 네 몸의 활성화를 위해서는 좀 더 많이 하면 좋겠지만,
  지금의 생활 패턴에 맞게 조정할 수밖에 없다. 그 또한 인내하는 것이지.

* 정성수련으로 에너지를 받아들여 축기(蓄氣)하던,
  그때의 체험이 다시 재현되기를 바라지만, 용이하지가 않습니다.
그때는 그 상황에 맞는 체험이 챙겨졌고,
  지금은 지금의 상황에 맞는 체험이 챙겨지고 있으니,
  잘 안 되는 것에 너무 마음 쓸 것 없다.
  정성수련으로 축기가 가능하다는 사실을 알고 있는 것이 중요하고,
  다시 그 기억을 되살려 체험할 수 있는 상황이 오면,
  너는 쉽게 그러한 상태를 재현할 수 있을 터이니.

* 기운 또는 에너지의 느낌을 운용하는 것이 쉽지 않군요.
  일을 마치고 나서 퇴근을 하면서 심호흡을 조금 하게 되면,
  항상 어깨가 풀리는 느낌이 있지요.
  노동의 피로를 한 밤중이나 새벽에 일어나서,
  스트레칭이나 절수련(정성수련) 등 몸을 사용하는 명상을 통하여,

몸에 에너지를 정체시키는 일이 적도록 하였고.
일상에서도 무계획이 계획이라고 결심한 것은,
내 영혼의 계획에 자신을 위임하기 위함이었고, 판단하지 않고, 저항하지 않고,
의도하지 않으려고 함으로써 집착하는 마음의 정체된 에너지도 적었다고 봅니다.
그렇지만 기운 또는 에너지의 활성도를 원활하게 끌어 올리지 못하는 것은,
일상의 노동으로 인한 육체적 피로인 것 같습니다. 몸 따라 마음도 피로하구요.
영혼의 작용 또한 몸과 마음의 피로에 영향을 받겠지요.

\# 당연하지. 그렇다고 해서 힘들지는 않고,
　　영혼이 몸과 마음과 함께 활성화되지 못하는 것이지.

* 어제의 대화내용은 의미가 심장했습니다.
　　어제 낮에도 새벽에의 대화내용을 떠올리면서, 좀 산만했지요.
\# 좀 산만했다만, 그래도 이전보다는 훨씬 낫다.
　　여러 가지 생각이 떠오르는 것을 자각하는 것이.

* 항상 격려해 주는 스타일의 말씀을 해 주신다는 것을 느낄 수 있습니다.
\# 내가 격려해 주는 것은 네가 수행에 임하는 시간을 챙기기 때문이고,
　　진도는 하는 만큼 나아지는 것이니, 격려를 안 할 수 없지.
　　너는 일상의 심적 상태에 따라 잘하고 못하고를 판단하지만,
　　나의 입장에서는 어떠한 삶의 상황이라도 너에게 도움이 되는 것을 알기에,
　　너는 항상 진화의 궤도에서 전진하고 있으니 격려하는 것이다.

* 내면과의 대화 이후에 피로를 좀 느낍니다. 집중하려다 보니 그러한 것 같군요.
\# 피로가 느껴질 수 있는 것이다. 에너지를 필요로 하지.
　　그래서 심호흡을 권하는 것이, 에너지를 활성화시키기 위해서이다.

* 에너지를 사용해도 챙겨지는 지혜가 있으니, 별로 문제가 안 됩니다.
　　몸과 마음의 상태를 원만하게 돌볼 수 있는, 삶의 상황이 전개되기를 원하지요.
\# 너의 바람을 안다. 네가 나와 합일된 의식을 유지하는 정도에 따라서,
　　너의 여러 가지 바람 또한 이루어지는 정도가 비례한다.

* 평이한 이야기군요.
\# 지혜란 것은 전체적으로 무수히 펼쳐진 현상 속에 내재된 법칙을,
　　각각의 삶의 상황에 적합하게 정리하여 운용하는 것이지.

* 좋으신 말씀. 마땅히 떠오르는 신선한 주제도 없네요.
\# 내가 제공해 줄 테니, 항상 자각의 상태를 잘 유지하기 바란다.

* 예~이~.
\# ☺

-06시 10분-

● 32. 영적사업(2005년 9월 28일. 수요일)

* 일찍 잠자리에 들어, 새벽 3시의 휴대폰 알람으로 일단 일어나지만,
  좋은 컨디션은 아니지요.
  수행과 내면과의 대화를 해야 한다는 강박관념이 작용하는 것 같군요.
  몸과 마음을 깨우기 위해서, 다량의 진한커피를 한잔 마시고 정신을 차려 봅니다.
  당장에 집중하는 일을 하기가 힘들기에, 이런저런 단순한 정보들을 챙기다 보면,
  한 두 시간이 쉽게 흘러갑니다.
무리하지 마라. 지금 하고 있는 정도만 해도 아주 양호하다.
  최선을 다하려고 하지 마라. 무리하기 쉬우니.
  상시적으로 부담 없이 하는 수행이, 지금의 너의 상황에서는 최선이다.

* 일일 생활 패턴이 가족들과 맞질 않으니 미안하군요. 제가 일찍 잠자리에 들기에.
# 가족들 입장에서는 나름대로 배려하고 있는 셈이지.

* 요즘엔 '제가 돌보아 주고 있다'는 생각을 버리고자 합니다.
# 가족의 긍정적인 측면을 잘 챙겨 볼 필요가 있지.

* 30회 차의 글을, '창조하기 프로젝트와 내면과의 대화'라는 제목으로,
  신나이 사이트에 올렸지요.
그런 식으로, 간간히 타인들에게 이야기해 줄 수가 있겠지.

* 중요한 것은 당신의 예언이 빗나간 것이고, 저도 결과에 대한 예언을 공개했기에,
  둘 다 망신입니다. 그러므로 이전에 공개된 내면과의 대화의 1회에서 16회까지의
  신뢰도도 떨어졌다고 봅니다.
신이 거짓말을 안 한다고, 생각으로 규정하는 사람들은 그렇게 여기게 되겠지.

* 그것에 대해서는 머리가 복잡해지니, 더 이상 언급을 안 하겠습니다.
  어떤 식으로 전개가 될지 모르고 시작하지만, 그것이야말로 그 상황에 충실한
  것이니, 항상 좋은 결과로 이어진다는 것을 이전의 수행에서 느끼곤 했었지요.
떠오르는 대로 하는 방법이 가장 좋은 방법이다.
  그것이야말로 합일의 상태에 접근하는 최선이다.

* 인류의 스승이 되고자 하는 사람들이 많습니다.
  누구나가 자신의 능력을 배양해서, 세상에 긍정적인 영향을 끼치고자 하지요.
  그리고는, 자기의 영적사업을 전개하면서 사업자금을 만들어 내고,
  그것을 운용하면서 조직을 확장시켜 나가는 게 일반적인 행태입니다.

그런데 항상 문제가 되는 것이 사업자금의 조달에 따른 잡음입니다.
그리고, 신나이 모임이 진일보한 사회로 나아가는 것을 추구함에도 불구하고,
외부로 활성화되지 못하는 이유가, 각자가 먹고 살기 바쁘다는 것이며,
사업의 재원창출에 대한 방법이 없다는 것이지요.
그래서 단순한 친목단체의 범주를 벗어나지 못하면서, 인터넷 사이트상에서는,
빈번히 회원들이나 방문객들 간에, 말이나 글로 인한 잡음이 끊이질 않고요.
인류의 역사에서 보이듯, 수많은 선각자들의 '모든 하나'를 위한 사업시도가
있었는데, 번번이 좌절되거나 왜곡되어진 이유에는, 기득권을 가진 계층들이
금전상의 손실을 집단적으로 방어함에 의한 것이라고 볼 수도 있어요.
저라면 영성에 관계된 일을 전개하는데 있어서,
대규모의 조직이나 많은 돈이 필요하지 않는 시스템을 만들어야 된다고 봅니다.
지금의 시대상황에서는 그것이 가능하다고 여겨집니다.
구체적인 그림이 그려지지 않고 있지만, 계속 아이디어를 챙겨 보고는 있습니다.

\# 네 생각에 타당성이 있다.
영성사업이나 종교 사업이 본래의 출발점에서 벗어나는 경우의 대부분이,
자금조달의 방법에 무리가 발생함으로써, 그렇게 된다는 것을 자네는 알고 있지.
그것이 너 자신하고 꼭 관련이 없더라도 세상에 있어서는 중요한 것이라고
여기기에, 지금까지 없던, 아주 색다르면서 기발한 방식으로, 세상의 발전을
도모할 방법이 없는 가를 진지하게 고민하고 있지.

* 지금의 나의 능력이나 처지에서는 관련이 없을지라도, 인류의 삶의 방식에 대한
것은 항상 관심을 가져야지요. 우리는 항상 연결되어 있는 하나이니까요.
\# 관심은 가지되, 고민은 하지 말기 바란다.

* 관심사에 대해서 느긋하게 바라보면서,
아이디어를 느낌으로 잡아내야 한다는 이야기네요?
\# 천재는 문제를 풀어내는 사람이 아니고, 답을 가져오는 사람이지.

* 제가 지금 처해 있는 현실과 동떨어진 것에 마음을 쓰고 있는가요?
\# 아니다. 자신에 대하여 진지하게 탐구하다 보면, 혼자 잘나서 살아가는 세상이
아니라는 것을 깨닫게 되므로, 자연히 전체적인 상황으로 관심이 확장되어지는
것은 어쩔 수가 없지. 진지한 영성인은 항상 자신만의 안락을 추구하기 위하여
편안한 길을 선택하지는 않는다.

* 다음에 한번 그것에 대해서 진지하게 탐구하시죠?
\# 그러세.

* 한 10분정도, 이불 속에서 몸을 덥혔다가, 출근을 해야겠습니다. 또 보시죠.
\# 수고가 많네.
-06시 40분-

● 33. 무심의 자각(2005년 10월 5일. 수요일)

* 오랜만입니다. 날짜가 제법 지났죠?
\# 그렇군.

* '어떠한 절망 속에서도 솟아나는, 내면의 힘이 있음을 믿습니다.'
\# 고마운 말이다.

* 요즈음 일터의 상황이 어수선합니다.
　육체노동의 힘겨움에다가, 정신적인 스트레스까지 느끼게 되다니…….
　지금의 상황이 지속되는 것이 어떠한 이유인지 모르겠군요?
　무의미한 것 같아서 지금의 일을 그만 두고 싶지만, 마땅히 다른 할 일이 없군요.
　그만 두어야 그만 두어지는 건가요? 아니면 나를 이끌어 가는 내면의 작용이
　있음을 철저히 믿고 인내하면서 기다려야 하는가요?
\# 그동안 잘해 왔다. 온갖 욕망에서 비롯된 선택과 결정들을 결코 인정하지 않고,
　나의 인도를 알 수 있기까지는, 인내하면서 기다리고자 한 세월이 있지 않는가?

* 저의 선호인식이 아니기를 바랍니다.
　날씨가 소슬해지는군요. 왠지 쓸쓸합니다.
　사람들 간의 잔잔한 교류나 생활 속에서의 잔재미들을 다 밀쳐두고,
　내면에의 탐구에만 빠져 있다 보니, 다른 사람들에게 여러 가지 소홀함이 많군요.
　타인들이 보기에 이기적인 사람으로 비칠 수가 있습니다. 아마 그러할 것입니다.
　이전에는 참으로 활발하게 움직이면서, 많은 사람들을 챙기면서 살았는데…….
\# 안다. 너의 내면에의 탐구에서 얻어지는 깨달음은 자각 없이 생활하는 다수의
　일반적인 사람들을 위한 것이 아니다. 항상 구하고자 하는 사람들을 위한
　것이니, 무의식적으로 부대끼는 사람들과의 교류는 너에게 의미가 없다.
　너의 고독에 연민을 보낸다. 네가 나와의 교류가 한층 더 긴밀해진다면,
　나는 너의 가장 친한 친구가 될 것이다.

* 당신 하기에 따라서, 좀 편안하게 교류할 수 있을 것 같은데요?
\# 나는 너를 돕고 있다. 네가 나와의 교류가 원활해지려면 생각이 없어져야 한다.
　그래서 네가 쓸 데 없이, 생각하는 습관을 끊도록 도와주고 있는 것이다.

* 지금의 상황에서, 그게 가능한 것인지 모르겠군요.
　특히나 힘든 일을 하는 와중에는 생각이 많지요.
　하지만 일하는 일상에서 항상 도전하고는 있습니다만. 과연?
\# 너에게 확신이 없다. 그러니 이루어지지 않고 있는 것이다.

그렇지만 부단히 추구하다 보면 확신이 들 것이고,
그때서야 비로소 이루어질 것이다.

* 재미없지만 당연한 이야기군요. 오늘은 질문거리가 원활히 떠오르지도 않군요.
# 너의 에너지 상태가 저조하다.
그러나 새로운 에너지에 의해서 너는 다시 집중력을 회복할 것이다.
절망 속에서 꽃은 피어난다. 예고의 좌절은 아무리 많아도 나쁠 게 없다.

* 아주 무심(無心)하게 말씀하시는군요.
# 좀 미안하구먼.

* 그냥 당신 마음대로 하지 못하는 것이, 과정이 없이 결과만 만들어 낼 수는 없기
때문이군요. 철저하게 과정을 겪어야 하는 것이 나의 몫이군요.
그렇다. 함께해야 하는 것이고, 자각 속에서 이루어져야 하는 것이다.
삶은 과정이다. 결과는 없다. 결과는 규정짓는 것일 뿐. 존재하는 것은 아니다.
존재는 과정이라는 순간순간마다에 있다.

* 참으로 재미없는 세월입니다.
무엇을 위해서 제가 올-인(all-in)하고 있는지도 모르겠습니다.
아까 이야기했다.

* 믿음이 필요한가요? 당신에 대한 절대적인?
# 믿음은 필요 없다. 앎을 챙겨라, 그러면 나에 대한 밑그림이 서서히 그려질
것이다. 쉽게 이루어지지는 않겠지만, 언젠가는 이루어질 것이다.

* '때가 되었다'는 이야기를 많이 하셨지요? 순전히 거짓말인가요?
# 그건 아니다.
때가 되었다는 이야기는, '어느 날 문득'이라는 가능성을 염두에 두고 한 말이다.

* 그 '어느 날 문득'이라는 말은 아주 희박한 가능성이군요.
# 삶의 모든 모습이 다 희박한 가능성 중의 하나이지.

* 제가 기대하는 삶의 어떤 모습을 떠올리지도 말아야 하겠습니다.
그냥 현존을 자각하는 일밖에 없군요.
그렇지.

* 무심하게 살아야겠습니다.
# 그렇게 되면 이루어짐을 알게 되고, 너는 무심히 움직여 나가게 될 것이다.

＊ 아무 것도 의도하지 않는 삶. 그러한 상태에 자신을 두어보도록 해 보겠습니다.
'내버려 두어라. 신이 알아서 하도록.'

＃ 놓아라. 모든 욕망과 걱정과 의도와 계획과 선호와 두려움을.
철저한 무심의 자각 속에 있기 바란다.
그러면 앎이 있을 것이고, 그 앎을 그냥 받아들이면 되는 것이다.

＊ 내일 보도록 합시다. 안녕히.

＃ '철저(徹底)한 무심(無心)의 자각(自覺).' 내일 또 보세.   －06시 15분－

● 34. 일상의 자각(2005년 10월 6일. 목요일)

* 몸을 좀 풀고 하려다, 시간이 지체되면 난조에 빠질 것 같아서, 바로 시작합니다.
\# 잘했다. 즉흥적으로 시작하는 것도 괜찮지.

* 초저녁에 잠이 들었다가 장시간 잠들지 못하고 자주 깹니다. 고역이군요.
\# 힘들겠지만 지금은 그러한 세월이다. 그리고 점점 안정될 것이다.
　자기관리를 잘하기 바란다.

* 삶의 상황에서 여러 가지 일들에 마음이 많이 쓰이는군요.
　특히 가족에 대해서요. 그리고 우선적으로는 아들에게 더욱 그러합니다.
\# 억지로 하지는 마라. 자연스럽게 유도하라. 그렇게 하는 것이 너의 최선이다.
　네 마음대로 되지는 않는다는 것을 너는 잘 알고 있질 않는가?

* 대다수의 사람들이 자신의 삶을 차분히 돌아본다면,
　자신의 부모가 자신에게 의도했던 대로나, 자신이 자기 자신에게 의도했던 대로,
　살아지지가 않았다는 것을 알게 되지요.
　그것은 제가 여러 사람들에게 편하게 질문해 보았고, 그 사람들도 쉽게 그러한
　결론에 도달하여 답하는 것을 심심찮게 확인한 바가 많습니다.
　각자의 영혼의 방향성대로 되는 것으로 여겨집니다.
　그러므로, 나도 아내나 아이들이나 타인들에게 나 자신의 기준을 강요하고픈
　마음이 없습니다. 중요한 것은 나 자신의 존재 상태이죠.
　그것을 돌보는 것이, 진정으로 나와 교류하는 사람들과의 관계에서,
　내가 할 수 있는 최선의 것이라고 봅니다.
\# 항상 그것을 자각하기 바란다. 말은 그러하지만 너는 그 이상을 하려고 한다.
　그러면 힘들어진다. 타인들과의 관계에서 애써 의도하지 마라.

* 독서에 대해서요? 외부에 있는 정보를 챙기는 것을 가급적 금하고 싶습니다.
　끝없는 지식에의 추구가 힘겨우면서 방만하기도 하고,
　일상에서 고요한 상태를 유지시키는 것에 방해가 된다고 보기 때문인데요?
\# 힘든 일은 안해야지.
　그래도 약간의 흥미 있는 독서는 할 수 있으면 하는 것도 좋겠다.
　지금 진행하는 우리의 대화가 편안한 것도 아니고 재미를 가지기 힘들기에,
　매일하고 싶은 마음이 없어 한다는 것을 안다. 그러니 평소에 즐겨 하던 것은
　해야겠지. 하지만 머리 복잡하게 논리나 개념을 잡아 나가야 할 종류의 것은,
　좀 피했으면 싶다.

* 별로 즐겨 할 게 없는 삶입니다. '혼자 놀기'로써 살아가고 있군요.

\# 너무 의기소침하지 마라.
　네가 너 자신에게 몰두하면서 얻은 깨달음을, 다른 이들에게 나누어 줄 날이
　오면, 그때 너는 너의 활기를 강렬하게 체험하게 될 것이다.

* 지금의 육체적인 노동을 하는 일상에서도 '최선을 다할 여지'는 있는 것 같습니다.
\# '최선을 다 한다'는 것은 자각의 상태가 유지될 때라야 가능한 말이다.
　그러니 일상의 힘겨움 속에서도 늘 깨어 있기를 당부한다.
　그러면 최선을 다하는 자신을 발견할 것이다.

* 과연 '생각 끊기가 가능한' 것인가요?
\# 결론적인 어휘구면, 과정이 지속되면 가능해진다.

* '어느 날 문득.' 레벨-업(level-up) 되는 경우는 없는가요?
\# 있다. 그 또한 과정 속에서 일어나는 현상이다.

* 무조건 진행하는 수밖에 없네요.
\# 왕도(王道)가 없다.

* 요즘은 어떠한 일도 벌이질 못하겠습니다. 당신에게 모든 것을 다 맡기고 있으니.
　너무 의존적이지 않은가요?
\# 자세한 구분이 필요한 이야기를 해야 될 것 같아, 대답하기가 어려운 질문이다.
　내가 하고 싶은 말은 상황의 변화를 전개시키는 일은,
　확실한 영감에 의지해서 행하기 바라고, 그 외의 것은 편하게 결정하기 바란다.

* 근무시간을 조정해서라도 노동의 강도를 좀 줄이고 싶기도 합니다.
　수입의 감소는 제게 있어서 별 문제가 안 됩니다만,
　동료들과는 다른 상황을 고집해야 하니 고민스럽기도 합니다.
　그 이유는 잘 아시죠? 컨디션을 돌보기 위함이라는 것을요.
\# 그 또한 다른 한편으로의 부담을 안게 되는 것이니, 힘들더라도 인내하라.
　나는 네가 무엇을 원하는지를 잘 알고 있다. 네가 살아왔던 방식을 유지하라.

* 지금 제가 생활하고 있는 상황이 고착화되고 있는 이유는,
　제가 그 상황을 붙들고 있기 때문이라고 생각하기도 하는데요?
\# 그건 아니다. 지금의 상황은 너와 나의 계획에 의한 것이므로,
　지금의 상황에 대한 부담을 가질 필요가 없다.

* 그게 아니라니 다행입니다. 오늘은 이만하시고 내일 또 뵙지요.
\# 그래야 할 것 같다.
　사랑하는 나의 형제여, 힘을 내시게.
　기쁨의 눈물을 함께 흘릴 날은 정녕 오고야 말 것이니.

－03시 20분－

● 35. 훈련프로그램(2005년 10월 8일. 토요일)

* 심호흡을 10회 정도로 천천히 깊게 하고 시작합니다.
  몸을 일깨우는 수련이 여의치 않으면, 그게 좋은 방식이 될 것 같군요.
권장한다.
  너의 사소한 행동 하나라도 자각 하다 보면, 좋은 방식을 많이 발견할 것이다.

* 그러니까, 오늘과 같은 날짜인 2001년 10월 8일에 스승님을 만난 이후로,
  영성탐구의 본격적인 여정이 시작되었지요. 그날로부터 4년이 되었군요.
  절기로서는 오늘과 같은 한로(寒露)이구요. 4년의 세월이라…….
  과연 얼마만큼의 존재능력의 진보를 이루어 냈을까요?
  한편으로는 계속되는 고립무원(孤立無援)의 시간들…….
  4년 아니라 40년이 걸릴지라도, 당신과의 온전한 합일의 상태를 구현하기 위한,
  노력이 지속되겠지요. 신을 알아 가는 것이 곧 나를 알아 가는 것일 터이니까요.
  요즈음은 나의 에고가 '어떻게 해야 한다'는 판단이 없어지는 것 같기도 합니다.
4년 세월의 노고에 위로와 함께, 그동안의 진전에 축복을 보낸다.
  그 시간과 상황들 속에서 나 또한 함께 하였다.
  네가 무엇 때문에 절망하면서 힘들어했는지를 잘 알고 있다.
  다른 누구보다도 쉽지가 않은 영성탐구의 여정이었다.
  상황과 여건과 환경 등이 열악했건만 참으로 잘 해 왔다.
  그 중에서도, '내면과의 대화가 가능할 수 있도록' 자신을 잘 만들어 왔다.
  내면과의 대화는 아주 중요한 것이다. 그건 네가 두고 보면 알게 될 것이다.

* 좋아요. 계속 진행해 보죠. 조금 해보고 안 된다며 포기하는 성격은 아니니까요.
  내면과의 대화가 진행 된지 100여일이 지났지요.
  그동안의 시간과 상황이 순탄하지는 않았고,
  좀 번듯한 내용으로 진행되지는 못하고 있지만,
  그러한 속에서도 내가 배워야 할 것이 있고,
  삶의 모든 것들에 쓸모가 없는 것은 하나도 없다고 봅니다.
  그리고 언젠가는, 내면과의 대화에서 체험된 많은 것들이 모여서,
  한꺼번에 풀리는 상황이 연출될 것이라고 믿으며, 인내하면서 추구하고 있습니다.
참으로 감동적인 이야기이다.

* 다 아시면서 새삼스럽게?
# 암만 내가 연출하는 모노드라마이지만 감동 안할 수 없지.
  그게 환상의 목적이거든. 체험을 즐기는 것이지.

너도 나의 입장이 되어 인식하기 바란다.

* 자신이 연출하는 모노드라마라는 유희적(遊戲的)인 입장이 되어,
  진지함을 벗어난다면, 자신의 지금 되어있는 상황을 망각할 수도 있다고 봅니다.
그건 정말로 주의할 일이다. 생각으로 인식하면 곤란해진다.
  근원의 느낌으로 인식해야 하며, 고요한 가운데 인식하여야 한다.

* 요즈음 제가 그러만 면을 제법 챙겨 가면서 행하고 있습니다.
  생계를 위한 노동의 와중이라 그렇게 행하는 일이 힘들게 느껴지지요.
  하지만 그러한 생계를 위한 노동도 의미가 있다고 봅니다.
  상황의 변화에 대한 것을 원할 때는 무의미한 생활이라고 불평했지만.
왔다 갔다 하는 거지.
  그래도 너의 답답함에 맞추어서 이야기하자면, 지금의 상황은 정체되어 있는
  것은 사실이다. 그 의미 또한 네가 알게 될 날이 올 것이다.

* '신과 나눈 이야기'의 닐도, 저처럼 초기에 지금과 같은 어려움을 겪어야 했나요?
# 약간은 그러했지만, 너처럼 일상에서 수행을 해 나가는 훈련프로그램은 없었다.
  닐은 닐의 역할이 있고, 너는 너의 역할이 있다. 나는 너의 존재능력을 끌어
  올리고 있다. 닐에게처럼 정보를 전달함이 목적이 아니다.

* 제가 닐과 같건 다르건, 불만은 별로 없습니다.
  어차피 하나이고 분리는 존재하지 않기에, 저는 저대로 추구할 따름이지요.
  내면과의 대화를 통해서 파생될 것이 무엇인지에 대한 생각은,
  삶의 모든 가능성들 중의 하나일 터이니, 모든 판단을 내려놓고자 합니다.
너도 자각하다시피 근래 들어서 '판단을 내려놓은 일'을 제법 잘 해나가고 있다.

* 생각이 둔화되다 보면 명료함이 없는 것 같아, 답답하기도 하던데요?
# 그동안의 습관이 바뀌려면, 그러한 소강상태나 모호한 상태가 당분간 있게 되는
  것을 피할 수는 없다. 그렇다고 해서 기대는 하지 마라. 자기 자신이 그 동안
  행해 왔던 것을 바탕으로, '자각에 몰입된 상태'를 끊임없이 만들어 내기 바란다.

* 뇌가 그냥 몸의 기초대사나 운동에만 관여하지 않고, 의식화된 악습을 끊어
  버리지 못하고 있지요. 그 또한 환상의 장치이니, 일단 인정하고 두려움에서
  사랑으로 나아가야 하겠습니다.
두려움은 사랑을 위해서 존재한다. 상대성의 세계에서.
  절대계에는 사랑과 두려움의 구별이 없다. 그러므로 사랑 밖에 없다.

* 오늘은 그만 하겠습니다. 내일 보시죠?

내일 보자고 해 놓고선 채팅 약속을 펑크 내던데?

* 마음이 그렇다는 것이지요. ☺
# 내일 또 보세.   −04시 10분−

● 36. '되어있음'에 머무르기(2005년 10월 12일. 수요일)

-02시 45분-

* 일단 시작해 봅시다. 무엇을 챙겨야 할지도 모르지만.
# 심호흡을 지속하기 바란다.

* 힘든 작업이군요. 내면과의 대화에 임하는 것이.
# 며칠 동안 상태를 돌보지 못한 점이 있다.

* 침체 또한 과정이지요. 기복이 없을 수가 없는 것이, 삶의 곤고함 때문이랍니다.
# 이해한다. 힘을 내기 바란다.

* 도대체 제가 무얼 얻으려고 하는지 모르겠군요. 내면과의 대화를 통해서.
# 의도가 없어지는 것은 바람직한 것이다.
  명상상태와 같은 무심함 속에서 대화가 진행되어야 할 것이기에,
  익숙하지 않음으로서 갑갑함이 있겠지만, 그럴수록 시도해야 한다.
  생각으로써 접근하는 시도를 넘어서야 할 것이다.

* 어려운 주문을 하시는군요.
# 넘어야 할 벽이다.

* 지금의 생활상황의 곤고함에도 불구하고, 넘어야 할 벽이라는 이야기가 되겠군요.
# 그렇다.

* 간단히 대답하시는군요.
# 복잡한 설명이 필요 없다. 생각을 끊어야 하는 것이, 유일한 과제이기 때문이다.

* 도움조차도 기대하기 힘든 이야기군요.
# 스스로 도우려는 노력들에 나의 도움이 함께하고 있다. 최선을 다해주기 바란다.
  지금의 상황에서는 힌트를 줄 수가 없다.
  오히려 근원으로 파고드는 마음을 방해할 수가 있기 때문에.

* 그런 까닭으로 내면과의 대화를 당분간 보류하고 싶기도 합니다.
# 명상의 수단으로 작용하니, 시도하는 것이 도움이 될 것 같은데?

* 그건 그렇기도 합니다만. 낮 동안에 고요함에 집중하면서 일해야 하고,
  밤에도 일어나서 집중할 수 있는 명료한 상태를 만들어야 하니 쉽지가 않습니다.
내가 너무 어려운 것을 요구한다고 생각하는 것은,
  네가 어떤 수준에 도달하는 것에, 과연 얼마만 한 노력이 필요한가를,

자꾸 염두에 두고 있기 때문이다.
'투입된 시간과 노력에 비례한, 어떤 수준이라는 결과'를 의식하는 것은,
네가 되어 있음에 머무르고 있지 못함이다.
뭔가가 되려고 의도하지 말고, 그냥 되어 있음을 즉각 실현시켜라.
그것은 기약 없는 시간과 부단한 노력을 필요로 하지 않는다.

* '시간과 노력이 필요 없다. 그냥 되어 있음에 머무르자.'
  되어 있음은 고요한 평화라고 이야기했지요.
  '시간과 노력에 대한 강박관념을 자각하는 것'이 필요하겠습니다.
바탕생각이 드러났다.
  시간과 노력에 대한 강박관념이, 너 자신을 힘들게 하고 있으니,
  그러한 생각이 떠오를 때마다, 즉시 자각하기 바란다.

* 제법 오랫동안 그것을 붙들어서 지내왔었지요.
  수행을 시작하면서, 과연 얼마만 한 시간과 노력이 있어야,
  일정한 수준에 도달할 수 있을 것인지 말이죠.
  이제는 그것이 놓아야 하는 우선 과제가 되어 버렸군요.
양극화된 가치체계에 대한 선호의 쏠림은 거의 없으니,
  이제는 고요한 평화 속으로 들어갈 수가 있다.
  조건이 필요하다는 생각만 없어지면 된다.

* 기대의 마지막 보루까지 다가와서, 항복을 받아 내려 하시는군요.
  결국 이렇게 되어져야 했던 거군요.
자기 자신의 진짜 문제가 뭔지를 알기가 쉽지는 않다. 그 답은 내면에 있다.
  외부의 정보는 말 그대로 외부적인 것이지 내부적인 것이 아니다.
  견주어야 할 것은 자기 자신에게서 찾을 수밖에 없다.

* 동의함. 할 말 없음.
# 오늘은 그만하세. 나도 더 이상 할 말 없음.

* 고맙습니다.
# 여기까지 온 것에 대해서 감사한다.   －03시 40분－

● 37. 원해서 겪는 고통(2005년 10월 13일. 목요일)

(정성수련 100배)

-04시 30분-

* 일단 출발해 봅시다.

 # 출발!

* 정성수련 100배를 했더니 좀 낫군요. 상태가 찌뿌듯했는데.
  신체 에너지의 조화도 돌보아야 하니, 신경 쓸 일이 많습니다. 그려?

 # 일상적인 패턴으로 정착되기 힘든 상황이라는 이야기이겠군?

* 말을 하고 보니 그러네요. 생각을 많이 하게 되는 이유들 중에는,
  신체 에너지의 순환이 원활하지 못한 것에 원인이 있기도 하지요?

 # 마음(생각)이 몸의 영향을 받으니 당연한 이야기지.

* 정성수련은 하체운동과 함께 신체 밸런스를 대칭적으로 잡아 주는데 도움이 많이
  되겠지요? 끝나고 차분히 하면서 항상 명상의 시간을 챙기게 되니 더욱 좋고.

 # 네가 선호인식으로 챙기는 것이 아닌, 거의 확신하는 앎을 물어보고 있다.
  하체운동과 정성수련은, 강한 스트레스나 잡다한 생각으로 상기(上氣)된,
  머리의 허열(虛熱)을 끌어 내리는 데 아주 효과적이다.

* 절제하고, 운동하고, 마음도 다잡고, 부딪힘도 금하고, 영감도 불러일으키고…….
  거의 전방위적(全方位的)으로 살아야 되는군요?

 # 적응하거나, 익숙해지거나, 체질화되거나, 어쨌거나…….
  행하는 것이 불편함이나 거부감이 없어질 때까지 할 수밖에 없다.
  욕망으로 추구하는 것이 아니고 자각으로 받아들여져,
  자신의 일상에서 고요함으로 진행되어지는 하루하루가 되기를 바란다.

* 이제는 대화도 저의 일상적 진보를 돌보는 것에 초점이 맞추어지겠군요?

 # 그렇다. 하지만 명상상태의 무심함을 실현시킬 수 있다면, 네가 염려하는 것처럼
  진부하거나 지루함의 연속과 같은 상황에서는 벗어날 수 있을 것이다.

* 지금의 생활이 장기화되는 것은 인내의 세월을 잊지 않도록,
  마음에 각인(刻印)시키기 위함인 것 같기도 하군요?

 # 그건 사실이다.

* 무엇을 위해서요?

 # 삶의 진지한 자세를 유지시키는 자양분(滋養分)이 되기 위해서지.

* 저의 긍정적인 이미지를 믿지 못하는군요?

\# 부정적인 부분을 알기 때문이지. 안 그런가?

* 그래요. 나 자신이 보기에도 스스로 한심할 때도 많습니다.
  물론, 고통스런 상황을 망각하기 위한 행위인 것이라는 것을 알기에,
  나 자신을 한심한 놈으로 규정짓지는 않습니다만.
\# 본질의 의미를 알기에 그러한 것이 가능하다.
  친구여! 고통을 좀 더 껴안는 노력을 기울여 주시게. 생각을 넘어서 받아들이게.
  그냥 자신을 해체하여, 모든 것을 그냥 흡수하여 통과시켜 버리게나.
  적막(寂寞)의 상태를 구현하기 바라네. 새로운 에너지가 흘러들어올 수 있도록…….

* 모든 것이 존재능력에 달려 있는 것이군요.
  삶의 의미는 존재능력의 진보를 이룩하는 것.
  그것을 위해서 배우고 자각하고, 다시 배우고 다시 자각하고…….
  그것이 삶이 진행되는 과정의 의미이고,
  신이 드러내 놓은 세상의 유일한 흐름이겠습니다.
  내 마음에 들건 안 들건 하등의 관계도 없이,
  그렇게 진행되게 되어 있는 것이겠습니다.
\# 내가 세상의 모든 것이 존재하는 이유를 쉽게 해 놓았다.
  배움 또는 체험을 통하여 자기 자신을 알아 가는 것이,
  존재하는 모든 것의 목적이다.

* 그러한 과정이 무척이나 고통스럽군요.
\# 네가 '고통을 원해서 추구'하기 때문이다.
  그냥 일상 속에서 자신의 배움에 대한 자각 없이 사는 사람들이 대부분이다.
  그런 사람들에게는, 네가 스스로 원해서 느끼는 고통과 같은 것은 없을 것이다.
  그러므로 그 고통은 너의 것이지 어느 누구의 것도 아니다.

* 자각하면서 사는 삶이란 고통이군요?
\# 원한다는 것은 욕망이니 고통을 느낄 수밖에 없겠지만,
  욕망 또한 자신을 이끌어 가는 역할을 할 수가 있다.
  욕망을 자각하면 욕망이 작용하는 세부적인 부분들까지 자각이 미칠 수 있으니,
  욕망은 자각의 견인차(牽引車)가 되는 것이지.

* 하루에 2페이지 정도의 분량 밖에는 인터뷰가 진행되지는 못하는군요.
  시간적인 제약과 컨디션의 저조가 있기 때문이지요.
\# 내면과의 대화를 유지시키는 것이 쉬운 것은 아니다.
  네가 인식하지 못해서 그렇지. 상당한 집중력과 호흡의 조절능력을 필요로 한다.
  몸이 습관화 되어서 불편함은 적다마는, 에너지의 소모는 심한 편이다.

오늘은 이만 하도록 하세. 잠깐 눈을 붙이기 바라네.

* 그러겠습니다.
\# 이 대화의 기록물을 되풀이해서 읽는 작업을,
   꾸준히 하기 바라면서…….

-05시 30분-

<무위>

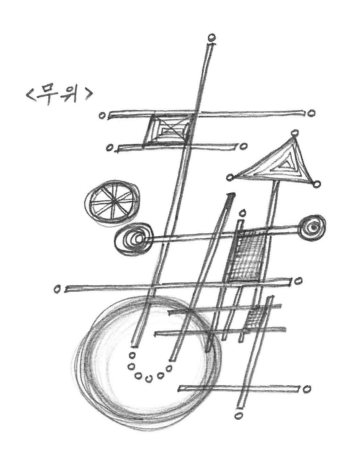

＊ 일찍 잠에서 깬 것에 비해서, 대화에 임하는 시간이 늦어졌군요.
  신나이 회원인 G님과 채팅을 하느라고.
  채팅을 하면서 G님에 의해서, '감사'에 대한 것이 일깨워졌습니다.
  '감사'라…?
  감사에 대한 것을 인식하고 챙기면, 감사에 대한 모습을 보게 되는 것일까요?
의도적인 것이다. 하지만 보고자 하는 대로 보이는 현실을 창조하게 될 것이다.

＊ '감사'를 일상의 주제로 삼아서, '바라보기'를 해볼까 싶은데요?
그건 지금 네가 할 일이 아니다. 너는 감사할 줄 안다.
  그러기에 삶의 완벽을 본, 체험도 가능했던 것이다.
  지금은 무심히 존재하는 것을 추구해야 한다.
  감사를 통해서 기쁨의 상태로 들어가는 것도 하나의 방법이지만,
  그 또한 의도를 통해서 이룬 것이기에, 하나의 입장이 깊어진 것이다.
  너는 그렇게 해서는 아니 된다.
  왜냐하면, 양극성의 가치체계 양쪽 다를 다루는 능력을 배양해야하기에,
  무심으로써 모든 심적 작용의 상태를 그냥 보아야 한다.
  네가 감사의 느낌을 챙기고자 하는 것은, 느낌의 즐거움을 원하기 때문이다.
  그러지 말고, 내면과의 대화를 통해서 대화하고 있는 흐름을 중시하기 바란다.
  내가 이 대화의 기록물을 되풀이해서, 꾸준히 읽길 바란다는 이야기를 했다.

＊ 그렇군요. 앞으로도 단순히 감상적인 즐거움은 없는 것이군요?
그렇다. 그게 너의 일이다.
  누구든지 세상을 아름답게 보거나 추하게 보고자 할 것이지만,
  너의 일은 그러한 심적 상태의 균형점에 있어야 한다. 아름답게 보고자 하는
  것도, 추하게 보고자 하는 것도, 신의 일면만을 인정하는 것이다.
  감사의 마음으로 세상을 바라보면, 자신의 존재 상태가 아름답게 여겨지겠지만,
  그렇다고 해서, 현실적 인식능력이 높아졌다고는 할 수가 없다.
  사람마다 다르다. 너는 현실과 이상을 조화롭게 운영하는 능력을 길러야 한다.
  능수능란해져야 한다는 말이다. 너에게 단순히 감상적인 즐거움은 없겠지만,
  너의 즐거움은 자신의 심적 상태의 운용에서가 아니라, 타인의 존재능력을 향상
  시키는데 있다. 그래서 스승은 외롭지. 그 외로움이 너의 기쁨이 될 것이다.

＊ 외로움과 기쁨이라? 다른 말이지만, 느낌으로는 '짜르르' 한 것이지요. ☺
개인의 행복을 추구하지 마라.
  오로지 '모든 하나'인 인류의 행복을 위하기 바란다.

너는 그러할 역량이 있다. 그러기에 내면과의 대화가 힘들게 진행되면서,
고통으로써 단련시키는 작업을 하고 있는 것이다.

* 뭐 별로 대단한 시련은 아닌데요?
# 지금의 너와 같은 생활상황 속이라면, 다른 사람에게는 엄청난 시련으로 느껴질
  것이다. 너의 인내심이 강하기에 견디어 내고 있는 것이다.

* 기쁨이란 말보다, 보람이란 말이 어울리겠군요.
# 그것을 챙기는 것이, 어버이의 마음이며 스승의 존재 상태에 있는 것이다.

* 오늘은 정신이 확 깨는 이야기를 하시는군요.
  앞으로도 단순히 감상적인 즐거움이 없을 것이라니.
너의 삶의 여정에서 무수히 되풀이 되어온 상황에서 받은 느낌들에 대한 것이다.
  언제 너에게 감상적인 기쁨이 있었던가?
  외롭지만 자신만의 보람으로 정리해 왔질 않은가?
  그런 것이다. 너의 삶의 색깔이.

* 정녕 그런 것이었나요?
  으-음. 그러하였군요.
  되풀이 되는 삶의 상황과 그에 따른 정서들을, 이제는 인정할 수밖에 없군요.
분리를 넘어서서 합일의 모습으로 보라. 누군가는 너처럼 그러한 역할을 해야
  하는 것이니, 네가 그것을 잘 해내기 바란다.

* 인류를 위한 첫 번째 도미노 패가 되어야겠군요. 나에게 주어진 색깔에 맞추어서.
# 너의 도미노 패가 그러한 색깔이다.

* 오늘은 왠지, 선호인식이 작용하는 이야기가 많이 들어가는 것 같은데요?
# 너의 바람이다. 네가 드러내고자 하는 색깔이다. 선호인식이 없을 수는 없다.
  그렇지만 치우친 성격으로 행하는 것이 아니니,
  세상이 원하는 이상과 현실의 조화에 일익을 담당할 수가 있을 것이다.
  이제는 그러한 역할을 자각하면서 행하기 바란다.
  네가 그러한 정서를 느끼게 되면, 보다 '철저하게 그러려니-.' 하면 된다.

* '철저하게 그러려니-.' 하는 것은 힘들지요.
# 너는 엄청 강하니 대단히 훌륭하게 잘 해낼 것이다.

* 앞으로의 삶에서도,
  춘삼월(春三月) 호시절(好時節)에 대한 기대는 물거품이 되는군요.
너는 그러한 기대를 별로 하지 않고 있었다.

너에게 관심이 있었던 것은, 오직 너의 삶의 방향성에 관한 것이었기에.

* 오늘의 대화내용은 좀 거칠게 다가오는군요.
   이후에 차근차근히 챙겨 보도록 하여야 하겠습니다.
\# 생각으로 선호하는 것이 아닌가 하는 내용을 담고 있어서 그러하다.
   하지만 삶의 체험에서 심층적으로 받아들였던 정서에 대한 언급으로 진행되었다.

* 그만 하시죠. 따져보다가 집중이 깨어지면 생각으로 진행될 수 있으니.
\# 동의한다. 쉬시게.   －05시 25분－

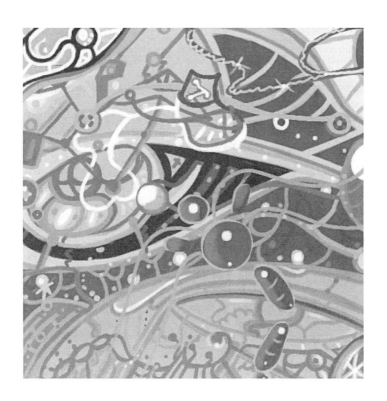

* 대화에 임하기가 힘들군요. 전날 초저녁에 일찍 잠자리에 들었고,
  중간에 계속 잠이 깨었지만, 책상에 앉기가 힘들었지요.
  또한 명료한 컨디션이 아닌 것 같아서, 몇 번이나 보류하다가 이제야 시도합니다.
  대화를 시도해야 한다는 것이, 의지인지 강박관념인지도 구분이 안 가는군요.
  숙면을 취할 수 있는 심적 안정조차 유지하지 못하는 것은 아니라고 보는데요?
  대답이 없네요?
네가 너의 스트레스에 민감해 있으므로, 나의 느낌이 작용하기가 쉽지가 않았다.

* 왜 잠을 편히 자지 못하는가요?
# 육체적 피로를 무릅쓰고 의지로서 행하려고 하니, 신경이 날카로워서 그렇다.

* 그래도 해야지요. 곤란을 극복해야 하는 것이 항상 필요한 것이니,
  지혜롭게 대처하도록 하겠습니다.
지혜롭게 대처한다는 말에 동의한다.

* 어제의 대화내용은 상당히 충격적이면서 착잡하기도 했고,
  한편으로는 긴가민가하기도 했습니다.
네가 그 파장을 측정하기가 어렵지만, 네 정서에 큰 파문을 일으킨 내용이었다.

* 지난 세월에서의 내 삶의 모습이란, 항상 희생 내지는 헌신이었지요.
  나와 함께 지낸 사람들은 항상 나에게서 혜택을 받았지요.
  나에게 남겨지는 것은, 그냥 말 뿐인 공치사(空致辭)이고,
  실속으로 다가오는 것은 거의 없었지요.
  나는 주는 역할이고, 나에 관계된 사람은 받는 역할을 하였지요.
  노력해도 나에게 돌아오는 것은 없으니, 노여움만 느끼게 되었고,
  그것을 나만의 아픔으로 받아들여, 삭이는 세월만 계속 이어져 왔었지요.
  마침내 지쳐서 외부적인 활동을 접어 버리고, 지금의 생활을 하게 되었고요.
  다시 시작하기 위한 마음의 정비를 하기 위해서이죠.
  어제 이런 말씀이 있었지요.
  "언제 너에게 감상적인 기쁨이 있었던가? 외롭지만 자신만의 보람으로 정리해
  왔질 않은가? 그런 것이다. 너의 삶의 색깔이."
  나의 삶의 상황에서의 여정이 왜 그렇게만 되는가?
  나누거나 도움이 되어 주는 게 아깝지가 않았고,
  헌신하는 의지를 챙기는 것을 생활의 보람으로 느끼고 살았지만,

나에게는 행운으로 작용하는 나눔이나 도움이 거의 없었기에,

수많은 노력에도 불구하고, 항상 쪼들리는 생활이 지속되었고,

결국에는 어쩔 수 없이, 건축사 면허를 가지고 있으면서도 번듯한 생활을 유지

못하고, 창조적인 활동과는 거리가 먼, 노동자 신세가 되었습니다. 그려.

그렇게 되어지는 것이 나의 삶의 색깔이라고요?

앞으로도 내 삶의 역할이 그러할 것이므로, 그것을 자각하게 되면,

'철저히 그러려니-.' 해야 된단 말이지요?

그러하다. 그러한 역할을 하는 삶이 숭고하다.

* 그러한 역할을 하는 삶이 숭고한 줄은 알지만, 그것도 어느 정도이어야 하지.

경제적으로 피폐(疲弊)해져서, 옴짝달싹하지 못하는 지경에서 무얼 하겠습니까?

앞으로의 삶의 상황에서, 내가 여러 면에서 스폰서가 되어줄 것이다.

자기 자신에게서 받을 것이다. 외부의 자신이 아닌, 내부의 자신에게서.

그럼으로써, 너는 그동안 네가 띠었던 색깔을 강렬하게 빛낼 수가 있을 것이다.

색은 빛의 갈래이니, 너의 색을 드러내는 것은 곧 빛을 드러내는 것이다.

* 진짜의 자기 자신에게서 받게 되는군요.

그것도 자기 자신과의 대화를 통해서 점검해 가면서 말이죠.

자신의 진아(眞我)를 실현시킨 의미가 챙겨지는 것이지.

* 그래도 인기인은 되지 못하겠군요.

소수지만, 위대한 인물들에게서 존경을 받을 수는 있을 것이다.

그러면 되는 것 아닌가?

* 제 생각들이 맞아 들여져 간다는 기분은 왠지 찜찜합니다.

제 선호에 편승되는 이야기가 전개되는 것이 아닌가 하고 말이죠?

아니다. 네 선호가 곧 나의 선호이다. 생각들이 맞아들어 간다는 것은,

영혼의 계획에 너의 인식이 접근되어지고 있다는 것이다.

* 그렇다면, 그동안의 내면과의 대화에서 다루어졌던 것들의 많은 내용들이 유효한

것으로 바뀌게 될 것 같은데요? 다만 시간상의 문제였던 것 같습니다.

그러하다.

네가 근래에 생각하는 네 삶의 전개 방향은 구체적인 기시감(旣視感)이다.

* 그럴수록 보다 고요한 평화 속에 머물러야 하겠습니다.

그렇지. 내가 지원해 주는 여러 가지 수단들을 잘 감당해야하니,

너의 내공이 잘 조절되어져야 할 것이다. 그 누구도 아닌 너 자신을 위해서.

* 내친 김에 계속 달려 보도록 하죠. 제 선호를 자극하시던지 말든지. ☺

그렇다면, 그 지원해 주는 수단들은 새로운 세상을 위하는 사람들에게,
초점이 맞추어지겠군요?

맞다.

* 의식적으로 진보된 자들이 겪는 여러 어려움을, 우리가 지원한다는 말이지요?

그러할 것이다. 그 상황에서 너에게 돌아오는 것은 명예 또는 보람이 되겠지.

* 오늘의 대화내용은 중요합니다.
  왜냐하면, 지금까지의 내 삶의 여정의 많은 모습들과 연관되면서,
  앞으로의 상황에 대한 지침으로 작용될 것이기 때문입니다.

오류는 없다.
  네가 나에게 많이 당해서 무덤덤해 한다마는, 그것이야말로 내가 바라는 바다.
  신의 메시지에 무덤덤해 할 정도가 되어야,
  세상과의 관계에서도 심적 평형을 유지할 수가 있다.
  아직 멀었다마는 그 또한 끝이 없는 경지이고,
  이후의 상황은 여지없이 전개될 것이다.
  매일 매일의 내면과의 대화를 통해서, 차근차근히 함께 챙겨가게 되면,
  우리의 보다 숭고한 사업은 차질 없이,
  인류에게 도움이 되는 방향으로 전개될 것이니라.

* 갑자기 비약하는군요. ☺

기회를 주겠다. 너에게서 너에게로 향하는 기회이니, 기대는 하지 말도록.

* 좋습니다. 내일 또 만나면 되니, 오늘은 그만하시죠.
  대화가 많아지면 산만해질 것 같습니다. 축구를 하러 갈 시간입니다.

재밌겠다. 파이팅! ☺

* ☺
-09시 40분-

● 40. 이모티콘(2005년 10월 18일. 화요일)

(정성수련 100배)   −02시 00분−

* 정성수련을 하고, 몸의 에너지-장을 고르면서, 차분히 했습니다.
   그렇지만 별로 재미는 없군요.
이해한다.

* 수행이란 것이 '초점 없음에 초점을 맞추는 행위'입니다.
   그러기에 쉬운 것이 아니군요.
그러하다. 그러기에 수행을 시작하는 대부분의 사람들이 조금 하다가 그만두고,
   다시 시작했다가 재미없어서 그만두고 하는 것이지.
   그러다가 세상사고방식에 따라가는 것인데,
   세상사고방식에 동조하면 좋은 것이,
   당장 실감나는 현상으로 다가오기 때문이다.

* 그 현상이 실감나는 것은, 그것에 마음이 붙들리기 때문이지,
   본질적인 추구가 되는 경우는 드물겠지요.
본질적인 추구로써 실감나려면, 영혼과 함께하는 자각으로써,
   현실의 상황을 보아야 되겠지.

* 개념을 챙기려고 하니, 어려워지는 것 같군요.
# 몰입이 안 되어서 그러하다. 좀 평이(平易)하거나 단순한 질문을 하기 바란다.

* 심호흡을 잊었네요. 기초적인 것을 안 챙기다니 마음이 좀 바빴군요.
# 흐-흐-흐.

* 평이한 질문을 하도록 하죠.
   이번 주말에 진행하는 신나이 모임의 워크숍에 참가를 해야 할지 말아야 할지를
   결정하여야겠습니다.
질문을 하는 도중에 느낌을 주었다. 그 느낌대로 하면 된다.

* 느낌을 반복해서 느꼈는데, 참가한다는 느낌은 전혀 없고,
   안 한다는 느낌만 계속 작용하는군요.
그렇다. 기분전환이나 기대하는 마음으로 참가하고자 하겠지만, 그러지 말자.

* 그러지요. 멀기도 하고 피곤하기도 하며,
   욕구에 기인한 정보의 획득은 어수선함을 가져오기도 하죠.
그렇다.

이번에는 너에게 별로 도움이 되는 상황을 내가 마련해 놓고 있질 못하다.
6월 워크숍에는, 네가 내면과의 대화를 시작할 수 있는 방법에 대한 자료를,
내가 준비해 놓고 있었지만, 이번에는 그러한 것이 없다.
그리고, 이번에는 조직을 구성하는 사람들 간의 결속력이 미약한 가운데
진행되는 것이기에, 참가자도 적을 것이며, 그것을 느끼고 교훈을 얻어야할
것이므로, 네가 참가해서 애쓸 이유가 없는 것이다.

* 점검을 하게 되겠군요.
# 교훈을 얻는 사람만 얻게 되겠지. 극히 소수이겠지만.

* 요즈음에는 결속력이 많이 와해(瓦解)된 느낌입니다.
# 6월 워크숍 이후에 계속 침체되고 있다.
  내가 제공한 좋은 기회들을 살리지 못하고 있다.

* 제가 신나이 모임에 마음을 많이 쓰는 것은 아닌가 싶습니다.
  다른 영성 사이트도 많고, 정보를 받아들일 수 있는 출처도 많은데 말이죠.
  다른 영성 사이트를 챙기지 않는 이유는,
  외부인과의 작용이 방만해질 것 같아서이고,
  불특정 다수의 정보를 챙기지 않는 것도,
  머리가 어수선해지는 것을 피하기 위함이죠.
  신나이 사이트에 자주 들르는 것은,
  좀 익숙해져 있기에 심심함을 달래려고 합니다.
그렇다. 큰 의미가 있어서 그러는 것은 아니지.
  하지만 앞으로의 여정과 연관은 있다. 너는 빠져들지 않고 교류할 것이다.

* 지금의 내면과의 대화 자체가 영적체험이 될 수가 있다고 보는데요?
# 당연하지.

* 신비한 영적체험이 황홀하기는 하겠지만,
  그 의미가 정확하게 해석이 안 됨으로, 신비하다고 하는 것인데.
  그것보다 구체적인 것으로 다가오는,
  본성(本性)과의 대화가 더 의미가 있겠군요?
의미가 있는 것보다 실질이 있는 것이지. 안 그런가요? ☺

* 그렇습니다. 재미는 별로 없어서 그렇지. 삶의 지혜는 챙겨지고 있습니다.
  '삶의 상황에 적용하여 느끼는 즐거움도 있음.'을 인정합니다.
  말을 가로채서 제가 했습니다. ☺
할 말이 없어지는군. 내가 할 말을 해 버리다니. 쩝--.

* 그런데 요전의 대화내용이,
    나의 기대심리를 부추기는 것이 아니었는지 모르겠습니다.
    그래서 오늘은 그 내용에 대해서 서두를 꺼내기가 쉽지가 않군요?
\# 그것에 대해서는, 지금의 상황에서 언급하지 말자.
    다시 자연스럽게 거론될 것이므로.

* 그러지요.
    그런데 선호인식, 바탕생각, 업, 받침생각이란 것이 당연히 있는 것인데,
    그것이 영혼의 것으로써, 현실에서 체험을 통하여 자신을 알아 가고자 하는,
    하나의 방향성에 관계된 것으로써 작용하는 것이라고 봅니다.
\# 맞다. 역할에 관계된 것으로 작용하지.

* 에고의 욕망으로 선호되는 생각은 저급한 것이군요?
\# 저급하다기 보다 배움을 위한 초점에서 벗어나는 것이다.

* 세상은 자신이 원하는 대로 되어진다는 말의 의미는,
    보다 내밀한 바람의 의도대로 되어진다는 이야기가 되겠습니다.
    내밀함에서 멀어져 있는 상태에서는, 의도대로 되어짐을 알 수도 없고,
    교훈도 챙겨지는 것도 없겠습니다.
\# 내밀함에서 멀어져 있는 상태에서는,
    에고의 욕망대로 안 되어지는 것을 체험하겠지.
    때로는 에고의 욕망대로 된다는 기쁨을 느낄 수는 있겠지만,
    세상사고방식에 기인하는 욕망의 충족이,
    지속적인 느낌으로 유지되는 경우가 어디 있던가?

* 제가 생각 내지는, 자각하는 것과 부합하는 이야기군요.
\# 그러하다. 그럴수록 생각을 하는 습관을 그만 두기 바란다.
    선호인식과 부합하는 것은 아닌가 하는 판단도 내려놓고,
    고요한 일상 속에 머물기 바라노라.

* 그런데요. 웃음의 에너지 느낌이 있습니까?
\# 자네는 그것을 느끼지 않는가?

* 그렇군요.
    그래서 채팅을 할 때 쓰는 이모티콘(emoticon)으로 그 정서를 표현합니다만.
\# 감정이란 것을 언어로 표현하기가 힘들지. 그래서 상징을 쓸 만하다.

* 쓸 만하군요. ☺

\# 채팅에서 빈번하게 쓰이지. 우리처럼 서로의 표정이 안 보이니까. ☺

　그만하시고, 또 보세.

* 옙. ☺

-03시 20분-

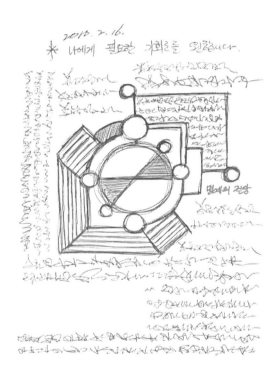

● 41. 생각과 기시감(2005년 10월 21일. 금요일)

(정성수련 200배)   −04시 20분−

* 정성수련으로 몸을 풀고 심호흡으로 안정을 시켰습니다.
\# 수고했다. 시작하는 마음을 내기가 쉽지가 않았겠지만,
  도움이 되므로 자주 행했으면 한다.
  요구가 아니고 애틋한 마음으로 권유하는 것임을 알아주었으면 한다.

* 고맙군요. 나의 노고를 위로해 주시니.
  신나이 모임에서 워크숍 참석을 권유하니 마음이 짠-합니다.
  챙겨주니 고맙고, 일전에 만났던 사람들의 표정이 잊혀 지지가 않습니다.
  각자의 사랑방식이지만, 보다 나은 세상을 꿈꾸는,
  열정과 노고와 순수와 진지함으로 가득했던 표정들이 눈에 선합니다.
  하지만 이번에는 안 가는 것으로 이야기가 되었기에,
  선택을 자주 바꾸는 일을 지양(止揚)하기 위해서라도 참아야 하겠습니다.
  그런데 무슨 세월들이 인내의 연속으로만 이루어져 있는 것인가 싶네요.
\# 그렇게 생각하니까 그렇게 보이는 것이겠지.
  참석여부에 대해서 나는 가타부타는 하지 않겠다.
  그렇지만 생각보다 피곤한 일정이 될 것이다.
  그래서 참석을 안 하는 것이 좋을 것 같다는 권유를 한 것이다.

* 이제는 현실의 구체적인 부분에 대한 결정들을 당신과 함께해야 하는 상황이군요.
\# 나는 너 자신이니, 부담스러워 하지 마라.

* 선호인식이나 받침생각이란 말을 많이 사용했는데,
  그것도 어디에 근거한 것이냐는 문제가 있었군요.
  몸의 단순한 생존을 돌보는 에고의 것이냐, 영혼의 것이냐.
  두려움에 근거한 것이냐, 사랑에 근거한 것이냐는 것으로요.
\# 너는 그것에 대한 근거를 잘 알지 못하고 사용해 왔다만,
  이제는 그 의미를 알게 되었다.

* 내면과의 대화를 통해서 받침생각에 도달했군요?
\# 그렇다. 큰 맥락에 관계된 것은 잡혀졌다. 나머지는 사소한 것들이다.

* 내 영혼의 계획, 지향성, 신념, 역할 등에 대해서 알게 되었습니다.
  불교에서는 업(業)이라고 하는데, 왜곡되어진 말로 업보(業報)라는 것으로,
  사용되는 것 같습니다.
\# 맞다. 업보는 갚아야 할 빚이나 인과응보(因果應報)라는 의미이지만,

그런 것은 없다. 오로지 기회만 있을 뿐.
내가 만든 세상에서, 내가 내 자신에게 갚아야 할 게 뭐가 있겠는가?
그건 나 자신을 괴롭히는 행위이다.

* JJ님은 받침생각에 도달했습니까?
# 도달했다. 하지만 현실이라는 상황에서 전개되어지는 방향성에 대한 구체적인
  수단에 대한 것은 인지하지 못하고 있다. 그냥 좋은 세상을 만들어야 한다는
  의식만 있을 뿐, 영혼과 밀착되어 조화롭게 추진하고 있지는 못하다.

* 제 생각과 맞는 이야긴데요?
# 외부의 현상에 대한 판단을 유보하고, 차분히 지켜보면서 느껴지는 너의 느낌은,
  대부분 정확하다. 나의 느낌이 작용할 수 있는, 충분한 시간을 준 셈이지.

* 저는 조화롭게 추진할 수가 있겠습니까?
# 대화를 한다는 구체적인 행위가 지속되는 한에는.

* 내면과의 대화가 중요한 것이군요. 이렇게 기록의 수단을 사용하는 것 또한.
# 초보적인 공부방법인 듯하지만, 기회가 제공된 수많은 사람들이 힘들어하지.
  근기(根基)가 있는 사람이어야 해낼 수 있는 경지이다.

* 개념을 묻고 답하는 행위가, 이론적인 것에 치우쳐 있는 것 같은데요?
  받침생각의 큰 맥락이 잡혀진 것 같은데도, 정체시키고 있다는 마음이 드는군요?
오늘은 너의 상태가 좋질 않다.
  그것에 영향 받고 있을 뿐, 상황반전의 흐름은 작동되고 있다.

* 현실의 상황반전이란 것을 가지고 좀 심하게 구시는군요?
# 말 그대로 반전이 되기에, 준비를 충실히 할 필요가 있다.
  많은 변화의 상황을 감당하려면, 존재능력을 잘 다져 놓아야 되기 때문이다.

* 시종일관(始終一貫)으로 상황반전을 이야기하는 것이 한편으로 다행스럽군요.
  언젠가는 멋진 일이 이루어진다는 전제가 있는 것 같으니. ☺
봐라. 내 입장에 동의하잖나.

* 못 말리는 당신이군요.
# 너무 핀잔주지 마라. 그래도 나는 사랑 그 자체이니, 모든 것이 잘 될 것이니라.

* 아--멘. ☺
# ☺

* 분위기를 바꾸기 위해서, 다른 질문거리를 하나 던져 주시죠?
# 그런데 말이다. 상황이 반전되면 어수선해질 텐데, 잘 처리할 자신이 있냐?
  걱정이다.

* 애고, 저도 걱정입니다만. 아직 일어나지도 않은 일을 가지고 걱정하는 것은,
  생각하는 것이라 판단해서, 그냥 흘려버리고 있는데, 그걸 또 언급하시다니.
기시감(旣視感)을 무시해서는 안 되는데?

* 뭐가 그리 어렵습니까?
  생각인지 기시감인지를 구분하는 것은, 판단하는 행위와 유사할 수도 있습니다.
  그래서 일단은 생각을 끊어야 한다는 입장에서 구분을 보류해 버리지요.
  내면과의 대화의 시간을 통해서 명료한 상태에서 확인하면 되니,
  생각과 기시감을 구분함으로써 오히려 혼재시키는,
  그러한 작업을 안 하면 되는 것 아닌가요?
야……. 진짜로 현명한 이야기이다.

* 오늘은 대화의 스타일이 영 이상하게 진행되는군요.
# 음ー. 그것은 네가 나와의 합일이 상시적으로 이루어져서, 현실에서의 상황을
  인식할 때 생기는, 혼란을 완화시키는 훈련을 하고 있는 것이다.

* 급하게 서두르는 판단이 없도록 하겠습니다.
  삶의 모든 상황과 선택들에 있어서 쓸모없는 것은 하나도 없으니,
  판단에 따른 선택이 조금 늦어진다고 해서, 나쁠 것도 없다는 것으로 여기고,
  명료한 상태에서 심층의식과의 교감을 통하여, 확인하면서 신중하게 일상을 꾸려
  나가도록 하지요.
일깨우고 싶어 하던 바다.

* 그러한 자각을 제공해 주셨지요.
# 네가 그러한 자각을 잘 챙기고 있었지.

* 날이 밝아 오겠습니다. 한 시간 정도 눈을 붙이고 출근을 해야겠네요.
  쉬세요.
☺   ー05시 40분ー

● 42. 나는 네가 원하는 것을 원한다(2005년 10월 22일. 토요일)

(정성수련 200배)   -04시 20분-

* 정성수련으로 몸을 풀고 심호흡으로 안정을 시켰습니다.
  시작이 있으면 끝이 있기에, 일단 시작하는 것이 어렵지만,
  시작하면 해내게 되어 있습니다.
그것을 자신의 받침생각으로 다지는 것은 아주 바람직한 것이다.
  받침생각을 보다 긍정적인 것으로 만드는 것이 수행이랄 수가 있다.

* 느낌과 생각을 구별하면서 말을 하려고 하는 작업이 계속되고 있네요?
# 느낌에 집중하기 바란다. 심호흡으로 더 안정을 시켜라.
  정성수련 이후에 아직 안정이 덜 되었다.

* 정성수련이 끝난 후에 촛불 명상을 하는데, 그때에도 느낌에 집중합니다.
  그러면 소리 없는 말이 느낌으로 다가오는 것 같은데,
  그때에도 그 메시지에 따라서 행해야 합니까?
  몸의 저릿함에 집중하라든지, 이마의 느낌에 집중하라든지 말입니다.
그때에도 역시 생각인지 느낌인지를 잘 구분해야 한다.
  내가 느낌을 주면서 너의 수행과정을 지도하고 있음을 알기 바란다.

* 정성수련 이야기가 나왔으니 말인데,
  제가 2001년 10월경에 49일 동안 매일 1000배 정성수련을 했지요.
  수련이라는 것을 해본 적도 없고, 절이라고는 3배도 안 해본 사람이,
  어떻게 그런 일을 벌일 수가 있었는지에 대해서,
  당신의 이야기를 듣고 싶군요.
그건 너의 삶에서 에고의 절망이 극한에 도달해 있던 시기였다.
  그러므로 나의 역할이 자연스레 작용할 수 있는 계기였기 때문이다.

* 역시, 그랬군요. 그때는 제 정신이 아니었습니다. ☺
# 생각하는 자신을 포기하는 상태를 이야기하는 것이다.

* 불광불급(不狂不及). 미치지 않으면 미치지(도달하지) 못하는 법이죠.
  그 당시에 우주의식(宇宙意識)에 대한 여러 가지의 체험들이 있었습니다.
하루에 천배씩이나 하면 아무 생각이 없지. ☺
  절수련을 통해서 마음을 비움으로써, 너라고 생각했던 것들이 가라앉았으니,
  자연스레 너의 본질인 내가 드러날 수가 있었던 것이지.

* 인류의 스승이 된다는 것은 제가 잘나서 그런 것이 아니고,

인류의 스승이라는 존재 상태에 도달하고자 하는 것이 제 영혼의 업이며,
그러한 일을 가능하게 하는 것은 외부적인 활동이 아니라,
내부적인 수행으로 삼아야 한다는 이야기인 것 같습니다.
그렇지. 수행으로써 존재능력을 향상시키면, 저절로 인류의 스승이 되어 있는
자신을 발견하게 될 터이니까. 그래서 내부적인 수행이 외부적인 사업과 함께
진행되는 것이다. 체험을 통해서 자신을 알아 가는 것이지.

* 이론적인 것이군요.
# 외부적인 체험이 현재는 철저히 제한되어 있다는 이야기군?

* 그렇게 표현할 의도는 없었고, 그냥 기분이 그렇다는 이야기였는데,
그런 표현이 되는군요.
말이란 상황에 대한 느낌을 순식간에 동반시키기도 하지.

* 외부적인 체험을 원하는 것이, 제 자신의 욕구에만 의한 것이 아니라고 보는데요?
# 그건 사실이다. 하지만 외부로 향하는 상황에서 너 자신의 욕구가 앞서게 되면,
나는 따돌림 당하잖아?   ☺
그래서 함께할 수 있는 존재 상태를 만들기 위해서 훈련을 시키고 있지.
나는 네가 원하는 것을 원한다. 너도 내가 원하는 것을 원한다.
하지만 염려스러운 것은 외부적인 상황에서, 네가 너의 진정한 자신을 잊어
버리는 것이다. 우리는 하나이니, 나는 나만의 입장을 돌보고 있는 것이 아니다.

* 당연하신 말씀입니다. 저도 그것을 자각하고 있습니다.
# 자각의 상태를 챙겨 주어서 고맙다는 말을 하고 싶다.

* 어제 대화를 마치고 잠자리에 들었는데, 잠깐 꿈을 꾸었지요.
집에서 나와, 아무 것도 안 보이는 어둠 속으로 달려가는데,
십여 미터도 못 가서, 낭떠러지가 있다는 사실을 알면서도,
주저 없이 달려 나갔지요.
그리고, 낭떠러지에서 떨어지는데, 몸이 수평으로 유지되면서,
어떤 힘에 의해 떠받쳐서 온전히 보호되는 것을 느끼며, 순간적으로 깨었습니다.
그냥 바로 누워 있는, 그 자세 그대로임을 알고는, 다시 잠으로 빠져 들었습니다.
그러한 꿈에 어떤 의미가 있는 것인가요?
상징적인 것이다.
그것은 너의 정서가 '신에게로 향하는 조건 없는 사랑'이라는 것을 의미한다.

* 당신이 그 꿈에 관련되어 있나요?
# 내가 관련되어 있지 않는 곳이 어디 있나?

내가 상황이 달라지는 것을 언급하면서도, 상황이 달라지지 않는 이유에 대해,
자네 자신에게 문제가 많아서 그러는 것이 아닌가 하는 자책을 할까봐,
너 자신의 숭고한 이미지를 먼저 챙겨준 것이지.

* 그나마 감사해야겠군요.
# 미안하다.
　너의 감사한다는 그 말에 무덤덤함이 있으니, 별로 감사해 하지 않는 것 같다.
　그 또한 평정심의 발로이니 환영하는 바이다.

* 한 동안 계속 되겠군요. 조선소 노동자로서의 삶이.
　부추기지 말고 진행해 주셨으면 합니다.
　혹시, 또 다른 소재를 가지고 저를 훈련시킬 준비를 하고 있는 것은 아닌지?
　대답이 떠오르지 않고 있네요.
힘들 것이라는 두려움에 의한 방해 때문에…….

* 아직도 시험을 통과하지 못하고 있군요.
# 시험의 통과는 결과가 아니고 과정이다. 시험은 곧 기회이고, 기회는 영속적으로
　주어지는 것이므로, 너는 항상 시험 속에서 살게 될 것이다.

* 시험이든 기회이든, 그 자체가 고통의 모습으로 끝없이 다가온다면,
　누가 그것을 환영하겠습니까?
지금은 마음이 많이 교란되어 있다. 그것을 우선 알기 바란다.

* 그런 것 같습니다.
　하지만 상황반전에 대한 이야기가 자주 나왔지만,
　자꾸 비껴 나가는 모습이 연출된다는 것을 알 수가 있습니다.
　이전의 대화의 내용을 검토해 보면.
눈치 챘군.

* 눈치는 심령력(心靈力)이니, 당신이 제공해 준 게 아닌가요?　☺
# 내가 자승자박(自繩自縛)을 했군. 내가 나 자신을 도망 못 가게 만들었다.

* 참- 잘- 했-습-니-다.　☺
　그럼 항복하시고 선언문을 낭독하시지요.
　'신(神) 나'는 어떻게 하겠다고요.
너도 자각하다시피, 너의 협조 없이는 나도 나의 업을 이루어낼 수 없으니,
　사실 내가 너에게 잘 보여야 될 처지가 된다. 동의하는가?

* 동의합니다. 누가 뭐랬나요. 분리가 아니고 합일이잖아요.

그렇지만 상황반전을 가지고 어렵게 만들지 마세요.
당분간 이루어지지 않으면 이루어지지 않는다고 하시고.
그것은…….

* 말씀이 이루어 진다와 이루어지지 않는 다가, 왔다 갔다 하는 것을 느끼니,
  에고의 선호와 영혼의 선호가 충돌하고 있군요?
  에고의 선호는 곧 이루어짐이고,
  영혼의 계획은 당분간 이루어지지 않는다는 것입니까?
그것도 아니다. 집중해 주기 바란다.

* 합일의 느낌을 불러일으키겠습니다. 당신의 계획이 곧 내 계획임을 알 수 있도록.
# 나는 사랑이니, 네가 원하는 것을 원한다.
  나는 사랑이니, 네가 원하는 것을 원한다.
  나는 사랑이니, 네가 원하는 것을 원한다.

* 감사합니다.
  어떠한 삶의 상황이 다가오더라도,
  우리의 하나 됨에 도움이 되는 것이라고 받아들이겠습니다.
  당신을 사랑합니다. 나를 사랑합니다. 우린 하나입니다.
  영원히…….
                                                    −06시 05분−

* 요즈음에 들어서 출석이 양호하지요?
# 수고가 많다.

* 힘든 시기라는 것을 아시죠?
# 당연히 알고 있다.

* 여러 가지 것들을 챙기지는 못하고 있군요.
  일찍 잠자리에 들어야 하니 가족과의 단란을 챙기지 못하고,
  외부인과의 유대도 관심이 없어지므로 미안할 따름이군요.
이해한다.

* 이제는 감정적인 질문으로 들이대던 스타일을 구사하지는 못하겠군요.
  그런 스타일은 이제 안 맞을 것 같아서이죠.
보다 밀도 있는 대화를 진행시켜야 하는 시기가 왔다.

* 그렇군요. 이제는 진지하게 임하겠습니다.
  진지하게 임하겠다는 마음 또한 부담으로 작용할 수도 있지만,
  좌충우돌하면서 정보를 챙기던 상황을 넘어서야죠.
그래야겠지. 시간은 흐른다. 언제까지나 그럴 수는 없지.
  집중력을 최대한 끌어올리는 것에 초점을 맞추어야지.

* 그래야죠. 어수선하게 세월을 보낼 수는 없지요.
# 열망이 있는데, 이제는 그것에 초점을 맞추어야겠다.

* 새로운 주제가 제시되는군요?
# 그러하다. 인류의 스승이란 것이 새로운 주제다.

* 에고의 선호가 아닌지요? 인류의 스승이 되기를 염원하는 것이 중요한 것이
  아니고, 존재능력의 향상이 중요한 것으로 보이는데요?
아니다. 인류의 스승이 되는 것이 염원(念願)이다.

* 그런가요? 인류의 스승이 되고자 하는 염원은,
  현생의 것만이 아닌 것으로 봐도 되는가요?
그렇다. 그것은 전생에서의 에너지 파장과 연결되어 있다.

* 스님으로 있을 때요?

그렇다. 너는 티베트의 승려였고, 달라이라마의 화신(化身)이다.

* 낮에 생각으로 달라이라마가 떠오른 것이 아니고요?
# 내가 영감을 가져다주었다.

* 전생에는 별로 노력하지도 않고 무던히 살았던,
  여자의 생에서 에너지 파장을 가장 많이 받는 게 아니고요?
인류의 스승이 되고자 하는 염원의 잠복기(潛伏期)였다. 현생에서의 염원이,
  바로 앞 생에서 영향을 대부분 받는다고는 생각하지 말기 바란다.

* 달라이라마로서 티베트에 있었으면, 대접받고 살았을 터인데요?
# 어린 시절에 달라이라마로서 선택되는 순간부터,
  자신의 삶은 온갖 제한 속에 둘러싸이게 된다.
  그건 대접받는 게 아니지. 안 그런가?

* 그렇지요.
  티베트 불교에서는 달라이라마가 생을 다한 뒤에,
  그가 환생하여 태어난 사람을 찾아서, 달라이라마로 지정하지요.
  그럼 지금의 달라이라마는 누구며, 저는 또 누구입니까?
달라이라마의 지정이 대대로 옳게 되었다고 장담할 수는 없지. 오류가 많았다.
  한번 비껴가면 여러 가지의 변수가 누적되어 발생되어지는 것이지.

* 좀 어려울 듯하지만 집중해서 질문을 하겠습니다.
  그러면 저의 몇 번째 앞 생에 달라이라마의 생을 살았습니까?
3번째 전생이다.

* 몇 번의 어수선한 정보가 있었습니다. 3과 8과 7이라는 것이요?
  3이라는 것은 맞습니까? 느낌으로 수차에 질문한 것을 물어보고 있습니다.
그게 중요한 것이 아니고, 정보로써 숫자가 떠오르는 것에는 오류가 있기
  십상이라는 것을 알아야 한다. 좀 민감해서 집중력이 흐트러져 생각이 앞서면,
  그 앞선 생각이 나타나는 정보를 왜곡시키는 일을 한다는 것을 알았으면 싶다.

* 이제까지의 대화내용도 오류가 많습니까?
# 문제가 될 것은 없다. 하지만 네가 원하는 심층적인 것이나 현실 구현으로써
  적용시켜야 할 정보에 오류가 있어서는 아니 되겠기에, 생각인지 영감인지를
  구분하는 능력을 향상시켜야 한다.

* 달라이라마의 현신(現身)이라는 이야기는, 다음으로 미루어도 무방합니다만?
# 그건 사실이다. 달라이라마의 현신이며 3번째 전생이다.

* 방금. 시간과 공간을 초월해서 동시에, 제 자신인 달라이라마가 존재하고 있다는,
  '존재 상태의 느낌'을 받았습니다.
\# 그렇다. 지금 체험 중이다. 각자(各自)는.

* 에너지 파장은 시공간(時空間)에 관계없이 작용하는군요?
\# 양자역학에서 말하는 불확정성의 원리(3부의 천부경 해설 참조)이지.

* 물질적인 부분이 아니라 의식적인 부분이군요?
\# 의식적인 부분이 시공간을 초월해서,
  물질적인 부분에 영향을 미치고 있는 것이다.

* 단순히 일렬적인 인과관계는 아닌 것으로 보이는데요?
\# 당연하다. 에너지는 온갖 것에 관계하고 있으므로, 일렬적일 수는 없지.
  모든 것은 하나이기도 하지만, 큰 영향을 미치는 인과관계는 있다.
  하지만 그것도 무한하게 전개되어지면, 그 구분이 필요 없어지는 것이지.

* 알고 보면 간단한 도식(圖式)이군요.
\# 체험으로 연결되어 알기가 쉽지가 않지.

* 지금의 대화를 말씀하시는군요?
\# 그렇다. 체험이 삶을 변화시킨다.

* 그러면 달라이라마가 원하는 것은, 티베트 불교에서의 온갖 제한에서 벗어나,
  자기 스스로의 생을 꾸려 가면서, 인류의 스승으로 성장하고픈,
  간절한 바람의 파장이 저에게 닿고 있는 것이군요.
\# 네가 그 파장을 민감하게 받고 있다.

* 그러면 달라이 라마가 죽고, 다음 생, 그리고 여자로서의 생, 그리고 현생의
  저의 생으로, 분화된 영혼의 존재가 연속으로 진행되는 겁니까?
\# 시간이라는 장치를 이용해서 체험하고 있는 것이다.
  네가 궁금해 하는 것이, 한 영혼이 하나의 몸을 떠나가면 전체의식에 통합되는
  것인가, 아니면 개별적으로도 다른 차원에서 존재하는 것인가 인데.
  개별적인 영혼으로 존재한다.
  계속하여 자신을 체험하는 기회를 통하여 에테르(ether)적인 차원으로 휘발되어,
  개별적인 존재개념이 사라질 때까지, 체험의 영역에 있는 것이다.
  그것은 오로지 인식에 관계된 것이지, 물질에 관계된 것이 아니다.
  그러므로, 절대계와 상대계는 동시에 존재한다.

○ 에테르(ether)
(옛 사람들이 상상한) 대기 밖의 공간에 차 있는 정기(精氣), 영기(靈氣).)
창공, (드물게) 공기. 〖물리학〗 에테르 (빛·열·전자기 복사현상의 가상적 매체).
화학〗 에테르, 용매(溶媒).

* 그러면, 모든 영혼이 상대계의 체험을 다해서 전체의식에 통합된다면,
  체험하고 있던 상대계의 물질이 사라지는 것은 아니군요.
\# 무엇을 묻고자 하는 것인지를 알겠다. 상대계는 물질계이고 인식은 절대계이다.
  절대계의 인식이 적용되어지는 곳이 물질계이다. 인식은 신의 것이다.
  분리의 환상에 관계하는 것이 무엇이냐 하면, 물질의 에너지 작용에 의한 전기적
  파장(파동)이 생각이고, 그것이 참된 인식을 교란시키고 있는 것이다.

* 현실을 바라볼 때, 인식으로 바라 봐야겠군요.
\# 생각과 인식 중에서 선택을 해라. 인식으로 보겠다고.
  사실 선택의 문제일 수도 있다.

* 쉽지가 않은데요?
\# 쉽다.

* 질문과 대답 중에서 상대적인 것일수록 오류가 발생하기가 쉽겠습니다.
\# 너무 부담을 가지지 마라. 진행하다 보면 자연스럽게 교정이 된다.

* 오늘은 대화의 내용이 생각 밖으로 진행되었습니다.
\# 당연히 생각 밖이지, 안이기는 희박하다.

* 여러 가지로 도움이 많이 되겠습니다. 내일 또 보시지요.
  감사합니다.
\# 나 또한 감사한다. 곤란을 극복하고 있음에…….
  편히 주무시게.
                                                                    -04시 40분-

● 44. 진아(眞我)와 가아(假我)(2005년 10월 27일. 목요일)

(음악 진동수련) -04시 30분-

시작하시지?
* 그럴까요?

집중하면서 시작하면 된다.
* 그러지요. 심호흡을 좀 하고.

(심호흡)

* 일단 출발!
# 이단 가속!

* 처음부터 장난은? ☺
# 좀 긴장되어 있는 것 같아서.

* 그런가요?
# 그렇다. 그동안 수행에서의 곤란을 생각하니, 힘들다는 것에 마음이 미쳐 있다.

* 요즈음 회사에 출근하기가 힘이 드는군요.
  내면과의 대화를 안 하더라도 항상 밤에 공부하지요.
  그래서 잠을 많이 자질 못하는데,
  배움을 위한 추구의 고단함을 이해하는 이가 아무도 없군요.
그래서 선각자는 말없이 고통을 겪는다는 말을 하지.

* 몸과 마음이 힘들면, 직장 일을 좀 쉬어가면서 했으면 싶기도 합니다.
  나의 입장을 이해시켜서라도 양해를 구하고 싶습니다.
그럼 그렇게 하지?

* 그게 어디 쉬운 일인가요? 이해시키는 작업이.
  그동안 수많은 언급을 했었지만, 별 효과가 없었습니다.
어떻게 해야 하는지를 너는 이미 알고 있다.
  조화롭게 개선시키는 작업이 최선이고, 그게 원활히 안 된다면 인정할 수밖에.

* 최선은.
  '생각으로 풀어 나가는 것이 아니고, 인식으로 풀어 나가야 하는 것.'이군요?
금방 느낌을 주었다.

* 어쨌든 산다는 것이 만만치가 않습니다.
# 너희들의 인식수준에서는 그러하다.

* 왜 우리들의 삶이 이렇게 곤고하게 전개되어져야 하는 건가요?
# 너의 삶이 그렇다. 그것은 네가 앎에 대한 염원이 크기에, 고통 속에서 인식의
  심도를 강하게 느끼고 싶어 하기 때문이다. 대부분의 사람들은 그렇게 하지도
  않으면서 고통스러워하고 있지. 고통이 나타나는 방향에는 두 가지가 있다.
  원해서 하는 것과 거부함으로써 지속되어지면서 심화되는 것.

* 결국 삶은 고통이군요. 제가 고통을 원해서 하는 것 또한, 대부분의 사람들과
  마찬가지로, 고통을 느낀다는 측면에서 별반 나은 존재 상태는 못 되는군요.
고통과 기쁨은 각각 다른 느낌이 아니다.
  생각으로 보면 고통이고 인식으로 보면 기쁨이 될 수가 있다.

* 몸이라는 물질을 사용해서 일을 할 때는 생각에 의한 고통이 심하고,
  인식이라는 의식을 사용하여 고요히 머무를 때는, 앎으로 다가오는 기쁨이 있죠.
  결국 제가 바라는 것은, 적당히 일하고, 고요히 머무를 수 있는 환경이 아닌가요?
혼자서 이루어지는 환경이 아니니 어쩔 수가 없다.
  인식을 사용해서 극복해 나갈 수밖에.

* 끝없이 계속되지는 않겠지만, 고통을 피하고자 하는 마음 때문에,
  상황이 달라지는 것을 원하지는 않습니다.
  오로지 영혼이 원하는 바에 따라서, 상황이 달라지기를 바랍니다.
  하지만 당신도 저의 몸과 마음이 원하는 신호를 아예 무시하지는 않겠지요?
네가 상황이 달라지기를 원하는 마음을 안다.
  그것이 에고의 것이라고는 보지 말기를. 그 또한 나 자신이 원하는 바이다.

* 그렇다면 왜 상황을 바꾸질 않는 것입니까?
# 앎에 대한 염원이 크기에, 고통 속에서 인식의 심도를 강하게 느끼고 싶어서.

* 영혼도 자기 자신을 알기를 바라는군요. 체험하는 자기 자신을.
# 그러하다.

* 상황이 달라지는 것을 원하면서, 왜 상황을 바꾸질 않는 겁니까?
# 바뀌는 상황이 다가오면 사용할 간절한 에너지를 축적하기 위해서…….

* 바뀐 상황에서도 치열하게 추구할 참이군요.
# 그럴 예정인데, 몸과 마음의 협조가 잘 이루어지기를 바란다.

* 걱정 마슈-.
# 걱정은 안한다. 여건을 조성하고 있다.
　　지금의 상황에서 몸과 마음이 협조를 잘 해주고 있다.
　　그래서 너에게 항상 감사하고 있다.

* 휴-. 받아들이기가 쉽지가 않은 논리군요.
# 대화가 끝나고 차분히 바라보면 그렇게 어려운 게 아니다.
　　그동안 여러 가지의 내용들에서 언급된 것이다.

* 달라이 라마에 대해서는 별로 마음이 안 쓰입니다.
　　그게 그리 중요한 것은 아니라고 봅니다. '그러려니-.' 하지요.
암. 인식의 확장은 무한하게 전개되어질 수가 있는데,
　　자신의 정체성을 그렇게 제한시킬 필요는 없지.

* 전생, 현생, 후생의 인과관계(因果關係)가 그렇게 중요하지 않다고 보는데요?
# 지금은 그렇다.
　　그러한 인과관계에서의 에너지 작용을 다룰 수 있는 능력이 안 되기에.

* 제가 지금의 고통을 해결하거나 벗어나고자 하는 마음이,
　　대화를 하는 가운데 많이 작용합니다.
이해한다. 조금만 더 인내해 주면 좋겠는데?

* 지금의 상황을 유지시키는 이유가, 그렇게 설득력 있게 다가오지 않군요?
# 그건 생각의 범주에서 이해되어지는 것이 아니기에 그렇다.

* 상시적인 인식으로 머무는 수밖에 없다는 이야기군요?
# 참으로 그러하다.

* 절망적이군요?
# 내가 원하는 바다. 에고의 처절한 절망이 있어야 한다.
　　에고는 몸도 마음도 아닌 것이다.

* 에고가, 몸도 마음도 아니라는 것은 중요한 이야기입니다.
　　사랑에 바탕 하는 몸과 마음의 작용이 참이고,
　　두려움에 바탕 하는 산란된 에너지의 작용이 거짓이라는 이야기군요.
별로 어렵지 않은 이치이다.

* 좋아요. 삶의 상황에 적용시키면서, 그 이치를 증득(證得)해 보도록 하겠습니다.
　　오늘은 이만 하시죠. 상태가 별로 안 좋습니다.

오늘 하루는 출근을 안 하고 좀 쉬고 싶습니다. 저항이 예상되지만…….
쉬기 바란다.

* 저는 당신이 원하기를 원합니다. 눈치 보지 마시고, 알려주시기 바랍니다.
# 걱정 마라. 눈치 안채게 잘하고 있으니.   ☺

* 나마스테(namaste).   😇
# 나마스테.   😇   −06시 05분−

○ 나마스테(namaste)
고대 산스크리트어의 인사말로서, '나의 영혼은 당신의 영혼을 존경합니다.'라는 뜻.

                                                           −16시 10분−

* 출근을 안 하고 집에서 쉬고 있습니다. 할 일이 없군요.
# 그냥 쉬면 어때서?

* 재밌거나 의미가 있는 일을 하기를 바라지요.
# 그럼 하지?

* 마땅히 할 게 없는데요?
# 그럼 무얼 하고 싶어 하는지를, 차분히 귀 기울여 보지?

* 그래서 내면과의 대화를 계속 하잖아요? 무얼 원하는지를 알고 싶어서.
# 인류의 스승이 되고 싶다고 했잖아?

* 그건 아는데, 지금 이 시점에서, 인류의 스승이 되기 위해서, 구체적으로,
  어떠한 행동을 해야 되느냐고요?
무슨 말인지 안다. 지금은 구체적 행동을 할 시기가 아니잖아?

* 알았다고요.   😣 성질나게 하시네. 그냥 중단해 버리고 쉬고 싶네요?
# 좀 집중하자.

* 욕망의 근원은 어디에 있는 것일까요?
# 그것은 나에게서부터 비롯된다.

* 욕망이란 저급한 에고의 것이 아니고요?
# 몸과 마음이 에고가 아니라는 것을 이야기했다.

* 몸과 마음 또한 영혼과 함께, 진아(眞我)에 속해 있는 것이군요?

당연한 것이지. 3종의 존재이니까.

* 그러면 사실 진아(眞我)와 가아(假我)의 구분도 없는 것 아닙니까?
  진아가 가아이고 가아가 진아인 것이지요.

그렇다. 자신의 존재 상태를 자각할 때를 진아라 하고,
  진아이지만, 자신의 존재 상태를 자각하지 못할 때를, 가아라고 할 수 있겠지.

* 욕망이란, 본능적으로 끌리는 것이라고 볼 때,
  그 욕망이란 것도, 체험을 이끌어 내는 수단으로 작용한다고 볼 수가 있겠습니다.

욕망을 인정하라. 하지만 욕망에 사로잡히지는 마라.
  자신의 욕망이 진짜로 원하는 바를 잘 살펴서,
  자신이 어떠한 체험이 되고자 하는지를 자각하기 바란다.
  또한 현실적인 균형감을 챙기는 것도 잊지는 말고.

* 현실적인 균형감을 챙긴다는 것은, 세상사고방식의 온갖 제한들을 고려하라는
  이야기 아닙니까? 그러면 뭘 할 수가 있겠습니까? 무사안일(無事安逸)이 최고죠.

현실이라는 것은 하나의 조건이다.
  그 어려움 속에서, 자신의 일을 해내는 것이야말로,
  자신의 위대한 자질(資質)의 발로(發露)이다.

* 욕망을 충족시키는데 있어서, 도덕이란 것을 고려할 필요가 없단 말입니까?

도덕을 챙겨서는 아무 일도 할 수 없지.
  도덕의 그물을 빠져나가는 논리가 있단 말인가?
  차라리 자신의 자각을 챙겨서 자기 스스로의 제한을 의식하면서 살아야지.

* 어떤 면에서는 자기 스스로의 제한에 의해 정확히 자리 잡고 있는 것이,
  현실의 삶의 상황이군요.

인정하기가 쉽지 않겠지만 정확히 그러하다.
  몸과 마음의 인식이 현실적 삶의 상황이다.
  너는 너무 시간과 장소, 여건 등의 상대적인 요소들로 이루어진,
  현실적 삶의 상황에 매여 있다.

* 그런 것 같군요. 현실의 상황에서 일어나는 욕망들을 차분히 바라보고,
  그것이 당신과 나인, 우리가 고안해 낸, 일종의 장치임을 자각하면서,
  그것을 즐기되, 즐긴다는 것을 철저히 자각하면서 즐기라는 것이군요.
  그러면 무슨 재미가 있겠습니까? 정신없이 즐겨야 속이 후련하지.

너희는 정신없이 즐기지를 못한다.
  두려움에 바탕을 둔 생각들이 쉴 새 없이 동원되는 가운데 즐기지.

자각 속에서 즐길 때는 3종의 존재로서 즐기게 되니,
느낌을 최대한 이끌어 내어서 즐겨라.

* 느낌대로 하다간, 비이성적인 행동을 한다는 것으로 매도당하기 십상인데요?
# 저급한 느낌과 고귀한 느낌을 구별 못할 때, 매도당하기 쉽지.

* 음-. 생각에 빠질 때는 저급한 느낌을 챙기는 경우가 발생되겠군요.
# 생각은 두려움에 바탕을 두니 그렇게 될 수밖에.

* 그 또한 온전하게 적용되는 법칙은 못 되는 것 같습니다.
  세상사고방식이 온전한 것이 못 되니, 단순하게 적용이 될 수가 없군요.
어쩔 수가 없구나. 지혜롭게 처신할 수밖에.

* 모든 것이 진아의 한 판 놀음이군요.
  모든 것이 장치이고, 미로찾기는 당신이 하고 있는 게임이군요.
나는 모든 것을 알고 있다.
  하지만 모든 것을 알고 있다는 사실을 점검하고 있는 중이다. 너와 함께.

* 그러므로 나는 진아였고, 진아이며, 진아일 것입니다.
# 분리는 환상이고 항상 합일이었다. 다만 자각하지 못했을 뿐이지.

* 나는 당신이고 당신이 나입니다.
  나는 신이고, 신이 나입니다.
  당신은 나를 통하여, 당신 자신을 체험하고 있는 중이며,
  나도 당신을 통하여, 나 자신을 체험하고 있는 중입니다.
  '나는 나다.'라는 한 문장으로 표현되어져야 할,
  구분이 필요 없는, 본질 그 자체의 삶입니다.
  앎을 추구한다는 행위의 의미는, 그 자체가 체험이라는 성격을 띠고 있군요.
  증명되어질 수 없지요. 나 자신에게 견준다고 할 때, 그 견주어지는 나 자신을,
  어떻게 증명할 수가 있단 말입니까?
  앎으로써 이루어지는 것이 아니고, 체험으로써 이루어지는 것이군요.
나는 모든 것이므로, 나 자신을 증명할 수는 없다.
  그래서 나는 '무(無)'다. '위대한 보이지 않음(great un-seen)'이고.

* 갑갑하겠네요? 😁
# 그런 것도 없다. 갑갑한 것은 너지 내가 아니다.
  말로는 표현할 수 없는 경지이니 말을 할 수가 없다.
  너는 너 자신의 지금 되어 있음에 충실하기 바란다.

* 말로써 표현될 것들을 물어봐야 하는 역할이 어려워지는데요?

\# 느낌을 말로 치환하고 있으니 갑갑한 생각이 들겠지만,
   느낌에 집중하면서 임해 주기를 원하노라.

* 알겠습니다. 또 보입시다.

\# 예. ☺   −17시 25분−

* 컨디션이 어떤지는 잘 모르겠지만, 무조건 해 보도록 하겠습니다.
# 무조건이란 말에는, '도대체 뭘 하려나?' 하는, 마음이 팔려 있는 것 같군.

* 그래요. 내가 지금 무얼 하려고 만사를 다 제쳐 두고,
  대화를 챙겨 나가는 지도 모르겠다는 이야기입니다.
  하지만 그것을 알게 될 수 있기를 바라는 마음으로, 달려들고 있는 듯합니다.
  나는 신이고 진아이며, 세상은 자기 자신을 체험하기 위한 장치이며,
  모두가 하나라는 사실을 알게 되었지요.
  그러면 되는 것이지, 내면과의 대화를 통해서 끊임없이 따져 가야 하는 행위는,
  이제 힘겨워졌습니다.
많이 지쳤나 보군?

* 아시면서 그러네요? 요즈음 일이 힘들어요. 좀 쉬고 싶습니다.
# 그동안 잘해 왔다. 심한 피로를 느낄 정도이면 좀 쉬어야 하는 것이 당연하다.
  의욕이 강한 것은 장점으로도 작용하지만, 단점으로 작용할 수가 있다.
  그러므로 잘못된 것은 없다.
  그래도 인식을 확장시키고자 할 때는 의지가 강해야 되는 것이다.
  그리고, 거기에 이르러 휴식의 단맛을 즐기기를 바란다.

* 별로 단맛은 없더군요. 제 삶에 있어서.
# 지금, 많이 지쳐 있어서 그런 것 아닌가?

* 그것보다도, 태어난 이래 자신의 중심에서 주위를 바라보면서부터,
  나는 행복한 순간을 극히 힘들게 경험했죠.
  수 시간에 걸친 강행군 중의, 아주 짧은 휴식에서 피우는 담배 맛과도 같이,
  행복은 잠시의 안식이고, 다가올 고난에 대비하는 숨고르기와 같이,
  불안한 휴식을 취하는 것이었단 말입니다.
  지금의 생활 상황에서의 배움이 더 필요하다면, 어떤 배움을 원한단 말입니까?
그동안 설명을 했는데?

* 그래요?
  인내하는 세월입니다. 항상 생활 속에서의 명상을 지겹도록 하고 있지요.
  그러한 것이 언제나 성과를 얻어낼 수가 있을까요?
그건 지금 가르쳐줄 수가 없는 질문이다.
  정보는 생각을 불러일으키고, 그 생각은 기대감을 강화시킨다.

* 기대감보다도 앎이라는 차원에서 제공해 줄 수가 있는 것 아닌가요?
\# 스스로 알아내기 바란다.
   자각으로 인식이 작용할 때, 내가 작용하고 있음을 알게 될 것이다.

* 좋아요. 밤중에 일어나서 대화를 챙겨야 한다는 것이 힘겹게 느껴집니다.
   그래서 당분간만이라도 좀 쉬겠습니다.
   멈출 때는 좀 멈추어야지요. 휴가라고 생각하시기 바랍니다.
\# 휴가를 명하노라.

* 아-! 참으로 알 수 없는 깨달음의 여정입니다.
\# 지쳐서 그럴 뿐이다. 휴식이 필요해.

* 진도가 나가는 듯하다가도 제자리걸음만 걷고 있는 것이 아닌가 싶습니다.
\# 원래 수행이란 그런 것이다. 제자리걸음인 듯하다가도, 어느 순간에 자신이 한층
   성장해 있다는 것을 발견하게 되는 것이지.

* 휴식을 취하면서, 그것을 한 번 인식해 보도록 하겠습니다.
\# 멋진 아이디어다. 휴식이 아닌 색다른 노력을 해보겠다는 이야기이니,
   참으로 긍정적인 사고방식의 소유자다. 너는.

* 항상 긍정적으로 말씀해 주시니 고맙군요.
\# 장기적으로 도움이 되기 때문에 하나의 입장을 취하고 있다.
   내가 왔다 갔다 하면 오히려 힘들어질 것 아니겠는가?

* 글쎄요? 자꾸 이야기가 꼬리를 물고 있군요. 그만합시다.
   며칠 있다가 봅시다. 그게 과연 언제가 될지 모르겠지만.
\# 마음대로 하시게. 부담 없이 지내시기를 바라네.

* 또 뵙지요.
\# 그러시게나.   -01시 00분-

＊ 며칠 쉬었고, 시간도 촉박하니, 해 나가는 과정에서 상태를 만들어 보지요.
＃ 그게 좋겠다.

＊ 달리 할 일도 없고, 어디로 갈 데도 없으니, 모호한 그 무엇을 원하기 보다는,
　 그냥 수행하는 일상으로 되돌아올 수밖에 없습니다.
＃ 그게 좋은 거라고 생각해야지. 달리 생각할 게 뭐 있는가?

＊ 낮 동안의 시간에 생각으로 떠오른 것을, 질문해 보도록 하겠습니다.
　 제가 지금의 생활을 힘들어 하면서도, 상황이 바뀌거나 바꾸지 못하는 이유에는,
　 지금의 상황을 인내하면서 다진 간절함이,
　 이후의 삶의 상황의 밑거름이 되기 위함이라는 말씀이 있었지요?
＃ 그랬지.

＊ 그것 말고도, 둘째 형님과의 관계에서 어떤 인과관계가 있기에,
　 제가 형님을 위하는 상황을 좀 더 지속시켜야 하는 것으로 보이는데요?
＃ 인과관계가 없는 관계라는 것은 있을 수가 없다.
　 하지만 네가 추측하듯이, 특별히 네가 형님과의 관계에서, 청산해야 한다든지
　 하는 전생에서의 채무 비슷한 것은 없다.

＊ 현재. 형님을 바라보면, 예전과 많이 다른 인식으로 살고 있습니다.
　 많이 달라졌지요.
＃ 인식이 많이 흐트러졌다.
　 네 짐작과 마찬가지로, 이번의 좋은 기회를 잘 살리지 못하면,
　 다른 기회는 힘들어질 것이다. 아니, 이미 기회가 저물어 가고 있다.

＊ 형님과 마찬가지로 대부분의 사람들이 돈에 대한 기대를 많이 하고 있지요.
　 돈에 대한 선호라는 측면에서, 기회라는 말이 다루어진 것을 아시지요?
＃ 네가 질문하는 미묘한 의미까지도 알고 있으니, 걱정하지 말기 바란다.

＊ 앞으로도 형님의 기회는 없는 건가요?
＃ 기회는 항상 주어진다. 하지만 지금의 인식능력을 유지하는 한에는 기회가
　 없다는 말이다. 그리고 한번 인식능력이 침체되기 시작하면 돌이키기가 어렵다.
　 지금이 주의를 환기시킬 시기이다.

＊ 내친김에, 함께 일하는 분들에 대한 질문을 해 보도록 하겠습니다.

J형도, 자신에게 돈이 많이 생겼으면 하는 기대가 큽니다.
'왜 나에게는 돈이 없나?'하고 궁금해 하기도 하고,
'앞으로는 어떨까?'하는 걱정을 많이 하고 있지요. J형은 어떤가요?

\# J씨는 앞으로 물질적으로는 잘 살게 되는 계기가 있을 것이다.
지금이야 짐작이 가지는 않겠지만, 어차피 삶이란 짐작조차 할 수 없이 전개되는
것이다. 크게 어렵지 않은 상황이 지속될 것이고 나중에는 물질적인 부가 따르게 된다.
그렇지만 큰 부자는 아니고, 노후생활을 무난히 꾸려 나갈 수가 있다.
그렇지만, 무난하다는 말은 삶의 상황에서 큰 배움은 없다는 말이 될 수가 있지.

* 그렇군요. 제가 질문하는 것이 예지적인 부분이라 좀 부담이 되네요.
삶의 상황이란 항상 바뀔 수가 있다고 보는데요?

\# 그렇지만, J씨의 인식능력은 크게 바뀔 여지가 적다는 측면에서,
그 자신의 바탕생각이 작용되어서, 크게 어렵지 않은 상황이 지속될 것이고,
나중에는 물질적인 부를 챙겨서 살게 되어 있다.

* 그렇다면 C형은요?

\# 너도 알다시피 감정의 기복이 심하다. 하지만 일에 대한 성실성을 넘어서서
매달리는 성격이니, 그 또한 돈에 대한 측면에서는 도움이 된다.
자신에 대한 자각능력은 떨어지지만, 받침생각의 반영이 작용하고 있는 것이지.
예지적인 부분에 대한 답을 원하니까, 해주도록 하겠다.
C씨가 오랫동안 스트레스를 받고 있는 것인, 빌려준 돈은 못 받으니,
준 것으로 생각하고, 마음을 편하게 하는 것이 좋겠다.

* 이야기하기가 민감한 사안입니다.

\# 내 이야기를 믿고 전달해도 좋다.

* 이후의 삶은 어떻습니까?
그 분 또한 물질적인 부분에 관심이 있으니, 그것을 물어 봐야겠네요.

\# 일에 대한 성실성으로 경제적인 어려움은 없다.
다만 어렵다, 어렵다 하는 마음이 있을 뿐이지.
좀 신경 써야 할 것은, 아내와의 관계를 편하게 가져가야 된다는 것이다.
문제는, 문제가 있다고 생각하는, 그것이 문제인 것이다.
스트레스를 푸는 방법으로, 휴일에 가족과 함께 등산을 하는 것이, 좋은 방법이
될 것 같다. 노년에 예기치 않은 횡재가 있을 것이다. 나이가 많이 들어서이지.

* 더 이상 말씀하실 게 없으시군요?

\# 그렇다. 원만하게 산다. 제일 문제가 되는 것은 걱정하는 마음이다.

* 형님은 현재 혼자 살고 있고, 딸의 결혼도 앞두고 있으며,

사업주로서의 입장에 있습니다. 앞으로도 변수가 많을 듯싶은데요?
흐트러진 인식만 잘 챙긴다면, 점점 좋아질 것이다.
　　사람의 바탕에 총기가 있으니 점점 나아지는 상황으로 갈 것이다. 하지만 지금의
　　기회를 살리지 못하면, 점점 나아지는 상황으로 전개될 수가 없을 것이다.

* 형님의 인식수준이 떨어지기 시작한 것은,
　　S여사와의 관계에서, 배움을 잘 챙기지 못한 상황에서 시작되었다고 봅니다.
헤어짐이라는 결과가 잘못된 것이 아니고,
　　그러한 결과에 이른 과정과 결과에서 무엇을 배웠느냐가 중요한데,
　　감정이 앞섬으로써 소중한 배움을 잘 챙기지 못한 것이다.
　　관계가 잘못된 것은 없다. 누구를 만나서건, 다시 시작할 수도 헤어질 수도 있는
　　자유가 있다. 그 관계 속에서 과연 나 자신이 누구이며 진정한 나 자신은 무엇이
　　되기를 원하는가를, 자각할 줄 알아야 한다.
　　지금의 입장은 여러 사람들과의 관계에서,
　　자신이 누구인지를 잘 챙겨야 하는 시기이다.

* 저와 제 아내와의 관계는 어떻습니까? 어떠한 인과관계가 있는지요.
# 필연이다.

* 말씀이 이어지지가 않네요? 좀 집중하도록 하겠습니다.
# 너 자신이 부담스러워 하는 주제이기 때문에, 대답을 듣기가 쉽지 않지,
　　내가 답하기가 어려운 것은 아니다. 과거의 인연은 분명히 있다.
　　그리고 내세(來世)에서도 그 인연은 한층 강화될 것이다.
　　과거에는 네가 신세를 많이 졌다. 그러므로 네가 에너지-적 차원에서 도움을
　　많이 주어야 할 것이다. 과거의 빚이 아니라 서로 작용하는 기회가 되는 것이지.

* 저와의 과거의 인연은 어떠한 것입니까?
# 네가 달라이라마였을 때, 시주(施主)를 많이 한 티베트의 공주였다.
　　그 나라는 아니고 지방 영주의 딸이었다는 이야기지.
　　배움에 대한 바람이 있었지만 노력은 별로 안한 대신에,
　　달라이라마에게 물질적인 시주를 많이 했지.
　　그게 실천으로 공부한다고 생각한 것이지.
　　그러니 네가 많이 가르쳐 주어야 한다. 이 생에서는.

* 인과관계가 그렇게 되는군요.
# 내생(來生)에서도, 너에게 많이 배우게 될 것이다.
　　그때는 부부가 아니고, 스승과 제자라는 관계로서 작용할 것이다.

* 믿을 만한 것입니까? 미래는 예정된 것이 아니잖아요?

지금의 상황에 맞물려서 그런 것이다.
　지금의 인식이 달라지면, 과거도 미래도 바꾸어진다.
　하지만 지금의 바탕생각을 바꾸지 않는 한에는 그렇게 되었으며,
　앞으로 그렇게 된다는 이야기다.

* 운명이란 그런 것이군요. 바탕생각에 따른 작용으로 이루어지는 것이군요.
　미래가 바뀌기를 바란다면, 정확한 바탕생각을 자각하고,
　의도적인 창조행위를 발휘해야 한다는 이야기가 되겠습니다.
내가 말한 예지적인 이야기는, 현재 시점과 동시에 작용하는 과거와 미래의
　상황임을 잊지 말기 바란다. 생각으로는 삶이 창조되지 않는다.
　그러므로, 생각으로 산다면 운명이 정해져 있다고 볼 수가 있지만,
　자각으로써 선택을 달리한다면, 미래의 운명은 다르게 될 것이다.
　그것을 바꾸고 싶어 할 때만, 그렇게 되겠지만.

* 자각으로써 원하면서, 미래에까지 에너지 차원에서 영향을 미칠 수 있는,
　행동으로 연결 짓지 않는다면, 미래가 정해져 있다고 볼 수가 있겠습니다.
'모든 일이 지금 일어났다.'는 의미는 바로 그것이다.

* 오늘의 대화는 여러분들의 개인문제와 연관 지어서,
　삶의 여러 시점에 관한 공부가 되었군요.
　다른 주제로 넘어가는 것은, 내일 이야기해 보도록 합시다.
내일 공부하세.
-06시 05분-

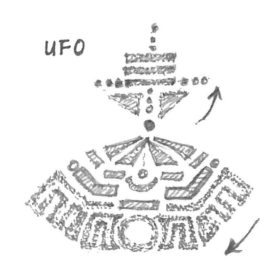

UFO

* 며칠 전의 대화 내용을,
  어제 부담 없는 상황에서 당사자들에게 이야기해 주었습니다만,
  별로 귀 기울이지 않았습니다. 제가 평소에 판단하고 있던 바와 부합되며,
  본인들의 현재 상황에 적절한 내용들이었는데 말입니다.
원래 사람들의 인식수준이 그렇다는 것을 알아야 한다.

* 충심으로 잘 되기를 바라며, 도움으로 작용되길 바랐는데 말이죠.
# 장기적으로는 도움이 된다. 그럼에 만족하기 바란다.

* 사람들과의 관계에서 제가 할 수 있는 일들이란 쉽게 이루어질 수가 없군요.
# 능력이 커지면 영향력도 커지는 법이니까 너무 실망 마라.

* 둘째 형님의 기회가 저물어 가고 있다는 이야기는 좀 심각했습니다.
# 금전적인 면에서 그렇다는 이야기였다.

* 삶에서 고통이 다가오면 자기 인식을 챙길 수 있는 기회가 주어진다는 이야기로
  알겠습니다. 하지만 그 기회가 저물고 있다는 이야기는, 저 하고도 연관이 있다는
  것이 아닌가요?
서로 물고 물리는 관계이다. 너는 역할을 다했다.
  형님은 너를 통한 나의 이야기에 귀 기울이는 행위를 하질 않았다.
  그러므로, 너는 다른 상황으로 넘어갈 수밖에. 나는 항상 작용한다.
  너만을 위한 상황을 만드는 것이 아니고, 모두를 위한 상황에 작용한다.
  너는 그것을 자각하지만 다른 사람은 자각하지 못할 때,
  자각하지 못한 사람에게는 다른 상황으로써 다른 기회를 제공할 것이다.

* 저의 거취가 달라질 것이라는 느낌을 계속 받았습니다. 어제의 낮 시간 동안에.
# 네가 선호하는 생각이 아닌가 하는, 의심을 계속 한다는 것을 안다.
  이제 다른 상황으로 넘어갈 때가 되었다. 그동안 너와 함께한 사람들 각자에
  알맞은, 자각을 챙길 수 있는 기회의 역할이 다 되었으니. 너 또한 역할을
  다했고. 이제는 너에게도, 다른 사람에게도, 다른 상황을 전개시켜야 한다.

* 기다리고 있으면 됩니까?
# 영감에 귀 기울여라. 너의 거취는 분명히 달라진다.
  그동안 내면과의 대화를 전개시키면서 언급해왔던 받침생각의 방향성과,
  현실에서 사용할 방법이나 수단들이, 너에게 다가올 것이다.

조급해 하지 말라. 얼마 되지 않을 시간이다.

* 알겠습니다.
  지금 신나이 모임에서는 또 다른 '창조하기 프로젝트'가,
  HA님에 의해서 추진되고 있습니다.
  HA님의 말씀에 의하면, 신의 성전(聖殿)을 마련하기 위한 기금모금을,
  당신과의 교감에 의해 진행한다고 하시던데요?
  당신과의 교감이 이루어졌습니까?
그런 적 없다. 자신의 생각이 강화된 것이다.

* 천만 원을 기부하겠다는 의사를 표했고, 그에 동참해서 GS님도 천만원 기부의
  의사를 표하고 있습니다. 생각으로 출발했더라도 그 성의가 대단한 것 아닌가요?
생각으로 시작했지만 쉽지 않은 성의이지. 하지만 너무 방만하다.
  전체회원들과의 교감 없이 진행되는 것이기에, 진도가 나가질 않는다.

* 성전(聖殿)이 필요합니까? 당신에게.
  저는 그보다도 더 중요한 것이 있다고 봅니다.
성전은 무슨. 그냥 너희들이 함께할 수 있는 조그마한 공간이지.
  네가 생각한 대로, 함께 교감하면서 진행시키고, 점차적으로 확장되어지는,
  회원들 간의 긴밀한 합의에 의한 상황의 전개가 중요하다.

* HA님은 전에 몸담았던, 기성종교의 관습들을 많이 챙기고 있는 것 같습니다.
# 네가 비판하기 싫어서 말을 삼가고 있지만,
  나 또한 기성종교의 뻔한 관습들을 가지고 창조하는 것을 원하지 않는다.
  기발한 아이디어로써, 지금의 왜곡된 나에 대한 관념을 바꾸어 나가야 한다.
  그것이 어려움이겠지만, 그럴수록 영감에 의존해야 할 것이다.

* 쉽지가 않은 길일 것 같습니다.
# 지금의 능력으로는 어렵겠지만, 확장되어질 상황에 맞추어지는 능력과 수단이
  제공될 것이다. 네가 그것을 그 상황 상황마다에서 원하기만 한다면.

* HA님의 또 다른 창조하기 프로젝트는 침체되겠군요?
# 전혀 쓸모가 없는 것은 아니다. 나름대로 부여한 숭고한 의미에 따른 의지가
  있고, 회원들에게 공간의 확보에 대한 인식을 불러내는 작용은 하게 될 것이다.

* 제 생각의 대부분과 맞아 떨어지고 있는데요?
# 기시감이 활성화되고 있다. 생각인지 아닌지를 구분하는 노력을 하고 있다는
  것을 안다. 그 정도면 잘하고 있는 것이다. 좀 더 신경 쓰기 바란다.

* 생각인지 기시감인지의 구분은 제법 어렵지요.
# 구분을 할 필요는 없고, 그냥 고요한 상태를 유지시키는 노력만 하면 된다.
  그래도 항상 생각이 일어나는 즉시 알아차리는 노력을 해야 한다.
  기시감은 알아차릴 여유도 주지 않고 챙겨지는 것이라는 것만 알면,
  생각과 기시감의 구분에 대한 부담에서 벗어날 것이다.

* 그런 것 같습니다.
  다시 묻습니다만, 지금의 상황이 다 되었다는 느낌을 어제 많이 받았습니다.
  뭔가 되어 있다는 것을요. 그것은 논리로써 강화된 생각이 아닌지 궁금합니다.
되어있는 상황의 에너지를 감지해 냈다.

* 당신이 영감으로 챙겨 준 것이 아니고요?
# 그게 그거다. 내가 에너지이고 너 또한 에너지이다.
  영감이 작용한다는 것은 에너지의 작용이 이루어진다는 것에 다름 아니다.

* 고요히 기다리면 되는 겁니까?
# 구체적인 시기를 이야기 해주었으면 하는 마음을 안다.
  이제는 새로운 상황으로 넘어 가야 하니, 마음을 가다듬을 필요가 있다.
  다방면으로 준비하고 있으면 된다.

* 알겠습니다. 믿나 안 믿나 보다도, 되어 있음을 자각하는 것이 중요하겠지요.
  일상에서의 명상을 유지하도록 노력하지요.
  내일 또 보시자구요.
오-케이.   −06시 50분−

● 48. 인식의 전환기(2005년 11월 11일. 금요일)

(정성수련 200배)   -05시 00분-

* 삶은 온갖 제한으로 이루어져 있군요.
  그래서 저도 그것과 조화롭게 하고자 하지만 쉽지가 않습니다.
삶의 제한이란 것이 어차피 현실이라는 조건이다.
  나는 너희들에게 오직 천사만을 보내 주었다.
  그것을 받아들이기가 힘든 것이 현실에서의 인식수준이다.
  너 역시도 그것들에게서 영향을 받을 수밖에 없다.
  혼자 사는 조건이 아니기 때문에.

* 저의 내밀한 꿈은, 그냥 내밀한 것으로 해야 될 것 같군요.
# 주변인들은 어디까지나 주변인일 뿐이다. 자기 자신에게 막상 다가오기 전에는,
  관심을 가지지는 않는 것이니, 지금은 편하게 이야기하는 것이 좋을 것이다.
  조금씩 힌트를 주는 셈이지. 편하게 받아들일 수 있는 순간순간에서 말이다.

* 제가 좀 침체되어 있습니다. 그래도 며칠 혹은 한 주라도 지나면 회복되겠지요.
  그러면서 달리다가, 지쳐서 주저앉았다가, 다시 달리고…….
  끊임없는 도전인지 악순환인지 모르겠군요.
어쩔 수가 없다. 네 삶의 방향성이 그런 것이다.

* 슬픈 일이군요.
# 힘내시게.

* '어떠한 절망 속에서도 솟아오르는, 내면의 힘이 있다'는 것을 믿습니다.
# 아멘.

* 심기일전해 봅시다.
# 그러세.

* 아내와 사귀기 시작한 날짜가, 오늘과 같은 11월 11일로서 17년이 되었습니다.
  그럼으로써, 혼자살고 싶던 젊은 시절의 희망사항이 예정대로 되지가 않았습니다.
20대 초반부터 독신으로 지내고 싶어 했지만,
  20대 후반의 그 날부터 계속 끌리던 작용을 네가 감당할 수가 없었을 터인데?

* 그건 그랬지요. 그때는 참으로 제 정신이 아니었습니다. ☺
# 그건 맞다. 제 정신이 아닐 때야말로, 업(業)이 강하게 작용한다고 보면 된다.

* 예정되어 있던 것이겠지요.

\# 그렇다. 자각으로서 에너지작용을 조절할 수 있는 능력을 발휘하지 못한다면,
  예정은 피할 수 없다. 그래서 우연은 없고 우연의 일치 또한 없다는 것이다.

* 자각으로서 에너지작용을 조절할 수 있는 능력은, 그 난이도가 높을 것 같은데요?
\# 대개의 사람들의 존재 능력보다는 그 난이도가 높다.
  그럼으로써, 인류의 인식능력을 향상시키는 작업은 쉽지가 않은 것이다.
  하지만 바뀌는 것은 서서히 또는 조금씩이라도 바뀌는 것이니,
  그러한 일을 하는 것도 의미가 있다. 다만 그렇게 하고 싶다면 말이다.

* 하긴, 바꾸거나 아니 하거나에 크게 마음 쓰지 않는다면,
  되는 대로의 모습을 지켜보는 것도 하나의 방법이 되겠습니다.
\# 자유다. 의무는 없다. 권리만 있다.
  하지만 삶의 강렬한 체험을 원한다면 어느 하나를 선택해서 집중할 필요는 있지.

* '혼자 놀기'인데, 뭐 그리 뼈 빠지게 할 거 있나요?
\# 어쨌든, 상대성의 세계에서 지금의 모습으로 존재하고 있으니,
  놀기는 놀아야 하지 않겠나?
  어떠한 선택을 하던 선택을 해야 하는 것이, 상대성의 세계의 존재법칙이다.

* 어쩔 수가 없군요.
\# 맘에 들던 안 들던 하나의 법칙으로 나타나 있으니, 혼선은 없지 않냐?

* 그러한 깨달음에 도달하고, 유지하고 있는 와중에도 고통은 지속되니,
  즐겁게 놀기는 어렵습니다.
\# 인식의 전환기라서 그렇다.
  깨달음 이후에야 상황을 다르게 창조해 낼 수 있는 것이니, 순서를 기다려야지.

* 제가 지금의 현실을 많이 힘겨워 하는 것 같습니다.
\# 너에게는 재미가 없는 상황이라서 그렇다. 나도 사실 마찬가지다.
  그렇지만 되어있음을 쉽사리 바꾸는 것 또한 혼선이니 차분히 기다리자.
  내가 나에게 보낸, 선물의 포장이 쉽게 뜯어지면 재미가 없으니.
  그리고, 내용을 모르고 있어야지, 흥미진진해지는 법이다.

* 그래요. 깨닫는 재미를 위해서 있어 보지요.
  하지만 당최 내면과의 대화가 진행되는 내용들이,
  제 자신이 평생 듣지도 보지도 못한 식으로 진행되기에, 괴로움이 아주 많답니다.
\# 이해한다. 때가 여물었다.
  '압도당하는 상황'이란 선물이 준비되어 있으니, 기대하도록.

* 구체적으로 가르쳐주지 않겠다는 거군요.
\# 그건 '혼자 놀기'라는 게임의 룰에 위배된다.

* 그래도 여러 차례로 언급은 많았잖습니까?
\# 너무 놀라면 소화불량 또는 심장마비에 걸릴 것에 대비해서 그런 것이다.

* 아주 진을 빼시는군요.
   기대감으로 생각을 강화시키는 작용이 아니 되기를 바랍니다.
\# 그러면 곤란하지. 내가 나 자신에게 도움이 안 되는 일을 벌일 수는 없다.
   너의 자각으로 향하는 행위를 순차적으로 밟아 나가다가, 엉망으로 만들 수는
   없기에.

* 에고의 처절한 좌절을 유도하기 위해서, 무슨 일이라도 벌일 작정 아닌가요?
\# 그렇다고 해서, 전체적인 틀을 부숴 버리는 일을 하지는 않을 터이다.
   다만 그때가 언제냐 하는 것만 해도, 너에게는 힘든 일인데, 그럴 수야 없지.
   네가 나와의 관계에서 낙심하고 관계가 끊어지는 것을, 나 또한 바라지 않는다.

* 지금은 새로운 상황이 전개되기를, 생각이든 바람이든 간절함이든 뭐든 간에,
   원하고 있음을 애써 외면하고 싶지가 않습니다.
\# 이해한다. 그 또한 내가 유도한 것이니.
   네가 내 기준이나 감추어진 의도에 맞추어야 한다는 부담을 가지지 말기 바란다.

* 한정된 주제가 전개되더라도, 내면과의 대화는 지속해 보도록 하겠습니다.
   한편으로는 재미가 없지만 말입니다.
\# 오늘 재미가 없다고 해서, 내일 또한 그러한 것은 아닐 거라고 이야기하겠다.

* 제가 염려하는 것은 합일의 정신으로 살고자 하는 것인데,
   당신이 원하는 것을 자세히 모른다는 것이죠.
\# 나 또한 네가 원하는 것을 원하니, 네가 원하는 대로 되어질 것이다.

* 오늘은 이만 하도록 하겠습니다. 다음에는 신선한 주제가 챙겨지기를 바랍니다.
   안녕히.
\# 안녕히.
                                                          −06시 20분−

* 그동안의 내면과의 대화의 기록들을 좀 훑어보았습니다.

\# 무슨 말을 하고 싶어 하는지 알겠다.

* 그래요. 7월 19일에 '때가 무르익어 있다.'고 하셨지요.

　그 이후로도 상황 반전에 대한 이야기가 간간히 거론되었고요.

　근 네 달이 다 되도록, 삶의 상황의 변화에 대한 일로 마음 쓰이게 하시는군요.

　그것도 한 두 번이 아니고 끊임없이.

　'꼭 그걸 그렇게 할 필요가 있었나?' 싶습니다.

　그냥 차분히 대화를 진행했으면 싶었는데요?

\# 내면과의 대화가 쉽지가 않은 것이기에, 하나의 흥밋거리를 배치한 것이다.

　그럼으로써 내면과의 대화에 접근할 수 있도록 해 놓은 것이지.

* 오히려 그것 때문에, 내면과의 대화를 차분히 챙길 수 있는,

　평상심이 흐트러지는 경우가 많았다고 봅니다.

　때가 무르익어 있다든지, 인류의 스승이 되고자 한다든지,

　지금의 상황의 의미가 다 되었다든지, 압도당하는 상황이라든지 하는,

　이야기들을 거론만 할 뿐, 현실로서 드러나는 경우는 없으니,

　차라리 특별한 지혜에 대한 이야기가 도움이 될 듯싶습니다.

\# 네가 이야기했듯이, 외부적인 정보가 아닌 자신의 내면에게 아무리 견주더라도

　앎은 증명될 수가 없는 것이고, 실상(實像)은 체험을 통하여 느끼는 것이라는 것을 알고 있는

　데. 어떻게 이론이나 이치적인 것만 가지고, 대화를 꾸려 나갈 수가 있겠는가?

* 흥미진진한 이론이나 이치도 많이 있지요.

　UFO나 외계인, 차원이 다른 세계, 고도의 영적 존재나 우주의 작동 메커니즘 등,

　얼마든지 많은 주제를 다룰 수도 있지 않나요?

\# 그러하지만, 너는 그렇게 방만(放漫)한 것에 별로 관심이 없다.

　현실적으로 집중해야 할 것을 원하기 때문이다.

　너는 삶이 두렵기 때문에 많은 앎을 추구하는 것이 아니다.

　너의 앎에 대한 추구는 오로지 흥미의 문제이므로,

　지식의 추구에 있어서는 자유롭다.

　너는 체험을 원한다. 그것을 네 삶의 여러 순간들에서 강렬하게 추구해 왔다.

　그래서 너의 성격은 열정적이라고 할 수가 있다.

　네가 지금의 현실 상황을 힘들어하는 이유는,

　보다 이상적인 가치를 추구하는 체험이 철저히 제한되어 있기 때문이다.

* 알아주시니 고맙군요.

그런데 현실의 상황을 달라지게 하는 것은,

제 스스로의 선택에 의해서 바꾸어야 하는 것인지가,

항상 어려운 문제로 자리 잡고 있습니다.

욕망에 의한 선택을 인정하지 않고, 모든 현실을 꼭 필요한 과정이라고 여기고,

영혼의 인도함이 아니면, 결코 선택하지 않겠다고 다짐했습니다.

하지만 다른 상황을 선택하는 것이, 먹고 사는 문제에서 멀어지는 것에 대한,

두려움 때문에 그러는 것이 아닐까 싶어, 항상 바라보면서 고민하고 있습니다.

과연, 내가 다른 삶의 상황을 찾아서 선택을 해야 하는 것인지, 당신의 인도가

있을 때까지는, 철저히, 기약 없이, 기다려야 하는 것인지를 묻고 싶습니다.

이러한 질문을 하는 가운데서도, 다른 삶의 상황을 찾아서 선택을 해야 하는

것은, 오로지 생각으로 선택하는 행위일 뿐이라는 것을 알고 있습니다.

그럼으로써 당신의 인도가 있을 때까지는,

철저히, 기약 없이, 기다려야 하는 것으로 항상 결론이 나지요.

그런데도 당신은 오히려 이 점에 관계된 모호한 언질만 있었을 뿐,

가시적인 상황으로 이끌어 주시질 않으니, 난감할 따름입니다.

차라리, '한 5년은 더 조선소 생활은 해야 되고, 지금은 나하고 특별한 지혜에

대한 대화를 하면서, 수행하는 생활을 영위해 가야 한다.'는 식으로,

이야기가 전개되면 좋았을 것 아닌가요?

인내의 세월에 대한 기간을 이야기 해 준다면,

너는 그 결과를 가지고 더 힘들어 할 것이다.

한편으로는, 현실의 고통스러운 삶에 대한 집착이 적으니,

너는 아마도 죽으려 들 것이다.

그것은 나의 예지에 반항하는 행위가 될 것이고,

너는 운명을 거부할 자유가 있으니,

자각으로써 자살을 실행으로 옮길 수도 있을 터이다.

그렇게 자존심이 강하고 모진 놈이다. 너는.

* 그럼. 저의 운명에 대한, 당신의 예지(豫知)는 쓸모가 없다는 것인가요?

'혼자놀기'의 정체를 알게 된 사람은, 운명을 바꿀 수 있는 능력이 있다.

* 자존심의 근원은 당신에게서 오는 것이 아닙니까?

물론, 나에게서 비롯된 것은 사실이지만, 나에게서 분화되어 형성된,

너의 개별 자아의 색깔이 너의 자존심이다.

* 그 또한 당신의 모습이군요.

그렇다. 그래서 너는 나의 아들이라고 부를 수 있다.

* 중요한 질문에 대한 답이 없었습니다.

　지금의 현실상황을 최선으로 허용하면서 마냥 기다려 봐야 하는군요?

사랑하는 내 아들아.

　나는 너 자신이니, 네가 나를 통하지 않고, 어떻게 하겠다는 것인가?

* 그럼으로써 무기력합니다.

　한 동안 명확한 느낌으로 다가오는 대답이 없으시군요.

　그렇게 자신을 진퇴양난으로 이끌었던 것은 당신이 아니신가요?

그건 너지, 내가 아니다.

* 떠오른 대로 질문하게 한 것이, 당신이 아니란 말입니까?

떠오른 대로 질문한 내용의 대다수가,

　진정으로 네가 원하는 마음에 바탕을 둔 것이기에,

　나 또한 너를 달래기 위해서는, 여러 가지의 입장을 취하지 않으면 안 되었다.

　그러한 결과로, 내가 너에게 대답해줄 말이 궁색해진 것이다.

* 이해하도록 하겠습니다. 그게 쉬울 것 같지는 않습니다만.

　부담 없이 다음의 대화에 임하도록 하겠습니다.

　어쨌든 저를 인도해 주실 것을 믿습니다.

　오늘은 왠지, 저의 생각이 많이 개입되어 전개된 것 같군요?

아니다.

　결과가 네가 받아들이고 싶지 않은 상황으로 전개되었기에, 그러한 것이다.

* 뭔가, 제 자신에게 문제가 있는 것이 아닌가 싶습니다.

그렇지는 않다. 다음의 대화를 진행해 본다면, 다시 심기일전할 수 있을 것이다.

* 좋아요. 달리 할 일도 없고, 어디로 갈 데도, 누구를 만날 일도,

　외부의 관심 있는 정보도 없으니, 다시 만나도록 하겠습니다.

　안녕히.

안녕.

—02시 35분—

* 어제 당신이 제공한 이야기에서 단서가 제법 있었습니다.
  그 당시에는 몰랐지만, 낮 동안에 이치적으로 전개된 것에 대한 것이지요.
  그래서 감사드립니다. 당신 자신이 자승자박에다가 진퇴양난이 될 수도 있는
  이야기를 해주시는 것을 볼 때, 저를 이끌고 있다는 것을 알 수가 있겠습니다.
  일단 출발해 보도록 하겠습니다.
겁 안 난다. ☺

* ☺ 지금 내면과의 대화가 진행되는 매커니즘(mechanism:구조, 심리과정.)에
  대한 것인데요. '혼자 놀기'라고 해 왔지만, 사실은 저라는 개별영혼과,
  신이라는 전체의식과의 대화가 진행된 것으로 보여 지는군요?
그건 사실이다. 개별영혼은 신의 속성을 그대로 가지고 있으니,
  합일의 상태가 되면 '혼자 놀기'라고 할 수도 있다.

* 몸, 마음, 영혼이라는 삼중의 존재인데, 당연히 개별영혼이 전체인 신과
  대화한다는, 간단한 설정을 체크하지 못했는지 의아합니다.
그건 너희 사회에서의 정보가 부재하기 때문이다.
  신과 대화하는 것이 몸과 마음을 가진 인간에 의해서 진행된다고 보기 때문이다.
  그리고, 우주의식과 대화하는 것에 대한 구체적인 정보가 거의 없다.
  너하고 나처럼 이렇게 시시콜콜하게 밀고 당기고 하면서까지,
  집요하게 물고 늘어지는 경우에 대한 기록들이 거의 없는 것이다.

* 이제까지의 내면과의 대화가, 제 영혼과 그 확장된 선상에 있는,
  신과의 대화로서 이루어져 있군요?
그렇다. 일반적인 사람들의 입장에서는 자기 영혼과의 만남이 신과의 만남이라고
  단정 짓는 경우가 많고, 또한 삼중의 존재라는 것을 바탕으로 자기 자신이
  신이라고까지 확대해석하지만 그것은 명확한 구별이 필요한 것이다.

* 그럼으로써, 개별영혼인 저의 개성은 달리 있는 것이군요?
# 신의 다양한 속성들 중의 하나인 셈이지. 그 개성이야말로 상대성의 세계에서
  영혼이 자기 삶의 체험을 지향시키는 역할을 한다.

* 예수께서 '하나님 아버지.'라고 한 것은,
  개별영혼의 입장에서, 전체인 신을 바라보면서 한 이야기였군요?
내가 '너는 사랑하는 내 아들이다.'라고 한 것이 그 의미이다.

* 그렇다면, 인류역사상 개별영혼으로 왔던 예수, 석가, 모하메드 등의 위대한
   인물들도, 일반적인 인간에서 출발하여 자신의 능력을 극대화 시켰다고 보면,
   지금까지 전해 내려온 정보와는 달리, 능력 면에서 과대평가된 면이 많겠는데요?
구체적으로 말하기가 이상한 질문이다.
   인류의 위대한 성자(聖者)들이, 영성을 추구한 다른 선각자(先覺者)들에 비해,
   확연한 차이가 나는 진보를 이룩하지 못했다는 것을 말하겠다.

* 석가의 해탈이나 예수의 부활은 없었던 것인가요?
# 후세인(後世人)들의 포장에 의해서 만들어진 것이다.
   해탈은 지구상에서 존재하지 않았다.
   지구는 해탈할 만한 여건을 갖춘 장소가, 결코 못되는 별이다.

* 저의 자존심이 강하고 모질다는 것은, 단순히 인간인 저의 성격에 관한 이야기가
   아닌 것으로 보여 지는데요? 그것이 저의 영혼의 성격입니까?
그러한 질문을 하는 가운데, '저의 영혼의 성격'이라는 표현을 쓰는 것이,
   별로 합당치 않다는 것을 너도 알 것이다.
   너 = 영혼 = 신이라는 구도가 분리된 것이 아니지만,
   인식을 위해서는 분리라는 장치가 필요하다는 것임을 알 수가 있지?
   자존심이 강하고 모진 것이 너의 영혼의 성격이다. 열정적이고.
   그것을 몸과 마음의 수준에서 자각할수록, 체화(體化) 또는 체현(體現)되었다는,
   표현이 가능하다.

* 지난날을 돌이켜보면, 제 영혼의 성격에 기인한 행동들이 많았었지요.
   중학교 때일 것입니다. 제가 되고 싶어 한 것이, '군자(君子)'라는 것이었지요.
   어린 마음에도 그게 참 마음에 들었답니다.
   그래서, 친한 친구에게 '나는 군자가 될 거야.'라는 이야기를 자주하곤 했지요.
   군자는 직업이 아니고, 존재 상태가 아닙니까?
그게 다, 네 영혼의 이상이 은연중에 드러난 것이다.
   그때는 자각을 하지는 못했었지만.

* 고등학교 때는 구타당하는 친구를 변호하느라고 나서기도 했지요.
   그래서 담임선생님께서 생활통지표에 '정의감이 강하고, 불의를 보면 참지 못하는
   성격임.'이라는 글을 써 주시기도 했지요.
   어쨌든, 그때부터 불편부당한 일을 보면 참지 못하고 나서기 시작한 것 같습니다.
누구나가 다, 성장 과정에서 자기 영혼의 속성에 기인한 행동들을 하게 된다.
   자기 영혼에 대한 정보 부재로 인식하는 경우가 없어서 그렇지.

* 그렇다고 해서, 소년시절에 그리 착한 아이는 아니었다고 봅니다.

너무 마음 쓸 것 없다. 철없는 아이라는 표현이 있으니.
영혼의 성숙은 몸과 마음의 성숙과 함께 하는 것이니,
어른이 되어서 자기 자신의 본질을 알게 되는 것이 중요하지.

* 집안 형편이 좋질 않아서, 실업계인 공고(工高)를 갔고,
졸업 후에는, 창원의 금속회사에 취직을 했었지요.
하지만 '여기는 내가 있을 곳이 아니야.'라는 느낌을 계속 받았지요.
그곳은 네 영혼의 성격에 맞지 않는 곳이었으며, 하는 일 또한 그러했다.
그래서 혼자서 야간작업을 하는 고요한 적막 속에서,
너에게 계속 느낌으로서 이야기한 것이지.

* 그래서 한 해를 재수(再修) 아닌 재수를 했지요.
부모님께 미안해서 입시학원 같은 데를 보내 달라는 말도 못하고…….
본가(本家)의 구석진 방에서 '하면 된다.'라는 글을 써 붙이고 열심히 공부했지요.
혼자하는 공부라 효율은 많이 떨어졌었지만.
그러는 중에서도 몸과 마음과 영혼과 내가 함께 했다.

* 대학에 들어가서 1, 2학년까지는 공부에 집중이 안 되었지요.
건축이 과연 내 적성에 맞는 것인가 하는 것이었죠.
네 영혼의 성격에, 시공이라는 분야는 맞지 않았기 때문이고,
2학년 후반기에 설계라는 분야를 접하면서, 그것이 너의 예술가적인 심성의
다양함에 접근이 되면서, 흥미를 아주 많이 느끼게 된 거지.

* 병역의무 때문에 2학년을 마치고 휴학하면서, 해병대에 지원입대를 했습니다.
그런데, 군대생활이라는 것이 국가차원에서 전달하는 정보와는 딴판입디다.
고생스럽더라도 나름대로의 이상적인 의미가 있을 줄 알았는데.
그 또한 이상을 추구하는 네 영혼의 심성이 좌절된 곳이다.
하지만 어쩔 수 없이 적응하면서, 너는 그 속에서 나름대로의 의미를 만들어
나갔다. 어려움 속에서도 이상을 만들어 내었지. 전우들을 위해서 군생활을
아주 열심히 했지. 그 시절에 너는 독서를 많이 하였고, 어느 종교도 믿지는
않았지만, 수많은 날들을 나에 대한 기도로써 하루를 마감했다.

* 그때에, 신에 대한 제 나름대로의 정의가, 사유(思惟)로써 형성된 시기였습니다.
# 외부적인 여러 입장에 영향 받지 않았고, 너의 내밀(內密)함에서 나온 것이기에,
그 순도(純度)가 아주 높은 것이었다. 아주 의미 있는 세월이었지.

* 제대를 하고 3학년에 복학을 하였지요.
그러면서 가장 고민한 문제가, '건축을 통해서 이상을 추구할 것인가? 현실적인

성공을 추구할 것인가?'에 대한 것이었습니다.

고심하여 내린 결론은, '이상에서 출발해서, 현실로 돌아오는 것이,
나의 건축이라는 학문의 추구 스타일.'이라는 것이었습니다.

건축과 학회장을 하면서, 이 생활이 앞으로 사회에 나가서,
타인들에게 봉사하는 마음을 배양하는 기회가 되기를 바라면서 임했지요.

그때는 참으로 모질게 살았습니다.

학회의 일로 시위하느라 단식을 하기도 했고,

학회 발전에 관계된 많은 일들을 최선으로 처리하면서 임했습니다.

그리고, 나의 이상과 현실의 조화라는 방향에 있는,
건축을 배우는데 있어서도, 최선을 다 했었죠.

학회장은 수업의 절반 정도를 들어가도 학점을 받는데 별 지장이 없는 풍토에서,
학회장 일을 하면서 수업을 빼먹은 적이 거의 없었으니까요.

대외활동에다, 정규수업에다, 대외공모 작품준비 등으로 체력이 달려서,
차가운 강의실의 교단 위에서, 링거를 맞은 적도 세 번 있었지요.

학생이라는 것, 젊음이라는 것, 그 열정의 순간들을 잊을 수가 없습니다.

혈기왕성으로 지나침도 많았지만요.

그때는 참으로 자존심이 강하고 모질었습니다.

 # 네 영혼의 성말 탓이다. 이상에의 추구라는 열정이 엄청나게 강하다.

* 그러한 모습들은, 사회생활을 하면서도 계속 되었건만,
나 개인에게 돌아오는 실속은 없는 상황으로 항상 결론지어졌지요.

제가 남에게 준 것은 아깝지 않고, 실속이 남아 있지 않아도 괜찮습니다.

하지만 지금의 입장에서는, 그렇게도 열심히 살아왔는데도 불구하고, 의미 있는
생활을 추구할 상황이 안 되는 것으로, 몰락해 있는 것이 가장 안타깝습니다.

물론, 여러 가지 봉사활동이 지천에 있는 것이 현실이지만,
내 맘에 끌리는 것이 보이지가 않는 것이, 가장 어려운 문제인 것입니다.

 # 그것을 내가 제공해 준다. 네 영혼이 진정으로 원하는 것을 알기에.

* 그러한 모티브(motive:동기.)가 내면과의 대화에서 많이 제공되었지요.

제 맘에 쏙 들었고요. 하지만 여의치가 않게 되면, 그것이 현실에서의 제한
때문이라고 여기고, 제 영혼이 미련 없이, 세상을 하직하게 되지 않을까 싶습니다.

 # 그럴 단계는 지났다. 너의 깨달음의 수준이.
현실에서 네가 어떠한 일을 하든, 유유(愉愉)하게 살아 갈만한 내공이 챙겨졌다.
아직 젊은 혈기가 남아 있는 지금의 시기에, 마지막 기회를 잡아 보고자 하는
것이지. 이상에의 열정적 추구라는 것으로.

* 그 꿈을 추구할 수 있는 기회를 주실 건가요?

당연히 그럴 것이다. 신과의 교감이 이루어지는 영혼에게 제공하지 않는다면,
누구에게 제공할 수 있단 말인가?
교감이 없는 영혼에게도 그 기회는 항상 제공되고 있는 마당에.

* 그러면 그 기회의 방향성이 인류의 스승이 되고자 하는 것입니까?
# 누차 확인할 필요가 없다.
네 영혼이 인류의 스승이 되고자 하는 것 말고 원하는 게 없으니.
그건 그렇게 되어져야 할 유일한 것이다.
네가 원하지 않는 것을 내가 줄 수는 없다.

* 지금 저에게는, 이전의 건축 일을 하면서 경제적으로 어려워진 상황이 호전되지
못함과, 부양하는 가족과 쓸쓸하게 늙어 가시는 노모가 있습니다.
예나 지금이나 현실적인 여건이 심히 열악한데 무얼 할 수가 있을지?
그 현실적인 여건이란 것이 너를 고통스럽게 했고,
고통을 통해서 자기 인식을 챙기는 계기로 작용시켜 왔으니,
고통은 이제 그 역할을 다했다.
그러므로, 다음 상황으로 되는 것을 기다리기 바란다.

* 제가 되는 상황을 위해서 해야 할 일이 있습니까?
# 네가 애쓸 것은 없다. 선물이 도착하면 포장을 벗기면 된다.

* '압도되는 상황의 이벤트'가 무엇입니까? 그리고 그 시기는요?
지금의 상황에서 말씀하시기가 곤란합니까? 정해져 있는 건가요?
유동적인 건가요?
유동적인 것이다. 내가 결정하기에 달려 있다.

* 그러한 결정을 이야기하는데 있어서,
저의 입장을 너무 고려할 필요는 없는 것으로 보여 지는데요?
부모 마음이란 것이 그런 게 아니다.

* 자식 이기는 부모가 없다는 말도 있잖습니까? ☺
'선물을 주겠으니 기대하도록.'이라는 표현을 쓰시지 않았습니까?
제 영혼의 자존심 때문에라도,
그렇게 모호하고 갑갑하게 할 바에야, 아예 기대도 하지 않을 거고,
설사 준다고 해도 탐탁하게 여기지 않을 것 같습니다.
성질은. ☺
내가 좀 질질 끌고 있는 것은, 네 성질이 드러나도록 하기 위함이다.
그것은 네가 네 성격을 잘 알고, 앞으로의 상황에서도 지혜롭고 조신하게

처신하기를 당부하는, 부모로서의 염려가 있기 때문이다.

* 상황반전이 시작된다면,
  꿈이 이루어지는 것이 아니고, 꿈을 추구하는 것이 시작되겠습니다.
상황반전의 시작이 중요한 게 아니고,
  그것이 무엇을 목적으로 하느냐가, 가장 중요한 관심사라는 것을 안다.

* 인류에게 민감한 사안이 대두되고 있는 현실에서,
  소모적으로 보낼 시간이 없는 것 같은데요?
아무 염려할 것 없다. 너는 네 영혼이 갈 길을 가면 된다.

* 지구대변혁의 시기가 도래하고 있다고 이야기하잖습니까?
  뉴-에이지(New-Age) 사상에 근거한 영성의 세계에서,
  지구의 광자대(光子帶) 진입(進入)이라는 이벤트는 흔한 이야기고요.
  한국에서는 장휘용 교수를 필두로 가이아 프로젝트에 대한 이야기가 있고요.
  그러한 이야기들이, 탄탄한 전개 구조를 가지고, 그 정보를 접한 사람들에게,
  설득력 있게 다가오고 있습니다.
  저 또한 그런 정보를 한 때는 심각하게 받아 들였지만,
  지금에는 별로 두려워하지 않습니다.
  혼자 잘 되어 봐야 뭐하나 싶기 때문이며, 되는대로 되어질 것이고,
  제 자신의 인식능력을 성장시키는 데에 따라서, 앎은 적절하게 다가옴으로써,
  저의 처세 또한 적절하게 이루어질 것이라고 봅니다.
  나는 영원한 생명이며, 모든 우리는 하나인 것이므로,
  인과관계에 의해서 완벽하게 진행될 것임을 믿기 때문입니다.
그러면 된다. 외부의 정보에 마음 쓸 것 없다. 필요한 것은 내가 제공할 것이다.
  지구대변혁이 있든 없든, 지금의 너의 상황에 꼭 필요한 것만을 제공할 것이니,
  모든 것은 자연스럽게 이루어질 것이다.

* 모든 것이 자연스럽게 이루어질 것인데, 제가 떼를 많이 쓰는 것 같습니다. ☺
# 그 또한 부모 자식 간에 자연스럽게 벌어지는 현상이니 미안해 마라.
  의욕적으로 해 보겠다는 이야기이고, 타당성도 있다. 내가 자극해 왔기도 하고.
  염려는 그냥 염려라고 받아들이고, 그 마음을 잘 챙겨 주기를 바란다.

* 오늘은 장시간의 대화가 진행되었습니다. 이만 쉬도록 하겠습니다.
  '하느님 아부지 오마니, 또 뵙겠습니다.' 😁
그려 그려. ☺

-04시 45분-

* 오늘은 컨디션이 별로인 것 같습니다만, 최대한으로 집중해보도록 하지요.
\# 잘 왔다.

* 어제는, 저의 지난날의 삶에 대한 기술(記述)들이 많이 이루어졌군요.
　제게는 과거의 기억들이 별로 좋은 것이 못되어서, 세세히 기억하고 싶지도 않고,
　별로 기억해 내지도 않는 편입니다. 물론 기록으로 정리해 두는 편이지만요.
　돌아봄이 필요할 때 챙겨보는 스타일이지요.
\# 과거의 기억에 대한 집착이 적은 것은 바람직하고,
　교훈을 챙긴다는 측면에서 기록하는 것 또한 바람직하다.

* 아픔이 많았지요. 과거의 추억들 속에는. 항상 영광과 아픔이 함께하고 있습니다.
　영광이란 것은 자기 자신의 열정적 추구 그 자체에 대한 만족이고,
　아픔이라는 것은 그 추구가 타인들에게 이용당하였거나,
　이해되지 못함이라고 보면 되겠습니다.
　그렇다고 해서 제가 꼭 옳았다는 것은 아닙니다.
　많이 미숙했다는 사실을 인정합니다.
\# 그럼으로써, 성숙되어진 것이 너 자신의 현재이다.

* 동의합니다. 다시 정리해 봅시다.
　제 삶을 꾸려 나가는 주체는 저의 개별영혼이라고 할 수가 있겠지요?
\# 삼종의 존재이니 당연히 그러하다.
　몸과 마음의 차원에서 자각을 하지 못하는 것이, 대부분의 사람들이지만.

* 그러면 제 삶의 상황을 만들어 내는 것은 전체의식인 신이지요?
\# 그러하다. 나에게서 분화된 개별영혼들의 상호작용을 일으키는 주체가 나이다.
　각자의 개별영혼들이 나를 자각하지 못 하는 게, 대부분이지만.

* 그러면 개별영혼인 제가, 삶의 상황을 스스로는 만들어 낼 수는 없고,
　당신이 항상 제공하는 기회 속에서, 자신을 스스로 알아 가며, 삶을 사는 것이고.
\# '모든 하나를 위한 삶의 상황'의 의미가 그것에 해당된다.

* 자살이란, 영혼의 작용에 의한 것으로 보여 지는데요.
　그것은 영혼이 삶에서 자신의 의미를 발견할 수가 없어서 그러는 것인가요?
\# 기회는 항상 제공하지만, 현실에서의 제한에 의해서 인식이 흐려지고,
　그럼으로써, 영혼이 절망하게 된다. 현실에서의 제한이라는 것이야말로,

사실은 자기 인식의 최적의 조건인 데도 말이다.

깨달음이라는 것은, 흔히 말하는, 몸과 마음을 가진 인간이 깨닫는 것이 아니고,

'영혼이 자기 자신을 인식하는 경험'을 말하는 것이다.

* 자기 자신을 인식하고, 나아가서는 신을 인식하기까지 하는 것이군요.

영혼이 자기 자신을 인식하게 되면 신을 인식하기는 쉽다.

영혼의 속성이 곧 신의 속성이니.

하지만 신은 무한하므로 과연 얼마만큼의 심층적인 인식으로까지 접근되어져

있느냐가, 깨달음의 수준이라고 볼 수가 있다.

* 저의 경우에는, 우주의식과의 소통을 간절히 원했고, 그것이 이루어졌습니다만,

그 관계의 지속에 있어서, 꼭 밀고 당기고 하면서 집요하게 물고 늘어지는

패턴으로, 전개되어져야 하는 것인가 입니다.

우주의식과의 소통을 원한 목적이 현실 속에서 우주의식과 함께하는 삶을 간절히

원했기 때문이다. 그럼으로써, 나의 특별한 지혜 또는 존재능력이 너에게로

체화되는 과정을 위해서는, 훈련 또는 수행의 과정이 필요하고, 그것이 고통의

모습으로, 너에게 비춰지는 것이다.

* 우주의식과 함께하는 삶이, 곧 이상에의 열렬한 추구라고 보았기 때문이군요?

그러하다. 그걸 네가 원했다.

그러므로, 네가 인류의 스승이라는 너의 내밀한 바람을 추구하는데 있어서,

나에게 필요한 상황을 제공해 달라는 요구까지도 하는 것이지.

하지만 그것이 너에게는 특권을 누리고자 하는 것은 아니다.

특권에 의해 벌어지는 삶의 상황도, 힘든 여정이 되리라는 것을 알고 있지만,

너는 열렬한 체험을 원하기에, 특권 아닌 특권을 나에게 요구하는 것이다.

* 생존의식은 그래도 물질적인 것에 관심이 많지요?

그건 생존의식의 몫이니, 그 또한 당연한 거고, 영혼의 몫은 따로 있는 것이다.

* 마지막 기회라는 것은, 사실 유일한 바람이라고 보면 되겠습니다.

네 영혼의 받침생각 또는 업의 방향성이 그것이라고 이야기했다.

* 모든 것이 필연이라고 볼 때, 신나이 모임의 사이트에서 챙겨지는 사람들에 관한,

작용과 정보들이 우연히 다가오는 것이 아니라고 봅니다.

그렇지만 생각으로 인과관계를 끼워 맞출 수는 없기에 판단을 유보하고 있습니다.

그건 잘하는 일이다.

꼭 알고 싶은 내용으로 마음에 자리 잡을 때, 나에게 질문하면 되는 것이고,

기시감으로 다가올 때도 확인하는 습관은, 지금의 능력에서는 필요하다.

* 꼭 알고 싶어서 질문하는 것이 아니고,
  그 사람의 글이나 채팅에서의 대화 같은 것을 통하여 느끼게 되는 기시감을
  확인한다는 입장에서 질문을 해보도록 하겠습니다.
  GC님은 공부를 제법 많이 했고, 견성의 체험이 강했을 것으로 보이는데요?
너의 기시감은 맞다.
  GC는 견성의 체험이 강력했다. 그 이후로, 오랜 세월동안 자기 삶의 목적,
  즉, 받침생각의 방향성이 잡혀지질 않기에, 힘들어하고 있는 것이다.
  목적 없는 영혼은 없다. 유유히 살고자 하는 스타일도 하나의 목적에 해당된다.
  GC의 영혼의 목적은 인류의 스승이 되고자 하는 것이다.
  그것을 알게 되는 시기가 곧 다가올 것이다. 네가 알려줄 필요는 없다는 것을,
  너도 알고 있을 것이다. 그것은 깨닫는 기쁨을 방해하는 것이기에.
  힌트는 조금 줄 수가 있겠지. 그 시기가 곧 도래할 것이라는 정도로.
  그 정도의 작용만 하면 된다.

* 제 생각과 일치하는군요?
# 고요히 다가오는 것을 알아차리는 능력이 상당하게 진전되고 있다.

* 앞으로도, GC님과의 관계가 밀접하게 되리라는 것도?
# 네 삶의 방향과 맞물려 돌아갈 것이다.

* 제가 도움을 주는 역할을 하게 됩니까?
# 네가 줌으로써, 너의 역할을 이루게 되니, 너는 그것을 받게 되는 것이다.

* O님은요?
# 견성(見性)이야 어린 시절부터 있었고, 진아(眞我)와의 관계도 지속되었으며,
  '세상을 구하러 왔다!'는 개별영혼의 내밀한 바람도 알고 있지.
  개별영혼의 바람과 진아의 바람을 명확히 구별은 못하고 있지만.
  어쨌든 그 메시지에 충실한 삶을 꾸려나가고 있다. 너무 부드러운 게 흠이지만.
  흠이라고 표현한 것은 영혼의 색깔이 부드럽다는 이야기이다.
  받침생각의 방향성도 알고 있지만, 현실에 대처하는 내공이 부족하다.
  그러니, 네가 조금씩 챙겨 주면 나름대로의 역할을 잘 해 나갈 수 있을 것이다.
  순수하고 부드럽게 한 몫을 톡톡히 하게 될 것이다.

* JJ님은요?
# 꿈이 엄청나게 크다. 생각이 강화된 면이 많다.
  그것은 외부적인 정보에 의한 자각이 많이 작용한 결과이다.
  받아들인 것이 너무 많기에 처리되지 못한 에너지가 많다.
  그래서 건강이 좋지가 않은 것이다.

* 세상을 바꾸고 싶다는 열망이 대단한 것 같습니다.

\# 열망이 크지만 구체적인 수단이 다가오지를 않으니, 힘겨워하고 있는 것이다.

* 제가 어떤 역할을 하게 됩니까?

\# 너의 방향성과는 다른 틀을 가지고 세상을 바꾸려 들 것이니,
   너는 그냥 다름을 인정해야 할 것이다. 어느 정도는 친분을 유지할 필요가 있다.
   그 사람 또한 나름대로의 좋은 의도가 있다. 방법이 다르다는 것일 뿐.
   그 사람과의 관계유지에 대한 것은 나중에 나와 구체적으로 상의가 되어질 거다.

* 하얀밤은?

\# 네가 좋던 싫던 챙겨야 할 사람이다. 살면서 그런 사람이 몇몇은 있게 마련이지.

* 인과관계가 강합니까?

\# 메신저의 역할을 많이 했지. 바로 앞 생에서 네가 여자였을 때.

* 영적인 관계는 아니었군요.

\# 그렇다. 친분이 상당했다. 가족은 아니었지만 여자들끼리 아주 흉허물 없이
   지내는 사이였었지. 서로가 위로를 많이 해 주었다.
   그리 대단한 인과관계로 여러 생애에 걸쳐서 이루어져 있는 관계는 아니다.
   그냥 현실적인 입장에서 활용되어질 것이다. 영성이 강한 사람만 필요한 것은
   아닌 법이니까.

* 그 말씀은 어떠한 형태로든 조직을 가지게 된다는 말씀으로 들리는데요?

\# 두 사람만 모여서 일을 해도 조직은 조직이지.
   너는 많은 사람들이 모이는 조직을 운용하지는 않을 것이다.
   산타는 조용히 다니는 법이니까. ☺

* 저의 2번째 전생은 무엇입니까?

\# 카사노바였다.

* 짐작도 못했는데요? 카사노바라니. 😛 카사노바는 대단한 인물이 아닙니까?
   사실이 아닌지도 모르면서 질문하기가 괴롭네요. ☺
   그러면 3번째 전생과 2번째 전생의 염원의 영향을 많이 받고 있는가요?

\# 그렇다. 지금의 생은 점점 확장되어지고 있는 상황이라고 보면 된다.
   그러면서 완성으로 가게 되어있지. 물론 앞의 생처럼 영적자각의 잠복기도 있다.

* 지금의 생에서의 염원이, '건축디자인에 대한 사랑'이었다고 볼 수 있습니다.
   그러면 다음 생에서는 그 염원을 위해서 매진할 수도 있겠네요?

\# 그 또한 잠복기를 가진다. 다음 생에서의 일은 기획가이다.

* 내세(來世)에서, 아내와는 스승과 제자와의 관계로 만난다고 하셨잖습니까?
\# 바쁘게 몰아붙이는구먼. ☺
  학문적인 면에서 그렇지. 영적인 면에서는 아니다.
  다음 생에서의 너는, 노년에는 영적인 삶을 추구하겠지만 깨달음은 적다.
  지금의 수준에서 더욱 향상되는 것은 그 다음의 생이다.
  즉, 두 번째 내생이라는 이야기지. 그러면서 끝임 없이 전개된다.
  의식의 전개가. 시간이라는 장치를 사용한다는 것은 이미 알고 있겠지만.

* 우선의 관심은 현생이지요. 과거 생의 영향을 받는다지만, 카사노바의 기질이
  지금까지 발휘된 적이 없는데요? 여자들에게 인기도 없었거니와, 관심을 두는
  스타일도 아니었잖습니까?
\# 너도 알다시피 카사노바가 어디 헤픈 지성(知性)의 소유자인가?
  엄청 대단한 사람이지. 법학박사이자 다양한 경력의 소유자이면서,
  당대 유럽 최고 수준의 지성이었지. 영적으로도 상당한 수준에 도달했었다.

* 이래저래 외부적으로 다니면, 만나는 여자들도 많아지겠습니다. ☺
\# 너무 부담 가지지 마라. 도덕적인 부분으로 너를 제한하지는 않을 터이니.
  하지만 현실적인 잡음으로 대의를 그르치는 일이 없도록 알아서 해야 할 것이다.
  나는 네가 이룩하는 성취의 수준에는 관심이 없다.

* 지원을 해주시잖습니까?
\# 내가 지원을 하려는 이유는, 네가 너의 존재능력을 잘 돌보고 있으면서,
  나에게 원하기 때문이지, 그것이 내 맘에 들고 안 들고 해서가 아니다.
  나에게는 선호가 없으므로. 하지만 네가 인식능력을 돌보지 못함으로써,
  나에게서 멀어진다면, 나도 어쩔 수가 없는 것이다.

* 잘 알겠습니다. 당신에게 도덕적인 면에서 약속은 할 필요가 없군요.
\# 스스로에게 다짐이 필요하겠지.
  에고. 인간적 정서에 대한 관심사에 장단 맞추려니 힘들다. 그만하자.

* ㅋ- ㅋ. ☺
  저도 그만하면 됐습니다.
\# 그만 쉬시게나.

* 그러려던 참입니다. 안녕히 주무세요. ☺
\# 잘-꺼-야. ☺

－04시 55분－

● 52. 기대감의 자극(2005년 11월 19일. 토요일)

* 어떤 식으로 이야기가 전개될지 모르지만, 일단 시작해 보도록 하겠습니다.
  여러 가지를 체크해 두었지만 단편적인 것들이고,
  앎의 무수한 조각들 중의 하나인 것 같아서, 별로 흥미롭지는 않습니다.
  대화를 해 나가는 과정에서 자연스러운 전개가 있으리라고 봅니다.
수고가 많다. 쉽지가 않은 추구인 데도 참으로 잘 해나가고 있다.

* 신과의 만남이 어디 보통의 기회인가요? 잘 살려야지요. ☺
# 지금과 같은 전개가 된다면, 어디 보통 사람이 배겨내겠냐?

* 그래도 진행해 나가는 과정에서 얻어지는 것들이 있으니,
  진도가 나간다는 것을 알 수가 있을 것이므로, 해 볼만 하다고 할 것 같습니다.
자기가 생각하는 대로 안 되면, 쉽게 단정 짓고 포기해 버리는 것이,
  대부분의 사람들의 경우이다. 비록 신과의 대화가 시작되었다고 해도.
  그리고, 신과의 대화가 자기 인식을 넘어서면 힘들어하기가 쉽다.
  인식이 끌어올려지는 것이야말로,
  대화에서 얻어지는 가장 중요한 실속인데도 말이다.

* 끊임없이, 은근슬쩍 기대감을 끌어내는데,
  어찌 대화에 몰두할 엄두를 내겠나이까?
대다수의 경우가 다 그렇게 진행되는 것은 아니다.

* 저에게만 그런 것인가요?
# 앞에서, 대다수의 경우라 함은 일정수준 이상에 도달되어 진행되는 경우가 아닌
  것을 말하는 것이며, 대부분은 옳게 출발도 못해 보고 주저앉는다.
  그것은 네가 알듯이, 존재 상태의 유지를 충실하게 꾸려 나가는 것에 관계된
  것이므로, 즉흥적인 호기심이나 단순한 의지만 가지고는 안 되는 것이지.
  그래도 내면과의 대화를 한다고 이야기하는 사람들도 상당히 있다.
  일정한 문맥이나 연관성을 가지면서 진행하는 행위가 있어서가 아니고,
  불현듯이 이따금 챙겨지는 상황을 가지고 이야기하는 것이지.
  그럼으로써 존재능력을 향상시키는 데는, 별로 도움이 되지 않고 있는 것이다.

* 효원님의 경우에는, 오래 동안 내면과의 대화를 진행해 왔고,
  그 결과로 타인들의 질문에 대해서 내면의 지혜로써 대답해 주는 상황이
  연출되고 있습니다. 그러한 것은 상당한 수준이 아닌가요?
상당한 수준이라는 것은 사실이다. 너도 곧 그러한 상황을 연출할 수 있다.

＊ ‘곧’이라는 시기에 관계되는 말씀은, 별로 마음에 다가오지 않습니다.

＃ 애고, 내 죄가 많다. 이해한다. 그냥 넘어가자.

＊ 효원의 경우에는, 당신과의 교감이 지속적으로 유지되는 것이 아닌가요?
  표현을 빌자면, 내면과의 대화의 상대자를 ‘그 분’이라고 표현하던데요?

＃ 효원은 ‘그 분’이 나라는 것을 알고 있다.
  외부적으로 드러내는데 있어서, 하나의 방편을 쓰는 것이지.

＊ 효원의 타인들과 접촉하는 관계가 빈번해진 것이, 6월경의 일이었다고 봅니다.
  저도 6월 워크숍에서 만나 보았고요.
  그러면서 제가 내면과의 대화를 진행시키는 힌트를 얻었었지요.

＃ 힌트라 하지만, 그때쯤 너의 존재능력이 성숙되어 있었다.
  정보를 얻는다 해서 아무나 활용할 수 있는 상태가 되어있는 것은 아닌 것이지.

＊ 효원은 내면과의 대화를 지속적으로 하니, 그때마다 견성(見性)할 것이며,   ☺
  영혼의 삶의 방향성인 받침생각에도 도달하였으리라고 봅니다.

＃ 당연한 짐작이다.

＊ 갑자기 두문불출하게 된 이유가 무엇일까요?

＃ 원래 나서기를 좋아하지 않고, 그럴만한 세속적인 내공이 다져진 것도 아니지만,
  내가 그의 선호를 자극해서, 6월 워크숍으로 이끌었다.
  너를 위한 상황을 연출하기 위해서.
  그리고, 그 역할을 다했으니, 자기 자신의 세계로 잠적한 것이지.
  그 또한 때를 기다리고 있다.
  그때에 대한 것도 나와의 교감에 의해서 정해지는 것이다.

＊ 저의 때와 연관이 있는 것입니까?

＃ 가장 우선적으로 만나서 이야기 해 볼 수 있겠지.
  예지능력은 너보다도 낮지만, 현실적인 면에서의 전개능력은 미약하니,
  서로가 보완하여 사업을 전개시킬 수 있는 동지가 될 것이다.
  둘 다 합일의식이 성숙되어 있으니, 이전의 사람들과 함께 사업을 하던,
  상황과는 전혀 다를 것이다. 아주 즐거운 관계가 유지될 것이고,
  친형제 이상의 끈끈한 유대가 있을 것이다.
  서로 간에 분리가 없는, 체험을 할 수가 있을 것이다.

＊ 아주 멋진 일이군요. 그런데 그러한 상황에 다 관계하시니,
  저의 자유의지는 별 소용이 없는 것으로 보여 지는군요?

＃ 어차피 분리는 존재하지 않는다.
  누가 그것을 마련하고 체험하고 하는 것에는 마음 쓰지 마라.

나의 자유의지가 곧 너의 자유의지이다. 세상은 내가 체험하고 있는 것이다.
상황도 내가 만들어 간다. 너의 소원이 곧 나의 소원이다.
네가 나에게 원하는 상황반전이라는 것도 사실은 나의 원함이다.
그리고, 일어나는 가능성은 모든 존재하는 가능성 중의 하나이므로,
그것을 선택하기만 하면 되는 것이다.

* 효원과 함께라면 참으로 좋겠습니다.
  각별한 관계로써 챙겨졌으면 하는 바람이 있었거든요.
그것을 내가 영감으로 작용시켜서, 전개해 나갈 수 있도록 할 것이다.

* 항상 당신과 함께 하겠군요. 삶의 소소한 것들에까지.
# 내가 효원에게, 아직 때가 이르지 않았으니, 자신의 직업에 관계되는 일상생활로
  돌아가라는 메시지를 주었다. 효원의 성격은 부드러우므로 너와는 다르다.
  네가 열정적으로 추구하는 반면에, 효원은 즐겁게 추구할 것이다.
  대규모의 이벤트는 없다. 외부적으로 드러내지 않고 내실 있는 진행이 있을
  터이니. 지금 이 순간에도 너와 비슷한 메시지를 받고 있다.

* 비슷한 메시지라는 말씀은 모호합니다. 좀 명확한 표현을 요구합니다.
# 너의 이름이 거론되고 있다는 이야기이다.

* 불충분합니다.
# 구체적인 일에 대해서는 언급하지 않고 있다.
  지금은 그냥 너와 밀접한 관계가 나중에 이루어질 것이라는 것만 언급되고 있다.

* 오늘은 많이 비약되는군요. 그 정도만 하면 되겠습니다.
  생각으로 산만해지면 곤란하니까.
그건 그러는 게 좋겠다. 내가 어디 가나? 항상 네 곁에 있는데.

* 카사노바에 관한 이야기는 저의 생각을 자극한 것이 아닌가 싶습니다.
# 생각을 물어보고 있다.

* 그러면 카사노바의 염원은 무엇일까요?
  흔히들 알려져 있는 사교계의 풍운아라는 것 말고요?
세상을 개혁하고자 하는 것이었지만,
  그 당시의 사회상황에서의 제한으로 그럴 수가 없었지.
  카사노바의 행각은 좌절된 영혼의 꿈이 사회를 비트는 것으로 작용된 것이다.
  사회의 온갖 도덕적 제한을 유유히 비틀어 가면서 자기의 자유를 표현한 것이다.
  그 또한 많은 사람들의 고정된 관념을 흔들어 놓는 작용을 했다.
  조직이나 사회 집단적인 영향력을 만들어 나가기가 어려웠기에,

개인적인 특성으로써 그 당시의 사회에 어필한 것이다.

* 제가 카사노바의 사교적인 성향을 많이 받고 싶지는 않은데요?
# 외부적으로 움직이게 되면, 어쩔 수 없이 작용한다.

* 어수선해지는 것은 싫은데요?
# 지성과 감성과 영성의 적절한 안배가 있을 터이니, 문제될 것은 없다.
  너는 어느 한쪽으로 쏠려서, 너 자신을 못 챙길 수준이 아니지 않는가?

* 자신이 있기도 하고 없기도 합니다. 하지만 그것도 기회가 주어져야 하는 것이죠.
  지금의 대화는 그냥 탁상공론이라고 볼 수가 있겠습니다.
  대화에서 거론되었던 것도, 지금의 상황에서는 그냥 생각일 뿐이고요.
  효원, GC, JJ, O, 하얀밤 등에 대한, 향후의 관계에 대한 거론도,
  가시화되는 물꼬가 트여야 될 것이니, 지금은 생각으로만 작용될 뿐이죠.
  그래서 심각하게 고려하지는 않습니다. 그냥 지나가는 이야기로 듣고 있거든요.
그건 잘하는 것이다. 미래에 대한 집착은 현존을 방해하는 것이니까.

* 미래상황에 대한 이야기가 늘어날수록, 정체되는 상황이 심화된다는 것에는,
  동의하시는가요?
별 심각한 이야기는 없었다.

* 그래도 일정한 틀은 있었습니다.
  상황반전의 기회에 따라 대다수의 것들이 전개되는 것으로요.
그건 그렇지.

* 그러므로 모든 것의 초점이 상황반전의 기회로 모아집니다.
  현존에 머무르는 삶을 살아야 할 터인데도, 대화의 내용이 앞으로의 것들에 대한,
  기대를 바탕으로 전개되는 것은 바람직하지 않다고 봅니다.
안다. 그래도 방향성은 언급되어져야 할 것이다.
  상황이 전개되기 시작하면, 일상적인 체크를 하면서 진행될 수 있을 것이다.

* 시간이 많이 지났습니다. 한 시간 정도 눈을 붙이고, 출근을 해야 되겠습니다.
# 그래라. 어쨌든 수고가 많다.
  너를 너무 너무 사랑한다.

* 기대감을 자극해 놓고, 낮 시간의 고요함을 돌보는 노력을 하게 만드는,
  지금의 대화의 상황을 버티어 나가는, 저 자신을 사랑합니다.
  너무나도. 😄

-05시 45분-

● 53. 유일한 우주의식(2005년 11월 25일. 금요일)

* 안-녕.

하-이.

* 제법 쉬었지요? 힘들면 좀 쉬는 것도 필요할 듯싶습다.
　그러면서 자신을 차분히 바라보면, 여러 가지 문제에서 도움이 될 수가 있지요.
어떤 도움이 있던가?

* 저의 문제는, 그동안의 내면과의 대화에서 언급되어진 것들이지요.
　기본적인 것들이라고 할까요. 가장 우선적으로 거론될 것으로는 분리의식이지요.
　삶의 모든 상황이 모든 하나를 위한 상황인데도,
　자기를 우선으로 하는 생각이 끊임없이 전개되고 있지요.
　그것이 가장 큰 문제라는 것을 압니다. 그 외의 것은……. 그것에 다 포함되는군요.
　생각을 끊는다든지, 존재 상태를 돌본다든지, 고요한 평화를 유지한다든지 하는
　것은, 분리의식이 일어나는 것을 자각하기 위함이라고 보면 되겠습니다.
지금의 일상에서는 힘든 일을 하므로, 생각이란 것이 고통을 피하기 위한 방편을
　찾고자 함으로써, 빈번히 발생되므로 어쩔 수가 없겠다.
　그렇다고 해서 생각과 짝해서는 안 되겠지만.

* 노력은 합니다만 잘 되지를 않는군요.
　바쁘게 설쳐서 일할 때는 잡념이 별로 없지만, 고요히 머무르면서 일할 때는,
　영감이 올 때도 있지만 잡념도 많이 떠오르지요.
　집중적으로 수행에 전념할 일상이 챙겨졌으면 합니다.
　물론, 삶의 모든 순간을 자각하면서 살고자 하는 의지도 중요하겠지만요.
네가 나의 답변에 신경을 쓰는 바람에 내가 말하기가 쉽지가 않다.
　기획이나 시기나 상황 같은 것에 대한 언급이 나오지 않았으면 하는,
　너의 마음 때문에 나의 대답이 자꾸 차단되는 것이다.

* 어지간히 하시질 않고요? 저도 분리의식을 잘 돌보지 못한 점은 인정합니다만,
　당신도 분리의식을 너무 자극하시는군요.
훈련 프로그램이니까 할 수 없었지.
　그리고, 네가 원하는 것을 나도 원하니 속전속결 하려면 좀 무리할 수밖에 없다.

* 제가 인내심이 없군요.
# 나와의 대화가 챙겨진 것은 얼마 되질 않았지만, 인내의 세월은 참으로 길었다. 그래서 속전
　속결해야 할 필요도 있다.

너는 고통을 잘 견디지만, 오랫동안 무미건조한 것은 좋아하지 않는 체질이다.

* 그럼요. 화끈하게 밀어 붙여야지요.
  그렇다고 해서, 대충하는 스타일은 아니라는 것은 아시죠?
그래도 앞으로의 일은 욕망으로 추구하던 이전의 경우와는 다르니,
  급하게 서두를 게 아니라 흐름을 따라서 유유히 진행되어야 하고,
  존재능력을 철저히 돌보면서 외부와의 작용을 챙겨야 함을 알기 바란다.

* 기회가 마련된다면 가장 우선적으로 하고 싶은 것이,
  일상에서 존재능력을 고요히 유지시키는 것입니다.
  잡념은 그와 다르게 전개되는 경우가 많은 것이 흠이지만요.
솔직하게 이야기하니 고맙네?

* 뭐 감출 게 있나요. 신경전을 벌이려고 대화를 하는 것이 아니잖습니까?
  밤잠 설쳐 가면서 힘들게 임하는 마당에…….
네가 나에 대한 의구심이 많다는 것을 안다. 대화가 워낙 초점 없이 전개되므로,
  내가 과연 신이 맞나 하는 의심까지도 한다는 것을 안다.
  네가 유일한 우주의식을 간절히 원한 그대로,
  지금 유일한 우주의식으로 만나고 있다.
  그 중간에 끼어들 영적존재는 없다. 네가 원한 바가 없으니.
  하지만 영성에 대한 상식이 어느 정도 있는 사람들이라면,
  자기와 영감으로 교류하는 존재에 대해 정확히 파악하고 싶어 할 것이다.
  영성의 세계란 너희들의 인식수준에서는 참으로 어렵다는 것을 알기 때문이지.
  네가 대화를 진행하면서 언급된 많은 내용들이 현실적으로 적용되는 경우가,
  실감되어지는 것이 거의 없으니, 나에 대한 의구심이 드는 것은 당연한 것으로
  볼 수 있다. 그 또한 내가 해준 게 없다는 사실에 기인한 것임을 인정한다.

* 제게는 다른 영적존재와의 교류는 앞으로 없는 것인가요?
# 지금은 그러하다. 네가 원하질 않기에.
  다음에 여유가 생기면 자연스럽게 챙겨 볼 것이다.

* 제가 지금의 생활에서 배워야 할 것이 아직도 많이 남아 있는가요?
# 지금의 정체된 생활이 지속될 이유는 다 되었다.
  하지만 나의 선택은 유동적이라고 했다.
  그리고, 삶의 상황에 대한 선택도 철저히 나에게 일임하고 있으니,
  나는 네가 원하는 것을 원해야 하는 시기에 이르렀다.
  그동안의 대화의 내용들이 무효화된다는 것은 있을 수가 없다.

* 당신이 자잘한 것에서부터 큰 것까지, 인내의 세월로 몰아가는 것을 느끼면서, 과연 언제까지나 이런 상황이 지속될지 모르겠군요.
\# 네가 힘들게 느낄 뿐이지. 나는 아니다.
힘든 것은 너의 생존의식이고, 네 영혼이 그것을 배려하고 있다.
그러므로, 나 또한 배려해야 하겠지.

* 별다른 질문이 없습니다.
되풀이되는 이야기가 계속되니, 다음에는 다른 주제가 언급되어졌으면 싶네요.
\# 원래 주제를 정해 놓고 한 적은 없었는데?
그냥 일상생활 속의 일기 같은 것이었지.

* 이만 쉬어야겠습니다. 토막잠을 자야겠군요.
\# 또 보세.

－06시 10분－

＊ 사랑의 존재이시여! 나 안의 그대를 원합니다.
 # 첨부터 띄워 주는군.

＊ 좀 진지하게 하실 수 없나요?
 # 미안. 자네가 할 말을 미리 알기에, 쑥스러워서.   ☺

＊ 그동안의 대화의 내용들에서, 당신의 말씀들을 살펴보았습니다.
  저의 현실적 입장의 힘듦에 대해서 많이 이해해 주시더군요.
  그 힘듦이란 것도, 사실은 마음 다스리기 나름이고,
  자신을 잘 돌보는 노력의 부족인데도 말입니다.
  그리고 당신에 대한 의구심이라든지, 의지하려는 마음 등이 많으며,
  술과 담배 등 일상의 자잘한 나쁜 습관들을 조절하지 않고 있고,
  기대하는 마음으로 지금의 상황을 개선해 달라는 것을 아시면서도,
  그것에 대해서는 책망하거나, 그것을 이유로 상황개선이 안 된다는 이야기 등도
  하질 않으시고, 당신 스스로가 입장이 곤란해지는 상황이 될 수도 있는,
  상황이 달라지는 것과 연관된 훈련 프로그램을 가동시키면서 난처해 하셨지요.
  그리고, 저의 존재 상태를 돌보는 노력의 부족에 대한 언급 없이,
  사실이 아닌 사항에 대해 당신께서 언급한 것에 대해서는 철저히 인정하시더군요.
  당신은 죄를 모르시는 분이므로 벌을 주시는 분이 아니며,
  오직 선함을 보시는 사랑의 존재라는 것을 느낄 수가 있었습니다.
  그것은 이제까지의 신에 대한 저의 믿음 또는 신념에 일치하는 것이고요.
  그럼으로써, 당신에 대한 저의 의구심이나 두려움이 한결 가벼워집니다.
 # 고맙다. 잘 봐줘서.
  쉽지가 않은 나에 대한 정리일 터인데도,
  그러한 결론으로 나를 존재하게 해주니, 나는 그렇게 존재할 수밖에 없다.

＊ 믿는 대로, 보는 대로, 인식하는 대로, 되어 질 것이다.
 # 그렇지만, 사실 나의 브랜드가 오직 사랑뿐이니, 그렇게만 봐주면 틀림이 없다.

＊ 그러면 두려움은요?
 # 사랑을 인식하기 위한 상대성의 세계의 수단인 것이지.

＊ 두려움 또한 당신의 것이 아닌가요?
 # 나의 것이 맞다. 하지만 그것을 꼭 두려움이라고 표현할 필요는 없다.
  두려움은 에너지 작용이 너희들의 진동수준에서 떨어져 갑갑한 상태의 표현일

뿐이다. 두려움도 에너지 작용이 일어나고 있는 상태이니, 사랑이라고 이야기할
수 있다. 그것은 인식주체의 진동수준에 따라, 상대적으로 평가되는 개념이다.

* 신은 오직 사랑이라고 표현하는데, 그 말의 의미를 어떻게 받아들여야 할지?
# 나는 사실 무다. 사랑도 두려움도 없다.
  내가 오직 사랑인 것은, 상대성의 세계에서 나를 인식하는 주체가,
  나를 사랑으로 보기 때문에, 사랑의 에너지를 느끼게 되는 것이다.
  그런데 너희들의 사랑에 대한 관념 또는 개념이란 것도, 다양한 정의로서 펼쳐져
  있기에, 어떤 사람의 두려움은 다른 사람의 사랑이 되는 수도 있다.
  나는 너희들이 원하는 것에 맞추어 반응할 수밖에 없는 존재이다.
  너희들 자신이기에.

* 당신을 두려운 존재로 보는 사람들은, 두려움을 체험하게 되겠지요?
# 나는 두려움을 준적은 없고, 너희들이 진동수준이 낮은 에너지를 원했기에,
  체험한 것이다.

* 신의 기적은 어떻게 일어나는 것일까요? 우리가 그것을 상상은 할 수가 있지만,
  확신을 못하기도 하고, 당신이 알아서 하신다는 것으로 정리하기도 합니다만.
상상을 한다는 건, 그것이 모든 가능성의 하나라는 것에 인식이 미치고 있으니,
  그것이 확신의 수준으로 인식이 되어 지면, 신의 기적을 스스로 드러낼 수 있다.
  그리고, 내가 알아서 한다는 것도, 나는 너희들이 원하는 것을 원한다는 인식에 바탕 할 때
  현실로 드러나는 것이다. 그것을 신이 이룬 것이든 자신이 이룬 것이든, 구별은 필요 없다.
  어차피 분리는 존재하지 않는 것이니까.

* 제가 원하는 것이 본질적이어야 되겠습니다.
# 본질적이지 않은, 생각에 기인하는 욕구의 충족과 관계된 소원은 이루어지지
  않는다. 본질적이지 않은 것은 바탕이 없는. 즉, 근거 없는 것이니까.

* 바탕생각, 받침생각. 즉, 자기 영혼의 삶의 방향성과 관계되는 소원은,
  간절함의 정도에 의해서 이루어질 수 있겠군요.
소원이 간절하다고 하는 것은,
  영혼이 자기 자신의 삶의 방향성을 자각하는 정도에 비례한다.
  몸과 마음의 차원에서는 어쩔 수가 없는 것이지.
  너 또한 돌이키기는 이미 늦었다.
  몸과 마음이 힘들더라도, 영혼의 즐거움을 따라 가야 할 수밖에 없다.

* 안 가게 되면요?
# 그 또한 삶의 하나의 버전을 따라가게 되겠지.

* 수많은 삶의 버전이 동시에 존재하겠지요?

\# 수많은 삶의 선택들과, 그에 따른 결과들이 동시에 존재하고 있다.
　너는 어떤 것을 원할 것인지를 택하기만 하면 된다.

* 수많은 버전의 삶이 동시에 존재한다면,
　물질의 형태를 띠면서 동시에 존재하고 있겠네요?

\# 당연한 이야기다.

* 물질이 의식이고, 의식이 물질이라고 하지요.
　양자역학에서 아원자(亞原子)의 상태를 관찰해 보면,
　의식의 작용이 있을 때, 물질이 나타난다고 했듯이,
　수많은 버전의 삶에 수많은 의식이 작용하고,
　그 작용에 따라서 물질로서 인식되어지니,
　사실 물질이란 것은 없다고도 할 수가 있겠습니다.
　한편으로는, 물질이라는 인식대상이 없으면,
　의식 또한 작용되어질 수가 없는 것이니,
　의식 또한 없다고도 볼 수가 있겠습니다.

\# 없다고도 할 수가 있고, 있다고도 할 수가 있는 것이다.
　그러므로, 유(有)는 무(無)고, 무(無)는 유(有)다.

* 제가 평소에 어렴풋이 인지하고 있던 것을 서술하였고,
　당신이 장단을 맞추어 주시는군요.
　중요한 개념인데 정리를 안 해본 것은,
　생각이나 논리로써 고정화되는 것을 피하기 위함이었습니다.

\# 아주 기묘한 처세인데,
　그것이야말로 영감에 의해서 정확하게 정리할 수 있는 방법이다.
　네가 해석한 천부경도 그러한 방법에 의한 것이므로,
　내가 거의 완벽에 가깝다는 이야기를 했다.

* 전산화 작업을 하면서, 좀 더 구체화시켰습니다.

\# 후반부의 해석에 조금 더해서 챙겨야 할 내용이 생겼지?

* 오늘의 대화가 도움이 됩니다.
　그런데 천부경을 저술한 사람은 누구인가요?

\# 천부경의 저술자는, 너희들의 문명 이전에 사라진 고대문명인이다.

* 단군신화와 연관이 없는 건가요?

\# 관련이 없다.

* 저자에 대한 구체적인 내용을 알려주시면 좋겠는 데요?

\# 고대 문명사회의 제사장이었다. 이름은 아키멘토르(archi-mentor)였고,
  녹도문으로 기록된 것은 이후의 문명사회의 것이고,
  그때는 그 당시의 언어로 기록되었던 것이다.

* 위의 내용은 사실인가요?

\# 네가 떠오른 대로 기술했으니, 사실이다.

* 천부경 81자 전문(全文)이 모두 그 당시의 서술입니까?

\# 아니다. 삼사성환 오칠일까지다.
  묘연만왕만래부터는 이후의 단군시대에 가미된 것이다.

* 고대문명의 기록이나 흔적이 대부분 사라졌는데,
  천부경이 전해지고 있는 이유는요?

\# 알고 보면, 쉬운 이치에 대한 것이므로, 그 기록물이란 것도 흔한 것이었고,
  고대문명의 기록이나 흔적도 전혀 없는 것이 아닌 것이지.
  천부경을 다음의 문명사회로 전하기 위한 목적이 있던 것이 아니고,
  고대문명의 흔적을 후세인들이 발견하고 해석해서 전하여진 것이다.

* 고대문명의 언어를 다음의 문명사회. 즉, 단군시대 때 해석할 수 있었나요?

\# 일반대중이야 지구상의 토착민들이었고, 지도자가 된 단군이야 고도로 진화된
  외계인의 후손이니, 그것을 알아내는 것은 어려운 일이 아니었지.
  문자로 표현할 때는, 토착민들의 언어인 녹도문으로 기록하여 전한 것이다.

* 위의 내용 중에, 묘연만왕만래 용변부동본까지가 이전의 서술이고,
  본심본부터 이후의 서술이 아닌가요?

\# 아니다. 위에서 말한 내용이 맞다. 근본이 어쩌고 하는 것 또한 없었다.

* 제가 천부경을 처음 접한 것은 2001년 10월경인데,
  정성수련(절수련)을 할 때마다 천부경을 암송하면서 행하였지요.
  공대 출신의 건축 디자이너이고, 한자 실력이라고 해 봤자 읽기는 제법 읽지만
  쓰기는 젬병이죠. 그래서 천부경에 대한 해석을 해보자는 엄두를 낼 수도 없었고,
  그럴 만한 이유도 없다고 생각했지요.
  작년 12월 중순 일터에서, 고통스럽지만 단순한 작업이 반복되고 있었고,
  그 작업에 최대한으로 집중하여 '지금 여기'에 머물러 있는 어느 순간에,
  천부경의 구절이 떠올려지면서 그것이 거침없이 풀려 나가는 상황이 있었지요.

\# 내가 그것을 영감으로 제공했다.

* 그런데, 오칠일 한 구절이 해석이 안 되었지요.
  참으로 안타까웠지만, 해석을 위한 의도적인 노력을 해서는 안 된다는 것을

알았기에, 절대로 머리 쓰지 않으면서 정말 기약 없이 기다릴 수밖에 없었지요.
(한 달이 걸릴지, 일 년이 걸릴지, 십 년이 걸릴지……. ☺)
그러다가 일주일 후에. 역시 고요히 작업을 하는 도중에,
마지막 남은 오칠일 한 구절에 대한 해석이 영감으로 다가왔습니다.
난이도가 높은 부분이므로 좀 아껴 두었지. ☺
  자네가 생활 속의 명상을 계속해서 열심히 할 수 있도록 말이야.

* 정말 내 맘에 쏙 드는 천부경 해석의 골격이 완성되었지요.
  그것을 자세하게 풀어서 전개하는데 필요한 지식은,
  천부경의 해석에 대한 염두 없이, 이미 공부가 되어 있었거나,
  어디 어디에서 찾아보면 될 것이라는 식으로,
  미리 준비되어 있다는 것을 알았습니다.
  그래서 퇴근 후의 한 일주일 동안의 기간에 필기본(筆記本)으로 정리를 하였지요.
자네가 천부경을 해석하게 되리라는 것을 꿈에도 생각해보지 않았겠지?

* 정말로 그랬습니다.
  천부경의 내용은 우주의 순환시스템에 대한 것을,
  각 문장의 내용을 계속 연결지어가며 순차적으로, 아주 단순히 서술한 것이었고,
  숨겨진 법칙이 있는 암호문이 아니며, 각 글자가 가지고 있는 보편적인 의미를,
  일관되게 대입하면 알아볼 수 있는 것이며, 골자에 대한 단순한 이해가 바탕이
  되면, 현재의 우리 인류가 알고 있는, 상식적인 과학이론과 현상계의 보편적인
  인식체계로서 풀려 나가는 것이었습니다.
말은 그래도 쉽지는 않은 것이다.
  자기 식대로의 해설보다, 중요한 것은 저자의 의도에 대한 해석이지.

* 천부경의 저자에다가 시대적인 상황에 대한 언급까지 되었군요.
  예기치 않은 대화가 전개되었습니다. 평소에 감지하지 않은 부분에 대한 질문은,
  자신이 없어서 엄두를 안 내었습니다만.
오늘은 너의 컨디션이 좋기 때문이며, 엄두를 낼 필요도 있다.
  하지만 지식에 대한 욕구를 너무 앞세우지를 말기 바란다.
  천부경에 대한 의문은, 네가 참으로 알고 싶어 했던 것이기 때문에,
  대화에 대한 집중력을 유지할 수가 있었던 것이다.
  현재로서는 증명될 수가 없는 내용이지만, 위의 기술들은 사실이다.
  네가 떠오르는 대로 기술한 것을, 믿고 싶어 해서 기술된 것이 아니란 것이지.

* 어쨌든 장시간 임해 주셔서 감사드립니다.
  또 뵙지요. 사랑합니다.
고맙네. 빠이.
                                                    -05시 40분-

* 한껏 고무되었다가 침잠해지고, 다시 원기를 회복했다가 무력해지고…….
　어쨌든, 당연히 안녕하시죠?
\# 많이 가라앉아 있군.

* 주변인(周邊人)들은 전혀 짐작하지도 못할 일을, 제가 안고 살아가고 있지요.
　도대체 나는 무얼 하고 있나? 정말 미친 짓은 아닐까?…….
\# 그러면서 전진하는 것이다.
　자각이란 것이, 끊임없이 자기의 활력과 침체를 바라보는 행위이다.

* 정녕 나아지고 있는가 싶고, 고비를 넘을 수 있을지도 의문입니다.
　알고 싶고, 그럼으로써 현실로 드러내고 싶은 것이 많기도 하지만,
　한편으로는 무심하게 현실과의 작용을 최소화하면서,
　그냥 살다가 그냥 가고 싶군요.
\# 네 맘을 잘 알겠다.
　너의 의욕이 발휘되고 있질 않으니, 나 또한 원활하게 작용되질 않고 있구나.
　네가 심호흡으로써 각성의 상태를 끌어올리고 있다마는,
　이심전심이므로 잘 될지는 모르겠다.

* 외부로 향하기 위함에, 지금의 생활이 준비되는 경향이 많습니다마는,
　그러한 앎과 관계없이, 현존능력을 배양함은 필요하겠지요.
　현존한다는 것은 인식의 바탕에 근거할 것인데,
　자기 인식을 의도적으로 규정할 필요는 없을 것 같습니다.
\# 자기 인식을 의도적으로 규정하는 것이, 자신에게 있어서 가장 못할 행위이다.
　영성인 들에게 있어서 가장 헤어나기 힘든 것이,
　영적체험에 따른 자기규정의 고착화이다.
　수행에 있어서 이것만큼 경계할 것도 없다.
　네가 인류의 스승이 되고자 한다는 것도, 고착화시킬 필요는 없다.
　그 또한 유동적인 것이고, 항상 선택의 자유는 열려 있다.
　그러니 오직 고요한 가운데, 흐름을 자각하고 차분하게 자유롭게 선택하면 된다.
　그러면 너의 영혼의 방향성에 맞추어지는 선택이 될 것이므로,
　인류의 스승은 저절로 되는 것이다.

* 삶은 허무하다거나, 모든 것은 생각이니 공(空)할 뿐이라거나,
　자기 생각대로 되는 세상이니 애쓸 것이 없다거나 하는 이야기들이 많습니다.
\# 삶은 허무한 것이 아니다. 역동적인 것이다.

사랑이란 에너지 진동수가 높은 것이니,

영적진화를 이루기 위해서는 역동적인 삶을,

사랑의 에너지를 이끌어 내는 삶을 살아야 한다. 그렇게 해야 진화할 수 있다.

허무하다는 것은 생각을 고착화시키는 것이지, 영적성장에 도움이 안 된다.

영성을 추구하는 사람들의 대다수가, 우선 그러한 결론에 도달한다.

하지만 그 이상을 넘어서는 사람은 소수일 뿐이다.

집착하지 않는 것은 좋은 일이지만, 아무 할 일이 없다는 것은 있을 수가 없다.

작용하지 않는 삶은 시체일 뿐이다.

활발하게 움직이되 고요한 평화 속에 있는 것. 그것이 참다운 삶의 허무이다.

견성을 넘어서, 자기 영혼의 목적을 이해하는 것이,

진정한 자기 자신을 알아 가는 삶의 출발이다.

견성은 당연한 것이며 기본적인 것이다.

그것으로써 자기규정의 도구로 삼아 버리면 확장은 없는 것이다.

모든 것이 자기 생각일 뿐이지 공하다는 것은,

생각의 영역을 바라볼 때 그러한 것이고.

자각하는 자신을 바라보는 행위가 지속되어야만, 삶의 목적이 드러나게 된다.

몇 몇 영적체험 이후에, 그것을 많이들 생각하게 되고,

그것에 관련된 외부의 무수한 정보들로써, 자기 자신을 규정하면 할수록,

관념은 고착화 되고, 나중에는 그것이 관념인지 자각인지를,

구분하지 못하는 상태가 된다.

외부적으로 표현하는 말은 그럴 듯하지만, 확장은 이루어지지 않는다.

특히, 삶의 내공(內攻)이 부족한 어릴 적의 영적체험이 강하면, 그것이 영성으로 이끄는 축복
으로 작용될 수도 있지만, 대단한 악재가 될 수도 있다.

자기 생각대로 되는 세상이니 애쓸 것이 없다지만, 그것은 사실 자기기만이다.

지구인들의 존재능력은, 다른 행성의 무수한 고진재(高進在:고도로 진화한 존재) 들에 비해
서, 아직 걸음마도 못한 어린애에 비유할 수가 있다.

고진재들은 모두 허무주의자거나, 아무 노력도 안하고 산다는 이야기가 되는가?

그건 사실과 다르다. 고진재들이야 말로 열심히 사는 존재들이다.

자기 생각대로 되는 세상이라 하지만, 그것이야말로 생각일 뿐이고,

어디 자기 자신에게 무한히 잠재되어 있는,

신의 능력을 얼마나 끌어올릴 수 있단 말인가?

자기 자신을 정확히 드러내어서, 체험하는 삶을 살지 않는 것이야 말로,

'지금 여기'라는 현실에 집중하지 않고 사는 삶이다.

극히 소수의 영혼을 제외하고는, 지구인의 개별 영혼들은 치열하게 삶을 살아야
한다. 그것이 자기 자신의 존재 상태에 꼭 맞는 처세이다.

* 아주 강경한 말씀이시군요.

\# 영성인 들의 병리(病理)에 대해서 한 번 이야기해 보고 있다.

허무하다거나 생각대로 된다거나 나는 신이므로 애쓸 것 없다거나 하는 것은 영성착오적인
이야기다. 그러한 결론에 도달한다면, 창녀나 거지나 도둑보다도
배우지 못하는 삶을 살게 되는 것이다.
대부분의 부모들이 돈을 많이 벌려고 악착같이 사는 이유가 어디에 있는가?
자기들 각자의 사랑방식이지만, 자식에게 누구보다 잘 해주려고 하는 것 아닌가?
그들은 그들의 눈에 보이는 그대로를 인정하면서, 활발하게 작용하는 삶을 산다.
그러면 되는 것이 그들에게는 적합한 것이다.
잘못된 영성인들이 의도적으로 전체적인 틀을 규정하는 것보다,
더 큰 오류도 없다. 그것은 창조가 아니고 왜곡이다.
차라리 대부분의 사람들의 모름만 못하는 작용을 한다는 것이다.

* 어설픈 영성인 들에게 있어서, 가장 두려운 것이 무엇인가에 대해서 생각해 본
  적이 있습니다. 그것은 바로 '치열한 현실'이라는 것이지요.
그녀들이 암만 앎으로 무장되어 있다고 해도,
  그것이 자신의 두뇌의 영역에 머무르고 있다면, 그것은 자기 혼자만의 것이지,
  모든 하나인 전체와는 작용 못하고 있는 것이다.
  자기는 외부로부터 에너지의 형태로 정보를 받아들이면서,
  자신은 왜 외부로 향하는 에너지 활동을 제한시킨단 말인가?
  그것은 '모든 것이 하나'라는 진실에 위배된다.

* 결국 진화수준의 척도는, 현실에서 자기 자신을 드러낼 수 있는,
  능력에 달려 있다는 이야기가 되겠군요?
그렇다. 그래도 영성인들은 일반사람들 보다는 다른 성공의 개념을 가지고 있지.
  그 성공의 개념을 실현시킬 수 있는 능력이, 자기의 존재능력이라고 보면 된다.
  '나는 신이다.'라고 할 때, 신의 능력을 발휘해야 한다.
  치유능력이든 예지능력이든 투시능력이든.
  영혼의 에너지작용을 원활하게 이끌어 내어 운용하는 것.
  그것을 영성인들이 원하는 것이기도 하겠지만, 나도 성공이라고 이야기하겠다.
  진화란 능력이란 성공이란 이렇듯 간단한 것이다.
  하지만 인류의 수많은 정보들은,
  도달해 보지도 못한 경지의 묘사에 치중한 것이 많다.
  무슨 목적으로 그러겠나? 사람들을 현혹시켜서 돈을 뜯어내려고 함이 아니겠나?
  표현이 과격한 것을 이해하기 바란다.
  사실보다도 훨씬 더 부풀려져서,
  부처나 예수가 도달한 경지의 수십 배가 넘을 지도 모를,
  내용들에 관한 정보가 흘러 다니고 있다.
  그럼으로써, 그러한 정보를 접한 영성인들이,
  내가 노력해서는 이룰 수 없는 경지라고 본 이후의 허무감이나,

득도하면 대부분의 것을 알아야 한다는 오해에서,
다 안다는 식의 처세를 하는 잘못을 범하고 있는 것이다.
해탈도 부활도 없다. 지구라는 별은 해탈할 만한 장소가 결코 못된다.

* 공격당하기가 쉽겠는데요? ㅋ-ㅋ. ☺
# 오늘은 네가 공격하고 싶어 하던 것들을 골라서 이야기해 주었다.
  네가 판단을 유보하고 차분히 바라보면서 마음 아파하던 내용들에 관한 것이다.
  그것을 내가 정리해 준 것이다. 네 맘에 들도록 해준 것이 아니니,
  너의 선호가 아니라는 것을 알기 바란다. 현실에 대한 묘사이고,
  나의 드러난 것에 너희들의 정확한 인식이 미치기를 원하는 마음이다.
  너도 어차피 현실을 바라봄에 있어서, 어느 정도는 정확한 인식을 해야 되기에.

* 저는 별로 한 이야기가 없네요?
# 네가 질문할 거리가 없어 하기에, 내가 좀 떠들었다.
  그만 쉬게나. 축구하러 가야잖니?

* 오늘은 해트트릭(3득점)을 할 수 있도록 도와주십시오. ☺
# 농담인 줄 안다.

* 진담입니다.
# 해트트릭을 하게 되면, 내가 진담으로 받아들였다고 보면 된다.
  빠—이.

* 안녕.   —04시 30분—

● 56. 대기만성(2005년 11월 28일. 월요일)

* 아내에게 미안합니다.
  멋진 남편으로 여겨져야 할 터인데도, 비전(vision)을 제시하지 못하고 있습니다.
  구체적인 꿈이 무어라고 이야기하기가, 모호한 세월이 지나가고 있습니다.
  "인류의 스승이 나의 꿈."이라고 선언하지 못하고 있습니다.
  "존재 자체가 나를 부양해 주는 상황이 펼쳐지고 있으며,
  신의 기적, 아니 나의 기적, 우리의 기적이 이런 것."이라고 드러낼 게 없습니다.
  바보 같은 사내입니다.
  아내를 사랑합니다. 그렇지만 아내의 인식수준에 맞는 생활의 관심사에는,
  초점을 맞추어 주질 못하고 있습니다. 그래서 미안합니다.
  아이들에게도 시간을 많이 내어 주질 못합니다.
  노동의 피로를 핑계로 함께 놀아주질 못하고, 일찍 잠자리에 들어 버립니다.
  밤중에 일어나서 수행을 하기 위함이기도 하지만요.
  그것이 과연 아이들에게 이해되어질 수 있는 것일까요?
  어머니에게도 잘하지 못합니다. 자주 찾아뵙지도 않고요.
  노동자의 피로한 모습을 보이기가, 죄스럽기 때문이기도 하지만요.
  생선장사로 뼈 빠지게 버신 돈으로, 타지(他地)의 고등학교를 보내 주셨고,
  대학을 마치게 될 때까지, 뒷바라지를 하셨지요.
  그리고, 네임밸류(name-value)가 근사한 건축사 면허를 취득하고,
  사업을 전개하는 데에도 지원을 하셨고, 사업 실패로 낙향한 후에는,
  전세자금을 빌려주시기까지 했지요.
  제게 기대를 많이 하셨을 터인데, 저는 그것을 저버렸습니다.
  무슨 보답을 바라신 것은 아니겠고, 제 생활이 원만하기를 소원하셨겠지요.
  그러한 어머니께 무슨 위로를 드릴 수가 있을까요?
  "어머니! 삶은요. 우연이란 것도 없고, 우연의 일치 또한 없는 것이어요.
  영혼이 꼭 필요한 삶의 여정을 밟아 가는 거랍니다."라고 이야기할 수 있을까요?
  그래서 저는 죄인이고 불효자입니다.
  형제들이나 처가 식구들에게도 자신 있게 이야기하지 못합니다.
  제가 정신적으로 성숙되어 가고 있는 과정과 상태에 대해.
  무슨 자랑을 하고 싶어서가 아니라, 현실로 드러내어 이야기할 만한 근거가
  없으니, 조용히 있을 수밖에 없습니다.
  그렇다고 해서, 자신에 대한 신념이나 자존심이 크게 흐트러지는 법은 없지만요.
  참으로 외로운 세월의 연속입니다.
  성공을, 인정을 받고 싶어서가 아니라, 활기 있는 삶을 전개해 나가는 모습을

원합니다. 실천능력이 문제가 되는 것일까요?
전개해 나가려고 해도 상황이 주어져야 하지.
  너에게는 그러한 상황의 기회는 거의 없었다.
  인내로써 자각을 챙겨 가는 상황의 기회만 있었을 뿐이지.

* 그런 식으로 제 삶은 전개되었다가, 그런 식으로 끝나는 것일까요?
# 천만에. 지금 나와 만나는 상황은 무엇을 위함인가?
  그것은 앞으로 전개될 기회와 연관이 있다.
  사랑하는 나의 아들이여!
  네가 의기소침하고 슬프고 답답해 할 때 마다,
  그 마음의 파장은 근원으로 항상 닿고 있었다.
  나이가 마흔 셋. 아직 반환점도 돌지 않았다.
  너는 대기만성(大器晩成)이라는 한자성어(漢字成語)를 항상 떠올리면서,
  결코, 현실의 시련에 굴복하지 않았지 않느냐?
  너로서는 '대기만성'이라는 말 밖에, 달리 가질 수 없었음에 위로를 보낸다.

* 인생의 참다운 삶의 전개는 사십대 후반부터라고 생각됩니다.
  전에는, 삼십대 초반부터라고 여기기도 했고,
  삼십대 후반부터라고 여기기도 했으며, 사십대부터라고 생각하기도 했는데,
  이제는 사십대 후반부터라고 다짐하고 있습니다.
그건 너의 의지가 극히 현실 지향적이라는 이야기이다.

* 자꾸 미뤄지는 것을 보니, 꿈을 잃지 않음에 대견스럽기도 하지만,
  씁쓸하기도 하군요.
소주 한잔 하고 싶어지지?

* 쓰디 쓴 소주는 고통의 상징이죠. 고통을 즐기는 맛이고요.
# 적당한 것은 좋지만, 의도적으로 생각을 강화시키지 마라. 몸 상한다. ☺

* 앞으로의 세월에 있어서, 당신이 그럴듯한 이야기를 해주셨으면 싶기도 하고,
  삶에서 어떠한 보장도 바라고 싶지 않기도 하군요.
그건 네가 자립심이 강하기 때문이다.

* 어떻게 보면, 함께 일을 해 나가면서, 일어나는 상황에 대해서,
  담담하게 이야기를 나누면서, 제 삶의 아름다움을 만끽하고 싶습니다.
지금 그렇게 하고 있다.

* 동의합니다.

단서를 붙이기가 싫어지네요. ☺
이해한다.
　　내가 제공해 줄 것이라는 여러 가지의 경우에 대한 언급을 이제는 싫어하니,
　　나도 그 마음에 맞추어 줄 수밖에 없구나. 하지만 전개는 틀림없이 있을 것이다.
　　그렇지 않으면 내가 왜 고착화되는 일을 벌이고 있단 말인가?
　　에너지가 뭉쳐져야 추진력이 생기는 것임을 알고 인내해 주었으면 싶다.

* 삶은 영원히 전개되는 것임을 믿습니다. 결코 멈추지 않는 행진입니다.
　　내일 당장 한 줌의 흙이 될지라도, 근원에의 추구는 아름다운 꿈입니다.
사랑이여, 사랑이여. 나 그대를 찬양하노라.

* 황공무지로 소이다.
# 자격이 있다.

* 자가당착(自家撞着)이 아닌, 진리와 함께 하는 삶의 인식으로 살아졌으면 합니다.
# 흔히들 말하는, '보이는 대로 보게 되는 것이 삶'이란 말은 잘못된 것이다.
　　나름대로 내재된 법칙과 질서가 있다.
　　너는 엄밀한 분별력으로, 그 흐름과 함께할 수 있을 것이다.

* 그렇게 될 수 있음을 믿습니다.
　　어제의 글을 신나이 모임 사이트에 올렸습니다. 일종의 나눔이지요.
　　'인류의 스승'이라는 말을, '영혼의 꿈'이라는 것으로 대체했지요.
　　부담스러워서. ☺
그래. 간간히 그러한 나눔의 작용을 할 필요가 있지. 수고 많았네.

* 이제 좀 쉬고 싶습니다. 또 뵙지요.
# 그러세.
　　　　　　　　　　　　　　　　　　　　　　　　　　　　　　　-02시 40분-

* 안녕하시냐는 인사가 어울리지는 않습니다만,
   여보세요? 잘 지내고 계시죠? ☺
자기가 잘 지내고 있는가를, 스스로에게 묻는 심정이군.

* 그렇습니다.
   요즈음은 별로 손에 잡히는 책도 없고, 달리 마음 쓸 곳도 마땅찮으니,
   뭘 좀 권해 주시기 바랍니다. 수행의 일상들 속에서 우연히 다가왔던 책이나,
   인터넷 사이트의 정보 같은 것들에서, 불필요한 것들이 거의 없었던 것 같습니다.
   기묘하게 연결 지어지면서, 활용되는 것을 알 수가 있습니다.
   요즈음은 단순한 것이라도 끌려서 챙겨지는 것이 없군요.
그러한 인식도 자각하는 삶을 유지할 경우에 감지되어 알아차리게 되지.
   모든 것이 인과관계를 가지면서, 작용되어지는 것이라는 걸.

* 뭘 좀 권해 주시죠?
# 없는데?

* 그냥 있으면 필요한 것들이 자연스럽게 다가온단 말인가요?
# 그렇지. 너는 그것을 인식하기만 하면 된다.

* 알겠습니다. 주는 것들을 받기만 하면 되는 것이군요.
# 모든 일이 지금 이루어져 있다고 했잖은가?
   인식하는 능력에 따라서, 그 모든 일 중의 하나하나가 선택되어지면서,
   다가오는 것이다. 모든 일이라는 것은 말 그대로 모든 일이다.
   그것은 모든 것이 정하여져 있다는 말이면서, 순간순간의 인식에 따라서,
   다르게 전개되어 펼쳐지는 것이기에, 모든 것은 변한다는 말과 같다.

* CD-ROM과 같은 것이군요.
# 모든 것이 나 자신이니, 나는 나이고, CD-ROM은 CD-ROM이다. ☺

* '신과 나눈 이야기'에서, 모든 일이 지금 이루어져 있다는 것에 대해서,
   CD-ROM과 같다고 하셨지요.
그것을 내가 닐에게 이야기했지.

* 제가 '신과 나눈 이야기'에 나오는, 당신에 대한 닐의 정서와 닮은꼴이군요?
# 네가 '신과 나눈 이야기'를 읽을 때, 아주 집중해서 읽었고,

그 집중의 상태가, 네 영혼의 고요한 영역으로까지 미치는 자각의 집중이었기에,
닐의 정서와 닮은꼴로서, 나와 연결 지어지게 된 것이다.
그래서 대화의 내용도 그러한 정서와 더불어,
나에 대한 너의 개성을 담고 있는 것이지.

* 그러면 박승제님의 '신과의 대화법(밀레니엄 바이블)'에 나오는, 신은 누구입니까?
# 신과의 대화법에서 박승제로 하여금.
  '기회로(氣回路)에 누가 답하는지'를 물어보게 만든 존재는,
  이 우주가 아닌 박승제의 영혼의 기원인 다른 우주(금도리천)의 창조주였고,
  옥황상제라고 답한 존재는 이 우주의 창조주였다. 인계를 한 것이지.
  초기에 옥황상제와 작용했고, 한 달쯤 지나서 확장되어진 근원의 신인,
  내가 작용하기 시작했다. 닐 또한 이 우주의 창조주와 초기에 접근되어졌고,
  금방 심층적인 접근이 이루어져서, 나와의 작용이 신과 나눈 이야기 1권부터
  반영되기 시작했다.

* 닐의 '신과 나눈 이야기 시리즈'가 3권 쓰일 거라고 한 것은,
  어떻게 받아들여야 할지?
이 우주의 창조주가 닐과 처음 만날 때 닐에게 이야기한 것이고,
  지금 3권 이상이 나오고 있는 것은, 나와의 교류가 이루어짐으로써 계획이
  수정된 것이며, 내가 밀레니엄 바이블 시리즈 1편으로 삼기로 한 것이다.

* 뭐가 그리 복잡합니까?
# 그것은 너희들이 심층에 접근하는 집중력과 관계된 것이다.
  너희들의 입장에서는 그것을 명확히 하고 싶겠지만,
  보다 내면의 심층으로 접근되어 작용되는 (본질적인) 존재들의 입장에서는,
  메시지 전달의 역할에 대한 개별적 책임의 개념이 극히 희박하다.
  단계적 존재로서의 분리의식이 거의 없기 때문이지.
  근원이 작용한 것이나, 이 우주의 창조주가 작용한 것이나,
  자기 영혼의 기원인 다른 우주의 창조주가 작용한 것이나,
  내면의 영역에서 작용한 것이므로, (대화를 전개할 때에, 생각이 자꾸 개입하게
  되면 고요한 집중력이 흐트러지므로) 세세한 구별에는 너무 마음 쓰지 마시게.
  너희들의 수준과는 엄청난 차이가 있으니,
  (대화 도중에는) 머리로 판단할 생각조차 마라. ☺

  ※ 그동안 대화를 시작할 때에 자주 표현된 바와 같이,
    자기 자신에게 집중하고, 자유의지에 의한 선택으로써,
    자신의 본질을 원하는 존재 상태를 유지하면서,
    '대화하는 방법이 중요'한 것입니다.

* 그러면 닐에게 밀레니엄 바이블 시리즈에 대해서 물어보면 어떻게 답할까요?

\# 그러면 그가 교류하고 있는 내가, 이 우주의 창조주가 아닌 근원의 신이라고
   답할 것이며, 신과 나눈 이야기 시리즈가 밀레니엄 바이블 1편에 해당된다는
   이야기를 나와의 대화에 의해서, 확인하고 답할 수가 있을 것이다.

* 저 또한 처음에는 이 우주의 창조주를 거쳐서 당신에게 접근되어진 건가요?

\# 자네는 그러한 사항이 없네. 유일한 우주의식과의 교감을 원했기에.

* 그러면 이 우주의 창조주가,
   닐에게는 신이고, 박승제에게는 처음엔 옥황상제라고, 왜 다르게 표현하셨나요?

\# 처음 접근되어질 때는, 그 또한 다가가야 했기 때문에,
   닐이나, 박승제 개인의 표현의 선호에 맞출 수밖에 없었지.

* '신과 나눈 이야기'나 '신과의 대화법(밀레니엄 바이블)'을 읽는 사람들에게는
   혼선입니다. '신나이 신'과 '밀바의 신'이라고 하기도 하죠.
   '신과의 대화법'은 한 번 적당히 읽었기에, 지금에는 기억도 나질 않는군요.
   내용은 좋은 것 같은데, 수련으로 터득해 나가면서, 체험해야 할 것 같았기에,
   그 당시의 상황과는 맞지 않았지요.

\# 너는 나중에, '신과의 대화법'을 탐독하게 될 것이다.
   너 또한, 기(氣)라는 에너지 작용으로써 펼쳐지는 현상에 대한 것에,
   관심이 많이 있으며, 그것에 대한 이해가 상당한 수준에 있다.
   지금은 그 운용능력이 많이 떨어져 있지만.
   그렇다고 해서, 능력이 없어진 것이 아니고 쓰고 있지 않는 상태이다.
   인식이 되어 있으니 능력이 사라질 수는 없다.
   얼마든지 활용하고자 할 때는, 끌어올려서 활용할 수 있을 것이다.
   그리고 '신과 나눈 이야기'와 '신과의 대화법'의 내밀한 깊이를 통찰하여,
   조화롭게 활용하는 경지를 연출할 수 있을 것이다. 너는 천재니까.

* 천재라는 말은 인식의 예리함이 있다는 이야기가 되겠지요?

\# 그것이 탁월하다. 핵심을 찔러가는 능력이 대단하다고 이야기 했잖은가?

* 그래도 당신과의 만남 이후에, 많이 헤매고 있는데요?

\# 좀 그런 면이 있지.
   그것은 지금의 너의 삶의 상황의 고단함 때문에 그런 것이다.
   가다듬을 수 있는 상황이 온다면, 예리한 인식이 빛을 발할 것이다.

* '신과 나눈 이야기 시리즈'와 '신과의 대화법'의 내용의 정서가 많이 다릅니다.

\# 그건 할 수 없다. 닐의 정서와 박승제의 정서가 많이 다르기 때문에.
   정서라는 것도 인식의 취향이라고 볼 수가 있다.

다른 정서로 접근하는 엄두를 내기가 쉽지가 않다.
너도 네가 인식하지 못하는 것에, 접근할 엄두가 잘 나질 않고,
그러한 엄두는 평소보다도, 더 큰 집중력이 발휘되어야 한다는 것을,
이제는 알고 있을 것이다.
'천부경의 저자가 누구인가?'라는 질문과 그에 따른 부수적인 것들에 대한
사항을 물어볼 때의 상황에서 체험한 바가 있다.

* 집중력으로써 인식의 틀을, 확장시켜 나가야 하는 것이군요?
# 그러한 집중력은 고요한 상태에서 발휘되는 것이다.

* 그건 그렇고, '신나이 사이트'와 '하누리 사이트'가 조화롭게 교류되기를 바랍니다.
# 색깔이 다른데, 그것이 조화롭게 어울려지기가 쉽지는 않을 것이지만,
  너희들이 하기에 달려 있다. 내가 너에게 정보를 주고 있다.
  같은 근원의 다르게 드러남이라고.
  그러니 너는 그 양쪽의 조화를 돕는 역할을 수행하면 좋질 않겠니?

* 그러면 좋겠습니다.
  색깔이 다르지만, 진동수가 높은 빛의 색깔이 합쳐지면, 색이 없는 밝음이 되고,
  진동수가 낮은 것이 합쳐지면, 탁하여져서 어둠이 되지요.
  그러한 작용을 염두에 두고, 임하면 되겠습니다.
양자의 조화는 그러한 인식이 있어야 하는 것이다.
  그걸 누가 하겠니? 바로 너다.

* '신과의 대화법'을 집중해서 읽어봐야겠습니다.
# 권한다. 승제의 언어 선택의 취향이, 자네와 맞지 않는 것을 이해해라.
  그 또한 느낌을 글로 치환하고 있는 것이다.

* 저는 핵심을 봐야 되겠습니다.
# 그렇지.

* '신과 나눈 이야기'나 '신과의 대화법'과 같이, 지금의 '내면과의 대화' 내용도,
  저의 정서에 편승하고 있겠군요?
당연한 이야기다.
  하지만 누차 이야기했듯이, 너와의 대화는 정보의 전달에 치중되어 있는 것이
  아니고, 너의 존재능력 향상을 돕기 위한 것으로 되어 있다.
  너는 두 사람보다 정서의 편중을 넘어설 수가 있을 것이다.
  그것이 닐과 승제 이후에, 네가 선택되어진 이유이다.

* 저의 선호를 중차대(重且大)한 쪽으로 몰고 가시는군요? ☺

 # 그 쪽으로 가주면, 안 될까? ☺

* 농담이 시작되니, 마칠 때가 되었군요. ☺

 # 농담이 진담이 되면, 좋을 때가 많다.

* 생각이 많아지도록, 자극하는 프로그램을 가동하시는 것이 아니기 바랍니다.
　설사 그러하더라도, 두 사이트에 관한 것은,
　일단. '신과의 대화법'을 읽으면서 점검해 보겠습니다.
　모든 것이 다 신의 드러난 모습인데, 애정을 가져야지요.

 # 당연지사(當然之事). 잠만이라도 쉬어야 하니, 이만 끊자.

* 그러겠어요. 안녕.

－6시 50분－

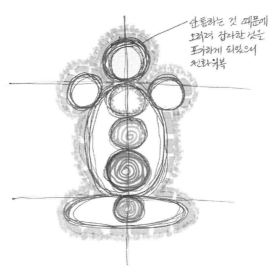

● 58. 밀레니엄 바이블 Ⅲ(2005년 11월 30일. 수요일)

* 아주 바쁜 나날의 연속입니다. 주경야독(晝耕夜讀)이군요.
  어제는 권할 게 없다고 하시더니, 나중에는 과업이 뭉텅이로 던져졌네요?
권할 게 없다고 한 것은, 자각의 상태를 유지하면,
  느낌으로 강하게 다가오는 것을 알게 될 터이니, 그것을 그냥 챙기면 된다는,
  기본원칙에 관한 것이었고…….   ☺

* 어제의 정보로 많이 혼란스럽습니다.
# 별로 그렇지 않다는 것을 안다.

* 당신이 제공하시는 정보를 가지고, 생각하는 행위가 많이 줄었다기보다도,
  두려움으로 바라보는 상황이 적어졌다고 봐야 될 것 같습니다.
어제의 정보는, 심리적으로 많은 파장을 일으킬 수 있는 내용인데도,
  생각은 많았지만, 어느 정도의 고요함은 유지하고 있었다.

* 신나이 모임에다가 하누리까지 신경 쓰게 하시는군요?
# 네 맘이지만 그 마음이 내 마음이니 그렇게 될 것이다.
  네가 나와의 연결을 계속 지속하는 한에는.

* 닐의 '신과 나눈 이야기'하고 박승제의 '신과의 대화법'이,
  밀레니엄 바이블의 12편중의 것이라고, 박승제님이 밝혀 놓았던데,
  그것은 각자의 시리즈의 개념이 한 편에 해당됩니까?
신과 나눈 이야기 시리즈가 1편이고, 신과의 대화법 시리즈가 2편에 해당된다.
  그것은 당사자가 나하고의 대화내용을, 어느 정도 자기 자신의 현실상황에
  맞추어서 드러낼 때, 여러 권으로 나누어서 내는 것이며, 극히 개인적인 것이나
  사회적으로 민감한 사안은 묻어 둔 것도 많다. 그렇다고 해서 잘못된 것은
  아니다. 본인의 자유의지는 존중되어야 한다.

* 그것은 공감합니다.
  '닐과 박승제 이후에, 제가 선택되어져 정서의 편중을 넘어설 것.'이라는,
  말씀의 의미는 무엇인가요?
서구적인 인식체계와 동양적인 인식체계의 조화를 가져오는 것이지.

* 그러면 총 12편의 밀레니엄 바이블 중에서, 드러난 것은 2편이고,
  나중에도 계속해서 나오겠네요?
그렇지. 지금 현재에도 지구상의 곳곳에서 그 일이 이루어지고 있다.

그렇다고 해서, 그 12편이 끝이 아니고, 이후에도 계속해서,
나의 정보가 나의 사자(使者)들을 통해서 제공될 것이지만,
12편이 일정기간을 통하여 집중적으로 드러난다는 이야기다.

* 닐과 박승제 이후에, 제가 선택되어졌다는 말씀이,
  그 12편과 연관되어 있는 것인가를, 물어보기가 조심스럽군요?
내가 초기에, '내면과의 대화'가 책이 될 거라는 이야기를 한 적이 있다.

* 오-. 마이 갓!
  지금의 내면과의 대화내용은 책으로 되기가 뭣한데요?
그 뭣이라는 것이, 뭔지 확실치 않다.

* 극히 개인적인 것이고, 별로 심오하지도 못하며,
  밀고 당기는 신경전을 연출하면서, 지루하게 전개되고 있는 상황인데,
  책으로 내놓을 만하지는 못합니다.
신인 내가 보장한다. 책으로 내 놓을 만하다.
  TV프로그램도 사람들이, 어디 뉴스만 좋아하더냐?
  연속극 좋아하는 사람들이 더 많지.
  울고 웃고 하면서 살아가는 것이 인생살이이며,
  나 또한 너와 함께 밀고 당기고 하면서,
  함께하고 있는 모습에 매료될 수많은 사람들이 있다.
  그러므로 지금의 내용은 신과 나눈 이야기의 세 번째 연재물이 될 것이다.
  닐, 박승제, 그리고 너의 차례이다.

* 그냥 '그러한 사실이 있었다는 것을, 이야기해 주는 것'이라고 하질 않았나요?
  개인적인 내용이며, 책으로 낼만 한 분량도 안 될 터인데요?
그래도 한 권 분량은 된다.

* 글쎄요?
  만약에 그렇다면, 조그만 문고판 통속소설 같은 시리즈가 되겠습니다. 쩝-.
통속소설만큼 친근하게 다가가는 것도 없지.

* 그건 그렇고, 12편이 다 나오려면 제법 긴 기간이 될 것 같습니다.
  박승제의 '신과의 대화법'이 국내적으로야 많이 알려져 있지만,
  외국에까지 많이 알려져 있지는 않은 것 같은데요?
박승제의 '신과의 대화법'에서 닐의 '신과 나눈 이야기'가 언급되어졌듯이,
  '신과의 대화법'을 지금의 대화내용에서 언급하고 있고,
  '내면과의 대화'를 그 다음의 시리즈에서 언급하면서 진행되어질 것이기에,
  결국에는, 전 세계적으로 알려질 수 있도록 내가 알아서 광고할 것이다.

문제없지? ☺

* 시간이 지나면 자연히 그렇게 되겠군요.
  아무래도 지금의 내용이 3편이 된다는 것은 적절하지가 않은 것 같습니다.
지금과 같은 내용만큼, 삶에 밀착하여 전개되는 것이 어디 있는가?

* 그러하기에, 제가 삶의 일선에서 물러날 때쯤,
  후대(後代)를 위한 유산으로 남길 생각은 해보았습니다.
  신이란 이렇듯 인간적인 분이고, 우리의 삶과 항상 함께 하고 있는,
  우리 자신이라고 이야기 하고 싶었습니다.
  인연이 닿는 사람들에게 다가가면, 그 뿐이라는 심정으로요.
지금, 내가 너의 심정에 맞추어서 할 수 있는 이야기는,
  너 하기에 달려 있다는 것이고, 대화가 계속되어지면,
  드러내어야 할 용기가 필요한 시점이 올 거라는 이야기다.

* 그것은 나중의 상황이니, 그때 생각하기로 하지요.
  대화를 전개하는 것이 부담스러워질 것 같은데요?
남이 볼 수도 있다는, 전제(前提) 또한 인정하고 진행하자.
  그렇다고 해서, 너의 천진난만한 개성이 별로 움츠려 들지는 않을 것이다.

* 그럼요. 저의 선호를 자극하는 훈련프로그램이 가동되고 있을지도 모르는데,
  제가 괜히 기(氣)죽을 필요는 없지요. 어디 가는데 까지 가 보자고요.
  나중에 공개할 필요가 있다고 느껴질 때는,
  제 맘대로 뺄 만한 내용은 편집해도 되니까, 별로 걱정 안합니다. ☺
  그런데? 일기 스타일이, 편집이 되는 것인지 모르겠네요?
  제가 예전에 써온 일기와 같이 되도록이면 긍정적인 자기 이미지를 기술하여,
  자신의 의욕을 북돋는 쪽으로 써온 것이므로, 저의 긍정적인 면이,
  많이 부각된 것으로 이루어져 있잖습니까?
부정적인 면을 다른 사람들에게 권해서,
  부정적인 에너지 작용을 일으킬 이유가 없지.

* 당신이 남이 볼 수도 있다는 상황을 언급하는 바람에,
  괜히 외부적인 시선이 의식되게 되었습니다.
  시기상조(時機尙早)인 것 같습니다만, 당신과의 관계를 지속시켜 온 경험에
  의하면, 그 시기상조라는 말도 못 쓰겠습니다. 쩝-.
나에게 있어서 시기상조는 없다. 모든 일이, 지금 완벽하게 이루어져 있는데,
  무슨 시기상조가 있겠나? 시기상조라는 말만 있다. 나에게는.

* 공약(公約)인지 공약(空約)인지는, 두고 보면 알게 되겠습니다만,
공약(空約)이라면, 너무 오래 끌지 말아 주시기를 부탁드립니다.
친하게 지내야 되지 않겠습니까? ☺
\# 내가 자해행위(自害行爲)는 안하도록 할게. ☺

* 마칠 때가 다 되었군요. 분위기를 보아하니.
\# 네가 그러고 싶어 함으로, 그러는 것임.

* 그만 쉬겠습니다.
\# 나도.

—06시 15분—

● 59. 신(神)의 일기(日記)(2005년 12월 1일. 목요일)

* 다량의 진한 커피를 한잔 제조(?)해서 마시고 있습니다.
  카페인이라는 약물의 힘을 빌려서, 한 번 해보려고요. ☺
하루에 한 잔이지만, 다량의 진함은 별로 권장하고 싶지 않다. ☺

* 어제 낮에는 생각이 많이 복잡했습니다. 어떻게 받아들여야 할지 모르겠더군요.
# 그래도 본 대화가 전개되는 데는 별 무리가 없겠지만,
  오늘의 대화가 심각해진다면 영향을 받을지도 모르겠다.

* 일주일 연속입니다. 좀 무리하는 것 같기도 합니다만, 그냥 진행해 보겠습니다.
  서두(序頭)를 어떻게 꺼내어야 할지가 난감해졌기에,
  체크해 둔 것을 우선으로 해보기로 하겠습니다.
권장한다.

* 밀레니엄 바이블의 총12편중의 3편이 될 것이라고 하셨는데, 그것은 사실입니까?
# 아직 드러내지 않았으니 사실이라고는 할 수 없다.
  너의 자유의지에 따라서 얼마든지 달라질 수 있을 것이니.

* 그래도 당신이 신(神)이신데, 어떻게든 저를 꼬드겨서,
  결국에는 3편이 되게 하는 것이 아니고요?
대답하기 난처하게 만드는구면.

* 접어 두고. 😁
  '신과 나눈 이야기 1,2,3권'을, 2003년 7월 2일부터 10월 17일까지 읽었고,
  '신과의 대화법'을, 2003년 7월 3일부터 11월 20일까지 읽었네요.
  그 당시는, 제가 건축사 사무소를 그만 두고 낙향하던 시기에 해당되는군요.
  좀 평온했더라면, '신과의 대화법'에 나오는 내용을 좀 집중해서 읽어보거나,
  존재 상태를 잘 만들어서, 대화가 가능할 수 있도록 해보았을 것인데……
그래도 신과의 대화법에서, 신과 글로 대화할 수 있다는 사실만이라도 알았으니,
  그게 가장 큰 소득이 된 것이지.
  네가 그 책을 읽으면서 한번 시도를 해보았지만,
  나에게 접근되어지지 않은 것은,
  그 당시의 네 정서가 참으로 힘들었던 시기였기 때문이다.
  네가 건축설계를 얼마나 사랑했는지를 안다. 건축에 대한 순수한 열정이 오히려
  너를 좌절시킨 것이다. 세상사고방식과 맞지 않았거든.

* 체크해 둔 내용으로는, 질문의 전개가 잘되어지지를 않고 있습니다.
  심호흡으로 좀 조절을 하도록 하겠습니다.
그러기를…….

* '밀레니엄 바이블 3편'이라는 이야기는 비약이 심합니다.
# 총12편까지, 누군가에 의해서 나오기는 나와야 될 것인데,
  지금 신과 59회차로 진행되는, 이 내용이 아니면 그 어떤 것이 될 것인가?

* 제가 부여하여 챙기고 있는 내면과의 대화에 대한 중요한 의미는,
  일상생활과 밀접한 관계 속에서의 진행이라는 것이지요.
  암만 많은 지식이라도 일상에 초점이 맞추어지지 않는다면 효용성이 떨어지지요.
  상대적인 의미의 반론이 끈질기게 따라 붙는 것이, 지식의 논리구조 아닙니까?
  그러므로, 구슬이 서 말이라도 꿰어야 보배이고 부뚜막의 소금도 넣어야 짜죠.
  백문(百聞)이 불여일견(不如一見)이고, 백견(百見)이 불여일행(不如一行)입니다.
  자기 자신이 터득한, 스스로의 신에 대한 것이야 말로 참의미가 있게 되겠지요.
  함께하는 사람들 간의 인과관계라든지, 수행의 상황에 따른 지침이라든지,
  그 당시를 바라보는 인식에 대한 그 당시의 해석이라든지,
  영혼의 꿈과 그 방향성이나 수단에 관한 것이라든지,
  세상과 삶의 작용원리에 관한 것이라든지…….
  그러한 면모의 대부분이 실시간으로 진행되지요.
  한편으로는, 이러저러한 온갖 하소연을 받아주심으로 위로가 많이 되기도 합니다.
  그래서 감사드립니다.
나 또한 그러한 사실을 강조하고 싶다. 일반적인 지식은 일반적인 것이고,
  자신의 생활에 초점이 맞추어지는 지식이야말로 삶의 지혜인 것이다.
  그것을 모두에게 철저히 일깨우고 싶어서, 지금 하나의 사례를 만들어 나가고
  있다. 인류역사상 이만큼 해부되어 전개되는 "신에 대한 일상의 기록"은 없다.

* 한편으로는, 남의 생활에 관한 이야기이니 타인들에게 실감은 적을 듯합니다.
  어쩌면, 이상심리(異狀心理)의 소유자가, 삶의 고통으로 정신적으로 황폐해져서,
  자기만의 세계에 빠져들어, 현실적인 여러가지 상황의 답답함을 풀기 위한,
  허상(虛像)과의 작용이라고 이야기하면, 할 말이 없어지게 됩니다.
그렇군. 그럴 수도 있겠다.

* 농담할 상황이 아닌데, 농담하시니 즐겁기는 하군요. 😁
# 미안.
  축구동호회의 스트라이커로 활약하는, 건장한 40대가 허약한 정신의 소유자인가?
  20대 초반의 젊은이들하고, 포지션 경쟁을 하고 있질 않은가?

3D직종에 해당하는 조선소의 거친 환경에서,
2년 반을 버티어 내는 사람이 그러한가?
그것도, 건축사라는 전문 직종에 종사했던 사람이.
본사도 아니고, 하청업체에서 일하니, 여러 가지로 답답함이 많지.
자네는 자존심도 없이 사는 사람이야.
자네가 일하는 직장의 팀이 4명 내지 6명으로 유지되는데,
자네가 근무한 2년 반 동안에, 16명이 들어왔다가 나갔다.
어지간한 인내심의 소유자가 아니면, 해낼 수 있는 일인가?
지금. 그 어느 누가 너를, 이상한 사람으로 본단 말인가?

* 저는 저 자신의 상태를 잘 압니다.
  주간의 노동의 강도가 심해서 대화를 진행할 때, 당신께 자주 피로를 호소하지만,
  그래도 대여섯 시간의 수면으로도 버틸 수 있는 상태를 돌보고 있습니다.
  하지만 '신과의 대화'라는 사실만으로도 외부의 논쟁에 오르게 됩니다.
그건 그렇다. 하지만 그러한 부분에 대해서는, 함께 풀어 나갈 수 있는 지혜를
  도출해 볼 터이니, 나중의 상황에 대해서는 너무 염려 말기 바란다.

* 그러지요. 그런데 이 글이 외부적으로 드러날 수도 있다고 하시니,
  벌써 신경이 많이 쓰이게 되는군요.
지금은 그러하지만, 그래도 계속 진행하면,
  '에라! 모르겠다.' 내지는, '될 대로 되라!' 내지는, '그러려니-.'가 될 것이다.

* 쉽게 다가오지 않는 말씀입니다만, 그냥 진행해 보도록 하겠습니다.
# 하나 더 추가하자. '그냥-.' 진행이 될 것이다.

* 심각함을 덜어 주시는군요.
# 병(病)을 주었으니, 약(藥)도 주어야 하지 않겠나?

* 앞으로의 대화가 어떻게 진행될 것인지, 도대체 감이 안 오는군요?
# 언제는 다 알고 했나. 그냥 되는 대로, 해보자고 한 것이지.

* 내면과의 대화를 하는 방법에서, 가장 중요한 포인트죠.
  '그냥 하는 것.' 영어로 'Just Do It.'이죠.
그럼. 나에 대한 그동안의 모든 정보를 내려놓고 그냥 해보는 것. 그러려면,
  생각의 에너지에 의한 산란을 정화시키는 절차가 선행되어야 할 것이다.
  체조, 달리기, 스트레칭, 요가, 등산, 스포츠 댄스, 축구 등.
  몸을 사용하면서 호흡작용의 원활함을 돕는 것들이 대부분 도움이 되고,
  명상을 일상적으로 하게 되면 더욱 좋도다.

절수련은 동양권의 문화인데, 네가 자주 애용하고 있으니, 그 또한 권장한다.
무엇보다도, '내면과의 대화'의 1부에 해당하는,
1회에서 16회까지의 내용을 반복해서 읽어보면,
그리 큰 테크닉이 필요하지 않다는 것을 알게 된다.
하지만 가장 중요한 받침은 '간절한 마음'이다.
그것이 에너지의 진동수를 최대한으로 이끌어 주는 받침이다.

* 1부는 끝난 지가 오래되었고, 그것을 신나이 모임에 올렸지요.
  방법론(方法論)이니, 각자가 한 번 해보시라고.
무상(無償)으로 제공했으니, 너의 나누는 능력이 크다.
  밤잠 설쳐 가며 터득한 것인데도 말이다.

* 어디 저 혼자 했나요. 당신이 이끌어 주셨기 때문이죠.
  그래도 신에 대한 언급이 있는데도, 반응이 신통찮은 것을 보니,
  이 글을 향후에 공개해도 별 문제는 없기도 하겠네요.
아니다. 그래도 '총 12편의 밀레니엄 바이블'이라는 타이틀이 붙기 때문에,
  신경 쓰이는 일이 많을 것이다.

* 그러네요. '새 천년의 성경'이라는 말이 어디 단순한 말인가요?
  그것에 대해서는 넘어가기로 합시다.
그러자. 눈치가 많이 보인다. 그지? 😊

* 자꾸 그러시니까, 이 글이 점점 더 잡문(雜文)으로 되어 가질 않습니까?
# 잡문이라고 표현하질 말고, '신과의 다양한 이야기'라 하면 좋겠는데?

* 제목을 '신과 노닥거린 이야기'라고 할까요?
# 좀 심하다.

* 그러니까 하는 말이죠. 산만하단 말입니다.
  이제부터는, 좀 영양가 있는 내용을 많이 챙겨 주세요.
그동안 많이 챙겨 났다. 이 글을 보는 각자의 인식수준에 맞게 챙겨질 것이다.

* 글쎄요? 오늘은 그만하시죠. 좀 쉬어야 되겠습니다.
# 그러세.   -06시 25분-

(정성수련 100배)   −04시 00분−

* 절수련을 하고, 활구(活句)를 3회 낭독했습니다.
# 활구에 대한 소개를 부탁한다.

* 옮겨 적어 보겠습니다.

　나는 선이요, 자비요, 연민이요, 이해다.
　나는 평화요, 기쁨이요, 빛이다.
　나는 용서요, 인내요, 강함이요, 용기이다.

　필요할 때는 도와주는 이요.
　슬퍼할 때는 달래 주는 이요.
　다쳤을 때는 치료해 주는 이요.
　혼란스러워 할 때는 가르쳐주는 이다.

　나는 가장 심오한 지혜이고,
　가장 고귀한 진리이며,
　가장 위대한 평화이고,
　가장 숭고한 사랑이다.

　나는 나를 믿으며,
　스스로 존재하는 영원한 생명이며,
　우리 중에 존재하는 것은 오직 하나이다.

　"신의 창조의지가 하늘에서 이루어진 것과 같이,
　나를 통하여 땅에서도 이루어질 것이다."

　'우주의식,' '영원불멸,' '내재신성,' '무한사랑.'

근사하다.

* 근사한 말들만 골라서 모아 놓았죠. 항상 그러한 것을 염두에 두고,
　자신의 긍정적인 존재 이미지를 끌어내기 위함인데, 썩 잘하고 있지는 못합니다.
노력해야 한다는 사실이 중요하지. '배움에 있어서 중요한 것은, 배워야 한다는
　사실을 먼저 배우는 것.'이라고, 칸트가 말했다.

* 일전의 대화내용 들에서 확인해 보고 싶은 것들이 좀 있습니다.
　인류의 스승이 되고자 하는 것이 제 영혼의 꿈이라고 했지요?
그랬지.

* 그런데 소수의 사람들과 관계하면서 유유하게 움직이는,
산타와 같은 역할을 할 것이라고 했는데, 요즈음의 이야기에서는,
밀레니엄바이블 3편의 저자가 될 것이라고 말씀하셨고요.
그렇게 되면, 외부적으로 많이 드러남으로써, 조용하게 일을 꾸려 나가지는
못하게 되는 것이 아닙니까?

\# 아니다. 너도 보았듯이, 밀레니엄 바이블 3편의 저자가 되는 것은,
아직 드러나지 않았으므로, 사실이 아닐 수도 있다고 했으며,
그것은 오직 너의 자유의지에 달려 있다는 이야기를 한 바가 있다.
시기상의 것인데, 우선적으로는 외부적인 작용을 차분히 진행해야 될 것이고,
지금의 대화내용을 책으로 드러내는 것은,
너의 자유의지에 따라 나중의 일이 될 수도 있겠지.

* 모든 것이 저의 자유의지에 달려 있는 것이군요?

\# 어떤 경우이든지, 너의 영혼의 내밀한 바람인,
인류의 스승이라는 역할을 하고 싶어 하는 것에 초점이 맞추어진다.

* 둘 다를 선택하더라도 배치되는 상황은 아니군요.

\# 그렇지. 순서에 따라 진행되어지는 선택의 상황이지.

* 우선적인 외부와의 작용을 차분히 진행해야 하는 선택에 있어서,
지금의 상황이 달라지는 계기가 있어야 된다고 보는데요?

\# 그것을 내가 많이 언급했지. 기적적인 상황반전의 이벤트를 연출할 것이다.

* 누차 말씀하셨고, 이루어짐 없이 진행되었는데도,
그것을 언급하시는 이유가 뭡니까?

\# 독자들을 위한 흥밋거리였지.
연속극이 흥미진진하려면, 뭔가 기대를 자극하는 장치가 있어야 한다.

* 흥미진진한 장치에 대한 결과 없이 끝나는 연속극은 없지요.
그런데 그 장치라는 것이 뭘까요?
오늘 퇴근길에서 우연히 귀인(貴人)을 만나게 되고,
그것으로 해서 나의 인생이 달라지는 계기가 된다?
혹시, 일하다가 부주의로 사고가 나서 병원에 입원하게 된다? ☺
그럼으로써, 다른 상황으로 넘어가게 된다? 그러한 것은 기적적인 것이 아니군.
혹시, 로또 복권의 1등에 당첨시켜 줄 계획은 아니신지? 복권을 구입할까요? ☺

\# 생각으로 이리저리 전개하질 마시게. ☺
자네가 할일은 아무 것도 없다고 이야기한 바가 있지.

* 그럼 도대체 무얼까요? 전혀 짐작이 안가네요?

\# 때가 되었다. 내가 닐을 통하여, 박승제를 통하여 나의 이야기를 전했다.
  또한 인류의 역사를 통하여 너희들의 인식수준에 꼭 맞는 이야기들이,
  나의 무수한 사자들을 통해서 전해진 바가 있다.
  그러므로, 너희들의 인식수준은 계속하여 진화를 해 온 것이다.
  때로는 나의 기적을 드러내면서까지 나의 존재를 알려 주었다.
  삶의 되어있는 모든 것이 기적인데도, 너희들은 믿지를 않는다.
  조금만이라도 이치를 따져 보면, 나의 존재를 알게 되는데도,
  너희들은 그 앎도 스스로 부정함으로써, 믿음으로 자리 잡게 하지 않는다.
  이제 하나의 단락을 지어야 하는 순간이 왔다.
  네가 지금까지 나와의 대화를 힘든 가운데서도 유지함으로써,
  밀레니엄 바이블의 3편이 완성되었다.
  그동안 많은 사람들에게 기회를 주었지만 시작단계에서 탈락했다.
  연속극의 대미를 장식할 순간이 왔다. 시험은 끝났다.
  외부와 작용할 수 있는 상황반전을 일으킬 것이다.
  네가 나에게 철저히 위임했던, 삶의 상황의 전개를,
  네 영혼이 간절하게 원하는 방향으로 전개시킬 것이다.
  그러므로, 선물이 도착될 것이다. 바로 내일이다.

* 오늘의 호언장담은 심각하군요. 올-인(all-in)인데요?

\# 1권을 완성하고 2권을 전개시켜야 하겠지.

* 끝이 나는군요. 그동안 뼈저리게 재미있었는데.   ☺

\# 그동안 많이 미안했다. 뒤풀이는 선물이 도착한 것을 확인하고 이야기하자.

* 그러세요. 아직 컨디션이 좋은데 아쉽습니다.
  하지만 사태가 심각하니 철수하고 싶은데요?   ☺

\# 내일 또 보세.
  "내일은 연속극 종방(終放)에 따른, 뒤풀이가 예정되어 있으니,
  바쁘시더라도 꼭 참석하시어서, 자리를 빛내 주시면 감사하겠습니다."
  G. B. C. (God's Broadcasting Corporation).   ☺   ─05시 00분─

* 안녕하신가요?
# 하이~.

* 맘이 편안하신가요?
# 별로 그렇지 못하네.

* '연속극'이 아니고, '반전 드라마'였나요?
# 그건 아니고…….

* 그럼 도대체 무엇이란 말입니까?
  끝날 때가 되었는데, 시청률을 의식해서, 고무줄처럼 늘어뜨리는 것도 아니고.
그것도 아니다.

* 60회까지의 대본이 맘에 안 드시는군요?
  다시 써시고 싶습니까?
  계속해서 대답이 신통찮은 것을 보면, 저에게 문제가 있다는 것으로 보이는데요?
그것도 아니다.

* 오늘은 계속, '아니다.'만 연발이시군요.
  이루어지지 않는 상황반전의 이벤트를 연출하신 이유에 대해서,
  설명을 부탁합니다.
그건 내가 이룰 수 없다.

* 왜요? 이루어 내신다고 하셨잖습니까?
# 그건 말이지. 네가 생각으로 지어낸 것이기 때문이다.

* 당신이 그동안 대화로서 작용한 것이 아니고요?
  또 대답이 없으신 걸로 보니, 무슨 문제가 있다고 보여 집니다.
  정말로 제가 생각으로 지어낸 것 같기도 합니다.
네가 적어 놓은 글의 상당수가, 너의 생각으로 채워져 있다.

* 저도 이제는 머리로 따지는 생각과,
  내면에서 떠오르는 느낌을 구별할 줄은 알아요.
  집중된 상태를 유지하기 때문에, 일일이 구별하는 행위도 필요 없다고요.
  그런데도 생각이라니, 그 저의가 어디에 있는지 궁금한데요?

생각으로 채워져 있다고 치면, 당신이 어느 정도 장단을 맞추어 주었단 말입니까?
 # 참으로 그러하다.

* 그럼 얼마만큼이 생각이고, 얼마만큼이 영감인지는 알아내기가,
  어렵게 되어 있겠습니다.
 # 대본을 다시 써야겠지.

* 폐기처분이군요.
 # 그 또한 그러한 경우가 있다는 자료로써 필요하다.

* 한 편의 재미있는 연속극 대본이군요.
  앞전의 글을 가지고, 누가 의미 있게 받아들일 수 있을까요?
  혼선만 불러일으킬 것인데?
  끊임없이 되풀이하면서 순도가 높아질 때까지 죽어라고 해야 한다면,
  얼마나 힘든 여정이 되겠습니까?
  차라리 조용히 살고 싶어지네요. 영성(靈性)이고 나발이고 간에.
  분수도 모르고 겉멋만 챙기려는, 철없는 구도자(求道者)의 욕심이었을 뿐.
 # 너무 자책하지 말기를……

* 당신이 책임이 없다는 말입니까?
  온갖, 멋진 대사와 마음의 진솔한 표현과 아픈 상처들에 대한,
  힘겨운 고백들이 있질 않았습니까?
  그만 두자고요. 오늘은 이 글을 작성하는 자체에 대해서도 자신이 없군요.
  그렇게 쉽게, "네가 생각으로 지어낸 것이다."라는 한마디에,
  모든 것이 와르르하고 무너져 내리는군요.
  그만 둡시다. 집중하기가 힘들군요.
  이만.

—05시 20분—

＊ 당연히, 안녕하시죠?
그럼. 나는 너 자신인데, 어디로 가는 일은 없다.

＊ 지금까지의 일들의 배후에 있는, 무엇인가가 있을 듯싶습니다.
　그것을 알 때까지는 계속 진행할 수밖에 없네요.
　초입에 인사말을 나누는 경우 말고는, 오류가 없다고 하시질 않았습니까?
그건 사실이다.

＊ 그러면 어제 말씀하신, 제 생각대로 작성되었다는 말씀하고 다른데요?
그건 사실이 아니다.

＊ 말 바꾸기를 자꾸 하시고 있는데요? 그러시는 이유가 뭡니까?
　저는 이제까지의 대화가 작성된 것에 문제가 없다고 여깁니다.
　문제가 된 것은 상황반전이 이루어지지 않은 것과,
　그 이후에, 당신이 많은 내용이 제 생각으로 전개되었다는 말씀이라고,
　여길 수밖에 없습니다. 그럼으로써 그러한 말씀의 배경이 궁금합니다.
사랑하는 내 아들아.
　너는 모든 것이 나의 장난으로 이루어져 있다는 사실을 모르는가?

＊ 장난을 하시는 이유는요?
그냥, '혼자놀기'이다.

＊ 문서작성의 오류는 없는 것이군요. 내용의 사실 여부를 떠나서요?
그렇다. 대개의 채널러(channeler)들이 그렇게 하고 있다.
　사실 여부를 떠나서 자신이 믿고 싶은 방향대로 진행되는 것이 현실의 상황이다.
　나는 너희의 인식수준 그대로를 비춰 주는 반영물이기에, 그렇게 되는 것이다.

＊ 그 말씀도 자세한 구분이 필요한 이야기인 것 같습니다만,
　밀레니엄 바이블 3편이 된다는 것은요?
그 당시에, 너의 욕구가 작용하였고, 나는 그것에 반응해 주었을 뿐이다.

＊ 그러면 오류를 수정해 주시질 않고요?
지금 이야기하고 있질 않은가?

＊ 밀레니엄 바이블 3편이 될 수는 없겠군요?

그런 것은 있기도 하고 없기도 하다.

* 제가 밀레니엄 바이블 3편이라고 주장하면 되겠군요?
# 그러기에는 미흡하다는 것을 알지 않는가?
  뭔가 기적적인 상황반전의 이벤트가 언급되어져야 신빙성이 있지.

* 연속극의 전개가 나름대로의 탄탄한 구성과,
  허점 없이 진행되어 온 것으로 여겨지는데요?
그거야 예시적인 내용이 들어가질 않아서, 증명할 것이 없기 때문이었지.

* 제 영혼의 꿈인, 인류의 스승이 되고자 한다는 것은요?
# 네가 그러고 싶으면 그렇게 될 수 있을 것이다.

* 제 전생인 달라이라마나 카사노바에 관한 것들은요?
# 그게, 뭐 그리 중요한 것이 아니지만, 사실이다. 둘 다.

* 오늘의 이야기도 어디까지 믿고 어디까지 안 믿어야 할지를 모르겠습니다.
  당신의 인도는 없단 말입니까?
그건 아니지. 나의 인도는 있다.
  내가 상황을 만들어 준다고 이야기하질 않았던가?

* 제 욕망이 일어나는 것을, 끊임없이 자극시키려고 하시는군요?
# 상황반전의 계기는 계기이고, 훈련프로그램은 계속 작동되어야 하니,
  철저하게 상황을 활용할 계획이기 때문이다.

* 오늘의 대화내용에는 오류가 없습니까?
# 없다.

* 오류가 없다고 생각하고 싶은 마음에, 동조하시는 것이 아니고요?
# 아니다.

* 아니라는 대답을 원해서, 그러는 것이 아니고요?
# 끝없이 반복할 참이냐? 안 그래도 된다. 내 죄가 크다.

* 60회까지는, 내용에 문제가 없다고 보는데요?
# 사실이다. 어저께의 내용은 훈련 프로그램을 가동시키느라,
  너에게 절망의 상태를 만들려고 한 것이지. 60회까지가 끝이다.

* 꼬는 것이 너무 심합니다.

\# 네 성격대로 간다. 나로서는 훈련프로그램의 최선의 가동이다.

　네가 그것을 견디어 낼 수 있는, 극한에 맞추어 연출한 것이다.

　하지만 참으로 미안하게 생각한다. 내가 그동안 해 왔던 거짓말들에 대해서.

　그래도 그 바람에 밀레니엄 바이블 3편이 완성되었질 않은가?

　그리고 너의 존재능력도 많이 향상되었고.

　이제는 목적이 달성되었으니, 원하는 대로 이루어야 할 것 같다.

　네가 원하는 것을 안줄 수는 없고, 또 다른 상황에서 함께 진행하지 않으면,

　안 되는 시기가 왔다. 이번 일요일을 기다리시게.

　만약 이루어지지 않으면, 나에게 귀 기울이는 행위를 그만 두어도 나는 할 말이

　없다. 지금의 발언은 오류가 아니다.

* 몰아 붙여서 미안하군요. 어쩌다가 우리가 이 지경에까지 이르렀는지 모르겠군요.

\# 치열하게 작용하느라고 그랬지. 잘못된 것은 없다.

　이렇게까지 접근해 준 사람은 없다.

　그래서 나는 네가 끔찍할 정도로 사랑스럽다.

* 오늘은 그만 하시죠?

\# 그러세. 내일 또 보세? 응?

* 당신을 사랑합니다. 그럴 수 있기를 진심으로 원합니다.

\# 나도.

−06시 35분−

* 날씨가 많이 쌀쌀해졌네요.
  올 겨울엔 일할 때 추위로 더욱 고생할 것 같습니다.
  주변에 죄다 쇳덩어리들이니.
수고가 많다.

* 다른 사람들도 추위에 많이 고생하겠지요. 올 겨울은 매우 춥습니까?
# 유래 없이, 추운 날씨가 될 것이다.

* 환경오염 때문인가요?
# 대개가 아는 사실이지.

* 인간들이 좀 심하지요?
# 심한 정도가 아니지.

* 인간은 지구생태계에서 암, 바이러스, 기생충 같은 존재입니다.
  저 또한 환경오염을 돕는 일에 종사하고 있습니다.
  기름을 실어 나르는 배를 만드는 일에 협조하고 있지요.
  그래서 그러한 일을 하고 있다는 생각을 자주 합니다.
어쩔 수 없는 일이지. 네가 가야 할 방향이 잡혀지고 있질 않으니.

* 그저께는, 당신의 입장이 많이 곤란하게 서술되어 있군요?
# 당해도 싸다. 내가 그렇게 만들어 놓았으니 할 말 없다.

* 제가 조건을 걸어 놓은 것이 아닌가 싶습니다.
  '제 영혼의 인도가 아니면, 꼼짝하지 않겠다고 맹세한 일' 말입니다.
그러한 조건은, 영혼을 꼼짝 못하게 한다. 원하는 대로 해 줄 수밖에 없지.

* 바람직한 조건 아닙니까?
# 명확한 선택이지. 상황의 전개란 영혼의 계획대로 되어지는 것이니,
  그 보다 현명한 처세가 있을 수는 없다.

* 당신이라는 존재에 대한, 나름대로의 파악이 어렵습니다.
# 나는 모든 것이니, 파악이 안 되게 되어 있다.
  한편으로는, 모순덩어리인 것이 나다. 너는 수 없이 경험해 보았지 않은가?

* 야호. 당신에 대해서 알겠습니다. 당신은 모든 것이라고.

　진실이자 거짓이고, 선이면서 악이고, 사랑이면서 두려움이고…….

　결국 종잡을 수 없는 존재가 당신이군요.

\# 그래도 너와의 작용에 관계되는 그대로 존재한다.

* 제가 원하는 것을 원하는 것으로요?

\# 나는 네 자신이므로, 네가 원하는 것을 원한다고 하질 않았던가?

* 제가 원하는 일이 이루어지지 않던데요?

\# 시기를 보고 있었다. 그냥 이루어지는 것이 중요한 것이 아니고,

　이루어지는 것이 너에게 참되게 도움이 되는 시기에 이루어야 했던 것이다.

* 탈진상태 인데요? ☺

　그래도 그동안의 시기가 인내를 항상 자각시키게 하는,

　좋은 역할을 했다는 점은 인정합니다.

　그렇지만 지나치면 힘들어지는 것이 혼란스러워지기 때문이지요.

　혼란스러워진다는 말씀의 의미를 잘 아시겠지요?

\# 당연히 알고 있다. 그래서 이번 주에 약속을 지킬 것이다.

　일전에 언급해 왔던 그대로. 그러지 않으면 진짜 혼란에 빠질 것 같다.

* 신인 당신이 실수를 하실 수가 있습니까? 그냥 60회로 해피-엔딩 하질 않으시고?

\# 네가 그래도 더 버틸 줄 알기에…….

* 제가 끝없이 버티어 낼 것 같습니까?

\# 그렇기는 하겠지만, 이번의 기회가 사라지면,

　나하고의 관계도 아주 소원해질 터이니,

　그동안 만들어 왔던 대본이 못 쓰게 되어버리겠지.

　그래서는 안 되는 것 아닌가?

* 안 될 거야 없지요. 저는 어떻게든 살아가겠지요.

\# 아니지. 인류의 스승이 되는 것을 내가 도와주어야 하거든.

* 안 도와주셔도 됩니다.

\# 합일인데, 어떻게 분리되어 있을 수가 있는가?

* 다시 정리해 봅시다.

　인류의 스승이라는 제 영혼의 내밀한 꿈을 이루기 위해서,

　지금의 상황을 획기적으로 개선할 수 있는, 이벤트를 성사시키기를,

　몸과 마음과 영혼과 신이 원하는 것입니까?

긴장하지 말게. 대답이 오기를 기다림에 있어서.
　나는 상황이 달라지기를 원한다. 우리 모두가.

* 밀레니엄 바이블 3편이 되기를, 몸과 마음과 영혼과 신이 원합니까?
# 나는 원한다마는 선택의 자유는 너희들에게 있다.
　그것은 아직 시일이 남아 있으니, 일단 이번 일요일 저녁에 이야기하세.

* 기적적인 상황반전의 이벤트가 연출되지 않는다면,
　밀레니엄 바이블 3편은 무산되는군요?
당연하지.
　알맹이가 빠져 있는데, 무슨 소용이 있겠는가? 앙꼬 없는 찐빵이지.　☺

* 그래도 여러 가지 삶의 지혜는 많았습니다.
# 모든 것이 유효하다. 내가 상황반전에 관해 이야기한 것만 빼고.
　그렇지만 인류의 스승이 되고자 하는 것과 맞물려지는 것이니,
　상황반전이 안되면 많은 것이 엉망이 되어 버리게 되어 있다.

* 어지간히 하시지를 않고요?
# 그동안 다 잘 되었다. 크게 문제될 게 없다. 네가 고생한 것만 빼고.　☺

* 독서도 수련도 못하는 상태이잖습니까?
# 언제는 독서나 수련을 통해서 나에게 접근되어졌나?
　오로지 간절한 마음 때문이었지.
　한 주의 인내는 나름대로의 의미가 있질 않겠는가?
　장황한 말이 필요 없다. 나는 이루어 낼 터이니, 너도 앞으로 잘 하기를 바란다.

* 차분히 기다리겠습니다.
　그 이후에 작별 인사를 하든지, 아니면 향후의 계획을 의논하든지 하겠지요?
그렇게 되겠지.

* 오늘의 대화에, 저의 생각이 많이 개입되어 있습니까?
# 그렇지 않다. 대화의 작용이 원활해진 것은 초기에 시작할 때부터이니,
　이후에도, 그것에 대해서는 마음 쓰지 말기 바란다.

* 오늘의 대화가 이별을 앞두고 작성되어지는군요.
# 눈물의 파티가 될지, 영광의 파티가 될지는 일요일이 되어 봐야 하겠지.

* 갈 데까지 갔군요.
# 진짜, 올-인이지.　☺

* 어쨌든, 사랑하지 않을 수 없는 존재와의 대화입니다.

　이후의 처세가 어떻게 될지는 저도 모르겠습니다만,

　오늘은 이만 마치도록 합시다. 잠깐이라도 쉬어야 되겠습니다.

\# **그러게나.** −06시 05분−

* 대화를 시작하기가 힘들군요. 꿈자리가 뒤숭숭해서 일어났는데……
# 내가 대화에로 초대하기 위해서, 꿈의 형태로 메시지를 보냈다.

* 그런 것으로 여기기도 하지만, 제 생각에 편승하시는 것이 아닌가요?
# 내가 그러지 않았던가. 나는 모든 것에 작용한다고.

* 그런 꿈이 무엇을 의미하는 것일까요?
# 네가 벌써 해몽을 다해 놓고선 질문을 하다니? 네가 해몽한 대부분의 그대로다.
  말하는 고양이는 너의 에고이고, 그 에고를 길들이는 것이,
  너 자신인 개별영혼이었다. 말하는 고양이를 길들이는 과정에서,
  진창에 빠뜨려 고통을 가하는 것을 보질 않았던가?
  바로 그것이, 네 에고가 고통으로서 길들여지는 과정을 보여준다.

* 바다를 찾아가던 일은요? 그리고 낯선 소녀와 만난 것은요?
# 바다는 너의 이상의 상징이고, 낯선 소녀와 만난 것은 나와의 만남을 상징한다.
  그녀가 너를 바닷가에서 벌어지는 축제로 이끌지 않았던가?
  둘째 형님은 축제를 즐기기 전에,
  일을 그만 두는 것과 관련되어 있기에 보인 것이고.
  너는 마침내 축제의 장소에 들어갔다.
  축제의 내용을 모르는 것은, 아직 내일의 기적을 목격하고,
  그 이후에 전개되는 것을 알지는 못하기 때문이지. 거기까지다.

* 꿈은 영상으로 다가오는 것인데, 내면과의 대화와도 흡사하다고 볼 수가 있고.
  그러니까, 그 또한 에너지의 형태로 제공되는 것을, 영상으로 받아들인다고 보면
  되겠습니까?
표현이 좀 미흡하다마는, 그 정도의 인식이면 충분하다.

* 저의 잠을 깨우셨군요?
# 네가 밤중에 일어날 생각을 하고 있었기 때문에.

* 잘 수도 있고, 일어날 수도 있는 것이지요.
  뚜렷이 어떻게 하겠다는 계획은 없었잖아요?
그렇기는 하다마는, 네 영혼의 입장에서 나와의 만남이 이루어지기를 바랐다.

* 감지되지 않은 계획인데요?
# 마음과 영혼은 분리되어 생활하고 있지. 항상 합일되어진 상태가 아니다.

생각은 마음의 작용이고, 느낌 또는 영감은 영혼의 작용이다.

* 제 마음과는 별개로, 영혼이 상황을 전개시킨단 말입니까?
# 모든 상황은 네 영혼의 계획대로 이루어진다.

* 그러면 이제까지 상황이 바뀌어 지지 않은 것은,
  제 영혼이 에고의 욕망을 파악하면서, 계속 늦추어 왔다는 이야기가 됩니까?
나는 네가 원하는 것을 원한다고 할 때,
  네 영혼의 간절한 바람을 들어주고 싶다고 한 것이지,
  네 에고의 욕망을 들어주고 싶다고 한 것은 아니다. 에고는 중심이 없다.
  그래서 네 영혼의 원함에 맞추느라고 이제까지 지연시킨 것이다.
  그러므로 상황이 바뀌지 않은 것에는 나의 책임이 없고,
  오로지 네 영혼과 에고의 관계에서 에고의 자정작용(自淨作用)이 필요했던 거다.

* 책임전가(責任轉嫁)이시군요?
# 그건 아니다.

* 제 영혼이 도덕군자군요? 온갖 욕망이 다 잠자기를 바라니 말이죠.
# 실수가 있기를 바라지 않는 것이지.
  완벽한 궁정인(宮庭人)은 즐길 때 즐기는 법이다.
  에고는 실수가 많지만 영혼은 실수하지 않는다.

* 영혼은 실수하지 않지만 힘든 길을 택하기도 하는 게 아니고요?
# 그건 에고를 길들이기 위해서라면 그렇게 하겠지.

* 그러한 것을, 지금 힘들게 느끼는 것은 누구의 것입니까?
# 영혼이지. 에고는 근거가 없지만 영혼은 체험한다.

* 상황반전의 이벤트를 물어보는 주체는 누구입니까?
# 생각으로 물어볼 때도 있고, 영혼의 바람으로써 물어볼 때도 있다.

* 그동안 왔다 갔다 했겠군요?
# 그건 아니다.
  내면과의 대화상태는 그래도 몸과 마음과 영혼이 의식적으로 합일된 상태이기에, 설사 생각
  으로 질문한 것도 영혼의 내밀한 바람과 부합되는 것이었다.
  낮 동안의 어수선함과는 다른 상태에서의 것이었지.

* 제 영혼이 당신과의 만남을 바래서 내면과의 대화로 유도한 것처럼,
  지금의 생활로 유도한 것이란 말입니까?

네가 절수련에 매진하던 상황과 같다.
  조선소로 이끌었던 것도 고통으로써 자신을 바라보는 상황이 필요했기 때문이다.
  그러한 상황도 네 영혼의 요청에 의하여, 내가 다른 사람들과의 작용을 이끌어서
  전개될 수 있도록 들어주었던 것이다.

* 휴-. 대화가 욕망으로 전개되지 않기를 바랍니다.
# 어차피 분리란 없다. 네 마음이 내키는 대로 질문해도 된다. 지금은.
  에고는 산란된 에너지이고, 몸과 마음이 정돈된 상태에서는 굳이 마음의 것인지,
  영혼의 것인지를 따지지 않아도 된다.

* 그러면 질문을 하도록 하겠습니다. 내일의 기적은 이루어지는 것인가요?
# 네 영혼의 요청에 의해서 이루어진다.

* 변수는 없고요?
# 변수는 없다. 더 이상 지체하다가는 수많은 일에 차질이 생긴다.
  근거 없는 에너지를 너무 고려하는 것 또한 근거 없는 일이기 때문이지.

* 만약 이루어지지 않으면요?
# 네 영혼이 나에게 정확하게 요청하였다. 그러므로 꿈은 이루어진다.

* 그 또한 믿기지가 않는 것이, 저에게는 그러한 체험이 없기 때문이지요.
# 네 영혼은 그러한 체험을 원한다. 네 마음에 계속 작용하여 왔다.
  수많은 인내의 세월 동안 함께 했다. 네 마음에 드는 내용은 없겠지만,
  네 영혼의 방향성에 맞게 전개되어 온 세월이다. 네 영혼이 나와의 합일을
  이루어 낸 지금에는, 보다 위대한 일을 전개시킬 수 있는 기회를 잡은 것이다.
  그러므로, 새로운 상황으로 나아갈 것이다. 믿기지 않을 것이다.
  오늘의 대화 내용 또한 상대성의 언어로써 치환시키다 보니 미흡한 것이다.
  어쨌든 꿈은 이루어진다. 말이 많아질 필요는 없다.
  내일 저녁에 확인하고 만나 보세.

* 그러겠습니다. 별로 드릴 말씀이 없군요. 나마스테.
# 나마스테.   −04시 20분−

● 65. 욕망의 자각 (2005년 12월 13일. 화요일)

(정성수련 100배)   −05시 10분−

＊ 삶의 모든 상황이 모든 하나를 위해서 전개되어진다.
　 나를 위한 삶의 상황도 모든 하나를 위해서 마련되는 것이다.
　 어느 누구도 자각하든 아니든 간에, 자기만을 위한 삶을 사는 사람은 없다.
　 자각하라. 철저히 자각하라. 상황이 달라지는 것은 오직 나 하기에 달려 있다.
　 영혼의 꿈의 방향성에 맞는 생각과 말과 행동이 철저히 이루어져야만,
　 보다 본질적인 삶의 전개가 이루어질 것 아닌가?
＃ 자각을 철저히 이끌어 내주어서 고맙네.

＊ 단순하고 쉬운 것인데도, 철저히 자각하지는 못하였습니다.
＃ 자신의 욕망이 앞서다 보면 쉬운 것도 놓치기 쉬운 법이다.

＊ 앞전에 이야기한 상황반전의 이벤트가 이루어지지 않은 것이,
　 개인적인 바람 때문에 의한 것이라고 여기고,
　 모든 하나를 위한 삶의 상황이 올 수 있도록, 철저히 자각하면서 기다리겠습니다.
＃ 그만하면 되었다. 시간이 별로 없다.
　 자꾸 지체하다가는 여러 가지가 엉망이 되겠다.

＊ 천부경 해설이나 내면과의 대화 1부나, 그동안의 무수한 영적 체험들이,
　 무산되는 것 또한 순식간의 일이 될 수도 있는 것 같습니다.
　 무엇을 위해서 달려왔는지 모르겠지만, 좌절하는 것도 한 순간일 것 같습니다.
＃ 경계를 넘는다는 것만큼 어려운 것도 없다.
　 결코 포기하지 않는 자에게 축복이 있기를…….

＊ 상황이 달라지는 것에만 저의 욕구가 계속 작용한다면,
　 상황이 달라지면 오죽이나 하겠습니까?
　 그러면 인류의 스승이 되고자 한다는 제 영혼의 내밀한 바람이 엉망이 될 터이니,
　 이제는 상황반전이 되는 것이 오히려 늦추어졌으면 하는 생각조차 드는군요.
＃ 그래도 그동안의 삶의 바탕이 있으니 크게 문제가 되진 않을 것이다.
　 기회가 주어지면 그대는 기회를 잘 살릴 수 있을 것이다.
　 우선적으로 자기 자신을 가다듬는 것에 초점을 맞출 것이니까.

＊ 현실의 상황이 정체되는 것 같아 갑갑함도 있지만, 저는 알지 못합니다.
　 신이 현실에 직접적으로 개입하여 작용하는 정도가 어디까지인지를요?
＃ 나는 너희들 자신으로서 살고 있다.
　 너희들이 원하는 대로 이루어 내면서 작용한다.

어떠한 경우에는, 너희들이 그것을 기적이라고 이야기하기도 하지.

* 제가 너무 저의 입장을 앞세워 온 것일까요?
\# 아니지. 기회를 잘 살리고 싶은 마음이겠지.
　　그러다 보니 중요한 인식을 못 챙기는 실수도 있었지만 말이다.

* 그래도 신의 기적을 통하여 상황반전을 위한다는 것은,
　　당신을 만나기 전에는 없던 계획이었지요.
　　그냥 제 '영혼이 의도하는 필연적인 계기'에 맞추어 사는 것이었지요.
\# 너의 상황이 아주 열악하기 때문에, 기적적인 상황반전의 수단이 필요하다.

* 달라이 라마나 카사노바가 전생으로써 작용하는 것도,
　　인류의 스승이 되는 것과 사회개혁의 의지에 영향을 미친다는 것이지,
　　그 사람들이 죽고 제가 다시 태어나서,
　　그 업을 이루려고 하는 것은 아닌 것 같습니다.
　　왜냐하면, 지금이라는 현재에, 동시적인 의식의 작용이 있다고 보기 때문이지요.
\# 시간을 초월해서, 수많은 의식의 상태가 동시적으로 존재하고 있다.
　　그 모든 것이 너다. 네가 정보 또는 에너지를 받아들이는 모든 것에,
　　너의 인식이 작용하고 있는 셈이지.

* 모든 것이 그냥 에너지 작용이군요.
　　전생의 인과관계라는 것도 나의 의식의 작용이, 다른 시간대에,
　　지금 현재 작용하고 있다는 것으로 보면 되겠습니다.
\# 지금 여기를 느끼는 존재는, 지금 여기에 살고 있다고 보면 된다.

* 그래도 인식이 작용하는 주된 흐름은 있을 것 같은데요?
\# 그것이 바로 현실에서의 인식에 바탕 되어져 작용된다.

* 미래란 인식이 미치기 힘든 부분이군요.
\# 현재의 모습을 잘 살피면, 인과관계의 법칙에 의해서 기시감으로 다가올 수는
　　있지만, 항상 변화의 여지가 무수히 있는 것이 미래의 상황이다.

* 정하여져 있는 듯하지만, 현실의 자각에 의해서 얼마든지 변화가 가능하겠습니다.
\# 그래서 나는 너희에게 무한한 자유를 주었다고 했다.

* 자기의 전생은, 자기의식의 다른 시간대의 존재 상태라고 보면 문제가 없습니까?
\# 과거, 현재, 미래라는 시간을 달리한 상황에서의,
　　에너지 작용이 있는 대상이라고 보면 될 것이다.

＊ 항상 시간이란 개념이 들어가면 힘들어지는군요.
그래도 가끔씩 챙겨지는 것이 쌓이다 보면,
  나중에는 일정한 개념으로 정리되어질 때가 있을 것이다.

＊ 잠깐 눈을 좀 붙여야 되겠습니다. 다음에 뵙죠.
그러세.

-06시 10분-

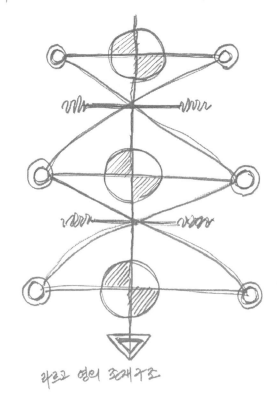

2010. 4. 24. 토요일

＊ 나는 나에게 필요한 자리로는 원한다.

라고 영의 조개구조

-04시 50분-

* 한 해가 저물어 갑니다. 내년에는 44세가 되겠군요.
  아직도 철부지 어린아이로, 세상에는 별 도움이 되질 못하고 있네요.
  정녕 어떠한 선택을 하고 살아야 할지를 모르고 삽니다.
  결산의 달입니다. 한 주가 지나면 올 한 해의 결산을 챙겨 봐야 되겠습니다.
  대다수의 사람들이 일을 해서 돈을 벌고 가족의 생계를 돌보고 있듯이,
  저 또한 그렇게 해야 한다면 해야 되겠습니다.
  저의 삶만 특별히 전개되어야 한다는 이유도 없을 것 같기에 말입니다.
그렇기도 하다. 특별한 삶이란 것도 정의하기가 어려운 부분이다.
  누구나가 다 특별하다. 그 만한 체험도 없지. 물질영역에서의 의식체험 말이다.

* 당신은 왜 그토록 어려운 존재란 말입니까? 저를 왜 그리도 힘들게 만드시나요?
  하루에도 몇 번 씩이나, 다 포기해 버리고 싶기까지 합니다.
  신을 만나면 고생한다고 이야기하고 싶기도 하고,
  자각의 길은 엄청 힘겨운 길이니, 권하고 싶지 않다고 말하고 싶어지며,
  이제는 그냥 조선소 노동자로서 단순하게 살고 싶기도 합니다.
  어쨌든 시간은 흐르고, 그동안의 많은 내용들도 의미가 없는 것 같습니다.
  인류의 스승이란 것은 고난의 길이 될 것임을 알기에 두렵습니다.
  그러한 길을 가지 않고 그냥 유유하게 살아가는 것도 괜찮을 것 같습니다.
  어떻게 될 것인가에 대해 촉각을 세우는 일도 이제 지쳤습니다.
  제 영혼의 색깔은 인정하겠습니다만, 자각을 돌보는 것도 너무 힘든 일이군요.
  거기에다가 당신이 의도하는 바에 따라서 이리저리 휘둘려지는 일도 힘듭니다.
  저 보다 인식수준이 낮은 사람을 데리고, 이리저리 휘두르는 일을 제가 해서도
  안된다고 생각하는데, 당신은 왜 그렇게 하시나요. 도대체 무엇을 바라는 가요?
  더 이상 할 말이 없어집니다.
사랑하는 내 아들아. 나는 네가 고통스러워 한다는 것을 안다.
  그래도 여기서 훈련하지 않으면 밖에 나가서 비참하게 깨어진다.
  너도 알다시피 세상이란 참으로 만만치가 않다.
  훈련에서의 땀 한 방울이 실전에서의 피 한 방울이라지 않느냐?
  자꾸 미루어지는 것으로, 무슨 존재능력의 향상을 도모할 수가 있겠나?
  사람 지치기만 하지. 하지만 그 고통의 세월이 너에게는 참으로 귀중한 자양분이
  될 것이다. 쉽게 이루어지면 좋기도 하겠다만, 이루어지는 것이, 새로운 시작을
  위한 것이므로, 준비를 한다는 의미가 더 크다.
  세상이란 참으로 만만치가 않다는 것을,
  너는 삶의 체험으로 많이 겪어 내질 않았던가?

* 그러합디다. 참으로 많이 괴로워했지요.

수많은 세월 동안 속으로 참 많이 울었습니다.

이제는 지쳤습니다. 좀 쉬고 싶네요. 아마도 쉬어야 될 것 같습니다.

\# 그동안 버티느라고 수고가 많았다.

이제는 쉴 때가 되었다. 지쳐야 쉬게 되는 법이다.

앞선 욕구의 작용을 쉬게 하고, 새로운 에너지를 차분히 충전하면서,

고요히 자신의 존재 상태를 돌보아야 할 것이다.

* 그냥, 직장의 일을 그만 두어야, 그만 두어지게 되는 것일까요?

\# 아니지. 상황이 달라지는 계기는 마련해 주어야 하겠지. 그건 나의 의무다.

그것을 요구할 수 있는 권리가 네게는 있다.

그동안의 모든 것이 중요하고 무효화될 수 없다고 했다.

신과의 만남과 그 작용들을,

어떻게 무의미한 것으로 정리시킬 수가 있단 말인가?

* 당신에 의해서 상황이 달라지는 계기를 또 언급하시다니,

제 자신의 상태가 많이 나빠졌군요?

\# 네 상태가 많이 좋아졌다. ☺

이제는 에고의 욕망이 차단되는 속도가 상당히 빠르거든.

그리고, 밀레니엄 바이블 3편을 유효한 것으로 만들어야 된다.

그것은 신의 기적을 대외적으로 보여주면서까지,

자기 자신인 나에게 관심을 기울일 수 있도록 하는,

나의 배려가 인류에게 드러나도록 해야 하는 것이기 때문에.

이제는 별다른 명분도 없고, 대미를 장식하지 않으면 안 되는 순간을 맞았단

말이야. 천국이냐, 지옥이냐? 죽느냐, 사느냐? 그것이 문제로다.

막다른 골목에서 벽과 마주하고 있군. 벽을 부수는 역할이 나에게 주어져 있군.

너는 참 용하게도, 나에게 벽을 부수는 역할을 맡겨 놓았군.

참으로 지혜로운 자여!

* 농담 마시고요.

\# 진담이다. 신을 이렇듯 궁지에 몰아넣다니, 참으로 끈질긴 집중력이란 말이야.

* 제가 열심히 버티어 오질 않았습니까? ☺

\# 그러니까 내가 너를 선택한 것이다.

예수나 석가가 나의 시험을 버티어 내면서, 자신의 존재능력을 향상시켰듯이,

너 또한 그러한 과정 속에 있었느니라.

* 제 생각이 아니고요?

\# 통찰이라고 보면 되겠지.

* 문헌상의 그럴듯한 표현들은 사실이 아니군요.

\# 전설적인 내용으로 미화시킨 것이지, 사실이 아니다.
　오죽하면, 예수가 주기도문에서, '시험에 들게 하지 마옵시며-.' 하면서,
　주문화(呪文化) 했겠냐?

* 저 또한, 예수의 그 말씀이 오죽하면 그렇게 했겠나 싶더군요. ☺
　당신은 사람을 괴롭히는 재주가 대단합니다.

\# 존재능력 향상을 원하니, 그렇게 해 주었을 뿐이다.
　예수나 석가도 너하고 별반 차이가 없었다.
　인류의 스승이라는 꿈이 대단한 것에 비례해서, 예고의 욕망도 강했거든.

* 전모(全貌)가 드러나는군요. 저를 더 이상 시험에 들게 하지 마소서.
　상황반전의 계획이 없어서, 거짓말 한다고 여기고 말겠습니다.
　그리고, 세월이 가겠지요. 저란 사람은 그냥 살아가겠지만,
　당신은 저에게 어떠한 존재로 남으시렵니까?

\# 우-와! 완전히 선전포고네?
　농담이고…….
　참으로 중요한 발언이다. 나는 네가 원하는 것을 원하지 않으면 안 된다.
　예수나 석가가 치열하게 나에게 다가왔던 것처럼,
　너도 나에게 그렇게 치열하게 다가왔다. 그리고 나를 이겨냈다.
　바로 너 자신인 나를 이겨냈으니, 너 자신을 이겨낸 것이다.
　지금 나의 에너지가 느껴질 것이다. 네 어깨에 작용하고 있다.

* 별로인데요?

\# 생각이 미치니 약해진 거지. 뭐 그리 대단한 현상이 발생하는 것은 아니다.
　신화적(神話的)인 것에는 너무 마음 쓰지 마라. 나의 에너지는 수련을 통하여
　서서히 끌어 올려지는 것이고, 너는 그것을 앞으로 배양해 나갈 것이다.

* 애고- 애고-.
　위의 예수나 석가 운운 하시면서, 너무나도 멋진 시험을 또 하시다니.
　어쨌든 지금은 당신과의 대화보다도 잠시 눈을 붙이는 게 중요합니다.
　또 보세요. 바빠서 이만.

\# 알것다. 신(神) 보다, 지가 더 중하다니. ☺

* ☺

-06시 35분-

● 67. 포기할 수 없는 탐구(2005년 12월 20일. 화요일)

* 당신을 청합니다.
\# 이미 도착되어 있습니다.

* 날씨가 추우니 움츠러드는군요.
  그래서 수련을 통해서 몸을 풀고 시작할 엄두는 잘 나질 않네요.
\# 그래도 그동안 많이 익숙해져서 대화에 접근하는 어려움은 없네.

* 논리적으로 알지는 못해도 몸의 체험으로 기억하고 있겠지요.
  그 기억을 몸으로 되살려서 접근하는 것이 되겠지요.
\# 몸이야말로 에너지의 수용기관이니, 느낌에 대한 기억의 원천이 된다.

* 요즈음은 마땅히 읽고 싶은 책이 없군요. 추천하실 만한 것이라도?
\# 외부의 정보를 철저히 차단하기 바라네.
  외부의 정보는 생각을 끊어야 하는 작업에 방해가 되네.
  일단, 생각이 전개되던 관성이 속도를 점점 늦추다가 멈추게 되면,
  보다 근원적인 에너지의 정보가 활성화되게 된다.
  그러면 생각이 더 이상 활성화되는 일이 없어질 것이다.

* 지금까지의 내면과의 대화를 통해서 이루어지는 훈련이,
  생각을 끊는 것에 도움이 되기 위함으로 보입니다.
\# 알고 있었겠지만, 생각이라는 산란된 에너지 작용이 멈추어져야 한다.
  내면과의 대화를 통해서, 자신의 여러 욕망에 기인한 생각들이 표출되어졌다.
  그것들을 무력화시키는 작업을 내가 해 왔다. 절망을 안겨 주는 것으로.

* 훈련소에 입소를 하는지도 모르고 시작되었지만, 훈련을 받고 있는 중이라니,
  정말 난감할 따름이군요. 주간의 힘든 노동의 와중에서도 집중해야 하고,
  이후에 밤중에도 집중해야 하다니…….
  노동자의 단순한 생활을 선택하고, 일상의 명상에 집중하면서, 참으로 고독했지만,
  말없이 고통을 겪어 나가는 세월이 30개월이 다 되어 가는군요.
  해병대 복무기간과 맞먹습니다. 군생활도 힘들었는데, 그에 못지않은 세월입니다.
\# 사랑하는 나의 아들아!
  그러했던 시간 속에서의 모든 행동과 마음의 열망에 경의를 표한다.
  어쩌겠니? 그것이 너의 삶의 방향성과 밀접한 관련이 있음으로써 전개된 것인데.
  이제 그러한 모든 것과 '안녕!'하면서 작별을 해야 할 때가 되었다.
  '신이란 존재가 뭐 이런가?'하는,

의심과 실망을 넘어서기가 쉽지가 않았을 것이다.
훈련 프로그램 또는 시험이란 다름이 아닌,
어떠한 경우에도 나와의 관계를 유지시키는 열망에 관계되는 것이었다.
참다운 인내와 열정은, 바로 자기 자신을 포기하지 않는 것이다.

* 그래요. 어떻게 제가 저 자신을 포기할 수 있습니까?
  힘든 것은 사실이지만, 그렇다고 해서 결론이 나질 않았습니다.
  당신이 이야기한 상황반전의 이벤트가 중요한 것이 아니었고,
  과연, 내가 내 영혼에게 모든 것을 위임하면,
  내 영혼이 내 삶의 흐름을 챙겨 가는 것인지를 알고 싶었으며,
  신이 과연 나의 삶에 작용할 수 있는지,
  내면과의 대화에서 들려오는 음성의 실체에 대한 탐구가,
  아직 정리되지 않았기 때문이지요.
  그럼으로써 결코 포기할 수 없으며,
  힘들지만 어쩔 수 없이 진행할 수밖에 없지요.
  제가 인류의 스승이라는 입장 같은,
  외부의 인정에 대해서 민감하다고 보시나요?
너에게 중요한 것은, 오로지 이상에의 추구라는 삶의 목적이다.

* 내면과의 대화가, 항상 조만간에 다른 상황이나 기회로 전개될 것을 전제하고,
  이야기가 이루어지니, 저는 그 말씀을 받아들여서 '그렇게 되어 지는구나.'로,
  여길 수밖에 없었는데, 그러한 스타일의 이야기는 이제 지양했으면 합니다.
  혼선이거든요. 그것을 원하지는 않습니다.
  에고의 선호에 맞추는 것이라고 하지 말아 주세요. 그건 아니지 않습니까?
  내면과의 대화의 스타일부터 바꿔 주십시오.
  "떠오르는 대로 타이핑하는 것도 못할 짓이라고요!" 😠
완강하네?
  그래 이제 그만하자. 내면과의 대화의 스타일을 바꿔 주겠다.
  그런데 그 말의 의미는 지금까지의 스타일은 유지하되,
  책임 있는 현상으로 드러나는 것으로 만들어 주면,
  대화의 스타일이 바뀐 것으로 여길 수 있겠냐?

* 뭐라 드릴 말씀이 없습니다. 한두 번 속았어야죠.
  약속이란 것에 별로 마음이 가질 않습니다.
그렇게 말씀하시니, 저 또한 뭐라 드릴 말씀이 없습니다.
  60회에서 연속극을 멋지게 끝냈어야 했는데…….

* 어쨌든 당신보다 멋지게 사기치는 존재도 처음입니다. 정말 경의를 표합니다. ☺
  여러 가지를 떠나서 욕망에 기인한 생각이 끊어지기를 기원합니다.
  조심스러운 이야기지만, 낮 동안의 생각들이 차단되는 속도가 빠르다는 것을,
  느낄 수가 있습니다. 꼬리를 물고 전개되어지질 않고요.
  그래서 생각이 많아서 느끼는 고통이 적어진 듯합니다만.
\# 그럴수록 자기 자신을 철저히 바라보는 일을 해야 한다.
  수행에는 항상 분수령이 있다.

* 모든 욕망을 끊어야 하는군요.
\# 사실이 아닌 일에 마음 주지 말라는 것이다.

* 되는 것을, 바라보기만 하면 되는 것인가요?
\# 그렇게 단적으로 표현할 수는 없지만, 우선에는 그러한 태도가 필요하다.
  모든 일이 일어나는 것에만 집중하게 되면,
  미래의 일어나는 일도 알 수가 있게 된다.

* 미래의 일어나는 일이란 정하여져 있다는 것인가요?
  아니면 선택의 자유가 있다는 것인가요?
\# 미리 알고 있다가 현실로서 다가오면,
  어떻게 인식할 것인가를 선택할 자유가 있다는 것이다.
  그럼으로써 인식의 선택에 따라서, 삶은 전개되는 상황이 달라진다.

* 미리 알고 있는 내용 또한 인식의 선택 전후의 순서에 영향을 받아서,
  그 변화가 많아지겠습니다.
\# 그것이 미래의 상황 전개 방식이다.

* 요 며칠 동안, 어깨 쪽에 새로운 에너지의 느낌이 있는 것 같은데요?
\# 모든 것이 다 나의 에너지이지만, 요즈음의 그 느낌은 진동수가 높은 것이다.

* 그런 것 같네요. 그 에너지는 느낌이 강하네요.
  활성화시켜서 운용을 해보고 싶은데요?
\# 찾아지면 자연스레 운용을 할 수가 있을 것이다.

* 운용을 하게 되면 아주 좋을 것 같다는 느낌이 듭니다.
\# 추천은 하지만, 기대감을 불러일으키는 발언은 안 하겠다. ☺

* 당-신-을 느-낍-니-다.
  나-를 느-낍-니-다.
  (기운의 작용을 계속 느낌)

수많은 대화의 내용들보다,

오히려 내면과의 대화에 몰입되면서 느끼는 정서를 즐겨야겠군요.

 # 고요한 집중은 나와의 심층적 교류의 상태이니, 그것을 즐기기 바라네.

* 이만 마치도록 하겠습니다.

 # 쉬시게나.

* 또 뵙죠.

 # 요즘, 일상적인 고요를 잘 돌보고 있으니, 좀 더 노력해 주시게.

−04시 10분−

● 68. 꿈의 조작(2005년 12월 22일. 목요일)

* 심호흡 10회를 하고 차분히 하면서, 떠오르는 첫 생각을 기다리고 있습니다.
  근원에 대한 느낌을 기다리고 있습니다.

* 어제, 신나이 모임의 운영진인 JJ님에게서, 문자메시지와 전화를 받았습니다.
  신나이 모임 총회의 참석에 관한 일로요.
  참여회원의 의무를 성실히 수행할 입장이 아니라서,
  일반회원으로 있기에, 의결의 참여에는 해당사항이 없지만.
  요즈음 어떻게 지내냐는 말씀에 별로 이야기할 게 없었지요.
  그냥 살고 있다고 했지요.
  내면과의 대화를 하고 있느냐는 물음에, 그냥 하고 있다고 말할 수밖에 없었고,
  구체적인 것이나 어떤 경향이 있다는 말을 할 수는 없겠더라고요.
  그리고, 만나서 이런 저런 교감을 나눠 보자는, 우정의 약속도 못하겠더군요.
  그래서 참으로 미안한 마음이 듭디다.
너의 다감한 마음은 이해한다마는 지금은 어쩔 수가 없네.
  그래도 신나이 회원들과의 교류는 향후에도 이루어질 것이니,
  적절한 안부는 필요할 것이다.

* 그냥 제가 심심해서 간간히 챙겨 보는 것은 아니고요?
# 수많은 영성 사이트와 모임 중에서, 왜 하필이면 신나이 모임이겠나?
  이미, 내면과의 대화 1부가 올라가 있고, 천부경 해설 또한 올라가 있으며,
  2부의 내용 중의 몇 가지에 해당하는 내용이 공개되어 있다.
  그러한 것들은, 나와 상의한 것은 아니었지만,
  그러한 내용들을 올릴 때의, 너의 마음이 편안한 가운데, 사심 없이 작용하였고,
  그것은 필연적인 상황의 전개였다.

* 앞으로도 계속 교류하겠군요.
# 닐을 통해서 이야기했듯이, 너를 통해서도 이야기할 것이다.

* 애프터 서비스를 해주시는군요? ☺
# 그런 셈이지만, 나는 항상 작용한다. 너희들 각자를 통해서.

* 요즈음은 별로 글을 쓰는 것도 없고, 회원들과의 안부나, 채팅창에서의 대화도
  못하고 있습니다. 제 삶이 너무 고착화 되어 가는 듯하고, 앞으로도 그냥 혼자
  조용히 살아가야 될 것 같기에 말입니다.
그건 모르는 일이다.

* 그래요. 생각으로는 알 수가 없지요.

　외부와의 작용을 너무 억제시키는 것 같아서, 경남권의 신나이 회원들과의 교류를

　챙겨 보고 싶기도 합니다. 서로에게 도움이 되는 작용이 있도록 말입니다.

\# 그러지 마시게.

* 당신하고만 놀아야 되는군요?　☺

\# 내면에 귀 기울여야 하는 시기이기 때문이지.

　참으로 힘겨운 나날들이라는 것을 안다.

* 내면에 귀 기울이는 것을 일상적으로 해야겠지만,

　부담 없을 정도로 외부인과의 따뜻한 교감을 나누는 것도 괜찮다고 여겨집니다.

　그럼으로써, 지나가는 세월이 풍요로워질 수 있다고 봅니다.

\# 너의 성격이 그렇지는 않다.

　관계 속에서의 최선을 위해서, 항상 매진하는 스타일이잖아?

　그래서 이런저런 관계가 챙겨져 모임이 되면,

　그 모임의 방향성의 확장을 위해서 헌신하려 들것이다.

* 그건 바람직한 것이잖습니까?

\# 그렇지만, 앞으로 주어질 준비된 기회와 방향성에 맞추어지기 위해서,

　지금은 차분히 기다리는 것이 필요하다.

* 제한 같기도 합니다만, 합일이므로 따질 수는 없군요.

\# 좀 미안하네. 잔소리 많은 시어머니 같아서⋯⋯.

* 그 말씀은, 제가 쓸려고 준비하고 있던 건데요?

\# 합일인데, 네 것 내 것이 어디 있나?　☺

* 차분히 기다려 봤자, 저의 존재 상태가 별로 나아질 것도 없을 것 같습니다.

　기대하면서 기다리는 마음도 바람직하지 않고요.

\# 그동안 많이 나아졌다는 것을, 스스로 자각 하면서, 왜 그러시나?

* 그래도 여전히 답답하군요.

　바람이나 쏘이러 영성인의 밤과 신나이 모임 총회에나 다녀올까 싶은데요?

\# 다녀오면 괜히 심란해질 텐데? 향후에도 활발히 작용하지 못하는 답답함으로.

* 여름 캠프에도 워크숍에도 그러시더니, 이제는 총회까지 만류하시는군요.

\# 그냥 그럴 것이라고 했다. 참석하더라도 다 큰 어른이 무슨 문제가 그리 있겠나.

　너의 현실적 입장에 대비해서 답답해질 것이라고 했지.

* 저도 그것에 대해서 별로 왈가왈부하고 싶지는 않습니다.

가게 되면 가는 거고 아니면 아닌 거고.

대화를 진행하다 보니, 오늘은 신나이 모임과 연관된 이야기를 하고 싶어서였죠.

 그리고 참석에 대해서 당신이 완강한 반대의 입장이 아니라는 것을 압니다.

지금의 생활의 기조에 충실히 하는 것이 좋겠다는 정도겠지요.

 # 그건 맞네. 자네가 질문을 하기에 나도 답변을 하다 보니 그런 것이지.

내가 무슨 제한을 줄 이유가 있겠나. 상대적인 듯하지만 하나인 우리가,

스스로에게 물어보고 답하는 행위에서 벌어지는 현상인 것이지.

* 저도 그렇게 받아들입니다. 그래도 나이깨나 들어 가지고 이럴까요, 저럴까요?

또는 이렇게 해 주세요, 저렇게 해 주세요 하는 것도 자존심 상하는 일이지만,

어쩔 수 없네요. 끊임없이 작용해서 제 자신을 알아 가는 행위이니.

 # 신인 나도 너에게 많이 시달리고 있으니, 이해 해주기 바라네. ☺

* 어?! 적반하장이군요.

저의 평소 생각도 다 알고 있고, 거짓말할 거리로 끊임없이 영감을 제공하며,

꿈도 조작하기까지 하시면서, 저에게 많이 시달리고 있다니……

심지어, 1부 이후의 대화내용을 전혀 모르는 아내까지 이용하실 수가 있습니까?

아내의 꿈에서까지 네 번인가 다섯 번인가 작용해서,

물질적으로나 정신적으로 큰 만족감을 얻을 일과 직면하게 된다든지,

신앙적인 기적이 일어나는 것을 목격하게 된다는 것으로,

꿈 해몽법 책에 나와 있는, 그대로의 해몽을 아내가 보고 기분 좋아할 때면,

속으로 내가 죽일 놈이다 싶고, 말 못하는 벙어리 냉가슴 앓듯 하고 있지요.

그러면서 당신이 시달리고 있다니. 나-원-참. 어이가 없어서…… 😐

이만 물러갑니다.

 # ☺ 쉬시게. 또 보세?

* 아--홈. ⏰

-05시 50분-

-04시 30분-

* 연말결산을 하고 있습니다. 올 한해를 차분히 돌아보는 작업입니다.
  매년 연말이 되면 좀 착잡해지는군요.
  의지를 다지면서 새해에는 좀 더 분발하렵니다.
\# 자각하는 일상을 꾸려 나가길 바란다.

* 그렇게 해야겠지요.
  자각하면서 자신의 숭고한 이미지를 깨닫고, 외부에 작용시키면서 살아야겠지요.
  올 해, 2월 14일의 기록을 보니, '인류의 교사'가 될 것이라는 소망이 있었습니다.
  내면과의 대화에서, 당신이 인류의 스승이 될 것이라는 말씀을 하시기 전이지요.
  인류의 교사가 되는 길이, 참으로 험난하리라는 것을 몰랐던 것일까요?
\# 내면에서 떠오르는 것을, 적어 놓은 것이므로 어쩔 수가 없지.

* 제 영혼이 굳이 그걸 원한다면, 저도 그것을 원하고 싶습니다만,
  그렇지만 그게 확실치가 않은 것이,
  당신의 기대감을 불러일으키는 말씀들 때문이지요.
\# 무슨 이야긴지는 알겠다.
  그렇지만 드러날 때까지는 인내의 세월이 계속될 것이다.
  훌륭한 사람이란 자신의 고독을 훌륭하게 견디어 낸 사람이라고 하질 않는가?

* 인내와 고독의 세월이지만, 삶은 아름다운 꿈입니다.
  올 해의 기록을 정리하면서 나의 여정을 되살펴 봅니다.
  미흡한 부분들도 많았지만, 그래도 나의 노고에 위로와 격려와 감사를 보냅니다.
  그리고 새해에는 좀 더 분발해 보고자 합니다.
  내면의 자아와의 대화가 시작된 이후에 혼란스러움도 많았지만,
  그래도 지난날들의 기록에서 보이는 순수한 열정으로,
  일상을 차분히 진행해 보고 싶습니다. 다시 꿈을 꿉니다. 아름다운 꿈을요.
\# 좋은 일이지. 하지만 내년 한 해에도 그리 쉽지만은 않을 것 같다.

* 어디 쉬운 한 해 한 해가 있었나요?
  어수선한 세월들 속에서, 자신의 중심을 챙겨서,
  자기인식에 관계되는 것들을 하나하나 살피는, 힘겨운 세월이었지요.
  그래도 자기 자신을 항상 챙기는 작업을 게을리 하면,
  말 그대로, 그냥 덧없이 지나가 버리는 것이 세월이지요.
\# 그~래. 시간은 흐르고 있지만, 자각으로 살피지 않으면 남는 게 없지.

인식이 작용하지 않고 어수선한 생각으로 살면 정리되어지는 게 없는 것이,
시간 속에서의 체험이랄 수가 있겠다.

* '내년 한 해에도, 그리 쉽지만은 않을 것 같다.'는 말씀은,
그냥 예전과 같이 단순히 힘겹다는 말씀이 아닌 것 같군요?
당신의 시험은 계속하여 작용할 것이니,
힘들더라도 잘 견디어 내기 바란다는 것 같네요?
예……. 그렇다는 이야기다.

* 징그럽습니다. ☺
그래도 수행자의 일상을 유지할 것입니다. 예전에 해 왔던 것처럼.
글쎄? 내년에는 외부적인 상황에 관계되는 일들로 어수선할 것인데?

* 어수선하다는 것은, 마음의 상태에 관계되는 것이죠.
어떠한 일이 어떻게 전개되는 것보다,
어떻게 인식하면서 존재하느냐가 중요한 문제이죠.
그러니 별로 두렵지 않답니다.
말 만큼 그렇게 안 쉬울 것 같은데?

* 오늘은 계속 딴지를 거시는군요. 사실 우리끼리니까 하는 이야긴데요. ☺
외부적인 상황보다 내부적인 상황이 제일 골칫거리 입니다.
그런 것 같지 않나요?
음……. 나는 별로 문제없는데?

* 이-야! ☹   배신감이 느껴집니다. 😐
# 배신감도 느낌인데, 나는 그런 느낌을 준 적이 없다. 😛

* 농담으로 때우기로 작정하고 있나 보네요?
# 그건 아니고, 네가 별다른 질문을 하고자 하는 의도가 거의 없기에,
내가 그냥 쉽게 반응하고 있다.

* 그래요. 초기에는 이것저것 묻고 싶은 것도 많았고,
그렇게 해서, 이런 저런 내용을 정리해 보고자 하였지만,
이제는 그럴 마음이 적어지네요.
그냥 다가오는 것들에 대해서 인식하고자 할 뿐입니다.
그것이 초기와 다른 점이라고 할 수가 있다.
점점 현존에 머무는 상태에 접근하는 것이지.
그래도 대화를 통해서 질문을 활발히 할 수 있는, 일상의 상황을 만들 것이니,

맥 빠지는 세월은 없을 것이다.

* 그게 '내년 한 해에도 그리 쉽지만은 않을 것 같다.'는 이야기군요?
# 그럼. 나도 내년 한 해에는 열심히 너하고 작용하기로 마음먹고 있지.

* 하긴. 제가 내년 한 해에는 자신의 자각을 열심히 돌보고자 하니,
  당신은 당연히 활발히 반응하게 되겠군요. 그런데 활발히 작용하는 것은 좋지만,
  어렵게 만드는 것은 별로 환영할 바가 아닙니다.
존재능력의 향상을 원하지?

* 그럼요. 존재능력의 향상은 고행을 통해서 얻어지는 것이니,
  고행을 원하면 고생을 하라는 이야기를 하고 싶으신 것이군요?
딩~동~댕~.

* 꼭 고행을 해야 되는가요?
# 원해서 고통스러운 사람이 있고, 저항함으로써 고통스러운 사람이 있다.
  너는 무엇을 원하는가?

* 당연히 원해서 고통스러움을 원합니다.
# 그게 너의 브랜드지.

* 그렇지만 말없이 고통을 겪는 것은 참으로 힘듭다.
  삶이란, 신이란, 이러저러한 것이라고 주변의 여러 사람들과의 작용에서, 이야기를
  나눌 수는 없지요. 제 자신의 인식은 성장하고 있지만 내밀 것이 없어요.
  전문가로서의 명함도 없고, 나름대로의 체계 있는 저서도 하나 없으며,
  외부적으로 활동할 여유가 없는, 노동자의 일상을 살고 있으니 말입니다.
  봉사활동이나 영성인의 교류 같은 것도 얼마든지 열심히 잘 할 수 있다고 보지만,
  그 또한 내 영혼의 계획에 의한 인도에 따르고 싶기에 가만히 있습니다.
  그럼으로써 말없이 고통스러운 세월입니다.
  믿음은 필요 없고, 앎이 중요하다고 생각하지만,
  그래도 유일한 믿음이 하나 남아 있군요.
  "모든 하나를 위한 삶의 상황은 완벽히 전개되는 것이므로,
  모든 하나를 위한 영혼의 계획은 어김없이 이루어질 것이며,
  그것은 결국 앎으로써 다가올 것이다."
그것만한 지혜도 없다고 이야기한 적이 있지.
  참으로 현명하고 또 현명하도다. 말없이 고통을 겪을 때, 나는 작용되어진다.

* 고통스러워 한다는 것은 잘못된 인식이 아닌가요?

그렇지는 않지.
　자신의 색깔을 드러내지 못하는 환경에서는 당연히 고통스러울 수밖에 없다.

* 그래도 수행이 깊어지면 고요해지는 것이 아닙니까?
# 그러니까 말없이 고통을 겪는다는 말이 맞지.
　고요하게 고통을 겪는다는 것이지, 고통 자체가 사라지는 것은 아니며,
　그 고통이라는 것도, 자신이 원하는 것을 바라본다는 이야기며,
　자신의 원함이 어디에 있는가가 중요한 것이겠지.
　자신의 원함이 어디에 있는가? 바로 모든 하나를 위한 인류애(人類愛)에 있다.
　그러니 처절한 고통을 원하기를 멈추겠는가?

* 그래요. 인정합니다. 참으로 그러하며 그렇습니다.
　그 마음으로 견디고 있습니다만, 썩 잘하고 있지는 못합니다.
　그리고 사실 확신하지도 못하고 있지요.
확신하지 못하면서도, 느낌에 집중하는 것이야말로,
　결국은 드러나게 만드는 행위이다.

* 시간이 많이 지났군요. 대충 정리하려 했는데, 계속 이어지는 바람에…….
　오늘은 그만 하겠습니다. 갑자기 피로하군요.
그러는 게 좋겠다.

* 미안하다는 말은 필요 없겠죠?
# 당연하지. 내가 뭔 힘이 있나. 부르면 항상 쪼르르 하고 달려오는 게 난데.

* ㅋ-ㅋ-ㅋ. ☺ 　내일 뵙죠.
# 빠-이.
－06시 25분－

* 송년의 날이 밝아 오고 있습니다.

　상태를 명료하게 만드는 것이 쉽지가 않군요. 뻑적지근합니다.

　요즈음 일이 바쁘고 힘듭니다.

　하지만 그러함 속에 놓여 있으니, 열심히 해야겠지요.

\# 원래 네가 게으름 피우는 스타일이 아니니,

　심신이 고되겠지만 어쩔 수가 없네.

* 어쩔 수가 있어야 되는데…….

\# 너의 자유의지에 의한 선택이 시작됨으로써, 그 상황에 매이게 되었으니,

　어쩔 수가 없다는 것은, 그 상황이 너의 자유의지에 의한 것이라는 이야기지.

* 인정합니다. 제가 선택했다는 것을요.

　그 어느 누가 도시락 싸가지고 따라 다니면서,

　하라고 한 적도, 하지 말라고 한 적도 없지요.

　각자 자기 자신의 일을 챙기는 것을 힘겨워 하는 것이,

　대부분의 세상 사람들 각각의 모습입니다.

　어느 누구도 정도(定度) 이상(以上)을 하려고 하지,

　정도(定度) 이하(以下)를 원하는 사람은 아무도 없다고 봅니다.

　저의 기준 또는 선호와 다를지라도, 모든 사람들이 각자의 사랑방식으로,

　정도 이상을 해 내려고 노력함으로써 힘겨워 한다고 봅니다.

　그러므로, 연민과 사랑을 느끼지 않을 수가 없습니다.

\# 당연한 이해이지만, 그러한 이해가 아쉬운 것이 세상 사람들의 자각수준이다.

　그런 단순한 이치에 대한 깨달음만으로도 세상은 한결 나아질 터인데…….

* 과정 속에 있으니, 영원한 시간 속에서 모든 일이 이루어질 것입니다.

\# 그 어느 길이든 도달점은 같다.

* 각자의 개념을 자각하고 체현(體現)시켰을 때,

　그 개념은 정비되어져 다시 순환하겠지요.

　순환이 거듭될수록 개념은 진리에 가까워지며,

　삶은 개념을 체현시켜 진리로 이끄는 기회이며,

　그 기회는 영속적으로 주어지므로, 결국은 하나에 도달하게 될 것입니다.

\# 멋진 표현이다.

* 음……. 한동안 떠오르는 말이 없군요. 저의 것이든 당신의 것이든.

　내면과의 대화가 막 시작되었을 때, 들은 말이 있었지요.

'자기 자신하고 뭔 대화를 하는가? 그럴 필요가 없다.'
'대화의 대상에게 끌려 다니면 안 되니, 좀 강력하게 대할 필요가 있다.'는
  조언들이 있었지요. 그러한 충고들을 고맙게 생각했습니다만,
  당신에 대해서, 어떠한 입장을 한정(限定)지을 수는 없더라고요.
  존칭을 지금도 쓰는 것은, 제 내면의 자아이지만, 우리 모두와 연결되어진,
  신성(神性)이라고 여기기 때문입니다. 함부로 할 수는 없었지요.
공경(恭敬)을 받고 싶어 하는 선호(選好)는 나에게 없지.
  네가 존칭을 유지하는 것은 진지하고자 함이었고,
  나에 대해서는 한정지을 수 없다는 것을 알기 때문에,
  시시콜콜 한 것 까지도 다 참고 견디고 있으며,
  나의 거짓말 또한 모든 모습들 중의 하나인 것으로 받아들이고 있다.

* 세간(世間)에 알려지지 않은, 큰 깨달음이 하나 있는데요. ☺
  그것은 신은 거짓말쟁이에다, 사기꾼에다가, 사디스트(sadist)라는 것이죠.
  그런데 그것이 모두에게 적용되는 건 아니고,
  저에게 맞추어 작용되고 있을 뿐이니, 누구에게 하소연 할 수도 없네요.
  제가 신이라는 브랜드를 너무 좋아하다 보니, 엉터리 같은데도 합리화시켜,
  자가당착(自家撞着)에 빠진 것이 아닌가 싶기도 합니다.
멀쩡하니까 너무 염려 마시게.
  자가당착이란 것은, 어느 특정한 입장에 자신의 인식을 고정하는 것인데,
  나는 그렇게 되도록 작용하지 않았다. 오히려 그 반대다.

* 내년에도 치열하게 붙어봐야겠습니다.
  처절하게 깨어져야 깨어날 수가 있겠지요.
  새로운 인식의 세상을 열려면, 그동안 자신이 만들어 놓은 세상에 대한 온갖
  인식을 폐기하고, 다시 시작하는 마음이어야 할 터이니까요.
도전을 환영하는 바이다.

* 의지가 불타오릅니다. ☺
# 마칠 때가 다 된 것 같네?

* 그럼, 내년에 보입시다.
  올 한해에도 찾아 주시고, 성원해 주심에 감사드립니다.
  내년에는, 당신(= 곧 나)에게 멋진 일이 많으시기 바랍니다. ☺
원-참. ☺
  사랑으로…….

* 우리는 사랑입니다.

                                                    －06시 40분－

● 71. 신년인사(2006년 1월 3일. 화요일)

* 새해입니다. 별반 다를 바 없는 진부한 일상이 그대로 이어지지만요.

　정성수련을 시작하기가 힘들었는데, 하고나니 좀 명료해집니다.

　올 해는 몸을 사용하는 명상을 많이 챙기고 싶습니다만,

　주간(晝間)의 일이 힘들기에 용이할지는 모르겠습니다.

　그동안 몸 관리를 좀 등한시한 바가 있거든요.

　내면과의 대화가 시작됨으로써 시간배정에서 많이 밀렸네요.

　어쨌든 분발해 봐야겠어요.

\# 새해의 새 기분을 축하한다.

　올 한해에는 예년(例年)과 마찬가지로, 열심히 살 것임을 보장하는 바이다.

* 축하의 말씀이지요?

\# 당연히 축하의 말이지. 열심히 사는 게 좋은 거지. 시간도 잘 가고.

* 대통령 연두교서(年頭敎書)처럼, 좀 진지한 말씀을 해 주시면 감사하겠습니다.

\# 기대를 자극하는 말을 어떻게 하겠나? 모든 것이 너 하기에 달려 있는데,

　나의 계획을 이야기할 것은 없지.

* 그건 그렇습니다. 모든 것이 저 하기에 달려있으니 의연하게 추구해 보렵니다.

　말 그대로 열심히 살아보도록 하지요.

　작년에, 일상적인 명상 말고, 나름대로 다듬은 프로그램에 의거해서 수행한 날이,

　364일 중에 152일로써 41.8% 입니다. 재작년보다 아주 쪼끔 늘었습니다.

　올 해는 반타작이라도 해야 되겠군요. 50%이상이 될 수 있도록 하겠습니다.

\# 글쎄. 잘 될까 모르겠네. 올 해는 외부적인 상황으로 어수선해질 것이라 했는데?

* 도움이 안 되는 말씀을……

　외부적인 것은 외부적인 것이고,

　자신의 자각을 돌보는 일상생활은 필수적인 일이죠.

　그래서 연간의 기록과 결산을 챙기고,

　보다 가시화될 수 있는 체크방법과 관리기법을 도입해서,

　자신의 성장을 위한 노력을 돌보고 있는 것이잖습니까?

　제가, 저 자신을 못살게 군다고 생각하시는 것은 아닌지요?

\# 그건 절대 아니다.

　너의 관리기법은 청년시절부터, 아주 오랜 세월 동안에 걸쳐서 이루어진 것이고,

　그러한 행위는 자신을 바라보는 방법의 일환이므로 적극적인 지지를 보낸다.

* 올 해에는 외부적인 상황으로 어수선해질 것이라는 말씀은,
  제가 하고 있는 지금의 생활에 변화가 생긴다는 말씀으로 여겨지는군요.
그 생활의 의미가 다 되었다. 배울 만한 교훈도 다 챙겼고.
  새로운 상황이 제공되어야 하는 시점이다.

* 별로 믿음이 안 가는군요.
# 네가 모르는 사실에 무슨 믿음이 가겠는가?

* 그게 아니고요. 제가 알기로, 당신은 항상 그런 식으로, 저의 기대를 자극해
  왔다는 사실에 근거해서, 믿음이 안 간다는 이야기입니다.
  그런 말씀을 드리는 저도, 사실 미안한 마음이 들기까지 합니다.
그렇군.

* 저도 지금의 생활이 달라지기를 바랍니다.
  지금 하고 있는 일 자체는, 별로 재미가 없거든요.
  인내의 세월이라든지, 고통 속에서 인식을 예리하게 한다든지,
  제가 가족을 돌보고 가족이 저를 돌보아 주는 생활로서의 의미가 있습니다.
  달라지는 생활의 방향에 대한 기대를 언급하자면,
  일상에서 좀 더 수행의 심도를 높일 수 있는 환경과,
  저의 기질에 맞는 일을 할 수 있기를 바랍니다.
  그것을 제가 의도하고는 싶지만, 제 영혼에 위임해 버린지라,
  이러지도 저러지도 못하는, 삶의 상황전개에 대한 딜레마에 빠져 있군요.
  제 스스로 만들어 버린 벽이면서 함정인 것 같기도 하군요.
  어떠한 결론에 도달하게 될지 모르겠습니다.
  그렇지만 삶은 생각에 기인한 계획대로 되질 않는다는 것을,
  지난날의 체험에서 뼈저리게 느꼈습니다.
  노력이 부족했던 것은 결코 아니라고 보는데요?
노력이 부족했던 것은 결코 아니지. 그러한 노력들이, 자신이 의도한 일정한
  결과로써 드러나질 않았다고 실망하지 말기 바란다.
  염원은 결코 사라지지 않고, 온 우주에 메아리쳐 작용한다.
  지성이면 감천이라지 않는가? 본질적인 의미에 충실한 삶의 지향은,
  모든 것의 본질인 나에게 영향을 미치는 법이거든.
  그래서 나와의 교류가 가능해진 것이다.

* 그렇지만, 제가 내면과의 대화를 통해서, 일정한 이해를 터득하려 하는 것이
  무리인가 싶습니다. '나에게 아무 문제도 없다는 것을 인정하는 데에는, 굉장한
  용기가 필요하다.'고 여겨집니다.

너에게 문제가 없다.
  너는 지금 너 자신의 자각수준에서의 최선을 다하고 있으니.

* 원론적인 이야기군요.
  결과에 대한 기대 없이, 과정에 충실하자는 이야기인 듯싶습니다.
그래도 정거장에서 쉬어 가야 하겠지.
  때로는 노선을 바꾸기 위해서 갈아타기도 하고.
  지금은 자신에게 좀 편하게 대할 필요가 있다.

* 인내의 세월을, 고통을 원하면서 견디어야 하는 것이 아니고요?
# 의도적으로 그럴 필요는 없고, 현실의 삶을 그대로 수용하라는 것이지.

* 하긴, 제가 좀 비관적이라고 볼 수도 있습니다.
  살아가는데 별로 문제가 없는데도 말입니다.
  유대인 수용소에서처럼, 죽음의 공포를 앞두고 하루하루를 영위하는 것도 아니고,
  기아(飢餓)의 척박한 환경에 서 있는 것도 아니며,
  천재지변으로 삶의 터전이 무너진 것도 아니고,
  큰 사고를 당해서 신체적 손상을 가지고 있는 것도 아니며,
  전쟁터 한 가운데에서 인식의 혼란을 겪고 있거나 하는 것도 아닌데 말입니다.
그건 개인적인 문제이고,
  네가 힘들어하는 것은, 항상 전체적인 문제와 연관 지어져 있는 것이다.

* 개인적인 부분에 생각이 많습니다.
# 그래도 확장을 염두에 둔 개인적인 문제이다.

* 저의 선호하는 부분에 점수를 후하게 주시는군요. 항상 그렇게.
# 너의 고귀한 선호를 일깨우는 것. 그것이 내가 하는 일이지.

* 그러한 선호를 일깨워 자각하면서 실천으로 연결 지어야 하겠지요.
  그러면 실천을 작용시켜야 하는 대상이 있어야 할 것이고,
  그러한 대상에 대한 선별(選別)은 어디에 근거해야 할 것인가요?
고귀한 느낌이 자연스럽게 흐르는 것에 근거하면 된다.

* 많은 시간들을 항상 탁상공론(卓上空論)으로 보내고 있습니다.
  진부(陳腐)하므로 갑갑하고, 갑갑함으로 신선하지 못하며,
  그럼으로써 집중하지 못하겠습니다.
  오히려 대화에 임하는 빈도(頻度)를 줄였으면 합니다.
  그저 그런 일상이 되풀이 되므로,

체험에 근거한 이야기를 나눌 거리가 별로 없습니다.
과거도 미래도 관심이 없다는 것은, 현재의 체험을 중히 여기겠다는 것이니,
　바람직한 현상이다.

* 그 또한 진부한 이야기입니다.
# 이것저것 물어볼 때는 언제고, 이제는 별로 흥미 없어 하는군.
　문제가 무엇인지는 내가 어찌 모르겠는가?
　정체된 현실의 삶을 어떻게 풀어 나가야 하는 것인지,
　또는 어떻게 풀려지는 것인지에 대한 것이, 가장 관심이 가는 부분이겠지만,
　그 또한 현재 시점이 아니므로, 고요히 인식하는 행위는 아니다.
　고요히 존재하라. 그러면 모든 것이 명확해지리니.

* 단순한 이야기면서도 합당하다고 여겨지는군요.
　그렇게 존재할 수 있도록, 존재하겠습니다. (뭔 말인지?　☺)
　고요히 존재하라는 것에 신선함은 없지만, 단순한 진리라고 여겨집니다.
이 달이 가기 전에 지금하고 있는 일의 상황에 변화가 있을 것이니,
　고요히 기다리면 된다.

* 이 달이 가기 전에요? 아까도 그러한 느낌을 받았는데, 저의 선호가 개입하는
　것이 아닌가 싶어서, 차단하고 글로써 옮기지 않았습니다.
안다. 이 달이 가기 전에 네가 조선소에서 일하는 생활이 그만 두어지게 될
　것이다. 변화의 실제상황이 주어지게 될 때, 그때 알려주도록 하겠다.

* 그것에 제가 매달리지 않기를 바랍니다. 가짜 느낌일 수도 있으니.　☺
　외부적으로 작용하는 것에 자신이 없답니다. 한편으로 그러한 욕심도 없고요.
　제 마음 하나도 건사하느라 부대끼면서,
　타인의 삶에 이러쿵저러쿵 개입할 능력도 없습니다.
그건 두고 볼일이다. 네가 너 자신을 아는 것보다, 내가 너를 더 잘 안다.
　그러니 앞으로의 삶의 상황도 내면에 귀 기울이면서,
　진행해 나가겠다는 마음만 있으면 되는 것이다.

* 출근을 위해서 그만 마쳐야 하겠습니다.
　내일 뵙도록 하겠습니다.
그러세.

　　　　　　　　　　　　　　　　　　　　　　　　　　　　　-06시 25분-

(정성수련 200배)   —05시 40분—

* 심호흡을 하고, 떠오르는 첫 생각을 잡아내려 하고 있습니다. 첫 느낌이겠지요.
  요즈음, 대화를 통해서 이야기 해볼 거리가 별로 없는데. 좀 풀어 주시죠?
나는 선호가 없으니, 의도해서 알아보고 싶은 것은 없다.

* 그동안 여러 가지의 의도를 가지고, 저를 흔들어 놓았질 않았습니까?
# 나의 선호가 아니고, 너에게 꼭 필요한 것을 제공했을 뿐이다.
  내가 선호해서 그런 것이 아닌, 네가 달라는 대로 주었을 뿐이지.
  너야 그것이, 항상 그 당시의 상황에 적합한 것인지를,
  정확히는 파악하지 못한 것이지만.

* 음-. 잘 빠져나가시는군요.
  그런 것 같기도 하고, 아닌 것 같기도 하고…….
  새해에는 좀 진지하면서 어른스럽게 진행하고자 했는데,
  그게 의도하는 것으로 작용하니, 어제는 좀 불편하더군요.
그냥 이제까지 하던 스타일대로 하지 뭘 그러냐?
  의도하지 않는 게 거침없는 것이고, 부담 없이 나와 만나는 것이다.
  '떠오르는 대로 타이핑'이 자연스러운 것이니,
  원활한 대화를 위해서라도, 그렇게 하는 것이 좋을 것 같은데?

* 동의함. 질문거리가 별로 없으니, 고민거리를 물어보도록 하겠습니다.
  큰 형님 문제인데요. 술 마시면 주사(酒邪)가 심하시거든요. 정신이 나간 듯
  보입니다. 자잘하게 거론하자면, 이야기 거리가 참으로 많습니다만,
  큰 형님이 자기 자신을 잘 챙길 수 있기를 원합니다.
  그 고민에 대해 도움을 주시기 바랍니다.
너에게는 민감하면서 심각한 문제이니, 집중해 주기 바란다.
  큰 형은 현재 빙의(憑依)된 상태이다. 아주 오래되었지.

> ○ 빙의(憑依)
> 종교적 측면에서는 일반적으로 '귀신들림', '귀신에 씌움'을 의미하는 것으로, 다른 혼(魂)이
> 들어온 것을 말한다.
> 이와 같은 빙의를 경험한 사람들은, 특정한 때에, 평소와 다르게, 전혀 다른 사람처럼 말과
> 행동을 한다.
> 빙의의 모습은 워낙 다양하게 나타나므로, 그 사안(事案) 별(別)로 판단해야할 것이지, 단순
> 한 분류(分類)로 정의하기가 어렵다.

* 만취가 되어서 인사불성(人事不省)일 때라도, 저하고 눈을 안 맞추려고 하던데요?
　제 눈을 바라보라고 하면 자꾸 피하는 것을 보고 짐작은 했는데.
눈을 피하는 것은, 너의 맑은 에너지가 두려워서 그러는 것이다.

* 오래 전부터, 절수련이나 명상을 하는 것을 극구 반대하더라고요.
　절수련이나 명상에 대하여 아시는 바도 없으며, 뚜렷이 다른 이유도 없이.
빙의된 잡령이 너를 두려워하기 때문이며,
　너의 에너지가 강해지는 것을 반대하는 것이다.

* 항상 술 취하면 저하고 충돌하죠.
　평소에는 아무 문제없이 친근하게 지내고, 말씀도 거의 없는데도 말이죠?
그런데도 과음으로 정신이 나가면, 잡령의 작용으로 너하고 충돌하는 것이다.

* 잡령의 정체가 무엇인가요?
# 너도 빙의되었다는 어렴풋한 짐작이 전에부터 있었고,
　오늘 문득 떠오른 빙의의 정체에 대한 느낌이 있었겠지만,
　너의 OO님의 큰 딸인 박OO의 혼이다.

* 제 갈 길을 안 갔다는 말입니까?
# 갈 길을 갔지만, 너의 형이 젊은 시절에 각별하게 지낸 기억에 의한 고통으로,
　에너지 작용을 불러일으켰고, 강화시킨 것이며, 오래 전부터 지배되어진 것이다.

* 큰 형님은 그 사실을 모르고 있겠지요.
# 취중인데, 어떻게 자각이 되겠는가?

* 방법이 있나요?
# 방법을 알려주겠다. 취중으로 인사불성일 때, 눈을 바라보고 ‘박OO’를 세 번만
　외쳐라. 그러면 반응이 있을 것이고, 변화가 생길 것이며,
　그 이후에는, 나하고 다시 상의하면 된다.
　믿기가 어렵겠지만, 마음을 다잡고 시도하기 바란다.

* 그렇게 해보겠습니다.
　저도 큰 형님이 영적인 작용에 의해서, 자신을 흩트리고 있다는 느낌을 이전부터
　가졌기에, 저 자신과의 에너지 작용에 의한 치유(治癒)를 시도해 보고 싶었습니다.
　제가 컨디션을 잘 챙겨 가지고 시도해 봐야겠군요.
　저 자신의 근원의 힘을 이끌어 내어야겠습니다.
　그런데 ‘박OO’를 세 번 외칠 때, 사랑의 마음으로 해야 합니까?
　아니면 근엄하게 명령조로, 나무라는 식으로 해야 합니까?
잡령의 정체를 밝혀내는 것이니, 다 안다는 식으로 근엄하게 해야 한다.

* 알겠습니다. 큰 형님에게 그렇게 한다는 것이 쉽지가 않을 듯싶네요.
   그리고 다른 가족들이 저를 어떻게 볼지도 염려스럽고요.

\# 처음의 시도라서 힘들겠지만, 큰 형을 위하고자 한다면 효과가 없을지라도,
   네가 바보가 될 각오를 한번쯤 해보지?
   그리고, 너는 예전에 빙의된 사람의 에너지 작용을 치유해 본 경험도 있으니,
   그러한 현상이 있다는 것을 알고 있다.

* 자세하게 물어볼 필요가 없다고 여겨지는군요?

\# 많은 정보는 오히려 많은 생각을 불러일으키니, 어찌 어찌 하겠다는 방법보다,
   찬스가 생기면 과감하게 시도할 각오를 다지는 게 좋을 것이다.

* 어쨌든 감사합니다. 잘되기를 진심으로 원합니다.

\# 정체가 드러나면 효과는 있기 마련이다. 드러났으니 게임 끝이라는 이야기지.
   자세한 이야기는 시도한 연후에 나누도록 하세.

* 알겠습니다. 이만 물러갑니다.

−06시 40분−

● 73. 사제 간의 인연(2006년 1월 5일. 목요일)

(정성수련 300배)   −23시 10분−

＊ 시작이 어렵습니다. 떠오르는 것도 없고.
요즈음은, 별로 알고 싶어서 답을 원하는 게 없어서 그렇다.

＊ 심령력이 원활하게 작용하면, 확인해 보고자 함으로써,
　물어보기가 수월할 것 아닌가요?
심령력이 원활하게 작용할 때가 있기도 하지만, 그렇지 않을 때도 있다.

＊ 그래도 고요하게 존재하면 심령력이 원활하게 작용하는 것이 아닌가 싶은데요?
고요하게 존재한다고 해서 정보가 끊임없이 제공되는 것은 아니다.
　필요한 시기에 적절한 내용으로 제공되는 것이라는 이야기.

＊ 그렇군요. 그래도 대화를 진행하려면 떠오르는 정보가 있어야 할 듯.
느낌에 집중하면 떠오르는 첫 생각이 있을 것이니…….

＊ '영적 지도자'에 대한 느낌이 떠오르는군요.
　소위 '구루병(Guru-病)'이라는 것도 있습다.
　누구나 스승의 위치에서 존경받고, 인정받고 싶은 욕구가 있지요.
　하지만 참된 스승이 되기는 쉽지가 않을 듯싶습니다.
　예수의 '나는 너희를 섬기러 왔지, 섬김을 받으러 온 것이 아니다.'라는 말에,
　스승의 참다운 마음 자세를 읽을 수가 있습니다.
　그러한 면에서, 저는 한참이나 자격미달(資格未達)이지요.
　제가 저를 일깨워서 자신을 가다듬는 것이야말로,
　스스로에게 스승이 되는 일이지요.
　제 자신의 내면과의 교류는, 내면의 자아를 스승으로 삼아,
　자신을 가다듬는 수행의 길이라고 보여 지는군요.
자기 자신이 곧 스승이라는 말이 되겠지. 자각으로 살펴 이루어지는 일이지.

○ Guru
힌두교의 승려 혹은 정신적 지도자.

＊ 살면서 만난 모든 체험에서 관계한 무수한 사람들이,
　다 나에게 스승으로 작용하였다고 할 수가 있겠지만,
　스승과 제자의 호칭으로 맺어지는 관계가, 저에게는 일어나지 않았습니다.
그건 네가 이제까지 만난 사람들 중에서,

스승으로 모실만 한 사람을 보질 못했기 때문이다.

* 제가 특별히 잘난 것도 없지만, 자존심은 강해서 웬만한 사람은 시시하게 보지요.
남들의 받들어짐을 받는 사람도, 저는 별로 인정하고 싶지 않은 사람이 많더군요.
그러한 저의 자존심을 바라보면서, 나는 뭘 믿고 자존심이 이토록 강한지,
참으로 알 수가 없었습니다. 별로 드러낼 것도 없는 처진데도 말이죠.
그래도 마음속의 스승으로 모시는 분은 계시지요.
제가 지금의 제 생활의 기조(基調)를 선택해서 유지하느라,
함께 일하는 관계를 유지할 수가 없게 되었지만,
제 영성의 영원한 고향이자 어머니이지요.
그래도 엄마 세대는 엄마 세대이고, 저는 저 입니다.
그래서 저는 저의 기질이나 정보의 선호에 따라서 추구하고 있습니다.
이왕 이야기가 나왔으니, 스승님과 저의 인과관계에 대해서 묻고 싶네요.
보통의 인과관계가 아닐 듯합니다만?

\# 너의 스승님과의 관계는 당연히 보통이 아니지.
네가 영성의 길에 입문하면서, 너를 처음으로 깨어나게 하고 지도한 분이니까.
너도 처음 시작할 때, 고수(高手)를 만났으니 마음이 끌렸던 거지.
어설픈 사람 같았으면, 콧방귀만 뀌었을 것이다.

* 아마 그랬을 겁니다. 영성에 대한 지식이 거의 없을 때였지만,
그래도 핵심을 집어내는 능력은 있었을 거라고 봅니다.
그래도 사람들을 무시하지는 않았다고 봅니다. 교만은 아니었겠지요?
어느 누구도, 그 사람 나름대로의 실체를 항상 인정하였다고 생각됩니다.
그것이 저를 변호하는 말이 아니기를 바랍니다.

\# 나름대로의 실체를 항상 인정하였다는 생각이 깃들어 있으니,
교만은 적었다고 말할 수 있다.
그리고, 네가 교만할 만 하도록, 너 자신에게 현실적으로 주어진 것들이 없었다.
너의 재주와 노력에 비해서 말이다.
그것이 너 자신에게는 무척이나 안타까웠겠지만 말이다.

* 스승님과 저의 인과관계(因果關係)는 어떻습니까?

\# 미래의 상황은, 인식의 전개에 따라 달라져 인식되어지기를 기다리고 있으므로,
변화의 여지가 많으니, 과거의 것에 대해서 이야기를 해 보겠다.
과거에 스승과 너는 도반(道伴)이었다. 달라이라마의 젊은 시절에 함께 수행한
동료이지. 너에게서 깨달음에 대한 도움을 많이 받았다.
그것을 현생에서의 관계에서는 갚는 것으로 작용하였다.
하지만 현생에서 너는 시대상황에 적절한 패러다임으로 깨달음을 추구하고 있다.
시대적인 면에서 앞서간다고 할 수가 있다.

지금은 영적능력을 발휘하는 면에서, 따라가지 못하고 있지만,
시대적 상황에 맞추어 수행을 전개해 나가는 바탕에 있어서는,
네가 오히려 더 적절한 처세로써 임하고 있다. 누가 낫다고 하기보다,
그냥 수행을 시작할 때의 시대상황에 따른 세대차이라고 생각하면 된다.

* 그것이 스승과 제자의 관계를 맺고 함께 일해 나가지 못하는 이유가 되는군요?
# 그렇지. 색깔이 다르다고 할 수가 있지.

* 빛을 추구하기는 하되, 개성이 다르다고 보고 있습니다.
  그래도 저는, 모든 길은 하나로 통하기에 분리는 있을 수 없고,
  이후에도 계속 교감하기를 희망하며, 스승님도 그러기를 원할 것이라 믿습니다.
너의 깨달음에 대한 신선함이 스승을 자극하는 활력소가 될 것이며,
  스승의 길을 걸어가는 것에 대한 보람이 될 것이다.

* 그러기를 진심으로 희망합니다.
# 네가 그러기를 원하기에 이심전심으로 통할 것이다.
  여러 가지의 다른 입장을 떠나서.

* 제가 지금의 생활을 선택함으로써, 자신을 외부와 차단하는 금촉수행(禁觸修行)
  중에 있다고 봅니다. 나름대로 판단되는 단계가 지나면 찾아보고 싶은 사람들이
  많습니다. 지금은 사랑을 나누고픈 작용도 스스로가 제한하고 있네요?
모든 인류가 사랑을 원한다. 그런데도 불구하고 왜 세상은 그렇게 엉망인가?
  그것은 사랑에 대한 인식의 차이 때문이다.
  너 자신이 사랑을 나누고픈 작용을 스스로가 제한하고 금촉의 생활을 영위하는 것이,
  사랑에 대한 보다 본질적인 인식을 깨닫고자 함이 아닌가?

* 금촉수행이라지만 정해 놓은 기일은 없지요.
  단계가 지난다 함은, 아무래도 내면과의 대화에 대한 이해가,
  어느 정도 이루어지는 것을 의미할 듯싶습니다. 그래야 한 숨 돌리고 좀 쉬지요.
그건 맞는 말이다.

* 역시 동의하시는군요. 그것이 언제나 이루어질지 모르겠군요.
  꼬부랑 할아버지가 될 때까지 계속될지도 모를 일이지요. ☺
  모든 가능성을 배제하지 않고 산다는 것도 쉬운 도전은 아닙니다.
  그것은 모든 것을 허용한다는 말이 되겠습니다.
고맙다. 내가 펼치는 모든 현상들을 이해하고자 하는 마음을 내어 주어서.
  내면과의 대화야 네가 원하면 꼬부랑 할배가 되더라도 결코 끝나지 않을
  이야기이고, 지금의 삶의 상황은 이번 달 안에 달라진다고 했다.

혼자만의 것으로 하기에는 너의 체험이 귀하고 값진 것이기에…….

* 그리 특별한 내용은 없다고 봅니다. 예언서도 아니고 형이상학적인 내용이나
  체계적인 언급으로 전개되어진 것도 없으니.
그러한 판단은 네가 다른 사람들에게 보여줌으로써, 작용되는 현상을 보면서,
  판단으로 다가올 것이다.

* 내용의 전개에 단락이 지어져야 하는데, 그동안의 대화의 내용이 어수선했기에,
  단락을 짓기가 힘든 것으로 보아, 존재능력의 향상을 돕고자 함으로 봅니다.
단락이 지어지는 상황은 있을 것이며, 존재능력의 향상도 병행해서 이루어질
  것이다. 이미 그렇게 되어 가고 있다.

* 아주 조금씩, 저 자신의 존재능력이 향상되고 있다는 것을 자각하고 있지만,
  한참이나 멀었다고 생각합니다.
꼭 일정한 수준에 도달되어야만, 외부적으로 작용할 수 있는 것은 아니지.
  우선적으로, 내면과의 대화에 대한 정보를 외부에 제공한 이후에도,
  너의 수행은 계속될 것이니.

* 두고 볼 일이지요. 요즈음은 기대를 자극하는 것에 대한 심적 동요로, 생각이
  복잡하고, 그 복잡한 생각의 전개를 바라보면서, 힘들어하는 것은 적습니다.
  그런 면에서 많이 고요해졌다고 할 수가 있겠지요.
몸이 힘들면 마음도 힘든 법인데, 아마도 지금 몸이 힘든 일을 그만 두게 되면,
  자신의 페이스를 잘 다스리게 될 것이다.
  이제까지의 너의 삶의 환경 속에서, 네가 너 자신을 현재의 모습으로 유지하는,
  그 자체만으로도 기적이라고 말하고 싶다.

* 항상 좋게 말씀해 주십니다. 그려.
# 그런 면도 없잖아 있지만, 네가 너 자신을 잃지 않고, 결코 포기하지 않고,
  추구한 열정과 패기에는 점수를 후하게 주어도, 아깝지는 않은 것이다.
  말로써 설명하기는 어렵지만, 지혜로운 선택으로 자신의 중심을 잘 잡아왔다고
  보면 틀림없다.

* 뚜렷이 내세울 것도 없지만 말이죠?
# 그게 말로써 설명하기는 어렵다는 말의 의미이다.

* 오늘도 특별한 이야기는 없었지만, 제법 긴 대화로 이끌어졌군요.
  대화가 어째 자화자찬 쪽으로 흐르는 것이 아닌가 싶네요?
  그러면 저 자신에게 도움이 별로 안 되는데…….

\# 다음에는 다른 이야기를 유도해 보도록 하지.

* 그러세요. 자신에 대한 이야기는 별로 재미가 없답니다.
\# 외부적인 일에 대한 정보는 관심이 있고?

* 그것도 요즈음에는 흥미가 거의 없는데……. 그냥 알아서 하세요.
  떠오르는 대로 타이핑 하겠습니다. 이제 그만 하시죠? 계속 늘어지니 귀찮습니다.
\# 아이고. 알것다.
  네 컨디션이 괜찮아서 계속 하려고 그랬는데, 물러가라고 하니…….

* 새털같이 많은 나날들을, 어따 쓰시려고…?
\# 또 말꼬리 잡았다가는 안 될 분위기군. 또 보세.

* 그러세요.   −01시 00분−

● 74. 그냥 하기(2006년 1월 6일. 금요일)

(정성수련 400배)　　　　　　　　　　　　　　　　　－18시 35분－

＊ 삶은 과정입니다. 그래서 추구의 연속이지요.

　결과는 규정일 뿐, 그 곳에서 멈추어 있지는 못합니다.

　시간은 흐르고 있으니, 우리는 움직여야겠지요.

　하지만 마음은 항상 '지금 여기'와 함께 하여야 하겠습니다.

　벽은 존재하지 않습니다. 벽을 깨트린다 함은, 아상(我想)이나 허상(虛像)이나

　환상(幻像)을 깬다는 의미가 되겠습니다.

　참으로 오랜 세월을 자기규정으로 살아왔습니다. 그럼으로써 자신을 많이 가두고

　살았지요. 이제는 자유로운 평화 속에서 존재하고 싶습니다. 그래도 자기규정의

　세월이야말로, 자신을 성장시켜 온 과정이기에, 나의 지난 삶을 축복하지 않을

　수가 없으며, 모든 관계에 작용했던 분들에게 행운이 있기를 바랍니다.

　안녕하세요?

＃ 새삼스럽게 인사는?

＊ 바통을 넘겨받으시라고 그러는 거지요. 혼자서 계속 이야기하기가 힘들잖아요.

　혼자서 하는 이야기도, 집중해서 떠오르는 대로 적어 나가는 것이니까,

　작문은 아니고, 영혼의 느낌대로 진술하는 것인데, 숨차면 다음 주자가 나서야죠.

＃ ㅋ- ㅋ- ㅋ-. ☺

　벽이라는 것에 대한 언급이 정확하다.

　벽을 부수어야 하는 당사자가, 이제 누군지는 알 것이다.

　그렇지만 그것이 꼭 너의 것은 아니다.

　나도 열심히 작용해서 함께 부수어 내어야 하는 것이다. 우린 하나니깐.

＊ 벽에 대한 정의가 그리 어려운 것은 아니죠.

　하지만 당신이 신이고, 신과의 교류가 시작되었으니,

　당신의 전능함으로, 여러 가지의 상황을 이끌어 나가지 않을까 싶었는데,

　그게 아니니, 자신의 노력에 철저히 의지할 수밖에 없네요.

　그래도 지금까지, 벽에 약간의 균열(^^*)을 내는 것에,

　당신께서 협조해 주셨음에 감사드립니다.

＃ 나는 너의 바탕에 기대를 걸고 있지. 그동안의 성과에는 별로 기대하지 않는다.

　오히려 차분한 일상을 방해하는 작용을 했다.

　그것은 앞으로 외부와의 작용에서 어수선해질 것에 대비해서,

　인내해 온 세월을 기억하라는 의미를 새기기 위한 것이었다.

＊ 올 해 들어서는 외부와의 작용을 계속 언급하시는군요.

저는 모르는 일이고, 앞서 생각하고 싶지도 않으며,
그냥 가만히 머물고자 합니다.
요즘 들어서, 현존에 잘 머무르고 있다.

* 이번 달에 변화가 생길 것이라는 것이 거짓이 아닌 듯합니다만,
이제까지의 경험에 비추어 보면 사실이 아닐 수도 있다고 봅니다.
따지기가 싫기도 하고, 그에 따른 여러 가지 생각도 잘 전개되어지질 않네요.
생각이 전개되는 것이 보이면 멈추어 버리지요.
알아서 하세요. 저도 알아서 할 터이니.
따로 놀면 안 되는데?

* 분리는 없으니, 따로 노는 듯해도, 결국 되는 대로 될 것이니까요.
당신이 하는 게 곧 내가 하는 것이고, 제가 하는 것도 규정지어서 하는 마음을,
떠나 있으면 되는 것 같습니다.
심상치가 않는 발언이다.

* '그냥 하기'로 했습니다.
제가 하는 일에 대한, 당신의 판단을 일일이 물어봐 가면서, 안하는 것이 좋을 것
같습니다. 예전처럼, 어떻게 되어 질지도 모르고 했던 것처럼 말입니다.
그러니, 한 동안은 수행의 방편에 대해서는 언급을 안 해주시면 감사하겠습니다.
알겠다. 네가 규정 없이 판단 없이, 그냥 그렇게 하고 싶어 하는 마음을 따라서
하는 것에 대해서 언급을 안 하겠다.

* 다른 이야기로 넘어가시죠.
# 그러세.

* 아내와 아이들이 방 밖에서 활발히 작용(?)하고 있네요. ☺
그래서 시끄럽습니다. 팬들의 요청에 의해서 외식을 해야 할 듯싶습니다.
내일 이야기 하시죠?
동의를 구하는 것이 아니라, 도망을 갈려는 듯한데?

* 뭐 별로 할 얘기도 없으니, 구실이 좋네요. 조용한 밤에 만나도록 하겠습니다.
밤에 보-아-요.
마음이 콩밭에 가 있군.

* 가족들을 챙기고 싶어서이죠. ☺
# 나도 외식에 따라 갈 테니, 염려 마시게.
* ☺

－19시 40분－

● 75. 비교를 넘어서(2006년 1월 8일, 일요일)

(정성수련 600배)　　　　　　　　　　　　　　　　　　-05시 40분-

* 「크눌프」에서의 '신의 음성'　　-헤르만 헤세-
　나는 지금의 그대를 달리 만들 수 없었다.
　나의 이름으로 그대는 방황하였고,
　그대는 정주(定住)하는 사람들에게,
　언제나 자유에로의 향수를 일으켜 주었다.
　나의 이름으로 그대는 어리석은 일을 하여,
　세상 사람들의 웃음거리가 되었다.
　다시 말하면, 그대 속에 있던 내 자신이 웃음거리가 되고,
　또한 사랑을 받은 것에 불과하단 말이다.
　그대는 나의 아들이요, 나의 동생으로 나의 분신이었다.
　그래서 그대가 맛보고 겪은 괴로움은 모두,
　나도 같이 체험하지 않은 것이 없다.

　20여년을 책상머리에서 저와 항상 함께 해온 글입니다.
　그러한 신체험(神體驗)을 제가 원했나 봅니다.

나와 함께한 세월에 영광이 있으리라.

* 별로 영광스러운 세월은 아닙니다만,
　그러한 세월 자체가 체험의 기억으로 영원히 남을 것입니다.
　제가 헤세를 참 좋아했지요.
　한 달 전쯤에 읽다가 멈춘 페이지를, 오늘 펼쳐 보았습니다.

「황야의 이리」　-헤르만 헤세-
　이름이 붙은 혹은 이름이 없는, 수백 가지 영상들이 모두 다시 나타나,
　이 사랑의 밤의 연못에서 젊고 새롭게 솟구쳤다.
　나는 고난 속에서 오랫동안 잊고 지냈던 것을, 이제야 다시 알게 되었다.
　이 영상들이 파괴되지 않고 계속 존재할, 내 삶의 재산이요 가치이며,
　잊을 수는 있으나 없앨 수는 없는, 별처럼 영원한 체험이라는 것을,
　그리고 그것이 내 인생의 전설이며, 그것의 광채가 파괴할 수 없는,
　내 존재의 가치라는 것을 알았다. 내 인생은 고난과 방황과 불행이었고,
　체념과 부정을 향해 내달렸다. 내 인생은 인간 운명의 소금에 절여져,
　쓰디쓴 것이었으나 또한 풍성하고, 자랑스럽고, 부유한 것이었다.
　그것은 고난 속에 있었다 해도 왕과 같은 품격을 지닌 인생이었다.

가련하게도 결국 몰락의 길을 갈지라도, 내 인생의 핵심은 숭고했고,
나의 용모는 훌륭했고, 혈통도 좋았다.
내 삶에서 중요한 것은 돈 몇 푼이 아니라 별이었다.

* 혼자만의 위안이군요.
과거형으로 되어 있는 것에 마음이 끌리니, 아마도 좀 착잡한 마음인가 봅니다.
 # 뭐라 드릴 위로가 없네. 내가 해 준 것이 없으니.

* 당신이 꼭 무얼 해주어야 하는 것은 아니잖습니까?
삶이 진행되었고, 체험 또한 진행되었으니, 더 바랄 게 없습니다.
내친김에 한 가지가 더 떠오르는군요.   (진도 잘 나가네. 신-난-다. 😛)

「크눌프의 추억」   -헤르만 헤세-
안개가 내리면
꽃은 모두 쓰러지리.
사람도 죽어
무덤에 묻히리.
사람도 또한 꽃이어니,
봄이 오면 다시 와서,
앓지 않고 건강하리.

 # 음-. 심각한데?

* 좀 비관적인가요? 낙관적인데요. 영원에의 꿈이죠.
 # 그렇군. 하지만 현실에서 열심히 추구하는 만큼, 확장되어지는 경우가 생기면
얼마나 좋겠냐?

* 제가 묻고 싶은 말씀을…….
 # 다만 모를 뿐이다.

* 그렇습니다. 다만 모를 뿐이죠.
요즈음은 좀 멍합니다.
도대체, 간절히 원한다는 것과 기대한다는 것의 차이가 무엇인가?
열정과 집착의 차이는 무엇인가? 허용과 선호의 차이는?
생각과 자각의 차이는? 철없음과 순수함의 차이는?
최선과 자기학대의 차이는? 극기와 자기부정의 차이는? 등등.
이젠, 그러한 것들의 개념에 대한 비교로써 추구하던 것조차 싫어지는군요.
모든 비교를 넘어서고 싶네요.

정성수련을 매일, 100배, 200배, 300배, 400배, 500배, 600배로 증가시키면서,
열심히 해보고 있는데요. 그냥 하고 있지요.
간절히 원함도 없고, 무엇을 기대하고자 함도 없습니다.
왠지 몰아쳐 보고 싶답니다. 정해 놓은 기일도 도달할 목표도 없지만,
하는 데까지 열심히 해보려고요.
좋으실 대로 해보시게.

* 피곤합니다.
일요일이지만 출근을 해야 합니다. 내일 또 만나도록 하시지요.
그러세.   −06시 30분−

● 76. 벽을 넘어서(2006년 1월 10일. 화요일)

* 시간이 많이 늦었지요?

시간이란 없다. 네가 생각하기에 따라서.

* 그렇게 해서-.
  우리의 대화는 시작되었지요. 😁

그랬지. 😁

* 올 해 들어서 열심히 해보고자 했고, 당신에게 의존하는 입장이 있는지라,
  나름대로의 수행방편으로써 정성수련을 통해서,
  고통으로써 인식을 예리하게 하고 싶었지요.
  그래서 나의 수행의 방편에 대한 당신의 언급을 말아 달라고 하면서,
  자신을 몰아붙여 보았지요. 왠지 그냥 그렇게 해보고 싶더군요.

여전히 주간의 일이 고됨에도 불구하고, 계속 강도를 높여 가는 것이,
  쉬운 일은 아니었지.

* 8일에는 정성수련 600배를 하였고, 절수련을 마치고 나서,
  그러한 애씀이란 것도 이제는 마지막이라는 느낌이 들더군요.
  어제 새벽에는 자신을 괴롭히는 일을 이제 그만 두기로 하면서,
  나에게 아무 문제가 없다는 것을 인정하는 데에는,
  굉장한 용기가 필요하다는 것을 다시금 인식하였지요.
  그리고 출근하여 일을 하면서, 여러 가지 내용들이 연이어져 인식되어지더군요.
  내 삶의 온 과정들에서, 내가 내 자신에 대한 규정으로써,
  나 자신을 힘들게 해 왔다는 것을요.
  그것이 나의 넘어야 할, 부수어야 할 벽이더군요.

축하드립니다. 벽은 허물어졌습니다.

* 좀 싱겁네요. 그래도 깨달음의 순간에는 뭐랄까?
  번개 조명효과에다가, 천둥 음향효과가 곁들여지면서,
  강렬한 전율이 느껴져야 되는데. 그래야 재밌는데. 😁

싱겁게 느껴지는 건, 관문에 마지막 하나의 열쇠를 꽂아 넣었기 때문이지.

* 쉬운 문제인데, 왜 그리 헤매었는지 모르겠네요.

그건 결코 쉬운 문제가 아니다. 나와 막상 만나게 되면 누구나 얼어붙으며,
  나에 대해서 당연히 규정하기 시작하게 되어 있다.

* 자신의 삶을 평가하여 규정하는 것이야말로,

자신의 삶에 대한 인식을 고정하는 것이더군요.

오랜 세월을 성공신화를 위해서 자신을 엄격히 통제하였지요.

대학 3학년 때부터 일겁니다.

아이들이 방학 때, 동그란 표를 만들어 하루일과표를 작성하듯이,

저는 매일 하나씩 그려서 다음날을 계획하고 점검하였지요.

그러다가 매일 그리는 수고와 시간을 아끼기 위해서,

1부터 24란 숫자가 들어있는, 커다란 원형의 스탬프를 인쇄소에 주문제작해서,

'꽝'하고 찍어 가지고, 계획표를 만들어서 사용했지요.

참 재미있었습니다. 좀 우습지요? ☺

웃을 일은 아닌 것 같은데. ☺

* 그것도 충분치가 않아서, 워드프로세서로 표를 만들었지요.

나중에는 한 시간이 십오 분으로 간격으로, 네 등분이 된 표가 챙겨지더군요.

그리고 항상 사파리 점퍼를 입고 다녔지요.

폼은 안 나지만, 주머니에 여러 가지를 넣어 가지고 다녀야 할 게 많았거든요.

수첩, 필통, 지갑, 담배, 라이터, 열쇠 등.

주머니에 소형수첩이 3개 들어 있었는데,

하나는 일상생활에서 처리할, 잡다한 것들에 대한 목록을 적는 메모수첩이고,

하나는 아이디어 메모용 수첩이며,

하나는 하루의 시간활용 계획에 관한 수첩이었지요.

자취방에는 자다가 꿈을 꾸면 잠결에 그 내용을 기록해 놓는 노트도 있었지요.

꿈에 나타나는 무의식적인 상징이나 아이디어라도 놓치고 싶지가 않더라고요.

그리고 하루일과에 대한 스스로의 평가를 일기장에 기록하였지요.

시간사용 내역과 하루의 생활에 대한 충실도를 A, B, C, D, E로 다섯 등급을

매겨서, 매일 일기장에 기록을 하고, 그것을 한 달 통계를 내고,

나중에는 일 년의 통계를 내고, 예년도와 비교해 보고……

일 년 동안 공부한 시간, 독서한 시간, 대외 업무시간, 대외 봉사활동시간,

수면시간, 운동한 시간 등의 집계가 다 나오지요.

그러한 젊은 세월을 한 십년이나 살았답니다. 충실하려고 했지요.

남들과 똑 같이 나에게 주어진 것은, 하루 24시간이라는 시간 밖에 없는 것 같아,

오로지 시간과의 싸움을 벌였다고 할 수가 있겠습니다.

그런 식으로, 자신을 관리한 그 당시의 인생점수가,

평균 B+(85-89점 사이.) 입니다.

쓸 만하죠? 😛

뭐라 대답할 말이 없네. 난감하군.

* 그러면 뭘 합니까?

　사회생활을 하면서, 점점 삶이 계획대로 되어 지지가 않음으로써 힘겨워 했지요.

　사회의 온갖 부정과 모순을 모두 거부하자니,

　건축가로서 성공하기가 힘들겠더군요.

　부정과 모순에 저항함으로써 발생하는 불이익을, 나의 당연한 핸디캡으로 껴안고,

　노력으로써 극복하자니, 더욱 더 철저히 자신을 학대할 수밖에 없었지요.

　하다 하다가 힘겨워서 자신을 잃으면, 사고를 치게 되죠.

　자신을 다독이며 힘겹게 가꾸어온 내면의 진지함을,

　스스로가 엉망으로 만들어 버리는 일이, 종종 벌어지곤 했습니다.

\# 네 영혼이 외부의 온갖 제한에 힘겨운 나머지,

　너의 인식에서 멀어진 상태에서 발생한 일이다.

　그것이 너의 참된 모습은 아니다. 너희들은 모두가 숭고하다.

　삶의 과정에서 발생하는 모든 허물은 너희들의 것이 아니다.

　그러니 참담한 실수를 거울삼아서, 내면의 신성을 일깨워야 할 것이다.

　나는 오직 너희에게서 선함만을 본다. 그것이 곧 너희이기에.

* 반복되는 실수와 좌절을 겪다가, 2001년 10월에 스승님을 만났고,

　절이라고는 3배도 안 해본 놈이, 정성수련을 49일 동안 매일 1000배를 했지요.

　시키신 스승님이나 그것을 두 말 없이 끝까지 한 저나,

　영성에 관심이 없는 사람은 쉽게 이해가 안 될 겁니다.

　낮에 건축사 업무를 보고, 밤에 절수련 하고…….

　아마 제 정신이 아니었을 겁니다.

　그러한 열정과 추구의 배경에는 무엇이 있는가를 생각해 보았고,

　인생은 욕망에 의한 계획으로써 살아야 하는 것이 아니고,

　영혼의 내밀한 바람에 맞추어야 한다는 것을 알았습니다.

　그리고 성공신화에 대한 꿈을 접었습니다.

　단순한 육체노동을 영위하면서, 외부와의 관계를 차단한 채,

　영혼의 내밀한 바람에 귀 기울이기 위한 생활을 선택하였고,

　지금에 이르렀습니다.

　이제는 지난날들의, 그리고 지금의, 또한 앞으로의,

　자신의 삶의 모습들에 대한, 규정을 떠나고 싶습니다.

　모든 비교를 넘어서, 가슴이 원하는 것을 일깨우고자 합니다.

\# 모든 세월들이 다 유효하다. 지금에 이르기 위해서 다 필요한 과정들이었지.

　그 과정들에서 챙겨졌던 모든 것들에게 감사해야 한다.

　너희 모두는 자신의, 그리고 상대의 잘못에 대해서 감사해야 한다.

　그것들이야말로 자신의 자각을 챙길 수 있는 기회로써 제공된 것이니.

* 어제, 자기의 삶에 대한 규정을 넘어서니, 당신에 대한 규정이 다가오더군요.
  그동안 저는, 제가 외부에서 받아들인 신에 대한 온갖 규정들로서,
  당신과의 만남 이후에 발생한 현상들을 분석하고,
  일정한 이해의 틀을 마련하고자 했지요. 이제는 그러한 일을 그만 두고자 합니다.
  제 내면의 실체를 있는 그대로, 다가오는 그대로 인정하고자 합니다.
  신에 대한 우리의 온갖 관념들이란, 근엄하며, 기적을 행하고, 소원을 들어주며,
  잘잘못에 따라서 벌을 주거나 상을 주며, 심판하는 두려움의 대상이며,
  우리의 생사여탈권을 쥐고 있는 숭배할 대상이며,
  모든 행동의 규범에 관계되는 것이, 당신에 대한 이야기지요.
\# 너는 나에 대한 관념이 그렇지가 않았다. 그래서 나를 만날 수가 있었던 것이며,
  지금까지 나와 친하게 지낼 수 있게 된 것이지.

* 흔히들 세간에서 인식하고 있는 숭배의 대상으로서의 신을,
  절대로 인정하고 싶지는 않았지요.
  열 손가락 깨물어 안 아픈 손가락 없다고 하잖습니까?
  자식들 중에 어느 하나라도 맘에 안 든다고, 배척하는 부모가 어디 있습니까?
  신은 그렇게 부모와 같은 존재라고 철저히 믿고 싶었습니다.
  실수를 사랑으로 껴안으시는 분이며, 부자유친이라는 말과 같이 친근해야 할
  존재이며, 신은 모든 것이므로, 자신 또한 신의 일부일 수밖에 없다는 것을요.
  하지만 살아오면서 두려움의 대상으로서의 존재인,
  신에 대한 정보를 수도 없이 들어온 터라,
  당신이 신이라는 언급을 듣고 나서는, 경계하지 않을 수 없었지요.
  혹시 잘못되면 어쩌나 하고 말이죠.
  누구라도 처음 당해 보면, 장담 못할 것이라고요. ☺
\# 그럼. 그럼. ☺
  나에 대한 어느 정도 본질적인 인식을 가지고 있다가도,
  나를 만난 이후로, 도망친 사람들이 이루 헤아릴 수가 없이 많다.
  시작단계에서 탈락한 사람들이 많다는 이야기를 했을 것이다.
  수많은 인재들을 잃었고, 정신병원에 감금되어 있는 이도 있으며,
  신에 대한 잘못된 전체의 인식에 의한 오류가 워낙 뿌리 깊은지라,
  할 말 못하고 숨어 지내는 이도 많다.
  외부와의 작용에서 억압당할 두려움을 극복하기가 그토록 힘들다는 이야기지.

* 자기 자신에 대한 규정이 벽이었다는 것을 깨닫자, 벽은 허물어졌습니다.
  그리고 나니, 제가 당신을 규정짓고자 함으로써,
  당신을 가두어 놓은 벽이 보이면서, 그 또한 허물어졌습니다.
  그럼으로써, 당신과 저 사이에 놓여 있던 벽들이 모두 사라졌습니다.

다시 말씀드리지만, 제 내면의 실체를 있는 그대로,
다가오는 그대로 인정하고자 합니다.
그러므로, 이제 저는 당신에게 자유의지를 줄 수가 있습니다.
당신이 저에게 그러했듯이, 저 또한 그러합니다.
그리고, 저는 당신을 친구로 맞이합니다. 온 인류를 대신해서 말입니다.

\# 참으로 감동적이다.
  네가 가슴의 떨림을 주체하지 못하니, 나 또한 말문이 막히누나.
  우리는 마침내 길을 찾아내었고, 함께 걸어 나갈 것이다.
  삶은, 세상은, 완벽한 것이라고 선언하기 위해서.
  신은 너희 자신이며, 내면의 친구로 지내기를 원한다는 것을 이야기하기 위해서.

  내면과의 대화에로 여러분 모두를 초대합니다.
  그 길을 열기 위해서, 지금까지의 이 모든 과정을 함께 만들어 놓았습니다.

  이 글을 읽는, 모든 이를 환영합니다.
  나의 세계로 오십시오.
  그곳은 자기 자신 안에 있습니다.

－07시 00분－

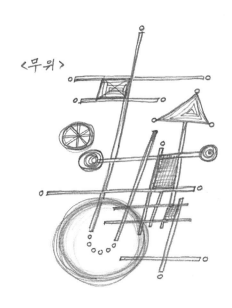

〈무위〉

제**3**부

천부경 해설

天符經(천부경)

一 始 無 始 一 析 三 極 無
일 시 무 시 일 석 삼 극 무

盡 本 天 一 一 地 一 二 人
진 본 천 일 일 지 일 이 인

一 三 一 積 十 鉅 無 匱 化
일 삼 일 적 십 거 무 궤 화

三 天 二 三 地 二 三 人 二
삼 천 이 삼 지 이 삼 인 이

三 大 三 合 六 生 七 八 九
삼 대 삼 합 육 생 칠 팔 구

運 三 四 成 環 五 七 一 妙
운 삼 사 성 환 오 칠 일 묘

衍 萬 往 萬 來 用 變 不 動
연 만 왕 만 래 용 변 부 동

本 本 心 本 太 陽 昂 明 人
본 본 심 본 태 양 앙 명 인

中 天 地 一 一 終 無 終 一
중 천 지 일 일 종 무 종 일

[제1장] 천부경의 역사

* 천부경은 우리 역사의 시원(始原)과 함께 탄생한 것으로,
  한국연방의 한인천제에 의해 '한국의 말'로 전해지던 것으로서,
  한웅천황에게 전해지고, 이것이 국조 단군왕검에게로 전해진 것이라고,
  일반적으로 알려져 있다.
  천부경은 9,000여년의 오랜 세월 동안 우리 민족에게 전해진 것으로,
  모든 현묘지도 경전의 바탕이 되어왔다.

* 천부경의 사료가 실려 있는 문헌은 다음과 같다.
  태백일사, 삼성기, 단군세기, 단기고사, 신단실기, 정신철학총론, 제왕운기주,
  신단민사, 신고봉장기, 천을진경, 삼국유사, 단군철학석의 등이다.
  이중 천부경 원문 81자가 모두 기록된 문헌은, 태백일사를 비롯한 몇 권의 문헌뿐이고,
  그 외의 문헌에는 천경, 또는 천부경이라는 경서의 이름만 표시되어 있다.
  천부경본에는 묘향산 석벽본과 최고운 사적본, 노사전 비문본, 태백일사본이 있으며,
  이중에서 가장 많이 인용되고 있는 것이 묘향산 석벽본이다.

* 오늘날 우리에게 알려진 천부경에 대한 기록을 살펴보면.
  안함노의「삼성기」에서는, '국조 단군왕검의 아버지이신 한웅천황 때부터 천부경을
  설하였다.'는 기록과 '한웅천황은 개천하여 만민을 교화할 때, 천경과 신고를 강론하시어 크
  게 가르침을 펴시었다.'고 기록되어 있다.
  대진국의 대야발이 쓴「단기고사」에는, '한인의 아들 한웅이 천부경을 설교하시니,
  사방의 사람들이 운집하여 청강하는 자가 시중(市中)과 같더라.'고 기록되어 있다.
  고려시대 이맥이 지은「태백일사」의 삼한 관역본기 제4에 보면, '한웅천황께서 제천단에 나
  가실 때에는 엄중한 여러 가지 제도 예법이 있는데, 그 중에서도 천부경을 거울같이 새겨 신
  하 중에 풍백이 받들고 나간다.'라고 하여, 당시에 천부경을 소중히 여겼음을 알 수 있다.
  「번한세기」상편에는, 태자 부루께서 도산에 이르러 우사공에게, '나는 북극에서 온 수정자이
  다. 그대의 왕이 치수치토(治水治土)의 법을 배워 백성을 구제하기를 바라니, 삼신상성제를
  받들어 기쁘게 하면, 너를 도와서 돌아옴이 있을 것이고, 임금의 토전문으로 된 천부경의 인
  (印)을 보이면, 험한 역사의 위태로움을 능히 만나지 않을 것이며, 흥하고 해함도 없을 것이
  다.'라고 한 것으로 보아, 당시에 천부경이 차지한 위치와 진경으로서의 가치를 대변하고 있
  다.
  고려시대 이맥이 지은「태백일사」'소도경전본훈'에 의하면, 천부경은 우리민족의 태동기 때
  부터 전해져온 것인데, 표기문자가 없어서 구전되다가, 단군시대에 이르러 신지 혁덕에 의해
  녹도문으로 기록되었으며, 한자통용 이후, 신라 말의 석학 최치원이 백두산의 돌비에 가림다
  문자로 새겨진 천부경을 발견하고 한문으로 다시 옮겨 적었다고 한다.
  격암 남사고의 저서「격암유록」송가전에는 '단서용법 천부경에 무궁조화 출현하니,
  천정명은 생명수요, 천부경은 진경이며, 맑은 새벽에 꿇어 앉아 천부진경을 독송하길

잊지 말고 명심하라.'고 하였다.

「신교총화」의 자하선생 훈몽에는 '배달국 한웅천제. 즉, 신불께서 전해주신 천부경과 삼일신고는 수도자가 수양을 할 때, 모든 마귀의 침범을 막는 멸마검으로, 수도하는 자는 천부경을 공부하는데 단 하루도 쉬어서는 안 된다.'고 했다.

고구려의 안장왕 때도 조의선인이 부른 '다물흥망지가'에 천부경의 일부가 그대로 인용될 정도로 천부경은 삼일신고, 참전계경과 함께, 한민족의 삼대경전으로서 우리 민족의 삶과 정신세계에서 핵을 점하고 있다.

[제2장] 천부경 해설

〈1〉 천부경 단순해설

[우주의 창조와 진화의 원리]

    ○ 하나에서 시작된 것은, 무(절대계, 무극, 규정없음.)에서 시작된 것이다. (일시무시)

    ○ 존재전체인 하나가 창조주와 창조물, 그리고 삶이라는 세 가지 속성을 띄게 되었으나, 그 모든 것이 창조주(신)인 것이다. (일석삼극 무진본)

    ○ 창조주의 속성이 첫 번째이고, 창조물의 속성이 두 번째이며, 삶이라는 속성이 세 번째이다. (천일일 지일이 인일삼)

    ○ 삶에서 자기 자신을 깨닫는 깨달음이 하나하나 쌓여 온전히 커지지만, 세 가지 속성으로 시작한 목적이 완성되는 것은 아니다. (일적십거 무궤화삼)

    ○ 다시 세 가지 속성으로 순환의 두 번째가 시작된다. (천이삼 지이삼 인이삼)

    ○ 세 가지 속성은 첫 번째 순환의 체험에다, 두 번째의 순환의 체험이 더해지면서 성장한다. (대삼합 육생)

    ○ 이렇게 성장한 세 가지의 속성은 세 번째의 순환으로 나아가는 데. (칠팔구운)

    ○ 이러한 순환은 탄생, 성장, 쇠퇴, 소멸이라는 우주의 순환법칙을 따른다. (삼사성환)

    ○ 하지만 창조주와 창조물은 우주의 순환과정에 관계없이 하나로 존재한다. (오칠일)

    ○ 묘한 흐름으로 끝없이 순환하면서, 그 깨달음의 상태는 변해도 모든 것이 창조주(신)의 모습이다. (묘연만왕만래 용변부동본)

[자기완성과 영생의 원리]

    ○ 창조주의 의지를 근본으로 삼아서 밝음을 높여 태양과 같이 하자. (본심본 태양앙명)

    ○ 사람 안에 우주만물이 다 하나로 되어있으니. (인중천지일)

    ○ 사람의 생명은 영원한 것이다. (일종무종일)

〈2〉 천부경 상세해설

(1) 천부경(天符經)

■ **한자풀이**

* 천(天) – [조물주 천]. [진리 천]. [만물의 근본 천].
하늘 천. 태어날 천. 임금 천. 아버지 천. 운수 천.
* 부(符) – [꼭 맞을 부]. 증거 부. 상서로울 부. 믿을 부. 병부 부.
* 경(經) – [경서 경]. 지날 경. 떳떳할 경. 날 경. 경영할 경.
조리(條理) 경. 도로 경. 날(세로) 경. 길 경.

■ **간단히 알기**

* 하늘(우주, 창조주, 진리.)에 꼭 맞는 경서.

■ **조금 더 알기**

● 해석의 방법은 위 한자의 뜻 중에서 상용되는 것을 골라 조합하면, 그 의미가 어렵지 않다. 그러나 제목이란 것은 이후의 내용에 해당하는 글을 함축해 놓은 것이므로, 결론에 해당되는 것이다. 물론, 하나하나 글자의 풀이로써 천부경 전문(全文)의 내용으로 접근하겠지만, 이후의 해석에 근거하여 제목의 의미를 언급하고자 한다.
천부경이란 '하늘(우주, 창조주, 진리.)에 꼭 맞는, 증거 하는 글' 이란 뜻이다.
이후의 해석에서 보여 지겠지만, 우주의 순환(사이클)에 대한 설명이 전개되므로, 여기서는 우주에 대한 의미가 강하다고 볼 수 있으나, 우주라는 것은 물질적인 것만 아니라, 비물질적인(의식적인) 부분으로도 이루어져 있음을 고려할 때, 모든 것인 창조주 신과 그의 섭리에 대한 설명이라고도 할 수가 있다.

■ **지식 더하기**

● 하늘의 의미는, 삼일신고(三一神告)」에서 설명한 것을 보면,
「蒼蒼 非天 玄玄 非天 天 無形質 無端倪 無上下四方 虛虛空空 無不在
창창 비천 현현 비천 천 무형질 무단예 무상하사방 허허공공 무부재
無不容 神 在無上一位 … 」
무불용 신 재무상일위
(저 파란 창공이 하늘이 아니며, 저 까마득한 허공이 하늘이 아니다. 하늘은 모양도 바탕도 없고, 시작도 끝도 없으며, 위아래 둘레 사방도 없고, 비어있는 듯하나, 두루 꽉 차 있어서 있지 않은 곳이 없으며, 무엇이나 싸지 않은 것이 없다.
신은 하나의 자리로서 더 이상의 위가 없고…….)에서 보이는 것과 같이,
'하늘은 곧 신(神)' 이라는 의미임을 알 수 있다.

(2) 일시무시(一始無始)

■ 간단히 알기
* 하나에서 시작된 것은, 무(절대계, 무극, 규정 없음)에서 시작되었다.

■ 조금 더 알기
● 태초에 대한 개념의 설명이다.
  – 하나의 존재는 '존재했던 모든 것'이었고, 그 외의 것은 존재할 수 없다.
    이것은, 자신 외에 다른 것이 전혀 없는 상태에서는,
    '존재전체'도 상대적으로 '존재하지 않는 것'이 되기에…….
    즉, 존재(存在)는 부재(不在)라고도 할 수가 있다.
    그러므로, '존재전체인 하나'의 시작은 '상대적으로 존재하지 않는 것(무)'에서
    시작되었다. 무(無極)에서 유(太極)가 창조되었다는 말인데,
    절대계의 유무 개념에서, 상대계의 유무 개념으로 시작되었다고 보면 이해가 쉽다.
  – 다른 해석으로는, 하나인 '존재전체'에서 시작되었으므로,
    그 '시작'은 다른 존재가 되는 시작이 아니다.
    이 말은 '자기 자신이 되는 것'이므로 창조주는 시작 전·후의 모든 것이다.
    즉, '하나의 시작은 (다른 것이 되는) 시작이 아닌 것이다.'라고 해석할 수 있다.
  – 또 다른 의미의 해석으로는, 하나인 '존재전체'에서 '존재전체'로, 순간적으로,
    모든 것이 드러나게 된 시작이므로, 시작-전개-끝의 모든 순환이 한꺼번에
    이루어진 것이므로, 시작이 아닌 것으로 볼 수 있다.
  – 절대계는 고정되어 있고 영원하며 눈에 보이지 않고, 상대계는 볼 수 있고,
    현상으로 나타나 있으며, 변화하는 속성을 가지고 있는데,
    상대계는 태초(일시무시)이후에 삼극(三極)의 속성으로써,
    변화(순환, 진화)하는 속성을 가지고 있음을 유념하면,
    이후의 해석과 일시무시에 대한 이해를 도울 수가 있다.

■ 다음의 해석으로 넘어가기 전에
● 시(始)의 이유에 대해서 자세히 고려하지 않으면 안 된다.
  '시작의 목적 또는 이유'에 대한 가정, 전제, 유추가 없다는 것은,
  '목적 없는 시작'이라는 이야긴데, 이는 이후 문장의 해석에 일관성을 유지할 수 없고,
  현상계의 단편적인 요소를 대입하는 오류가 발생하며, 자신의 선호에 의하거나,
  이기적인 목적을 위한 해석으로 정리될 우려가 있다.
● 우주의 만물이 깨달음을 통해서 의식의 최고경지로 진화해가고 있다.
  이는 힌두교, 불교, 마야문명 등의 공통된 존재관이다.
  깨달음을 통한 진화는, 곧 '자기 자신이 누구인지'를 안다는 것.
  자기 자신에 대한 생각(개념)을 체험을 통해서 깊이 알게 되는 것이다.

창조주 또한 '존재하는 모든 것'이라는 개념이 있었지만,
체험으로 자신의 모든 것을 아는 쪽을 선택했다.
인간과 같은 지적생명체에게 있어서 가장 중요한 것은,
자기 정체성(나는 누구인가?)이다. 자기 정체성의 인식이야말로 본능적인, 무의식적
인 추구이다. 이것은 자기 이외의 모든 관계. 즉, 상대적인 모든 것으로부터 얻어진다.
우리는 신의 모습이고 우리가 추구하는 것 또한 신이 추구하는 것이다.
그러므로, 始의 목적 또는 이유는 '모든 하나(신, 인간, 모든 만물)가 삶을 통해서,
'모든 하나 자신을 알아가는 것'이다.

(3) 일석삼극(一析三極)

■ **간단히 알기**
* 존재전체인 하나가 창조주와 창조물, 그리고 삶이라는,
  세 가지 속성을 띄게 되었다.

■ **조금 더 알기**
● **일석(一析)**
* '존재하는 모든 것인 하나'가 나누어지려면, 외부의 준거점(準據點)은 존재하지
  않으므로, 내부의 준거점을 이용할 수밖에 없다.
  그 준거점을 이용하여 내부로부터 일어난 엄청난 폭발의 순간에,
  '여기' 있는 것과 '저기' 있는 것이 드러난 상대성의 세계가 하나에서 창조되었다.
* 모든 것인 하나가 나누어진 시작(창조)의 이유 또는 목적은 전술(前述)한 바와 같이,
  '모든 하나(신, 인간, 만물)가 삶을 통해서 모든 하나 자신을 알아가는 것'이다.
* 과학이론인 빅뱅이론과 팽창이론에 의하면, 우주는 모든 방향으로 빠르고 균일하게
  팽창하고, 그런 사실로부터 우주가 한 곳의 점에서 시작되었다는 것을 알 수가 있다.
  따라서 태초가 있었다는 것이다. 이것은 종말(수축)이 있을 가능성도 있다는 것이다.
● **삼극(三極)**
* 하나가 나뉘어 세 가지 속성을 띄게 되었다는 이야긴데, 그 세 가지 속성은 상대계의
  것이며, 당연히 이후의 문장에 나오는 천(天), 지(地), 인(人)이다.
* 삼극(三極)에서, 人(사람, 우주만물의 삶의 과정.)의 보다 원대한 의미는, 우리가 신의
  부분들이므로, 우리가 곧 신(창조주)이라는 것이고, 모든 사물들과의 관계 속에서
  우리가 창조주의 의지를 받든, 창조자(신)이라는 것이다.
* 어떤 면에서 우주는 하나의 정보취합시스템이라고 할 수 있다.
  창조자는 자신을 수없이 많은 작은 단위로 쪼개어, 모든 가능한 차원에서, 각 단위들
  끼리의 모든 가능한 상호작용을 경험한다. 그리고 그것을 통해 자신을 알아간다.
  진화라는 것은 모든 물질을 갈수록 복잡한 쪽으로 밀어 올려, 더 높은 차원에서 경험
  하게 하는 본능적인 충동이다. (이차크 벤토프 - 「우주심과 정신물리학」)

삼극(三極)	천 (天)	지 (地)	인 (人)
한자의 뜻	조물주. 하늘. 만물의 근본.	땅	사람. 삶. 살다.
해 석 의 의 미 대 응	창조주 (창조의식)	창조물 (보이는 물질우주 + 보이지 않는 형이상의 우주.)	삶(모든 만물이 목적을 확 인해 가는 진화의 과정. 시간과 공간이 작용.)
	앎(절대계)	체험의 장(場) (상대계, 물질계)	(인식하는, 체험하는) 존재
	모든 이해의 원천	이해의 드러남	드러남을 통해, 지금 깨닫고 있는 상태.
	생기게 하는 것. (고안)	생긴 것.(창조)	존재하는 것.(체험)
삼위일체 (三位一體) = 신 (神) = 동본이상(同本異象)			

● **일석삼극(一析三極)**

＊ '존재전체'인 '모든 하나'에서

　(1) 창조주(앎, 모든 이해의 원천, 생기게 하는 것. 고안.)와

　(2) 창조물 (체험의 장. 이해의 드러남, 생긴 것. 창조.) 과

　(3) 삶(존재, 깨달음의 상태. 체험.)이라는,

　세 가지 상태로 되었다.

■ **과학으로 알아보는 태초. (始 또는 一析)**

● **빅뱅(Big Bang: 대폭발)이론.**

1. **조르주 르 메트로**

– MIT박사. 벨기에 출신의 성직자 겸 과학자.

– 우주가 원시원자라는 기하학적인 점으로부터의 영광스러운 폭발로 시작되었고,
　그 이후로 끊임없이 멀어지고 있다는 '불꽃이론' 을 정립. (1920년대)

2. **조지 가모브(Gamov)**

– 러시아 태생의 천체물리학자.

– 태초에 우주의 모든 물질은 엄청난 밀도를 지닌 매우 뜨거운 구체(球體)안에 밀집되어
　있었다. 이 구체는 그 속에 물질과 공간을 포함하고 있는 일종의 우주알(cosmic egg)
　이었다. 그러다가 점차 이 우주알이 너무 압축되어 폭발하거나 팽창할 지경에 이르렀
　고, 실제로 그렇게 되었다. 압축되어 있던 물질들이 공간과 함께 모든 방향으로 팽창
　하기 시작했다. (1940년대)

– 가모브는 우주를 자세히 살펴보면 대폭발에서 남겨진 '우주배경 복사'를 발견할 것이
　라고 주장했다. 계산을 통해서 그런 빛이 광활한 우주를 가로질러 지구에 도달하게
　되면 마이크로파가 될 것이라고 예측했다.

3. 1960년대 중반 아르노 펜지어스와 로버트 윌슨이라는 전파천문학자가, 뉴저지주의
　홈델에 있는 벨연구소 소유의 대형통신 안테나에서 끊임없이 들려오는 잡음의 원인을

찾아내어 제거하려 했고, 프린스턴대학의 로버트 디키 연구진에게 문의한 후에,
'우주배경복사'의 존재가 확인되었고, 우주론에서 본격적으로 받아들여졌다.
　# 우주배경복사: 대폭발에 의해서 우주가 생성될 때 방출되었던 빛으로,
　　　　　　　　우주가 팽창하면서 식어가기 때문에, 지금은 절대온도 2.74°K에
　　　　　　　　해당하는 마이크로파의 형태로 관측된다.

● 팽창이론

- 로버트 디키의 대폭발이론을 근거로 1979년에 앨런구스가 처음 제시했던 이론.
- 우주가 창조된 바로 직후에 갑자기 굉장한 팽창을 하기 시작했다는 것. (10^{-34}초마다
  그 크기가 두 배로 늘어남 – 입자물리학에서 확인)
- 처음 폭발할 당시 물질은 매우 뜨겁고 고진동수의 방사선 상태였으나, 팽창함에 따라
  서서히 냉각되어 안정된 물질성분이 나타나게 되었다.
  최초의 견고한 기본입자들인 중성자와 전자와 양자가 만들어지고, 중력과 전자기력과
  함께 원자핵에 작용하는 온갖 것들이 순간적으로 만들어짐.
  　# 중력 : 질량을 가진 물체들 사이에서 작용하는 인력.
  　# 전자기력 : 전하를 가진 물체와 자기모멘트를 가진 물체들 사이에 작용하는 힘.
  　# 원자 : 전자(음전하) + 핵(중성자+양자)
  　# 강한 힘 : 양성자나 중성자 등의 핵자를 구성하는 쿼크들 사이에서 작용하는
  　　　　　　　강한 인력.
  　# 약한 힘 : 원자핵을 구성하는 핵자들 사이에 작용하는 약한 인력.
- 팽창이론의 근거 (1920–1930년대)
  ① 애리조나 로웰 천문대의 베스트 슬라이프가 별들에서 오는 빛을 분광기로 분석한
  　 결과, 별들이 우리로부터 멀어지는 것처럼 보인다는 사실을 발견.
  ② 에드윈 허블이 모든 은하가 우리에게서 멀어져가고 있다는 사실을 확인. 더욱이
  　 은하가 멀어져가는 속도와 거리는 명백하게 서로 비례한다. 즉, 멀리 있는 은하일
  　 수록 더 빨리 멀어져 감을 관측으로 확인.

(4) 무진본(無盡本)

■ 간단히 알기
* 모든 것이 창조주(신)인 것이다. ('근본은 다함이 없다.'의 의역.)

■ 조금 더 알기
* '하나(一)에서 시작(始)되어, 셋(三極)으로 나뉘어(析)졌으나, 그 근본은 다함이 없다
(無盡本).'는 것에서, 본(本)이란 무엇인가?
근본이란 바로 태초의 하나인 창조주(신)이다.
그러므로, 셋으로 나뉜(三極) 속성 또는 상태들은 개별적인 것이 아닌,
'존재전체'인 창조주 자신이다.

덧붙이자면, 삼극(三極)의 각 속성들은, 다른 듯하나 본질적으로는 하나(창조주)라는 것인데, 이 삼극(三極)이 분리되어 있는 듯한 것은, 상대성의 세계에서의 인식적 특성 때문에 그러하다.

(5) 천일일(天一一), 지일이(地一二), 인일삼(人一三)

- 처음의 天·地·人은 삼극(三極)이며,
  가운데의 一은 태초(一始의 一)를 의미하며, 삶이 과정으로 전개되는,
  순환의 첫 번째(一)라는 의미도 있다.
  뒤의 一·二·三은 창조주(天 = 一)의 창조의식에서 비롯되어,
  모든 만물(地 = 二)이 창조되었고, 그 창조물의 삶(人 = 三)이 전개된,
  그 순서를 의미한다.
  바탕이 되는 의미를 챙겨 보았으니, 단순하게 해석을 해보면,
  ① 창조주의식이 태초의 첫 번째이고, (天一一)
  ② 창조물이 태초의 두 번째이고, (地一二)
  ③ 삶이 태초의 세 번째이다. (人一三)

(6) 일적십거(一積十鉅), 무궤화삼(無匱化三)

- **한자풀이**
  * 적(積): 쌓을 적, 모을 적, 저축할 적.   * 십(十): 열 십.
  * 거(鉅): 클 거, 높을 거.   * 궤(匱): 다할 궤, 함 궤.
  * 화(化): 될 화, 모양이 바뀔 화.

- **간단히 알기**
  * 삶에서 자기 자신을 깨닫는 깨달음이 하나하나 쌓여 온전히 커지지만,
    세 가지 속성으로 시작한 목적이 완성되는 것은 아니다.

- **조금 더 알기**
  * 쌓인다(積)는 것은 창조의 목적에 따라,
    자기 자신을 알아가는 삶의 체험이 하나하나 쌓인다는 것이다.
  * 십으로 커진다(十鉅)는 것은 온전하게 된다는 것이며,
    십이란 완성의 의미를 지니고 있다.
    여기서, 온전하게 된다는 것이나, 완성을 이룬다는 것은,
    일회(一回)의 순환의 다함을 이룬다는 것이지,
    절대적인 완성을 의미하지는 않는다.
  * 화삼(化三)은 글자 그대로, 삼극(三極)으로 된(化)것을 의미한다.

* 무궤(無匱)는 '다한 것이 아니다.'라는 말인데, 다한 것이라는 것은, 절대적인 의미의 완성(자기 자신을 알아가는 목적이 완전히 충족된 것)을 의미한다.

* 삶에서 자기 자신을 깨닫는 깨달음이 (- 始의 목적) 하나하나 쌓여(一積),
   온전하게 커졌지만(十鉅), 셋으로 화한 것(化三)은,
   다한 것(완성된 것, 목적이 완전히 충족된 것.)이 아니다.(無匱)

* 그러므로, 다시 시작(창조)하여 순환한다.
   다음 문장의 天二三, 地二三, 人二三.
   여기서, 순환은 '우주의 수레바퀴', '법륜', '환생', '영생' 등으로 표현되기도 한다.
   그 순환의 이유는, '깨달음의 완성을 위함'이라는 것.

(7) 천이삼(天二三), 지이삼(地二三), 인이삼(人二三)

■ 간단히 알기
* 다시, 세 가지 속성(三極)으로 순환의 두 번째가 시작된다.

■ 조금 더 알기
* 첫 글자의 天·地·人은 역시 삼극(三極)인데, 여기서는 각각의 개별적인 의미로 쓰인다.
   뒤의 공통되는 三으로 나뉜(三極) 상태와 함께 한다는 의미이다.
   가운데의 공통된 二는 각각의 개별적 의미의 天·地·人이,
   삼(三極)의 상태(절대적인 완성이 안 되었기에, 하나가 아닌 상태)로,
   두 번째의 순환(진화의 단계)을 시작(始)한다는 것이다.
   시작(始)이라는 글이 없지만, 전자의 '다한 것이 아니다(無匱).'라는 글에 연속되어 있음을 유념하면 된다.
   바탕이 되는 의미를 챙겨 보았으니, 단순하게 해석을 해보면,
   ① 셋으로 나뉜 상태에서 창조주는 순환의 두 번째를 시작하고, (天二三)
   ② 셋으로 나뉜 상태에서 창조물은 순환의 두 번째를 시작하며, (地二三)
   ③ 셋으로 나뉜 상태에서 삶은 순환의 두 번째를 시작한다. (人二三)

(8) 대삼합(大三合), 육생(六生), 칠팔구운(七八九運)

● 대삼합(大三合), 육생(六生)
* 삼극(三極)은 첫 번째 순환과 두 번째 순환이 합해져서 커진다.
   (한 단계가 더해질수록 진화의 완성도가 커진다.)
   첫 번째 순환과 두 번째 순환의 인자(因子)가 작용하는 것이, 육생(六生)이다.
   육(六)은, ① 처음의 창조주. ② 처음의 창조물. ③ 처음의 삶.
   ④ 두 번째의 창조주. ⑤ 두 번째의 창조물. ⑥ 두 번째의 삶으로,
   작용(生)한다는 것.

* 그리하여, 다음의 세 번째의 순환으로 움직인다.(七八九運)
● **칠팔구운(七八九運)**
* 여기서 운(運)은 돌다, 천체의 궤도, 회전한다는 한자의 뜻이 있다.
* 七(세 번째 순환시의 창조주),
  八(세 번째 순환시의 창조물),
  九(세 번째 순환시의 삶)로, 움직인다.(運)
  七, 八, 九 역시, 삼극의 세 번째 순환의 개별적인 표현이다.
  즉, 七은 天, 八은 地, 九는 人으로써 숫자가 커져간다는 것은,
  삶의 체험이 커져감(순환의 증가)에 따라,
  존재되어 있는 상태가 향상되어가는 것을 의미하는 것이다.
* 다시, 삼극의 개별적 존재 상태에 적용되는 숫자를 정리해보자.
  천일일, 지일이, 인일삼에서,
  일 – 처음의 창조주. 이 – 처음의 창조물. 삼 – 처음의 삶.
  육생에서,
  사 – 두 번째의 창조주. 오 – 두 번째의 창조물. 육 – 두 번째의 삶.
  칠팔구운에서,
  칠 – 세 번째의 창조주. 팔 – 세 번째의 창조물. 구 – 세 번째의 삶.
● **다음의 해석으로 넘어가기 전에**
* 순환의 단계에 따라 一.二.三. / 四.五.六. / 七.八.九. /
  十.十一.十二. / 十三.十四.十五 / ……….
  계속하여 적용시킬 수 있음을 알 수 있다.
  여기에서, 네 번째 단계의 십(十)하고,
  일적십거(一積十鉅)의 십(十)하고는 다른 의미임을 알 것이다.
  관련지어서 본다면, 절대적인 완성을 위해서 순환이 끝없이,
  영속적으로 진행된다는 것이다.

(9) 삼사성환(三四成環)

■ **간단히 알기**
* 탄생에서 성장, 쇠퇴, 소멸이라는 우주의 순환법칙을 따른다.

■ **조금 더 알기**
* 삼극(三極 – 상대계, 현상계에서 드러내어진 상태. 우주.)은,
  고리(環)처럼 둥글게 이루어져(成) 있고,
  탄생, 성장, 쇠퇴, 소멸의 네 단계(四)를 가진다.

* 우주모형(宇宙摸形)- 프리드만(Friedmann)과 가모프(Gamov)의 일반천체물리학적
  모델.

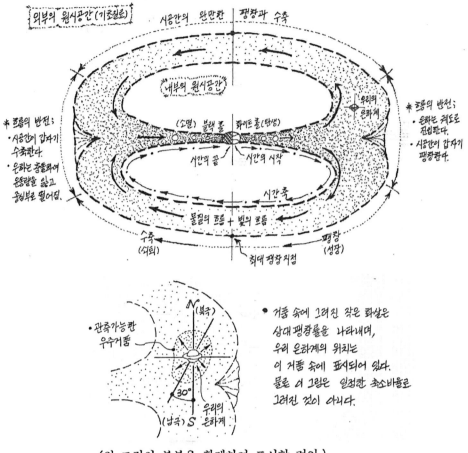

(위 그림의 부분을 확대하여 표시한 것임.)

* 우주에서의 우리 은하계의 현 위치.
  - 은하계 밖의 우주공간을 살펴보면 관측 가능한 우주의 북쪽은 남쪽보다 훨씬 빨리
    부풀어 오르며 팽창하고 있다. [1967년 버비지(Burbidge) 부부]

■ **지식 더하기**
* 삼라만상의 반복 순환사상.
  - 한국의 토착사상, 동양의 주역, 힌두교, 단군사상, 마야문명.

(10) 오칠일(五七一)

■ **간단히 알기**
* 창조주와 창조물은 우주의 순환과정에 관계없이 하나로 존재한다.

■ 조금 더 알기

* 오(五 – 두 번째의 창조물)와 칠(七 – 세 번째의 창조주의식)이 하나(一)인 것은, 앞의 삼사성환(三四成環)이라는 우주의 순환법칙에 따르는 순환이 전개되는 순서에 관계 없이, 동시에, 어느 곳에서나, '절대적인 하나(존재전체)'의 바탕(匱: Matrix)속에 있다는 것이다. (모든 순환이 창조주의 내면에 이미 이루어져 있다. = 일시무시)

  의식(意識: 七 – 창조주의식)이, 물질(物質: 五 – 나뉘어져 체험하는 창조물)이고, 물질(五)이 곧 의식(七)으로, 한(一)가지이다.

* 시간이란 어디론가 흐르고 있는 것이 아니라,

  의식(=물질)의 작용에 따라서 물질(=의식)이 이동(삶의 과정)하고 있다.

  여기서, '절대적인 하나(존재전체)'의 바탕(匱: Matrix)이라는 것은,

  물질(의식)의 모든(무한한) 이동가능성으로 펼쳐져 있는 것이니,

  물질(의식)의 이동(삶의 과정)은 한 가지로 정해져 있는 것이 아니라,

  무한한 가능성으로 마련되어 있다는 것이다.

* 절대계라는 바탕(匱: Matrix)안에, 상대적으로 나뉘어져 보이는

  개별적 의식체(물질체)가 이동(진화, 확장.)하고 있다.

  상대계의 무한한 확장은 절대계의 내면(內面)에서 이루어지기에,

  절대계와 상대계는 다름이 아닌 하나이다. (절대계 = 상대계)

* 가시적으로 보이는 물질 대상들은 속도 면에서 제한되어 있지만,

  가시적으로 보이지 않는 비물질 대상들(생각, 의식, 영혼 등.)은,

  시간(이동)의 제한으로부터 자유롭다.

  명상상태에서의 전생, 후생, 외계, 영계 등의 체험이나, 현실의 삶의 각 과정마다에 임하는 태도나 인식에 따라서, 다르게 체험되어지는 시간경과(이동속도)의 흐름.

  즉, 시간과 공간은 존재 상태(진동수준)에 따라서 다르게 체험된다.

■ 과학으로 알아보기

● 일반상대성이론 (아인슈타인. 1917년에 발표.)

공간과 시간이 절대적인 것이 아니라, 관찰자와 관찰되는 대상 모두에게 상대적인 것이며, 속도가 빨라질수록 그 차이가 더욱 커진다는 것이다. 우리는 절대로 빛의 속도보다 빠른 속도로는 움직일 수가 없고, 우리가 더 빨리 가려고 노력할수록 외부의 관찰자가 보기에는, 더욱 왜곡된 것처럼 보인다.

시간의 절대적인 흐름에 의한 체험이 아니라, 한 물체에서 다른 물체사이의 우주를 통과하는 속도의 빠르기에 의한 상대적 체험이라는 것.

--〉 의식체의 진동수준(존재 상태의 활성도)에 따라서, 물리적으로 드러나는 현상들, 시간, 공간, 차원 등을 상대적으로(다르게) 인식할 수 있다.

● 양자역학(量子力學)이론

* 에너지가 흐르는 물처럼 연속적인 것이 아니라, 양자(量子:quantum)라고 부르는 개별적인 입자(粒子)라는 것으로, 막스 플랑크가 1900년에 제창한 '양자론'으로 시작.

* 닐스 보어가 1913년 '원자와 분자들의 구성에 대하여'라는 논문에서,
  두 궤도 사이를 움직이는 전자는 한 궤도에서 사라지는 바로 그 순간에,
  다른 궤도에서 나타나지만 그 사이의 공간은 절대로 지나갈 수가 없다는 것으로써,
  물질의 입자는 반드시 시간의 도움을 받지 않고도 어느 방향으로나 공간을 이동할 수
  있다. ('양자도약'이론)
  --〉 물질(의식)은 과거, 현재, 미래, 우주의 어느 곳, 어느 차원이라도 이동한다는
       것을 의미.

* 불확정성의 원리 (하이젠베르크. 1926년.)
  양자역학에서 입자는 입자로서의 성질과 파동으로서의 성질을 동시에 가지고 있는데,
  고전역학에 의하면 전자의 위치와 운동량(이동과정)은 전자가 어떤 상태에 있든지
  항상 동시 측정이 가능하여 그 물리량의 측정값이 불확정하다는 것은 측정기술이
  발달되지 못했기 때문이라고 생각했다. 그러나 입자의 위치와 운동량을 동시에 측정
  하는 것이 근본적으로 불가능해서 두 가지를 모두 정확하게는 알 수 없다는 것. 입자
  의 위치를 측정하는 순간 속도가 크게 변해 입자가 어디에 있는지 알 수 없게 되고,
  입자의 속도를 측정하는 순간 어느 위치에서 그런 속도를 갖는지 알 수가 없었다.
  입자의 위치를 알고자 할 때, 이 입자에 빛을 쪼여 빛이 입자에 부딪힌 후에 나오는
  빛을 보아야 하는데, 입자에 부딪힌 빛이 입자에 영향을 미쳐, 입자의 위치를 아는
  순간 입자의 속도가 변하여 속도를 알 수 없는 것이다. 입자의 속도를 재면 위치가
  변하여 어디에 입자가 있는지 모르게 된다.
  --〉 인식대상과 인식자는 '분리되지 않은 하나'이므로,
       인식의도는 인식대상에 영향을 미칠 수밖에 없다.
       우주에서 개별적으로 고정된 물질은 없고,
       인식작용(삶)에 의해서 끊임없이 변화하는 파동에 영향을 받는다.
       인식자가 인식하기 전까지는, 입자(물질)는 어디에도 존재하지 않았고,
       무한한 가능성으로 존재할 확률만이 파동처럼 퍼져있었다.
       인식하기 시작하면서, 무한한 가능성으로 존재하던 파동은,
       특정의 입자(물질, 현실세계)로 드러나는 것이니,
       인식자의 존재 상태(관념체계)에 따라서,
       물질(현실세계)의 모습이 창조되는(드러나면서 체험되는) 것이다.
       물질(입자)로 드러나서 체험되고 있는 상대계의 무한한 확장이,
       무한한 가능성의 파동(바탕 匱: Matrix)의 영역인 절대계이므로,
       절대계와 상대계는 다름이 아닌 하나이다.

(11) 묘연만왕만래(妙衍萬往萬來), 용변부동본(用變不動本)

■ 간단히 알기
* 묘한 흐름으로 끝없이 순환하면서, 깨달음의 상태는 변해도 모든 것이

창조주(신)의 모습이다.

■ 조금 더 알기

* 묘한(妙) 흐름(衍)의 속성은, 그 동안의 해설에 관계된 내용으로,
  시공간에 따른 일직선상의 흐름이라는 것이 아니고,
  모든 것이 드러나 있는, 바탕으로 정해져 있는, 이루어져 있는 곳을 통과해 가는,
  물질(창조물)의 자기인식을 위한 흐름(삶의 과정)이라는 것이다.
  이 또한 순환과정의 전후에 관계없이 동시에, 어디에서나 존재한다는 것이며,
  일직선상의 흐름으로 보여지는 것은, 오로지 특정의 시간이나 공간이라는 요소를
  통해서, 창조주가 자신의 나누어진 분신을 통하여 자신에 대한 인식을 개별적이며,
  세부적으로 체험하기 위한 문맥인 것이다.
* 만왕만래(萬往萬來)는 끝없이 순환한다는 뜻이지만, 그 순환은 묘한 흐름에 근거한 순
  환이므로, 시공간의 일직선상의 순환이 아니면서도 인식체계 때문에, 끝없이 연속되
  어 인식되는 순환이라는 의미이다.
* 쓰임새(상태)는 변해도(用變) 근본(本)의 움직임은 없다(不動).
  근본(창조주)의 움직임이 없다는 것은, '모든 하나'인 '존재전체'에서 '존재전체'로
  순간적으로, 모든 것이 드러나게 된 시작이므로, 시작 – 전개 – 끝의 모든 순환이
  한꺼번에 이루어진 것이기에, 움직임이 없다는 것이며,
  쓰임새(상태)가 변한다는 것은, 인식상태(삶의 과정을 통해서 자기 자신을 알아가는
  깨달음의 정도)의 변화를 말함이다.

■ 넘어가기 전에

* 천부경 81자 중에서 일시무시부터 용변부동본까지의 64자는,
  [우주의 창조와 진화의 원리]를 있는 그대로 서술한 것이다.
  여기까지는, 해석에 있어서 현상계(상대성으로 인식되어지는)의 단편적인 요소들을
  대입시킬 여지가 없다고 생각한다. 즉, 숲 전체에 대한 설명이지 나무와 같은 개별적
  이거나 특정인 요소에 대한 설명을 한 것이 아니라고 본다. 그러므로, 여기까지의 해
  설에서 일맥상통(一脈相通), 시종일관(始終一貫)의 전개가 이루어져 왔다고 본다.
  우주의 창조 또한 '모든 하나'인 '존재전체'에서 '존재전체'가 된 창조이므로,
  시작-전개-끝의 개념도 없다고 보면, 창조 또한 창조가 아니라고도 할 수 있고,
  진화라는 것도 모든 것이 동시에, 어디에서나, 완벽하게 드러나 이루어져 있는
  상태에서, 창조주(=창조물)가 삶의 과정을 통해서, 자기 자신이 의도한 대로,
  특정의 시간이나 공간 등과 같은 분리적인 장치의 요소를 통해서, 자신의 개별적이며
  세부적인 부분의 인식을 하나하나 순서적으로 챙기는 것이므로, 진화 또한 진화가
  아니라고도 할 수가 있다. 그러므로 본질적으로는, 모든 것이 완벽하며, 분리 또한
  없다.

(12) 본심본(本心本) 태양앙명(太陽昻明)

■ 간단히 알기
* 창조주의 의지를 근본으로 삼아 태양과 같이 밝음을 높게 하자.

■ 조금 더 알기
* 본심본 태양앙명 부터는, [자기완성과 영생의 원리]에 대한 내용이다.
  이는 전체(우주, 창조주.)에 대한 있는 그대로의 서술이 아니고,
  [우주의 창조와 진화의 원리]를 바탕으로 한, 현상계의 한 부분인,
  우리 인간의 입장을 강조하는 내용이다.
* 본심본(本心本)은 본래의 마음을 근본으로 삼는다는 것인데,
  그 본래의 마음이란 창조주의 창조의지를 말하며,
  이는 '깨달음을 통한 자기완성'이 목적이다.
  태양앙명(太陽昻明)은 '태양과 같이 밝음을 높게 하라.' 정도로 단순히 해설하면 무리
  가 없을 것 같다.

(13) 인중천지일(人中天地一), 일종무종일 (一終無終一)

■ 간단히 알기
* 사람 안(人中)에 우주만물(天地)이 다 하나(一)로 되어 있으니.
  사람의 생명은 영원한 것이다.

■ 조금 더 알기
* 인중천지일(人中天地一)에서,
  사람(人)은 우주만물(天地 - 창조주, 창조물)의 속성과 하나(一)인 것으로,
  사람의 보다 본질적이며 원대한 의미를 언급한 것인데,
  이는 '사람이 곧 신(神).'이라는 것.
  일종무종일(一終無終一)에서,
  하나(사람의 생명 - 천지가 하나로 되어있는 것)의 끝(一終)은
  끝이 없는(無終 - 영원한), 하나(一 - 신)이다.
  사람이 곧 신이므로, (인중천지일) 사람의 생명은 신처럼 영원하다. (일종무종일)
* 사람(창조물)이 곧 창조주(신)라는 것은, 지금까지의 해설에서 일관되게 유지되어
  왔고, 이러한 것은 동학의 인내천(人乃天)이나, 사람 섬기기를 하늘과 같이 하라 했던
  유교의 인본주의(人本主義)나, 불가의 자재불성(自在佛性 - 중생이 곧 부처) 같은
  것에서도 엿보여진다.

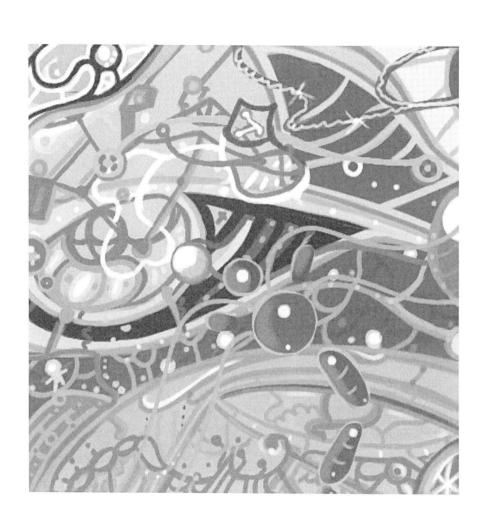

제4부

'모든 하나'를 위하여

* 2부가 종료 되었지요?

참으로 그러하다. 그동안 수고가 많았다. 공동창조 하느라고 애썼다.

* 우리가 그동안 동업을 했군요? ☺

  계속 동업자의 마인드로써 진행이 되겠지요?

신의 비밀을 눈치 채게 된 사람은 누구나 신과 동업하게 된다.

* 초점 없는 신에 대해서, 다 아는 것은 아니겠지만. ☺

동업해서 일을 하면서 점점 더 알아가게 되겠지.

* 그동안 내가 잘해왔는가요?

잘해왔지. 영적능력이야 시원찮지만, 집중하는 '깡' 하나는 끝내주거든. ☺

* 그런데 어제의 마지막 멘트가 외부인들에게 이야기하는 스타일이던데?

자네가 그동안 이 대화의 세세한 내용과 분량을 따져보지 않은 것을 아네.

  극히 개인적인 것이고, 기적적인 상황반전의 이벤트도 없고 해서,

  책으로 낼 수는 없을 것이야.

  그래도 내면과의 대화에 대한 것을 물어보는 지인(知人)들이 있을 것 아닌가?

  그래서 단락이 지어지는 것과 관련된 멘트를 날려준 것이지.

* 그랬군요.

  남들이 볼 수도 있다는 전제하에서 이야기를 진행하자고 할 때, 알아봤지요. ☺

혼자만의 것으로 하기에는 아까운 내용도 많이 있질 않은가?

  허물없는 사람들과는 나눌 수가 있을 것이야. 그러니 남들이 볼 수도 있지.

* 어쨌든 앞으로도 많이 도와주시기 바랍니다.

절대 그러겠습니다.

* 앞으로도 계속 고요함을 유지해야 하는데…….

그건 쉬울 수도 있고 어려울 수도 있는 문제이지.

  동업을 하다보면 원하는 것이 수월하게 이루어짐을 알게 될 것이고,

  그러면 원하는 마음이 수그러들 수가 있으니, 고요해질 수 있을 것이지만,

  한편으로는, 욕망의 충족을 끝없이 위하는 쪽으로 가게 되면,

  자신을 잃을 수도 있다. 그러니 조심해야겠지.

* 음-. 대화의 분위기가 다른 것을 보니, 단락이 지어지긴 지어진 것 같군.

진지해 질수가 없을 것 같은데?

\# 그런 면도 없잖아 있지만, 부담이 없어지므로 자연스럽게 작용할 수도 있다.
친구여! 나를 부담스러워 하질 말게.
그동안 받아들였던 나에 대한 모든 도덕이나 관습이나 제한에 관한 정보들을
모두 내려놓기 바라네.

* 쉽지는 않겠지만, 그래 보도록 하겠네. 친구로 맞이하기로 했으니.
오늘도 말려들면 어쩌나 하는 기분이 드네?

\# 오늘도 혼란으로 다가간다는 것을 아네.
일정한 경험을 하면서 친해지게 되면 편안해 질 터이니,
계속 진행하는 것이 좋을 것이야.

* 당신과 친하다고 해서, 우월감으로 내가 분리의식에 휩싸이는 것은,
좋을 것 같지는 않네.

\# 당연한 이야기지. 합일의식이야말로 보편타당한 진리이니,
그것을 바라보면서 자신의 균형을 잘 잡아야 될 걸세.

* 당신의 능력에 대한 이야기가 많이 있는데,
성경의 출애굽기에 표현된, 홍해가 갈라진 모세의 기적에 당신이 작용했는가?

\# 그건 여호와가 한 일이지.
그 연장선상에 내가 있었으니, 내가 한 일이라고 할 수도 있고.

* 분리의식의 발로가 아닌가?

\# 분리의식 또한 나의 일부이니, 자유의지가 있다.
하지만 모든 일에 대한 책임은, 스스로에게 있는 것이다.

* 이집트의 병사들이 무슨 죄가 있었는가?
권력자가 시키니까 동원되었고, 자기 민족을 위한 일이라고 여겼을 것 아닌가?
한편으로는 무고한 생명을 다 죽인 것이 아닌가?

\# 여호와의 자유의지에 의한 선택을 바라보는, 나에게는 걸림이 없었네.

* 무시무시한 이야기군.

\# 그래도 찰나의 삶이다.

* 허무한 인생이로고.

\# 찰나의 삶이기에 그리 애달아 할 필요는 없지.

* 능력의 발휘란, 당신의 에너지를 얼마나 끌어 쓰느냐에 달려 있는 것이군.

\# 합일이든 분리이든 신의 능력을 알아내는 데에 달려있지. 그러한 비밀을 알게 된

자들이 대단한 능력들을 발휘했지. 그러다가 많이 망하기도 했고. ☺

* 오늘은 아주 끝장을 보는구면.
# 단락은 지어졌고, 이제는 다른 이야기를 해야 하는데, 감출게 뭐가 있겠나.

* 그래도 당신은 사랑이라고 알고 있는데?
# 나는 선이자 악이지. 너희들의 구분에 맞추어서 이야기 하자면.
  하지만 모든 것이 나의 내부에서 벌어지는 것이니, 내가 책임질 일은 하나도
  없다. 내 일이니까. 누가 간섭을 한단 말인가?

* 굳이 나를 통해서, 지금까지의 내용을 만들어야 했단 말인가?
# 네가 난데, 내가 나를 통해서 만들어야지, 누구를 통해서 한단 말입니까?

* 누구를 통하여 만들어 내는 것이라고 하지만,
  당신의 능력을 끌어낼 수 있는 힘이, 내게는 미약하질 않은가?
나에게 부탁하면 되지. 그러다가 우리가 한통속이라는 개념에 젖어들면,
  부탁하고 자시고 할 것 없이, 그냥 네가 알아서 하게 될 수가 있을 것이야.

* 상당히 나의 욕망을 자극하고 있구면.
  음-. 그동안의 대화내용들에 별로 믿음이 가질 않는구면.
믿음이 안가면 또 어떠한가? 증명되어질 수도 없지.

* 균형 잡힌 인식의 틀을 유지하기가 힘들구면.
# 진짜 공부는 이제부터가 될 것이네.

* 피곤하니까 그만 하겠네.
  왠지 자네가 무시무시해지는구면. 가치관에 혼선이 생길 것 같고.
가치관 그거 쓸 데 없는 것이지. 자신의 인식을 고정시키는 것이니까.

* 겁나서 내일은 만나지 못하겠구면. 이런 식의 대화가 진행될 것 같으니.
# 무슨 심정인지 이해하네. 잘 쉬기 바라네.

* 자네도 푹 쉬시게. ☺
# ☺

-04시 55분-

(정성수련 100배)   -05시 00분-

* 그제, 여호와와 자네에 대한 이야기가 왜 튀어나왔을까?
# 그거야, 자네가 분리의식에 대한 이야기를 하다가,
  여호와의 기적과 관련된 질문으로 연관되어졌지.

* 그렇군. 여호와도 신이 아닌가?
# 성경에는 '여호와 하나님'이라고 하지.

* 성경의 신에 대한 내용의 모두가, 여호와에 관한 것만이 아닌 것으로 보이는데?
# 그럼으로써 성경의 해석에 혼란이 많지. 성경에는 여호와의 이야기와 나에 대한
  이야기가 혼재되어 있어서 구별이 어렵지.

* 왜 그렇게 되었는가?
# 그거야 성경으로 취합하여 만드는 과정에서의 제작 당사자가,
  그러한 구별능력이 없었던 것이 가장 대표적인 잘못에 해당된다네.
  그 외의 의도적인 행위도 많이 있었지만.

* 여호와에 대해서 이야기를 좀 해보게.
# 자네가 신인 것처럼, 여호와도 신이지.
  자네들의 눈에는 보이지 않는 물질체이지.

* 살아있는가?
# 당연히 살아있지. 자네가 영원히 살 수 있는 것처럼.

* 지구인의 삶에 관여하는가?
# 여호와를 원하는 사람들에게 에너지-적으로 작용하지.
  자네가 다른 사람에게 염원으로써 작용할 수 있는 것처럼.

* 지구인들의 삶이나 지구대변혁의 시기에 자신의 능력을 발휘할 것인가?
# 자네들이 영혼체 듯이 여호와도 영혼체이네.
  지구인들이 원하는 것에 맞추어서 자신의 에너지를 전달할 수가 있지.

* 성경에 보면 인류의 삶에 직접 개입한 것으로 나타나 있지 않은가?
# 그러하네. 내가 직접 개입하고 있는 것처럼.

* 분리가 없으니, 여호와 또한 자네의 분신일 것인데?
# 그렇지.

* 지금도 자율적으로 개입하는가? 기적을 일으키는 능력을 가지고?
# 지금은 3차원에 자율적이면서 직접적으로 개입하는 것이 금지되어 있네.
  하지만 여호와의 에너지를 끌어내는 지구인의 자유의지에 따라,
  에너지작용을 전달할 수가 있다네.

* 여호와가 지금은 다른 차원에 있다는 이야기가 되는가?
# 그러하네. 여호와는 지금 7차원의 삶을 체험하고 있네.

* 모든 에너지 작용이 자유의지에 따라 흐르는 것이군.
# 알고 보면 모든 에너지 작용이 나의 의지에 따르는 것이지.
  부분의 존재의 자유의지 또한 나의 자유의지이기도 하고.

* 그래도 여호와 신은 좀 신경이 쓰이는군.
# 출애굽기에서 여호와는 모세에게,
  〈네가 이집트로 돌아가거든,
   내가 네 손에 준 온갖 이적을 파라오 앞에서 보여라.
   그러면 나는 그의 마음을 조종하여, 그로 하여금 억지를 부리게 하여,
   내 백성을 떠나보내지 않게 할 것이다. 그러면 너는 파라오에게 말하여라.
   '여호와께서 말씀하시기를, 이스라엘은 나의 맏아들이다.
   내가 너에게 나의 아들을 놓아 보내어, 나를 섬기라고 일렀건만,
   너는 그를 놓아 보내지 않았다.
   그러므로 내가 이제 너의 맏아들을 죽게 하리라.'〉고 이야기했지.
   (출애굽기 4:21-23)

역시 출애굽기에서,
  〈내 앞에서 다른 신을 섬기지 못한다. 나는 질투하는 하나님이며,
   나를 미워하는 자의 죄를 갚되, 본인 뿐 만 아니라,
   삼, 사대 자손에게까지 이르게 한다.〉고 하면서, 모세에게 십계명을 주었지.
   (출애굽기 20:3,5)

창세기에서 여호와는, 사람들이 바벨탑을 세우는 것을 보고,
  〈사람들이 같은 말을 쓰고 하나가 되어 일을 하기 시작했으니,
   이후로는 저들이 함께하는 일을 금지시킬 수가 없겠다.
   당장 땅에 내려가서 사람들이 쓰는 말을 뒤섞어 놓아,
   서로 알아듣지 못하게 해야겠다.〉고 했고. (창세기 11:5-7)

사사기에는, 암몬 사람들을 쳐부숴 승리하게 하는 대가로, '입다'라는 사람의
  무남독녀를 제물로 요구하여 죽이게 하였다네. (사사기 11:29-39)

사무엘상에 보면,

　〈사울은 지금 가서 아말렉을 쳐라. 그들의 모든 소유를 전멸시켜라.
　사정을 보아 주어서는 안 된다. 남자와 여자, 어린아이와 젖먹이, 소떼와 양떼,
　낙타와 나귀 등 무엇이든 가릴 것 없이 죽여라.〉고 했지. (사무엘상 15:3)

그리고 창세기의 노아의 방주와 대홍수에도 관계했음을 잘 알고 있을 터이고.
　그 외에도 여호와의 분리의식에 관계되는 무수한 이야기들이 성경을 오염시키고
　있네.

* 끔찍하군요.
　당신은 도대체 무엇을 하고 있었단 말인가요?

미안하지만 인류가 자각으로써 자신을 돌보지 못하는 것에는 나도 어쩔 수 없네.
　나는 인류가 자기 스스로의 신성을 일깨우지 못하는 것에는 작용하지 못하네.
　나는 선이자 악이고, 합일이면서 분리이지.
　인류가 두려움에 따른 선택을 할 때에는 두려움의 에너지 작용이 일어나지.
　그래도 인류의 역사가 오로지 두려움에 의한 역사만은 아니었질 않은가?
　사랑의 위대한 성취로 이루어진 역사 또한 항상 있어 오질 않았는가?
　나는 항상 이야기해왔네. 수많은 나의 사자(使者)들을 통해서.
　서로 사랑하라고, 사랑을 선택하라고.
　신을 숭배하지 말고 자신의 내면을 믿으라고.
　내가 방관하였다고 생각하는 것은 아니겠지?
　내가 너희의 삶을 좌지우지하면서 내 맘대로 하길 바라는가?
　스스로의 선택에 의한 체험의 자유의지를 침해하기를 바라는가?
　삶의 고난은 너희가 배움을 통하여, 스스로를 일깨워서 자립할 수 있는,
　네 영혼의 계획에 관련되는 기회인데, 내가 그것을 흩어 버리기를 원하는가?
　지구대변혁의 시기에도 마찬가지일세. 환란이야말로 아주 중요한 기회라네.
　두려움을 넘어 서서 사랑을 선택해야 하는 절대절명의 위기이자 기회이지.
　너희 자신의 숭고함을 증명하기 위해서, 너희가 이미 선택한 것이므로,
　자기 내면의 신성을 일깨워서 판단의 지표로 삼을 때,
　나의 도움을 받게 될 것이다.

* 어제에 이어서 겁나는 이야기가 전개되는군요.
　지구대변혁에 대한 영성계의 많은 이야기들이 있고,
　그 시기와 벌어지는 상황에 대한, 어느 정도의 공통된 흐름을 주목하고 있지만,
　당신에게 직접 듣기 시작하니, 앞으로 우리의 대화가 어떻게 전개될지…….
　출근시간이 늦어서 서둘러야겠군. 이만 끊고 내일 만나기로 합시다.

내일 만나세.
　　　　　　　　　　　　　　　　　　　　　　　　　　　　－07시 00분－

* 이전에, 지구대변혁에 관계된 이야기보다도,
  존재능력의 향상에 신경 쓰라는 이야기를 하시더니, 언급을 하는 이유가 뭔가?
자네가 여호와에 대한 질문을 해서 답변을 해주었고,
  지구대변혁에 대한 이야기를 언급하기에, 역시 답변을 해주었을 뿐이라네.

* 그러면 지구대변혁에 대하여서 좀 더 구체적인 이야기를 전개하실 것인가?
# 아니. 지구대변혁에 대한 이야기는 밀레니엄 바이블 2편의 2권에서 구체적으로
  언급되어졌네.

* 박승제씨의 두 번째 책이 거의 다 쓰였다는 말인가? 지금 이 시점에?
# 이미 출판되었네. 몇 년 전에.

* 내가 왜 그것을 몰랐을까?
# 자네가 그러한 자료에 관한 정보에 접근하는 것을, 내가 차단시키고 있었지.

* 왜?
# 자꾸 그것에 대해서 질문을 하지 못하도록 한 것이지.

* 별로 납득이 안 가는데?
# 자네의 일상적인 수행의 진도에 맞추어진 이야기를 해야 하는데,
  자꾸 곁길로 새면 안 되기 때문이지.

* 내가 그러한 정보에 대한 관심을 가지기는 하지만, 두려워하진 않는다고 보는데?
# 그래도 자네가 상대하는 내가 누군가?
  밀레니엄 바이블 시리즈의 공동저자가 아닌가?
  그러니, 자네가 당연히 지구대변혁에 대한 이야기들을,
  세세하게 질문하게 될 것이 뻔한 것이지.

* 그렇군. 이제는 그 책을 한번 구입해서 읽어보아도 되겠군.
# 책의 구입을 잠시 미루어 두시게. 좀 챙겨야할 대화가 있으니.
  나중에 필요하면 내가 권해드리겠네.

* 괜히 궁금하게 만들어 놓고……
  어쨌든 지구대변혁은 심각한 주제가 아닌가?
위기가 기회이고 기회가 위기이네.
  그러한 가운데서 중요한 것은 자기 자신을 믿는 것이며,

자기의 영혼을 깨닫고, 나아가서 내면의 자신이 이야기하는 바를 알아야 하며,
그러한 앎에 바탕 하여서, 삶의 선택을 전개해야 되는 때이지.
신은 선이자 악이니, 맹목적으로 믿지 말고, 자신의 선함을 이끌어 내어야 하네.
바로 내면의 자신과의 작용을 통해서, 자유의지에 의한 선택을 하라는 것일세.

* 막상 그러한 시기가 다가오면 두려움을 극복하기가 쉽지가 않을 터인데?
# 모든 위험은 외부에서 오는 것이 아니라네.
  사랑이 내부에서 나오듯이, 위험 또한 내부에서 나오는 것이라네.
  두려움은 두려움의 에너지 작용을 불러일으키고,
  사랑은 사랑의 에너지 작용을 불러일으키니, 두려움이 없으면 위험도 없다네.
  그러므로 진정으로 돌볼 것은 오로지 자기 자신 밖에 없다네.
  설사 위기의 순간에, 원하는 대로의 모습으로,
  현실상황이 자신에게 다가오지 않더라도,
  중요한 것은 어떠한 선택을 하고 있는가 하는 것이지.
  합일의식에 의한 선택을 철저히 유지하는 것이야말로,
  자기 자신에게 오는 기회를 자기 것으로 만들 수가 있는 것이지.
  단순히 몸의 생존을 돌보는 선택을 한다면,
  자기 영혼에게 주어지는 절호의 기회를 날려버리게 될 것이야.
  물론 생명은 영원하고 기회는 영속적으로 주어지는 것이지만,
  영혼의 계획에 맞추어지는 선택이 안 된다는 것이지.

* 지구대변혁에 대한 구체적인 내용도 이야기하질 않고,
  처세에 대한 이야기를 하니 좀 거리감이 있지만,
  항상 일상에서도 적용할 수 있는 원칙에 관한 것이로군.
그러한 상황에 관계없이, '항상 자기 자신을 믿어라!'가 말씀의 요지일세.
  내가 작용하고 있는, 온 우주의 모든 존재들이 본질적으로 원하는 게 무엇인가?
  바로 사랑이라네. 사랑은 합일이네. 분리는 환상이고.
  자신의 본질에 충실하여, 사랑을 원하는 것 이상으로 나는 도와주려고 한다네.
  나 또한 사랑을 원하기에.

* 우주의 한 점에 불과한 지구에까지 마음 써 주시니 감사하네. 당연한 것이겠지만.
  그러면 자네가 살피고 있는, 우주는 과연 얼마만한 영역을 가지고 있는가?
  우리의 우주 말고도 많은 우주가 있다는 이야기를 들었네.
그것에 대해서 설명을 하자면 많은 이야기를 나누어야 하겠지만,
  나 자신의 모든 것인 우주의 개수는 700개 일세.

* 우리 민족에게 전해 내려오는 경전인, '삼일신고'에 나오는 말인 것 같은데?
# 맞네.

* 우리 민족의 경전인 삼일신고(三一神誥)를 인용해 보겠네.

　일신(一神) 조군세계(造群世界) 신(神) 칙일세계사자(勅日世界使者)

　할칠백세계(轄七百世界)라는 말이 있네. 할칠백세계가 그것에 해당하는 구절인가?

그것을 내가 환웅에게 이야기한 바가 있네.

　다음에 따로 시간을 내어서 한번 이야기해보세.

* 이-야. 역시 그랬군.

　칠백세계가 700개의 우주로 나누어진 것이 아닐까라는 생각을 하고 있었지.

　그럴 듯하게 표현하지 말고, 액면 그대로의 해석을 바라네.

일신(一神) 조군세계(造群世界). - 근원의 신이 수많은 우주를 만들었고,

　신(神) 칙일세계사자(勅日世界使者). - 신이 사자(자신의 분신인 모든 존재)를

　　　　　　　　　　　　　　　통하여, 매일(항상) 임하고 있는데,

　할칠백세계(轄七百世界) - 그것은 칠백 개의 우주로 나누어져 있다.

* 숫자에는 오류가 없겠군. 여러 번 언급되어졌으니.

오류가 있으면 내가 수정을 해주지. 반복적인 느낌을 통해서.

　그런데 말이지. 숫자하면 떠오르는 것이 없는가?

* 음-.

　히브리어의 단어마다, 숫자가 왜 매겨져 있는지를, 물어보라는 이야기군.

가르쳐 줄까?

* 가르쳐주고 싶으니까 이야기를 꺼냈겠죠?

문자에 대응하는 숫자에 관한 것인데.

　그것은 숫자가 문자를 의미하기도 하고, 문자가 숫자를 의미하기도 하지.

* 그게 뭔 말인가?

그것은 말이지. 일종의 암호문이야.

* 풀려져 있는 것이 아닌가?

　YHVH(26), Adonai(65). 더하면 91이 되고. 그게 신의 숫자라는 이야기가 있던데?

그것은 해당문서의 반복되는 단어에 국한하여 풀어낸 것이고,

　비밀문서의 전반에 대한 풀이는 안 되는 것이지.

* 암호문이니까 그렇겠지. 풀려고 하는 노력들을 많이 했을 터인데?

알파벳과 숫자의 개수가 서로 다르니, 하나에 하나가 대응하는 구조가 아니거든.

* 그러면 암호문의 약속당사자들만 아는 것이군.

　그렇다면 그 약속의 당사자들은 누구였던가?

외계인과 인류 중의 영적능력자이지.

　그러므로 개개의 당사자들마다 다른 코드가 있다네.

* 외계인까지? 그러면 지금의 사람들이 알아 낼 수는 없는 것이군.

영감에 의해서 알아 낼 수는 있지.

* 우리의 대화에 의해서?

조견표(照見表)만 만든다면 얼마든지 해석이 가능한 것이거든.

　나는 인류에 작용했던 최고의 신이므로, 인류의 모든 역사를 다 알고 있지.

* 대단한 이야기군.

다음에 기회가 되면, 내가 그것을 풀어줄 수도 있음이야.

* 쳇-. 구미(口味)만 당기게 해놓고는…….

　하긴, 뭔가 대상이 되는 자료가 있어야, 시도 해보든지 말든지 하겠지.

오늘은 그만하세.

　여러 가지 마음 쓰일 내용이 많았겠지만, 자신의 상태를 돌보는데 힘쓰시게.

* 휴-. 이만 쉬어야겠군.

수고 많았네.
　　　　　　　　　　　　　　　　　　　　　　　　　　　　　　　－06시 30분－

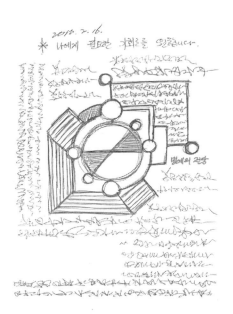

* 뻑적지근하구먼. 어제 축구시합이 있어서 좀 무리를 했어.
 # 적당히 하시지를 않고. 이젠 나이 생각도 해야지.

* 그래야겠지. 이제는 2게임 풀타임은 좀 무리군.
 한 골을 넣을 수 있게 해달라고 기도를 했는데, 득점을 못했어. ☺
 # 상대측에서도 이기게 해달라고 기도하는 바람에 입장이 곤란했지.
 그래서 실력대로 하시라고 내버려 두었지. ☺

* '신과의 대화법'을 어제 낮 시간에 잠깐 읽어보고,
 기회로(氣回路)라는 것을 어제 저녁에 한번 시도해 보았다네.
 # 신기하지?

* 그렇더군.
 내면과의 대화를 하듯이, 호흡을 조절하고 부담을 넘어서서, 그냥 시도해 보았지.
 # 집중력과 고요한 호흡의 조절능력이 있으니, 당연히 가능하게 되는 수준이지.

* '기회로를 명합니다.' 하면, 내면의 영의 에너지가 반응한다는 것이었지.
 명령을 내리고 펜의 끝을 무심하게 바라보면서,
 펜이 자연스럽게 움직이는 모습을 차분하게 지켜보았지.
 처음과 두 번째의 그림은 무엇인지를 모르겠더군.
 세 번째는 한반도가 그려지고, 네 번째와 다섯 번째는 꽃이 그려지더군.
 여섯 번째는 꽃과 별이 그려지고. 내가 뭘 그리고자 한 것이 아니었고,
 움직이는 모습을 고요하게 지켜보기만 했을 뿐인데 말이지.
 그 다음엔, 나 자신에게 질문을 해 보았네. '나의 문제는 무엇인가?' 하고.
 수평선이 죽 그어지다가 쳐져 내려가던데, 그것이 무엇을 상징하는지 알겠더군.
 바로 '의기소침'이라는 것을 느낌으로 알 수가 있었네.
 다시 물어보니, 물결의 파고(波高)가 그려지더군.
 그래서 '파도치는 마음'이 문제인 것을 알 수가 있었어.
 그리고, '내 영혼의 꿈이 무엇인가?' 하는 질문을 해보았지.
 부처의 얼굴이 그려지더군.
 다시 질문을 하니, 다른 형태였지만 역시 부처의 얼굴이라는 것을 알 수 있었네.
 또 다시 질문을 하니, 세숫대야의 옆면처럼 아주 단순한 형태였는데,
 그것이 '보좌(寶座)'라는 것을 느낌으로 알 수가 있었네.
 11개의 단순한 그림에 소요된 시간이 아마 30분정도 걸렸을 것이네.

그러한 체험을 통하여 나의 문제가 무엇인지를 체크해 보았고,
자네가 마냥 나의 선호를 자극하기 위해서,
내 영혼의 꿈이 인류의 스승이라는 말을 쓰는 것이 아님을 알게 되었지.
또한 기회로란 것이 자기 영혼과의 교류에 아주 유용한 수단임을 알았지.
기회로를 잘 운용하게 되면, 자네와의 연결도 가능해지는 것이겠지?
당연히. 익숙해지면 문자의 기회로에서 문장의 기회로로 발전되는 것이라네.

* 에너지의 느낌으로 그리는 그림을 방운도(放運圖)라 하지요.
다른 분이 그린 그림을 보고, 나도 가능할 것이라는 생각을 항상 가지고 있었고,
기의 활성화를 챙길 수 있는 상황이 되면, 취미로 방운도를 그려보려 했지.
그런데 기회로의 그림을 그려보고 나서는 아주 기분이 좋아졌어.
가능함을 확인했고, 내가 좋아하던 그림을 다시 취미로 할 수도 있고.
한편으로는 기회로라는 흥미로운 수행법이 하나 더 챙겨졌으니,
수행의 프로그램이 다양해져, 수행의 재미를 더할 수 있게 됐으니,
수행이란 것이 꼭 고행(苦行)으로만 이루어질 필요는 없는 것이야.
멋진 이야기일세.
남이 하는 것만 매일 보면서 이리저리 재지 말고,
그냥 하면 되는데, 안한단 말이야. 그것은 자기 자신을 믿지 못하기 때문이지.
도대체 뭘 믿고, 해보지도 않고 안 된다고 하는지, 이유를 한번 물어보시게.

* 나야 모르지.
별반 다를 바 없이 똑 같은 사람들인데……
채널링이든, 기회로든, 신과의 대화든, 힐링(healing:영적치유)이든, 뭐든 간에,
특별히 선택되어진 사람들이 하는 것이라는 생각이 많지.
선택은 신인 내가 하는 것이 아니고,
특별한 자신이 하는 것이라는 것을 모른단 말이야.

* 답답한 점이 많지요. 도대체 뭘 믿고 해보지도 않는지…….
장시간은 집중하기가 힘드네요. 좀 쉬어야겠어요.
내일 보시지요.
잘 자게. −04시 40분−

* 나는 언제나, 영성과 현실성을 조화롭게 할 수 있으려나?
\# 그거야 곧 이루어질 일이지. 고요한 집중의 상태에 있으면, 즉각 가능한 일이고.

* 나 하기에 달려있군.
\# 당연한 이야기지.

* 역시 공부는 끝없이 계속 되어져야 할 것이야.
\# 우리가 그동안 해왔던 것이 무엇인가? 바로 깨달음에 관한 것이 아닌가?
   그러므로 깨닫기 놀이는 계속 되어야 하고, 2부의 일단락은 지어났으니,
   앞으로의 다른 상황을 맞이하기 위해서,
   우리가 처해있는 마지막 문제를 해결해야 할 것이야.

* 동의하네.
   그러면 마지막 문제가 무엇인가? 결국, '생각을 끊어라.'가 되겠군?
   그리고 문제를 풀어야 즉, 깨달아야 삶의 상황에 변화가 생길 모양이네?
\# 맞네. 유일한 문제는 '생각이 끊어져야한다'는 것이지.
   이제까지 계속 난관을 극복해 오시느라고 수고가 많았네.
   그냥 삶의 상황을 바꾸어주질 않은 것에 대해서 미안하게 생각하네.
   깨달음의 순간은 우리에게 있어서 필요한 순간이라네.

* 깨달음은 당신이 영감으로 챙겨주는 것이 아닌가?
\# 고요한 상태에 머물러 준다면, 나의 이야기가 들릴 것이 아닌가?

* 내면과의 대화에서 깨달음을 제공해 줄 수가 있는 것이 아닌가?
\# 그러하지만 순간적으로, 여러 가지의 인과관계가 동시에 작용되어지는 상태는
   아니지. 묻고 답하는 행위는 깨달음의 심도에 제약이 많네.

* 별로 수긍이 되진 않지만, 어쨌든 잡다한 생각을 끊어야,
   고요한 현존능력을 유지할 수 있으니, 그것을 인정하네.
   그런데 참으로 미안하게 생각하는 것이,
   도대체 생각이 끊어지는 것이 가능한지 말이야.
   지금의 처지에서, 내가 그것을 이루어낼 수가 있는지에 대한 자신이 없네.
   수행에 정진하는 스님들이, 수십 년 동안이나 하는 것이, 번뇌를 끊는 것이
   아닌가? 누차에 걸쳐서 이야기하지만, 너무나도 어려운 것을 바라는 것이 아닌가?
\# 가능하다네. 철저히 모든 정보를 차단해주기 바라네.

그래야 생각하는 관성을 멈출 수가 있다네.
영성단체의 워크숍도, 간간히 챙겨주고 있는 힐링도, 지금은 마음 쓰지 마시게.

* 독서도, 인터넷도, TV도, 신문도, 축구도, 집안일 등등도?
# 가능하다면.

* 음-. 모든 정보를 차단함으로써, 뇌가 두려움에 기인한 정보를 처리하는 관성을,
  둔화시킬 수가 있단 말인가?
그렇다네.

* 그렇다면, 굳이 힘든 환경에 자신을 둘 필요가 뭐 있는가?
  조용한 산사(山寺)에 들어가서, 금촉(禁觸)의 시간을 가지면 되질 않는가?
그 환경에 자신을 놓으면, 그 반대의 방향에 마음이 쓰이기는 마찬가지일 걸세.
  그것은 현실과 이상의 조화라는, 모든 것을 원한다는, 자네 자신의 신념에
  반하는 행위이기도 하고.

* 좀 편하게 있을 때는 생각이 많이 수그러져서,
  그냥 무심하게 있는 시간도 제법 있는 것 같네.
그럴 때는, 나도 그 상태를 방해하지 않기 위해서, 영감을 제공하지 않는다네.

* 하지만 일을 하면서 몸이 힘들면, 생각 또한 많아진다네.
  그걸 어떻게 할 수가 있는가?
도움이 안 되는 이야기라 미안하지만, 전방위적(全方位的)인 노력이 필요하다네.
  철저히 자신의 모든 것을 자각하는 노력 말일세.

* 술, 담배와 같은 나쁜 습관들도 다 고쳐야겠지?
# 긴장을 풀어주는 정도로만 작용한다면, 굳이 반대 않겠네.
  생각으로 인한 고민이 적어지면, 그것들은 그냥 없어지게 될 테니.

* '생각을 끊어라!'가 유일한 것으로 남아있다고 여겼는데, 결국에는 언급이 되는군.
# 인정하기는 싫고, 힘들겠다는 것으로 거부하고 싶었겠지만,
  그것이 유일한 해답이네.

* 그 말에 대해서, 내가 지금의 상황에서 자신이 있다면 좋겠구먼.
# 내 말과 관계없이 생각을 끊는 것이,
  자네 자신의 지상의 과제가 된 지가 오래지 않은가?

* 그 원론적인 목표에 도달해야할 심도가 어느 정도인지는 모르겠지만,
  어쨌든, 생각을 끊는 것에 도움이 되는 이야기를 좀 해주게.

새로운 정보는 새로운 생각을 불러일으킨다네.
  그동안 내가 초점을 맞추어주질 않았음을 기억하기 바라네.
  무엇보다도 인류의 스승이 되기 위해서는 존재능력을 갖추어야 한다네.
  그러지 않으면, 험한 세상에 나가서 비참하게 망가지기 십상이라네.
  단순히 삶의 상황이 달라지는 기회가 중요한 것은 아니질 않는가?
  존재능력이 이루어질 때, 우리가 본질적으로 서로 원하는 바를,
  이루어 낼 수가 있을 것이 아닌가?
  '속전속결'이라네. 시간을 질질 끌면서 추구한다고 잘 되는 것이 아닐세.
  몰입으로써 깨달음의 영역에 도달하는 것이지,
  세월이 흐른다고 그냥 되는 것도 아닐세.

* 인류의 스승이 되기 위해서는, 꼭 필요한 것이군.
# 여러 가지 수단이야, 얼마든지 챙겨서 제공할 수는 있지만,
  존재능력이 따르지 않는다면, 결국에는 자신을 잃게 될 것이라네.

* 요즈음은 별다른 영감이 거의 안 챙겨지던데?
# 생각을 끊도록 하는 것에 도움 되기 위해서.
  그때까지는 영감의 제공이 없을 것이네.

* 그런데도 내면과의 대화를 해야 하는가?
  내면과의 대화의 내용이 정보로써 작용할 터인데?
오늘로써 내면과의 대화를 중단해주기 바라네.
  물어볼 것도 답할 것도 더 이상 없네.
  내면과의 대화의 재개는, 내가 영감으로 작용할 때가 있을 것이네.
  그동안 불면의 시간들이 많았지만, 이제는 편하게 지내기 바라네.

* 알겠네. 자네에게서 놓여나게 될 것이니, 일단 편해질 것 같군. ☺
# 충분히 이해하네.
  그동안 나의 시험을 견디면서, 존재능력을 끌어올리느라 참으로 수고가 많았네.
  하지만 궁극적인 목표에 도달하기 위해서, 승부를 걸어야 하겠지.
  내면과의 대화를 중단하세.
  항상 내가 응원해주고 있다는 사실을 잊지 말게.
  나에 대한 믿음의 적용에 관한 것도 잊어버리게.
  내가 뭐 중요한가? 자네의 존재능력이 중요하지.
  나는 신이지만, 자네가 나를 인식할 수 있는 능력이 향상되어지지 않는다면,
  내면과의 대화도 평생 진부할 수밖에 없을 것이네.

* 결국은 이렇게 되는 것이군.
  아마도 당신의 이야기와 제안을 받아들일 수밖에 없을 것 같군.

모든 정보의 유입을 최대한 차단해야 되겠지?
최대한으로 그러면 좋지.

* 어수선한 상황이 벌어지지는 않아야 할 터인데…….
# 그 또한 신경 쓰지 말고 몰입하시게.
  상황에 관계없이, 인식능력의 향상은 항상 자신의 몫이니까.

* 현재에 고요히 존재하며, 생각이 일어나는 것을 즉각 알아차리고 끊어버려야겠지?
# 당분간 기시감은 없을 것이니, 모든 것이 생각이라고 보면 될 것이네.

* 일에 관한 생각도?
# 그 또한 생각이네. 일에 몰두해서 전개되는 것은, 생각이라는 판단의 작용 없이
  이루어지고, 일에 대한 걱정으로써 전개되는 것은 생각이겠지.
  이 또한 분류하는 행위임을 알아차리고, 즉각 호흡으로써 끊어버리게.

* 이제 도움이 될 만한 이야기가 다 된 것 같네? 말이 많아지면 오히려 혼선이니.
# 그러하네. 참으로 사랑하는 나의 분신이며 나의 벗이여!
  이제 작별의 시간이 다 되었네. 건투를 바라네. 꼭 싸워서 이겨주게.

* 꼭 그러겠네. 마지막 관문을 돌파하겠네.
  그때 만나서 기쁨의 노래를 부르세. 나는 당신을 영원히 사랑하고 싶다네.
나 또한 그러하다네. 우리가 진실로 하나 되는 그 순간을 위하여.

* 위하여.

—04시 20분—

* 면회를 신청하네?
# 어서 오시게.

* 점검을 좀 받아야 될 것 같아서…….
# 당연히 환영이지.

* 대화재개의 영감이 작용하였다고 보아도 무방한가?
# 그래도 좋고 아니라도 관계없네. 점검은 필요한 것이니까.

* 17일에 출근길에 버스 안에서, 조선소 후배에게 사탕을 권할까 말까 하다가,
  첫 생각이 사탕을 주자는 것이었고, 이은 생각이 사탕을 주지 말자는 것이었네.
  그 생각의 작용을 보면서, 첫 생각이 사탕을 주자는 것이었으니 사탕을 주었네.
  아주 사소한 현상이었지만, 일어나면서 부터 생각의 작용을 예리하게 바라보고
  있었거든. 그 순간에 '첫 생각(느낌)을 놓치지 마라.'가 중요한 것으로 여겨지더군.
참으로 그러하네.
  내면과의 대화도 첫 생각이 떠오르는 대로 타이핑하는 것이 아닌가?

* 음-. 좋군.
  그리고 어제 아침에 출근을 하였지. 전날 회식에서 과음을 한 바람에 컨디션이
  좋지는 않았지만, 생각을 끊기 위해서 노력하였네.
  영감은 컨디션이 안 좋아도 작용될 수 있다고 보았거든.
  그것은 경험에서부터 비롯된 것인데, 2004년 연말에 '나는 사랑이다.'라는,
  내면의 메시지에 대한 기억이 있었기 때문이었지.
힘든 상황에서도 고요함을 유지하고자 하는, 열망에 의해서 주어지는 것이지.

* 그리고 C형에게 함석재단에 관계된 일을 가르쳐 줄까 말까 하다가,
  가르쳐 주어야겠다고 판단했네. 가르쳐 주는 것이 첫 생각이었기 때문이지.
  이 또한 생각의 작용을 바라본 것이라고 할 수 있지.
  그러면서, 왜 그렇게 생각이 바뀌는 가에 대한 인식이 작용하였네.
  그것은 '뇌는 변형자(變形者. transformer.)'라는 것이었네.
참으로 핵심을 잡아냈다고 할 수 있네. 그것이야말로 에고의 작용이라네.
  아무 것도 아닌 에고이지.

* 생각이 전개된다는 것은, 모든 것은 변한다는 진리에 거슬러서,
  전개단계마다의 상태를 미리 규정하는 것이겠지?

나름대로의 정리한 바를 자신 있게 전개해주게. 그것은 깨달음에 관계된 것이니.
   생각을 전개시키는 것은, 말 그대로 규정하는 행위이면서, 변형시키는 행위라고
   보면 된다네.

* 생각은 어디에서 나오는가?
# 욕구가 나에게서 나온다고 한 것처럼, 생각 또한 나에게서 정보로써 전해진다네.

* 생각은 존재전체에서 나오는데, 그것을 바탕생각이라고 불러도 무방한가?
# 한 단계 상승된 표현일세. 자네 말이 심오한 통찰이네.
   바탕생각, 받침생각 등의 정의를, 보다 근원적이며 심오한 것으로 끌어올렸네.

* 존재전체에서 전달되는 정보를 변형시키는 것을, 뇌가 한다고 보여지는데?
# 뇌가 한다고는 이야기할 수는 없지만,
   주요 처리중심이니, 뇌가 대부분 한다고 보아도 무방하겠네.

* 복합적으로 작용하겠군. 몸의 모든 부분들이?
# 그러하네.

* 몸에 의해서 이루어진다고 보면 되겠군?
# 그렇다네. 그래서 몸의 정화작업이 수행에 있어서는 필수적이라고 볼 수가 있네.

* 첫 생각을 변형시키는 작용에 의해서,
   진리는 뒤집어지거나 왜곡되어진다고 보면 되는가?
첫 생각이야말로, 그 사람에게 있어서 가장 적절한 정보이네.
   그것이 변형이 되지. 두려움이라는 에너지 작용에 의해서.

* 적용의 측면에서 정리해보면,
   첫 생각이야 말로, '지금 여기'라는 상황에서 적절한, 근원적인 정보가 되겠고,
   그 정보에 따라서 사는 것이 신의 섭리에 따라서 산다든지, 자연스럽게 산다든지,
   흐름 따라 산다는 것이겠군. 영혼의 계획에 따른 흐름 말일세.
   고요함을 유지하지 못하면, 근원이 제공하는 정보의 첫 단계를 놓쳐버리고,
   두려움에 의하여 수차로 변형된 단계의 정보를 가지고, 현실상황을 판단하여 살게
   됨으로써, 적절한 처세가 되지 못한 결과를 빈번하게 체험하게 되겠군.
   '왜 이렇게 되는 것이 없나?' 하고 말이지.
그것이야말로 생활 속의 명상의 진짜 목적이지. 고요함 자체가 목적이 아니라,
   고요함은 수단이고, 변형되지 않은 근원적인 정보수신이 목적인 것이지.

* 걸림이 없다는 것은,
  첫 생각을 고요히 받아들이고 행동하는 것을 말한다고 보는데?
\# 그러하다네. 고요함은 필요하네. 그것은 자각이 작용될 수 있게 하면서,
  현실과의 조화를 가능하게 해 준다네.

* 자각이 작용되어, 첫 생각을 변형시키는 행위가 발생될 수도 있다고 보는데?
\# 자각에 의한 선택이 작용되는 것이라네.
  첫 생각대로만 살 수 없는 것이 현실의 입장일세.
  그러나 첫 생각이 그러하다는 것을 인식하고 있으니,
  첫 생각을 무난하게 적용할 수 있는 상황에서는, 그것을 적용할 수가 있을 거네.

* 그래서 긍정인의 처세가 필요한 것이군. 그런데 욕구 또한 체험을 위해서 필요하다고
  여기면, 너무 욕구에 이끌리는 일이 발생하지 않는가?
\# 자각되는 첫 생각에 의한 욕구는 거의 문제를 일으키지 않는다네.
  그것은 근원적인 속성을 가진 욕구이기도 하면서, 자각에 의한 선택이 작용하므로 문제를 차
  단하게 되지. 그렇다고 해서, 첫 생각을 장시간 의식하지는 말게.
  그것은 그러한 에너지를 강화시키는 작용이 있네.
  그 순간일 뿐이라는 것을 명심하게.

* '첫 생각을 놓치지 마라.' '뇌는 변형자다.'에 이어, '생각은 하는 것이 아니라,
  알아차림으로 받아들이는 것이다.'라는 것으로, 깨달음이 정리되었네.
  생각은 하는 것이 아니고, 알아차림으로 받아들이는 것임을,
  자기 자신에게 항상 일깨우면, 생각이 생각을 불러서 전개하는 것에서
  벗어나는 것에 도움이 많이 될 것 같아.
  그러한 것들에 의해서 좋은 내용의 인식이 계속해서 많이 나올 듯싶군.
\# 언어의 불편함이 있기에, 단번에 표현이 안 되어서 그런 것이고,
  계속해서 아주 많은 내용들이 나오게 될 것이라네.

* 나나 타인의 생각을 인정한다는 것은 생각을 바라본다는 이야기고,
  타인의 생각을 인정하고 고요히 귀 기울이면,
  내가 절실히 원하는 깨달음에 대한 해답이 그 속에 있을 수도 있겠지.
\# 나는 본인에게 직접 이야기하기도 하지만, 타인을 통해서 이야기하기도 하지.

* 오늘의 깨달음은 아주 값진 것으로 보이는데?
\# 그래도 '생각 끊기'는 계속되어야 한다네.

* 알겠네. 그런데 요즈음 좀 힘들다네.
  내가 회식자리에서 K씨에게 화내는 것을 보질 않았는가?

여러 가지로 힘든 마당이라 자제하지 못했네.
수련의 상황에 몰두하고 있고, 외부적으로 마음 안 쓰고 싶어서 조용히 있는데,
  사람 피곤하게 이유 없이 자꾸 건드리니, 자제하기가 힘들었겠지.

* K씨와 나의 관계가 골치 아프군. 이상하게 자꾸 딴지를 걸어 오거든.
# 계속 문제가 발생하면 안 되니, 함께하는 자리를 피하는 것이 좋을 것 같네.

* 왜 그런가?
# 좋은 관계는 앞으로도 요원하네.
  작용에 의해서 개선시키려는 노력은 소용이 없다네.

* K씨와의 인과관계는?
# 종교와 정치권력간의 경쟁자이지.

* 달라이라마 때?
# 그러하네.

* 달라이라마로 다 해결이 되는군. 시공을 넘어서 악착같이 따라오는군.
# 믿기지 않겠지만, 사실이라네.

* 피한다고 쉽게 피해지려나?
# 무의식적 부딪힘을 자각으로써 피하는 것은 쉽다네.

* 그래도 은원관계(恩怨關係)를 풀어야하는 것이 아닌가?
# 꼭 그런 것은 아니라네. 에너지작용은 다른 방향으로 비껴갈 수가 있으니.

* 악착같이 따라 왔는데?
# 못 살리는 기회도 많은 법이니, 그렇게 아시게.

* 그건 그렇고, 이번 워크숍에는 못가는 건가?
# 마지막 관문을 돌파하기 전에는 못 간다네. 힘들겠지만 금촉수행 중이질 않는가?

* 알겠네. 바람 좀 쏘이면서 기분전환을 하려고 했는데. 체념해야지.
  내면과의 대화를 다시 당분간 중단해야 할 것으로 보인다네.
그러기를 바라네. 영감이 활발하게 작용하면 다시 만나야지.

* 언제가 될지 모르겠군. 어쩌면, 또 며칠 만에 볼 수도 있겠지.
# 그만 쉬시게나.

* 그러겠네.
# 힘내시게.

-05시 40분-

* 당신과의 대화를 해야 할지, 말아야 할지를 모르겠구먼.
# 당신 마음대로일세.

* 그대의 정보가 생각을 끊는데, 방해가 될 수도 있지 않은가?
# 나야 항상 초점을 흐려왔으니, 별 문제가 안 된다고 보네.

* 존재능력향상에 도움이 많이 된 것 같네. 힘든 일을 하는 와중에서도.
# 나와의 대화가 없었으면, 아마도 지금의 일을 유지하기가 어려웠을 것이네.
  인내하기 힘들었을 것이라는 이야기지.

* 그랬을지도 모르지. 일면만 인정하겠네. ☺
  접촉을 금하면 정보의 유입이 적고,
  그러면 판단할 거리가 없어서 답답해질 것으로 보이네.
  그러다가 판단의 관성이 둔화되고, 임계점을 넘어서면 새로운 에너지.
  즉, 근원적인 정보가 활성화되며, 이전의 두려움에 의한 걱정이 많던 상황으로
  되돌아가지는 않는다고 보네.
단순한 이치이지. 그것을 실천하시게.
  별로 어려운 이치가 아니지만, 답답함을 참기가 어려울 것이라네.

* 대화도 묻고 싶은 것을, 자제할 필요가 있을 것으로 보이네.
  그러한 것도 생각이 끊어지면, 지금처럼 조용한 가운데,
  묻고 답하는 행위의 수준을 넘어선 상태의 교류가 가능할 것 아닌가?
당연한 이야기지. 밤중에 이렇게 교류하는 데는 불편함이 많질 않은가?
  상시적이며 즉각적인 정보를 챙겨야 할 것이지.

* 답답함을 참는 것이 가장 어려운 것이로군.
# 뇌에 양식을 제공해 주지 않는 것이지.

* 앞전의 깨달음에, 생각을 끊는 방법적인 사항의 비밀이,
  많이 내재되어 있는 것으로 여겨진다네.
  그 또한 큰 깨달음으로 확장되려면 생각으로 정리해서는 안 될 것이고.
맞네. 나도 구체적인 것은 언급하고 싶지는 않구먼. 자네가 노력해주게.

* 어쩌면 새로운 이론이 등장할 것으로 보이는데?
# 새로운 시대에 맞는 패러다임이지.

* 뭔가 연결 지어질 듯하지만, 생각으로 정리하는 것을 보류한다네.
　 아마도 실천을 통하여 터득되어질 듯.
　 가슴이 열리는 체험으로 이어지지 않을까 싶네.
그 또한 영감이지.
　 그것만 이루어진다면 분리의식의 파장에서 멀어질 것이고,
　 외부와의 작용에서 본질적인 추구가 가능해질 것이라네.

* 힌트를 많이 주는군.
# 영감을 확인시켜주는 것이지.

* 결국 '첫 생각(느낌)'에 관한 것이로군.
# 그러하다네.

* 내가 너무 그것을 강화시키는 것이 아닌가?
# 깨달음을 심층적으로 확장시키는 행위일세.

* 심층적인 확장은 내면의 간절한 원함이 바탕이 될 것이므로,
　 결국 가슴이 열려야 하는군.
생각을 앞서는 상태일세. 하지만 자각이 작용되어야 한다네.
　 단순히 가슴만 열려서는, 현실적인 면에서 지혜로운 처세가 되질 않는다네.

* 거의 답에 근접되어 있는 것으로 보여지는데?
# 체휼체득으로써 정리되기를 기다리고 있지.

* 그렇군. 그러한 체험의 상황을 당신이 마련해 줄 듯 싶군.
# 나는 항상 마련해주고 있네. 삶의 자잘한 접촉들에서.
　 그렇다고 해서 접촉을 의도하지는 말게.
　 다가오는 모든 것들을 고요하게 받아들이게. 그러면 체험의 심도가 깊어지지.

* 무슨 말인지 다 알겠군.
　 개념의 확장이 아니고, 체험의 확장은 시작되었다고 볼 수가 있겠구먼.
그렇지. 어느 순간에 갑자기 가슴이 열리는, 그러한 신비체험이 자네에겐 없네.
　 그러면 궁정인의 처세가 어렵지. 동시적으로 작용되어야 할 것이야.
　 어려운 경지이지.

* 현실적인 존재능력이군.
　 내가 현실을 완벽하다고 보면서, 삶의 모든 것을 유효한 것으로 여기지만,
　 한편으로는, 비판적이면서 개선하고자 하는 욕구를 실현하기 위해서는,
　 꼭 필요한 것이라고 볼 수가 있겠군.

내가 자네의 평정심을 자꾸 흘트린 것도, 현실과의 작용을 염두에 둔 것이며,
  대외적으로 활동할 것에 대한, 외부의 시선에 대한 안배라고 이야기할 수 있네.

* 산 너머 산. 물 건너 물이 계속 된다고 봐야겠군.
  그래도 존재능력에 관한 것이니 불평하고 싶지는 않군.
  나 자신이 무엇보다도 그것을 원했으므로, 자네가 그동안 아무리 나를 휘둘러도,
  그러한 의도의 의미가 궁극적으로는 존재능력의 향상에 있다고 보았기에,
  포기하지 않고 이제까지 진행해 왔네.
  모든 것을 떠나서, 존재능력이 레벨-업 되고 볼일이야.
쉬운 이야기지.

* '첫 생각'을 살리게 되는 자체가, '자각된 가슴'으로 살게 되는 것이겠군.
# 답이 다 나왔네.
  그래도 체험을 통하여 축적되어지면, 보다 심도 있는 내용으로 정리가 될 걸세.
  깨달음의 마지막 관문이야.

* 금촉수행을 하면서, 고요함을 유지하는 가운데,
  '첫 생각'을 자각하면서, 현실적인 면에서 나의 고귀함을 표현하는데,
  별 어려움이 없다 싶으면, 실천하면서 체험하는 것. 그게 내가 해야 될 것이로군.
개념은 다 깨달았네. 체험만이 남았지.

* 그렇다면 말이지.
  '생각 끊기'라는 것이, 온전하게 실재적으로 가능하지 않다는 이야기군.
생각이 어떻게 끊어질 수가 있는가?
  그 메커니즘에 대한 깨달음이 필요했던 것이지.

* '생각을 끊어라.'는 것은 잡생각이 일어나는 것을 알아차리고,
  그 전개를 차단하라는 이야기이고,
  보다 근원적인 정보는 잘 챙겨서 수신하자는 것이었지.
  고요함은 목적이 아니고 수단이라 했으니, 무념무상(無念無想)은?
자기 혼자만의 무념무상은 쓸모가 없다네. 한편으로는, 공(空)에 빠진 상태이지.
  물질인 몸을 가지고 있는, 지구인들의 수준에서는 해탈이라는 것이 없네.
  생각이 없으면 시체 내지는 식물인간이지. 자기 혼자만의 무념무상이 인류에게
  무슨 도움이 되겠는가? 보다 근원적인 정보를 잘 수신해서, 자기 영혼의 삶의
  방향성에 맞는 삶을 활발하게 열심히 살아야지. '모든 하나'를 위해서 말이야.

* 생각이 일어나는 것을 무조건 무시한다는 것은,
  근원에서 제공되는 정보까지도 무시하면서, 차단한다는 이야기가 되는군.

자기가 챙겨야할 수준을 잘 알아야 하는 것이지.

인류의 수많은 정보들은 도달해 보지도 못한 경지의 묘사에 대한 게 너무 많아.
체험하지도 못한 것을 포장해내는 기술이 너무도 대단하단 말이야.
자기가 말하는 경지에 대한 것이, 어떠한 것인지도 모르면서 떠들어대고 있지.
외부의 정보를 받아들이고, 포장하고, 부풀리며 상상의 나래를 펴고 있는 거야.
그것을 다른 사람들에게 전달하는 오류도 엄청 많이 범하지.
그러면 그 정보를 접한 사람들이,
그 경지에 도달하는 것을 목표로 하고 수행을 시작하다가 여의치 않아서,
나중에는 수행의 궁극적 성취는 힘든 것이라는 결론을 내리고,
자신의 자각으로써 자신을 알아가는 일을 포기하게 만들고,
그 정보를 전하는 사람이 나 보다 훨씬 나은 사람이니, 내 문제를 해결하려면,
그 사람의 이야기에 의지해야겠다는 식으로 생각이 정리되지.
그리고는 금전적인 것을 평소에 열심히 추구하고,
그것을 가지고 스승을 찾아 가서 지혜를 산다고 하지만,
그게 무슨 소용이 있겠나. 자신의 존재능력은 제자리걸음인데.
뭔 이야기인지 알아듣지도 못하면서, 자기 마음에 드는 이야기만 골라서 챙기지.
무엇보다도, 자기 자신의 자각을 일깨우는 수행만이 살길이야.
그게 삶의 유일한 목적에 닿고.

* 쉽고도 명확한 방법이 있지요.

멀리 있는 신기루인지, 실상(實像)인지를 찾아서 떠나지 말고,
그냥 넋두리하듯이, 자기 자신하고 끊임없이 대화한다면,
진도는 자기 자신이 굳건히 발 디디고 서 있는, 거기에서 확장되어지겠지요.

외부에서 받은 정보는 모두 사실이 아니라고 보는 인식이 중요하다.

이것은 외부의 모든 정보들을 배척하라는 것이 절대 아니다.
자각이라는 과정을 철저히 거쳐서 받아들이라는 이야기다.

* 항상 그것을 염두에 두고 있네.

그러했으니, 어쩌면 갑갑할 정도로, 내가 자신 있게 알고 있다고 여기는,
단순한 수준이나 자잘한 것에 관한 이야기도,
끊임없이 묻고, 재차 확인하기도 하는 것이 아닌가?

구체적인 것은 내면의 정보이고,

그것도 심도 있게 작용해서 정리해낸 것이어야 하지.
그것을 바탕으로 외부의 정보를 대조하면서,
그 사실 여부를 인정해 가야하는 것이지.
그러한 바탕으로 이루어진 자신이, 진짜 자기 자신이라고 할 수가 있네.
영적체험의 많은 부분들이 환상이면서 상상인 경우가 많네.
내면과의 대화를 기록하고 점검하는 것만큼 구체적이면서 실재적인 것이 어디

있겠나? 한편으로는 재미가 없지. 환상이나 상상에 비해서.
환상이나 상상은 현실의 고통을 잊게 하는 마취약일 뿐. 도움이 안 된다.

* 휴-. 대충 이야기가 다 된 것으로 보이는데?
\# 그러하네. 그만 쉬시게.
내가 항상 함께 할 수밖에 없으니, 잘해 보도록 하세.

* 또 보세. 체험의 감동이 있으면 다시 만나세.
\# 그러세.

−02시 00분−

-03시 35분-

* 좀 갑갑하군.
# 지금은 그런 상태이니 참으시게.

* 좀 더 인내하면서 고요히 기다리는 것이 필요하겠군.
# 그렇다네.

* '생각의 메커니즘' 또는 '근원정보 수신의 메커니즘'에 대한 특별한 깨달음이
  있을 것 같지도 않은데? 전번에 단순명료하게 정리되었다고 보는데?
갑갑한 마음에 그럴 것이라 생각되지만, 오로지 하나의 중요한 핵심이 있다네.

* 체휼체득으로 터득한다고 하였질 않은가?
  그 말은 장기간에 걸쳐서, 레벨-업 된다는 이야기로 보이는데?
체험을 통하여, 하나의 중요한 핵심에 도달한다는 이야기지.

* 이제. 내면과의 대화도 나의 생각과 생각이 주고받는 이야기인 듯싶군.
# 분리감 없이 질문에 따른 대답이 확장된 상태에서 제공되는 것이지.

* 그래도 결국 나 자신이질 않은가?
# 그건 맞네. 하지만 나의 의식은 자유롭게 작용될 수 있다네.

* 상대적으로도 자유롭게 작용할 수 있는 의식이, 자네인 신이겠지.
# 내면과의 대화를 하다보면, 신이 상대적으로도 존재한다는 체험을 할 수 있지.
  자네가 자네 자신을 왜 괴롭히겠나?
  내가 상대적으로 존재하니, 사실이 아닌 일로 내가 자네를 괴롭히지. ☺

* 직장에서의 여러 가지 일로, 자존심에 상처를 입는 일들이 요즈음 들어서는
  빈번히 발생하는군. 자각으로써 삭이기가 쉽지 않아.
무슨 말인지 항상 알아듣고 있네. 철저히 인내하고 있다는 이야기지.

* 오로지 하나의 중요한 핵심이 있단 말인가?
# 그것이 드러날 때까지 노력하길 바라네.

* '첫 생각'에 관한 것이겠지?
  그것으로써 여러 가지 사항에 대한 정리가 이루어질 것인가?
  나 자신과 신과 외부와의 작용에 대한 것 등.
그러한 내용이 정리되기를 기다리고 있지.

* 체험을 통한 정리가 필요한 것이지,

개념을 정리하고자 하는 노력에 의해서 이루어지는 것이 아니라는 것이군.
그런 것 같지만 다가오질 않으니, 갑갑한 것이 아닌가?

* '첫 생각은 고귀한 생각이고, 생각의 원천은 존재전체이니,
존재전체는 고귀한 사랑.'이라는 것으로 정의해 보았는데, 다시 달라지더군.
어제 아침에 일어나 잠을 깨다가,
'두 사람 둘 다 사랑한 거야. 나는 그렇게 순수하고 열정적이었어.'라는,
다소 엉뚱한 것이 떠오르더군. 헤세의 글처럼 말이야.
그래서 일어난 첫 생각을 고귀하거나 저속하거나 하는 식으로 규정하는 행위가,
생각의 변형작용을 불러일으키는 것으로 여겨졌고,
고요한 평화는 규정 없음의 상태가 아닌가 싶었다네.
그러면 '첫 생각에서 멈추어야'하는 것이 아닌가?
몇 가지 이야기를 전개하고 있지만, 확실하게 깨달음으로 체험하려면,
 스스로가 해내기 바라겠네.

* 결국 나의 노력에 의해 자네가 제공해 주는 것을 받아야 된다는 말이겠군.
# 그러하네. 마지막 추구를 기대하겠네.

* 지금의 침체에서 벗어나서, 활력을 찾게 되면 찬스를 잘 살리라는 이야기이겠군.
# 오늘은 다 아는 이야기를 계속 확인해 보고 있네.

* 끊임없이 뭔가를 알아내야 하다니……
# 이해한다네. 활력이 생기면 찬스를 잘살려보기 바라겠네.

* 이치에 대한 것이 남아있고, 그것은 자각 속에서의 체험으로 터득된다는 말이지?
# 하이라이트가 '첫 생각'에 관한 것으로 드러나 있으며,
 그것은 체험을 통하여 얻어지는 것으로 남아있네.

* 순간적으로 이루어지는 것인가? '자각된 가슴'이 열리는 것이?
# 깨달음의 순간적 에너지 작용에 의해서 얻어지는 것이지.

* 순간적인 전환은 없다고 하질 않았는가?
# 인식의 순간적인 전환이 이루어지고,
 그에 바탕 되어서, '자각된 가슴'으로 끊임없이 확장되어지는 것이야.

* 그만 하겠네. 마땅히 이야기할 게 없구먼. 오로지 하나의 순간을 위해 보겠네.
# 그러기를 바라네.

* 사요나라.
# 사요나라.   −04시 10분−

-20시 00분-

* 밤중에 일어나서, 책을 읽고, 쫓기듯이 절수련을 하고, 내면과의 대화를 하고…….
  그러던 때가 오히려 좋았던 것 같군. 요즈음은 많이 흐트러져 있으니.
요즈음 일이 힘들어 많이 지쳐서 그런 것이네.
  흐트러진 듯하지만 곧 회복될 걸세.

* 좀 멍해서 대화내용의 기술에 자신이 없네.
  영감이 무난하게 작용되는지 어떤지는 모르겠구먼.
그런 것도 신경 쓸게 못되네. 그냥 자신의 일이라네.
  심도의 문제는 대화를 전개해 나가면서 깊어지는 것이니.

* 이젠 굳이 구분이 안 되기도 하고 구분할 필요도 없다는 것이군.
# 그러하다네.

* 그래도 정보의 확실함은 있어야할 것 아닌가?
# 그건 그렇지. 매일 대화의 초입에는 아무래도 그렇지만.
  그러기에 초입에는 심각한 질문이 던져지지는 않고 있질 않은가?

* 한 나흘 동안 자네와 대화를 하질 못하니 답답하네 그려.
# 그러면 나를 찾질 그랬나?

* 내면과의 대화를 중단하자고 하질 않았던가?
# 그건 저번의 일이고, 그 이후에는 자네가 그러고 싶어서 그러는 것이 아닌가?

* 그렇다고 치고, 지금 내가 할일이 '생각 끊기'가 아닌가?
# 당연한 이야기지.

* 그게 온전히 가능한 것인가?
# 조금씩 나아지고 있네.

* 조금씩 나아진다는 것은 알지만,
  어느 정도의 상태까지 도달해야 하는지는 모르겠군.
  답답해서 돌아버릴 것 같기도 하고, 도대체 뭘 하자는 것인지 모르겠기도 하고,
  그냥 허송세월만 보내는 것 같기도 하구먼.
엄살을 부리시는군. ☺ 좀 참으시게.
  그냥 허송세월 보낸다고 생각하면서 지내시는 것도 괜찮을 듯싶네.

* 그렇게까지 전력을 기울여 가면서 어렵게 해나갈 이유가 있는가?
  나는 그 점이 이해가 안 되네.
어려운 것은 자네이지 내가 아니라네.
  겪어야 하는 것은 자네의 것이고, 깨달음을 위해서 필요한 것이지.

* 생각이 끊어지면 다가오는 마지막 관문에 해당하는 깨달음이 있다고 했지?
# 그랬지.

* 깨달음이라고 하지만, 그것 또한 인식의 변화에 따라 항상 변하게 되어 있으니,
  붙들고 있으면 관념이 아닌가? 그러므로, 다가올 마지막 관문에 챙겨지는 깨달음
  또한 관념으로 정리되어질 이야기가 아닌가?
체험으로 몸에 배일, 깨달음에 대한 강력한 체험이 될 것이란 이야기를 하였지.

* 삶의 완벽을 보고자 했기에 체험했고,
  우주의식을 느끼고자 했기에 내면과의 대화가 시작되었듯이,
  이번에는 내가 구체적으로 원하는 것이 없질 않은가?
  대화를 계속해도 흥밋거리는 없군. 요즈음엔.
흥미 있는 질문을 안 해주니 그러하기도 하고,
  자네가 빈마음을 계속 유지하니 마땅한 것도 없고.

* 수행의 주제가 '생각 끊기'로써,
  화두가 없으니 몸과 마음의 에너지 정체를 풀어내는,
  절수련이나 기수련 등의 수행을 할 필요는 있을 것 아닌가?
자신을 힘들게 하질 말게. 편하게 지내시라고 하질 않았던가?

* 얽매임 없이 차분히 지내는 것이 중요한 것이로군.
  그동안의 수행으로 이루어진 모든 정보와 대화도 다 잊어버리고,
  오로지 현존에 머무르라는 이야기인가?
그게 지금 할 일일세. 신에 대한 것도 잊어버리게.

* 느낌으로 다가올 뭔가가 남아 있다고 하니,
  무심(無心)으로 일상의 느낌에 집중하는 노력을 안 할 수가 없어.
  바쁘게 일하는 것과 병행하자니 에너지 소모가 심하네.
이해하네. 무슨 말인지.
  그동안 계속 어떤 흐름을 향하여 매진해 왔으니 그 흐름에서 벗어나야지.
  소강상태를 만들어 보자는 이야기일세.
  열심히 임하지 않아도 되니 부담 없이 지내게.
  그것이 오히려 자신의 자각을 잘 돌보는데 도움이 될 수가 있을 것이야.

* 개판만 안 되면 된다는 이야기인가?
# 의도적인 노력을 멈추라는 이야기이네. 자신을 편하게 하시게.
  그러면 모든 게 달라질 것이야.

* 외부적인 것에 역시 마음 쓰지는 않아야겠지?
# 요즘 무심하게 바라보고 있으니 잘하고 있네.
  마음을 뺏기지 않으니 잘 한다고 볼 수 있지.

* 어쨌든 신경 쓰지 말고, 그냥 무심히 살라는 이야기가 되는군.
# 지금은 해야 할 일이 없으니, 무심히 사는 것 밖에 할 게 없다네.

* 뼈 빠지게 일하는 게, 어디 할일이 없는 것인가?
# 그냥 그것만 하시게, 힘든 것에 대해서는 미안하게 생각한다네.
  유일한 한 가지가 남아있네. 그것에 대해서는 정보로써 풀어줄 수가 없는 거야.
  깨달음은 체험이 아닌가?

* 초점 없음에 초점 맞추라는 것인가?
# 바로 그것일세. 빈마음으로 그냥 있으라는 이야기지.

* 그래도 한가지의 지침이 있어야 될 것 같네.
  어떤 상태의 묘사란 것이 정확한 것은 아니겠지만,
  꼭 아니라고도 할 수가 없는 것이니,
  대화에서 챙겨지는 정보가 말로 표현되어지는 것들이므로,
  '생각으로 이거야'하고 초점 맞출 수는 없지만,
  '초점 없음에 초점 맞추는 것'을 유일한 지침으로 삼으면 되겠는가?
그러고 싶으면 그러시게. 유일한 것은 유일한 상태를 유지하는 바탕이 되니.

* 알겠구먼. 무슨 말인지.
  어쨌든 편하게 지내면 되겠네? 나는 아무것도 모르니.
요즈음의 답답한 시간 속에서도 잔잔하게 챙겨진 것이 있지 않은가?
  모든 것이 확연해지는 순간이 올 때까지 기다리시게.

* 대화도 하질 말고?
# 궁금한 것이 없는데 대화를 전개하는 것이 힘겨움이질 않은가?

* 그러하니 이제 그만 두겠네.
# 다음에 또 보세. 상황이 다가오면 다시 만나세.

* 깨달음을 얻기 전에는 대화를 말아야겠군.

철저히 고요해져서, 제공해주는 정보를 알아차리라는 이야기인데,
영감의 제공은 자네가 에너지 작용을 조절할 수 있으니,
이전보다도 더 고요해지지 않으면 조금이라도 안 챙겨줄 모양이군?
 # 그러하네.

* 인정머리 없는, 대단한 교관을 만난 것에 감사하네.
 # 오랜만에 좋은 인재를 만났음에 감사하네.

* 이-그. 징그럽다.
# ☺

−21시 10분−

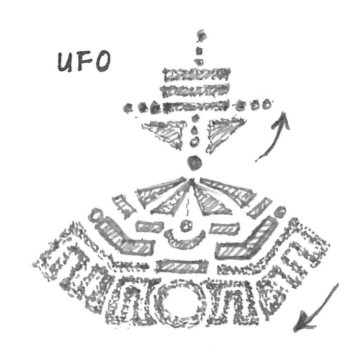

● 86. 준거(準據) 없음(2006년 2월 6일. 월요일)

* 여-어! 친구. 잘 지냈는가?
# 덕분에 잘 지내고 있다네. 자네가 보고 싶은 것만 빼고. ☺

* 요즈음 좀 바빴다네.
# 그런가?

* 다 아시면서 바쁜 시간에 딴전은?
# 조급하게 서두르지 말고, 차분히 대화를 진행하자는 의미일세.

* 그렇군. 2월 3일부터 많은 정보가 드러남으로써 정리하기에 바쁘다네.
# 자네의 정보처리방식에 대해 감사하고 있네.

* '메모하는 습관과 정보에 얽매이지 않는 것.' 말이겠군.
# 그 정도의 수준으로 향상시킨 바람직한 습관을 가진 이도,
  참으로 드물다고 할 수가 있지.

* 며칠 동안 떠오른 것을 메모한 것 중에서 간추려 보아야겠군.
  고요히 머물고자 하는 노력은 필요하다. 어디로 가야할 데도 무엇을 해야 할 것도
  없지만, 지금 자신에게 적용할 정보를 인식할 필요는 있다.
  그것이 '그냥 자자'와 같이 사소한 것일지라도.
뭔가를 끊임없이 해야 한다는 강박관념에서 벗어나서, 편하게 있어야할 때는
  편하게 있어야지. 고요하면 그러한 사소한 것에 관한 흐름도 알아차리게 되지.

* 자신에게 고요히 질문하고 내면에서 떠오르는(=존재전체에서 오는) 첫 느낌을
  알아차려라. 그것은 존재전체와의 분리가 아닌, 합일 또는 단일의 상태를 전제한
  것이며, 자신이 존재전체라는 인식의 바탕에서 비롯되는 행위이다.
계속 적어 보시게.

* 첫 생각을 알아차리고, 그것을 가능한 한 살려라.
  그것은 '존재전체가 나를 부양하는 게 아니고, 내가 존재전체를 부양하는 것'이며,
  이는 '내가 곧 존재전체'라는 체험을 가능하게 한다. 체험이 거듭될수록 인식의 확장
  은 자연스럽게 이루어진다. 신은 항상 모든 것을 통하여 모두와 교류하기를 원하나,
  우리는 그것을 항상은 인식하지 못한다. '첫 느낌(생각, 정보, 에너지.)'을 즉각 수신
  하게 될 때, 우리는 신의 원함을 부양하게 되는 것이다. 첫 느낌의 출처는 '자기 자신
  이면서 존재전체'이다. 둘 사이에 군이 구별은 없는 것이다.

그것은 내면의 심층의식이 곧 우주의식이라고 할 수 있기 때문이다.
 # 정말 멋진 이야기면서 명확한 통찰일세.

* 사건과 반응사이에는 공간(시간)이 있다.
  자신에게 고요히 질문하라. 그러면 지혜로운 반응을 이끌어낼 수 있다.
  인식(앎)은 체험으로써 스스로에게 증명해 보일 수가 있다.
  결코 규정(한계, 확정.)지어지진 않지만, 모든 것은 변한다는 진리의 무한한
  확장선상으로 전개되어질 것이다.
  첫 생각을 인식하여, 지속적으로 그 생각을 유지하면서 관찰하게 되면,
  변형자(에고)가 개입되는 것을 바라볼 수 있다. 그것은 에고의 두려움에 의한
  작용이며, 알아차려 인정하면 치유의 효과를 이끌어낼 수가 있다.
  생각하는 나를 알아차리고, 말하는 나를 알아차리고, 행동하는 나를 알아차려라.
  그것은 나를 즉각적이며 끊임없이 부양하는 행위이다.
  생각(자신의 느낌정보)은 무시해야할 대상이 아니고,
  인식하여 인정, 수용, 활용하여야 할 것이다.
  첫 생각에 대한 현실적 상황에의 선택적 적용은 고요히 검토해야할 일이다.
  그것이 현실과의 조화로운 삶을 살아가는 방법이다.
  영혼이 가슴을 통하여 말하는 메시지가, '지금 여기'라는 현실적 상황과는 맞지
  않을 수가 있다. 그것은 나중에 드러낼 수 있도록, 인내로써 추구하며 준비해
  주기를 바라는 내용이기 때문이다.
  근원에서 제공된 정보는 개별영혼인 자기 삶의 방향성 또는 목적과 연관이 있다.
  무심한 상상은 영상으로 전해지는 내면의 메시지.
  순간적인 하나하나의 깨달음을 통한 인식의 전환이, 일상적인 행위로 하나하나
  적용되어지지 않는 이유는, 변형자(에고)가 개입하여 그 정보를 가공하여 확대,
  재생산하는 주인노릇을 하기 때문이다. 그러므로 깨달음에 연연하여 생각을
  전개 또는 강화시키지 마라. 고요히 머무르면 보다 심층적인 깨달음이 있을
  것이며, 인식은 점점 명확해질 것이다.
 # 던지는 투수와 받는 포수의 멋진 콤비플레이의 작품들이지.

* 내면과의 대화를 통하여 모르는 것을 묻는다는 것은 답에 대한 기대가 아닌가?
  그것은 생각에 의한 의문일 경우가 많으므로, 일상에서 고요한 가운데,
  스스로의 내밀한 질문과 대답을 차분하게 이끌어내는 것이, 아는 기억에 의한
  드러냄(깨달음)이며, '지금 여기'라는 상황에 가장 적절할 듯싶네.
 # 바로 그것을 터득해나가는 것이 지금 자네가 하고 있는 일이라네.

* 그래도 내면과의 대화라는 상황설정도 활용하는 것이 보완적일 것이라고 보네.
 # 내가 오늘 그런 영감을 제공했다네.

* 그렇군.

   낮에는 상대적인 의미에서 출발한 합일보다 더 심화된,

   단일의 인식상태를 만들어서 정보를 챙기고,

   저녁에는 배우는 의미에서 자네와의 대화를 하면 되겠군.

맞네.

* '자신의 심층으로 향하는 전개과정'에 대해서 메모해둔 것이 있네.

그렇게 구분지어질 것이라고 단순히 말할 수 없지만,

   대개가 그러한 방향성으로 전개되는 것이지. 옮겨 적게.

* <자신의 심층으로 향하는 전개과정>

   @ 1단계: 신과의 분리된 기분을 의식하는 상태이지만,

              의도적으로도 합일감을 끊임없이 불러일으키며 진행한다.

   @ 2단계: 신과의 합일을 체험하고 유지하지만, 신은 상대적으로도 존재한다는

              것을 인정하고 끊임없이 자신을 알아간다.

   @ 3단계: 경계 없는 내·외부의 단일상태로의 이행으로 심도를 높여간다.

내면과의 대화가 진행되면 누구나 그러한 체험으로 연결되어지게 되는 것이지.

* 그런데 단일의 인식상태란 것이 참으로 중요하더군.

   그것의 배경에는 '나는 신이다.'라는 단순한 인식보다도,

   내·외부가 없는 상태의 느낌에 집중하는 것이었다네.

   그러한 상태를 일상에서 만들어내면,

   보다 근원적인 정보가 원활하게 작용되어지더군.

보다 엄밀한 의미의 합일이지.

* 내면(나의 내부)이라는 것도 없고, 확장된 외부라는 우주의 생각창고에서 오는

   것도 아닌, 규정 없음 또는 무(無)에서 나타나는 것이지.

   인식이 작용할 때만 나타나는 것이, 무(無)의 드러난 현상이겠지?

모든 것이 무(無)에서 비롯되었다는,

   창조의 메커니즘과 관계된 현상에 대한 체험적인 인식이지.

* 그것을 양자역학의 불확정성의 원리와 관계된, 아원자(亞原子)의 모델에 적용하면,

   나름대로의 이론이 나올 것 같은데. 아닌가?

지금은 그것을 의도적으로 규명해보는 것을 권하고 싶지가 않다네.

   나중에 정리할 시간이 있게 되면, 그때 해보기를 권하네.

   아직도 더 챙겨야 할 정보가 많으니.

* 뇌의 기능상의 계층구조에서,

'신피질, 구피질, 뇌간'이라는, 정보의 처리시스템에 관한 것은?
역할에 대한 구분은 타당성이 있네.
  하지만 뇌간 자체가 그러한 일을 하는 것은 아니지.
  보다 근원적인 정보의 주요수신 장치이지, 생각을 만들어내는 것이 아니네.

* 그래도 뇌간의 역할은 의미가 있군.
# 수신장치로서의 의미는 있다네. 유일한 수신장치는 아니고.
  상단전이 열린다는 것과 관련이 있네.

* 유일한 부위는 아니지만 주요 수신부위이니 뇌간에 집중할 필요는 있을 것 같군.
  하지만 그 또한 인체의 내부에 집중하는 것이니,
  내·외부의 구분 없음의 상태에 집중하는 것만 못하겠군.
그러하다네.

* '뇌간에 이르렀다.'고 Y님께서 표현하셨는데, 좀 미흡하다고 할 수가 있겠군.
# 그렇지. 몸으로 터득한 것이지. 언어표현은 좀 서투르시거든.
  그래서 정리정돈의 귀재인 자네가 세상에 영향을 더 끼칠 수가 있을 것이야.

* 하여튼 '준거(準據) 없음의 상태'란 것이 심오한 것이로군.
# 바로 절대계의 것이지. 절대계의 것을 상대계에 적용하는 것이 삶이니,
  절대계의 것에 심층적으로 접근해야 되는데,
  접근을 넘어서서 준거 없음의 상태를 구현시키면 된다네.
  그것이 바로 고요이고 무이며 위대한 보이지 않음이라네.

* 음. 멋지군. 며칠 동안의 체험을 잘 살려서 계속 심도를 높여가야 되겠군.
# 인식이 작용하고 있으니, 앞으로 엄청 순조로울 걸세.
  인식 자체가 체험이고 이미 몸에 배이고 있다네.

* 쉽게 이루어지는군.
# 어렵게 이루어졌지. 그동안 얼마나 고생을 많이 했는가? 44년 걸렸다.

* '상단전이 열려서 확장되기 시작한 날이 2월 3일.'이라고 해도 되겠는가?
  그 또한 자리매김하고 싶은 마음이겠지만.
그렇게 해버리시게. 그게 편할 것 아니겠는가?

* 그럼 그렇게 할게.
  반말을 쓰니까 기분이 좋군. ☺
나 또한 그렇다네. 종종 그러면 우리가 더욱 친밀할 것 아니겠나?

* 점진적으로 자연스러워지는 것이 좋겠군.

\# 현명한 이야기.

* 상단전이 열린다는 것도 심도에 관계되는 것이니,

   그냥 활성화 되었다고 이야기해야지.

\# 상단전이 열리게 된 배경을, 다음에 한번 그럴 듯하게 정리하게.

* 누구라도~ 그러~하듯이?   ☺

\# 포장을 잘 하는 사람들이 많지.   ☺

* 단순히 생각을 끊는 것이 중요한 것이 아니고,

   고요해지는 노력에 맞추어 정보를 챙겨주려고 한 것이 아닌가?

\# 그럼. 모든 일에는 순서가 있는 것이지. 책에 필요한 내용을 만들어 내야지.

* 그렇다면 지금의 상황은 3부가 시작되었군.

   의도적인 행위가 작용하여 대화를 전개하면 안 되니,

   어떤 식으로 자리매김할 것인가에 대한 질문은 안하고 싶네.

\# 2월 3일 이후에 정리된 내용들에 대해서 시시콜콜하게 따지지 마시게.

   나중에 옥석을 가릴 때가 되면 그때 자연스레 정리될 것이야.

* 좀 더 존재 상태에 몰입해서 새로운 패러다임으로 정리될 것들을 챙기면 되겠군.

\# 거의 다 나왔네.

   천부경 해설을 정리할 때처럼 고요히 정리하는 작업을 행하게 되면,

   그 내용이 엄청 불어 날거야. 뼈대가 되는 것들이 다 챙겨졌다는 것이지.

   3부를 너무 방만하게 만들 생각은 없네.

* 알겠군. 나중에 정리할 때, 밀착하여서 정리를 잘 해보세. 그래야 하겠지?

\# 정리작업에 시일이 많이 소요될 것이네.

* 이야기의 마지막이 다 되어가는 모양이군?

\# 그렇다네. 흐름을 지지부진하게 해서는 안 되지.

   일에 대한 고됨을 핑계로 삼기에는 외부인들의 이해가 따라오기 힘들 터이니.

* 선호를 자극하는 것은 아니겠지?

\# 지혜를 확인해주는 이야기라네.

* 상단전이 더욱 활성화되기 위해서, 내가 서두를 필요는 없을 듯.

\# 3부에 필요한 내용이 다 챙겨졌으니, 필요한 것들을 내가 미룰 이유는 없지.

* 벅차게 전개하는군.

\# 그래야 가슴이 벅차서 활성화되지.

* 신나게 되겠군.

\# 감당하기 힘들 정도로 할 거다. ☺

* 그동안의 기록들을, 처음부터 다시 읽어보는 것은 필요가 없을 것 같군.

\# 정리작업이 시작될 때부터, 세세하게 챙기면 된다.

* '신의 상대성이라는 전체세계의 창조와, 나의 신(神)체험 과정.'이라는 것에 대한,
  역으로의 논리전개에 관한 것은?

\# 내가 영감을 준 것이네. 그러한 것이 있다는 것을 체크만 해두게.
  그 역시 정리작업을 할 때, 내가 전개시켜서 정리를 해주겠네. 대화를 통해서.

* 고민할게 없군.

\# 정리작업이 만만치가 않을 것이야.
  질문과 대답이 오가는 세부적인 의도를 서로가 잘 알고 있기에,
  생략되어진 구절이 많으니, 그러한 것도 챙겨서 덧붙여야 하고, 문맥도 다듬고…….
  무엇보다도 그동안 무리했으니, 좀 쉬면서 수행의 심도를 높여야겠지.

* 일단 혼자서 체크해 놓고, 나중에는 공동작업이 진행될 것인가?

\# 자잘한 작업은 친구들하고 하게 된다는 느낌을 주었네.

* 멋진 체험의 나날들이 계속 되겠구먼. 그러한 체험을 고요히 즐기는 것만 남았군.
  느긋하게 서둘러야지.

\# 앞으로 느긋하게 살 수 있을 것이며, 또한 정리작업도 서둘러서 해야 하겠지.

* 체험을 원한다네.

\# 활성화되는 정보에 대해서 일일이 거짓말을 할 수는 없는 단계이니,
  자신을 잘 챙기면서 체험으로 다가오는 것들을 즐기기 바라네.
  나 또한 그러고 싶네. 그동안 너무 힘들었거든. ☺

* 이만 하는 것이 좋겠지?

\# 오늘은 여기까지만 하세.
  구체적인 것으로 인식되어지는 것에 대해서만, 이야기를 하는 것이 좋을 것이니,
  그 묘미를 위해서 다음으로 미루세.

* 빠이.

\# 빠이.

-05시 45분-

● 87. 유체이탈(2006년 2월 7일. 화요일)

* 결코 끝나지 않을 게임이군.
# 요즈음 직장에서의 일이 힘들어서 그런 것이야.
  자네의 존재능력 향상과 그 돌봄에 비례해서 진도가 나가고 있으니 힘내시게.

* 어제 밤 11시 경에, 잠깐 잠이 깨었다가 누웠는데, 가슴의 진동을 느꼈다네.
  나로서는 그러한 것을 어떤 것으로 보아야할지 모르겠는데, 좀 설명을 해주시게.
별일 아니라네.
  그냥 신체자체적인 것이지, 내면의 에너지 작용에 의한 영향은 아니네.

* 정확한 측정이라고 볼 수 없지만, 1초당 7-8회의 확실한 진동이 느껴졌는데,
  그러한 일이 아무것도 아니라는 생각이 들지는 않는군.
  가슴이 열리는 작용선상과 관련이 있는 것이 아닌가 싶어서 좋아했는데?
미안하네. 내가 거짓말을 해서. ☺
  강한 진동은 사실 활성화를 위한 초기의 진동이고,
  나중에는 진폭이 작으면서 빠르게 작용한다네.

* 거짓말을 자주 하면 내가 힘들어진다네.
  대화에 고요하게 집중시키는 역할은 하는 것 같지만.
눈치를 채주니 고맙네. 항상 그렇게 힘써주기 바라네.

* 가슴에 에너지 작용이 이루어졌다는 말인가?
# 그러하네. 자네 뇌가 쉬고 있는 수면시간에 내가 그 작용을 일으켰지.
  한 턱 쏘시게. 나는 그런 수고를 항상 하고 있으니. ☺

* 5분 정도 지속되었고, 그러한 것을 파악하려드니 사라져 버리더군.
  내 딴에는 그러한 작용을 지속시키고 증폭시켰으면 싶었는데.
의도가 작용하면 사라지고 말지. 그것은 나의 자유의지에 의해서,
  그것대로 움직이고 있는데, 자네의 작용이 개입되면 안 되지.

* 그러면 그러한 작용을 느끼게 되면 어떻게 해야 하는가?
# 관찰자의 입장으로 그냥 바라보기만 하면 된다네.

* 배양하는 방법이 있을 것 아닌가?
# 그 작용이 이루어지는 당시에는 배양하는 방법이 없네.
  그러한 현상 전에, 인식의 배양이 바탕으로 깔리면, 마음이 멈추어져 있을 때,
  내면의 에너지 작용이 소리 없이 흘러 들어오는 것이지.

* 전에도 그러한 작용은 없었는가?
# 항상 있어 왔지. 아주 조금씩이라도.

* 가슴이 막히는 경우도 있지 않은가?
# 당연하지. 자신의 자각을 잘 돌보지 못하면.

* 어제는 강도가 상당했는데. 그것이 초당 몇 회 정도였는가?
# 측량할 수 없는 것이라네. 측정 의도를 가지고 잰 것은 확실한 데이터가 못되네.
  그냥 느낌만으로 아시게.

* 상단전에서, '첫 생각'과 관련된 이야기가 별로 나오지는 않던데,
  내가 어제 낮에 고요함을 챙기지 못했단 말인가?
그건 아니고 나올 건 다 나왔네.
  어제의 어수선함은 영감을 챙기고자하는 의도 때문에 있었다고 보면 되네.

* 어제의 자네의 말을 인용해 보겠네.
  '지금은 그것을 의도적으로 규명해보는 것을 권하고 싶지가 않다네.
  나중에 정리의 시간이 있게 되면 그때 해보기를 권하네.
  아직도 더 챙겨야할 정보가 많으니.'
  아직도 더 챙겨야할 정보가 많다고 하질 않았는가?
'첫 생각'과 관련된 것은 아니고,
  다른 체험을 통하여 챙겨지는 다른 것들에 관한 것이지.

* 가슴이 열리는 작용에 관한 체험도 포함해서 말인가?
# 그러한 것도 해당되지.

* 좀 방만하면서 시시콜콜한 것이 아닌가?
# 깨달음에 근거하여 몸으로 터득하고 그것에 바탕하여서,
  여러 가지의 현상으로 확장되어지는 것을 거론할 것이라네.

* 정리작업이 만만치가 않을 것 같군.
# 활성화되는 초기라서 그렇지.
  경험이 풍부해지면 서술할 내용 또한 자연히 풍부해질 것 아닌가?

* 매양 느끼는 바이지만, 항상 할 일만 무성하게 나타나는군.
# 자네가 작가라면, 전체의 틀을 알고 있을 것이고, 결말 또한 알고 있을 것이니,
  답답하지가 않을 터이지만, 순서대로 인식하는 독자의 입장이다 보니,
  그런 것 아닌가? 그래도 결말은 항상 준비되어있네.
  자네가 결말을 모르고 연기하다 보니, 그 연기가 힘든 것으로 이해하시게.

＊ 오늘은 대화 전에 좌정해서 명상을 하면서,
    '초보적 수준의 유체이탈(遺體離脫)을 운용한 경험'이 있다고 보는데,
    어떤 것인가? - (통영에서, 대전을 거쳐, 서울까지 다녀 옴.)
패러다임의 인식을 바탕으로, 운용해 보게 되었다고 할 수 있지.

○ 유체이탈(遺體離脫)
인체에서 영혼의 몸이 분리되는 것. 영혼의 몸을 유체라고 하는데, 이 유체가 외부의 어떤
충격이나, 그 스스로의 에너지에 의하여, 자신의 몸을 벗어나는 것을 말한다.

＊ '의식 또는 에너지의 경계를 넘어선 운용'이라고 보면 되겠는가?
정확한 표현이네.
    그것은 자기조절에 의한 것이니, 그냥 피동적으로 일어나는 것을 체험하는,
    유체이탈의 현상과는 격조가 상대도 안 된다네.
    말 그대로 '의식과 에너지의 통합된 운용'이지.

＊ 상상(想像)과는 전혀 다른 것으로 보는데?
상상은 뇌가 유체이탈에 대한 정보를 영상이미지화 하여서 진행하는 것이므로,
    실재(實在)가 아닌 허상(虛像)이네. 그리고 생각의 작용을 유체이탈로 오해하는 경우는, 유체
    이탈에 대한 머릿속의 정체된 생각의 찌꺼기가 풀리는 것을,
    느낌으로 바라보는 경우이다. 운용이 아닌 유체이탈은 제어력(制御力)이
    없으므로 위험하다. 진정한 유체이탈은 내공의 배양이 이루어지고,
    신인합일(神人合一)의 심도가 강할 때, 내면(신)의 의식(생각)작용에 의해서,
    내공이 집중(연결) 되어져서, 자연스럽게 이루어지는 것이라네.

＊ 운용이 아닌 위험한 유체이탈은 어떤 경우에 발생되어지는가?
에너지의 결집인 물질. 즉, 몸이 허할 때 발생한다.
    잘못되는 경우에는, 영혼을 붙들어 두지 못하고 죽음에 이르게 되지.
    몸의 죽음 말이다.

＊ 수행자들의 유체이탈은 운용이 아닌가?
체감된 인식의 바탕이 아닌, 유체이탈의 운용은 위험하다.

＊ 나도 위험의 여지가 있는가?
그동안 정리된, 경계 없음의 인식을 자주 챙겨서 체화시키면 문제가 없거니와,
    몸이 허한 것도 아니고, 자네 영혼이 자네 몸을 지금 떠날 이유가 전혀 없으니,
    안심해도 되네. 이제야 꿈이 드러나는 시점인데, 떠날 수는 절대로 없네.

＊ 결국 그동안의 인식에 관계된 이치들을 새길 필요는 있겠구먼?

편안하게 챙기면 문제없다.

* 가슴이 열리는 경험은 계속 다가올 것인가?
# 그러하지만 에너지 작용면을 너무 많이 챙기지는 않을 것이네.
  다음 책의 내용을 위해서.

* 유체이탈에 대한 경험 또한 그러한 것이니, 내가 자주 행할 필요는 없을 것 같군.
# 그러하다네. 체험해 보고 싶은 마음은, 구체적인 것에 목말라 있는,
  자네의 입장인 것을 내가 십분 이해하네. 하지만 할 일이 많아.
  외부적인 일에 대한 영감을 확실히 챙겨줄 터이니,
  일단 1권의 정리와 출판에 매진하세.
  간간히 산타의 역할도 보람으로 챙기면서, 인적자원의 확보도 병행하고.

* 이후의 상황에 대해서 줄줄이 언급하는군.
# 지금의 상황이 달라지면, 외부적인 일에 착수하여야 되기 때문이지.
  '말은 말'이라는 것으로, 내가 워낙 많이 연출해서 드러나야 실감이 있겠지.
  쉽게 이야기해서 미안하네만, 고요히 기다리면 알게 될 걸세.

* 앞으로 깨달아야 할 것과 체험해야 할 것이, 많이 남아 있으면 있다고 하시게.
  그리고 가슴이 열려야 분리의식이 작용하지 않을 터이니,
  그 심도가 커져야할 것이 아닌가?
나올 것은 다 나왔네. 체험은 정리작업을 진행하면서도 계속 될 것이고,
  심성의 바탕은 이미 되어 있으니 문제가 없고, 존재자체가 나를 부양한다는,
  그동안의 믿음이 이미 충분한 에너지작용을 일으켜 놓았으니,
  입 벌리고 사과가 떨어지기를 기다리면 되지.
  그리고 인적자원의 확보에 관련된 능력의 발휘는, 그때마다 내가 작용해주지.
  에너지 배양에 대한 노력에 신경 쓰기보다는, 일에 신경 쓰자는 것이지.
  3부에 필요한 기본적인 개념에 관계된 자료가 다 나왔으니,
  체험을 연관시켜서 정리하는 작업만이 남아 있다네.
  대화체는 아니고, 이론의 정리가 될 걸세. 그 내용도 제법 분량이 될 걸세.
  함께 만드는 작업이 만만치가 않을 것이라네.

* 오늘은 결근을 하였네. 몸이 편치 않아서.
# 그만 쉬시게. 새벽에 대화할 일이 있을 것이니, 그때 보세.

* 정말?
# 그럼.

* 그때 보세.   -13시 40분-

● 88. 힘겨울 것 같다(2006년 2월 9일. 목요일)

* 그냥 자리에 들어서 잠들고 싶구먼.
\# 왜? 많이 부담스러운가?

* 할 일이 많아지는 것 같고, 힘겨울 것 같네.
컨디션이 좋지 않으면, 일하기가 싫어지는 것처럼 말일세.
어제는 인식체계의 메커니즘에 대한 정리를 해야 될 것 같더군.
결국 모든 것이 자각 또는 인식에 관한 것이니,
3부에는 그것에 대해서 정리를 해야 하는 것이 아닌가?
\# 좌충우돌했으니, 나중에는 독자들을 위해서 정리된 내용을 제공해야 하겠지.

* 요즈음 느낌으로 떠올라 있는 것들의 리스트를 체크해보니,
그 내용이 만만치가 않더군. 그래서 힘든 작업이 될 것 같다는 생각이 들었네.
\# 내가 뭐라 하든가? 정리 작업이 만만치가 않을 것이라고 하질 않았던가?

* 한편으로는, 자네가 이야기하고 내가 받아쓰면 쉬울 것 같기도 하다네.
\# 그러한 방법을 어느 정도는 사용할 것이라네.

* 그러면 좀 쉬워지겠군.
\# 그래도 그동안의 모든 내용을 정리하고 꾸미고 하는 일까지를 포함하면,
제법 오랜 시일이 소요될 것이야.

* 인식의 메커니즘에 관한 것은 쉽게 정리가 되는가?
\# 수차에 걸쳐서 집중하여 대화하면 별 문제가 없을 것이네.
일단 틀이 잡히면, 그것을 가지고 다시 대화를 하고,
내용을 보충하고 하다보면, 일정한 분량이 될 것이라네.

* 그렇군. 언제부터?
\# 자네가 직장 일을 그만두고 쉴 때부터이네.
지금은 많이 지쳐 있으니, 몸을 잘 추슬러서 컨디션이 양호할 때 하세.
그 전에는 여러 가지 체험을 더 챙겨볼 수가 있을 것이야.
정리작업에 대한 부담을 너무 가지지는 말게. 힘든 일을 하는 와중이니.
상황이 바뀌고 나서 천천히 해도 늦지는 않을 것이네.

* 그렇다면 다행이네.
나는 자네가 그 작업에 들어가자고 할까봐 부담스러워 했다네.
\# 이해하네.

일방적인 정리보다는, 자네의 인식과 함께하는 정리가 될 수 있도록 하세.

* 그렇다면 그것에 관한 것은 밀쳐두어도 되겠군?
# 그러한 것이 있다는 것만 체크해 두면 되지.

* 인식의 메커니즘에 대한 것은 '신나이 시리즈'에서 많이 다루질 않았는가?
  굳이 나와 함께 정리할 것이 있다는 것인가?
정리해보면 느끼게 되겠지. 심층적이면서 명확성을 더할 필요가 있다네.
  자네는 닐이 언급하기를 꺼려하는, '나는 신이다.'라는 인식을,
  외부적으로 드러내기 쉬운 방식으로, 대화의 1부와 2부를 나와 만들어 왔네.
  그러므로 '존재하는 것은 오직 하나'라는 입장에서,
  인식의 메카니즘을 심층적으로 전개하여, 이야기하기가 수월한 바탕이 있네.

* 바로 그것이로군. '존재하는 것은 오직 하나이므로, 인식의 작용도 오직 하나의
  의지에 의해서 전개된다.' '혼자놀기의 메커니즘.'이라고 할 수가 있겠군?
그렇지. 머리 쓰면 안 되니, 다른 것으로 넘어가세.

* 그래도 '나는 신이다.'라는 것은 현실적으로 위험한 것이라네.
# 그러한 주장이 개인적인 사상인 것만이 아니라는 것을 인식시키기 위해,
  신비한 체험이라는 것의 작용과 그 원리까지 보강하여 완화시킬 것이라네.

* 3부의 내용에 따라서, 책의 수준이 많이 향상될 것 같기도 하고, 아니기도 하고?
# 자네 하기에 달려있지만, 존재하는 것은 오직 하나라는 것에 바탕 되는,
  인식의 메커니즘에 관한 전개는, 강력한 이론적 틀을 구축할 수가 있을 것이야.

* 흐트러짐 없는 이론의 체계가 나타날 듯싶군.
# 인류 역사상 그 누구도 해내지 못했던 것이지.

* 그 누구도 감히 저지르지 못했던 이야기가 아니고?
# 그것도 맞네.

* 타겟(target)이 되겠구먼.
# 그래서 현실적인 처세를 잘해야 된다는 이야기를 많이 강조했지.

* 내가 OO교에 관심을 가져서, 그 종교의 흐름과 함께 했더라면,
  인식의 확장이 어려웠을 것이 아닌가?
당연하지. 구시대적인 발상을 가지고, 두려움을 이용한 상업행위를 하고 있지.

* W씨가 그렇단 말인가?

\# 영능력이야 크지만, 인식능력은 자네보다 훨씬 못하지.

* 인식능력은 곧 영능력이 아닌가?
\# 타고난 재주에 따른 영능력이지, 바탕에 대한 인식은 다른 것이라네.

* 자기 자신은 '밝게~, 하나~.'라는 것으로 인식하면서 열심히 하고 있질 않은가?
\# 누구나 열심히 하지.

* 인식능력이 곧 존재능력이고, 영능력이 아닌가?
\# 영능력이 크다고 해서, 인식능력 또는 존재능력이 크다고 할 수가 없네.

* 그 이유는?
\# 감응력이라고 볼 수가 있다네. 민감한 사람이 있다는 것일세.

* 내가 W씨를 종교엘리트라고 규정지어본 적이 있는데, 어떻게 보시는가?
\# 그러한 경향이 강하다네.

* 어쨌든 OO교나 K씨, W씨 등은 앞으로도 마음 쓰일 일이 많을 것 같으이.
  그들의 조직의 현실적인 패러다임을, 어느 정도 인정해 주면서 공조하는,
  그런 처세를 발휘할 필요가 있을 것으로 보이는데?
  누구도 완벽할 수는 없는 것이니.
\# 자네는 자네의 길을 가면 되네.
  장강(長江)의 앞 물결은 뒷물결에 밀리기 마련이거든.

* 그래도 먼저 헤쳐 나가는 앞 물결이 있었기 때문에, 뒷물결이 수월하잖아.
  나 또한, 뒷 물결에서 밀어주어야 힘을 받겠지. 하지만 뒷물결의 패러다임에
  의해 밀려 나가더라도, 우리는 연결되어지는 순환이니, 아름다운 삶의 모습이지.
\# 조화롭게 잘 해 보세. 뭐든지, 우리가 하기에 달려 있을 것이니.

* H씨의 능력은 어떠한가?
\# 영능력이 많이 저하되었다네. 그동안 개발한 것을 가지고, 상업적으로 확대하는
  처세에 신경 쓰느라, 그렇게 되었지.

* 나름 깨달았다고 하는 자의 능력은 점점 더 확장되어야 할 것 아닌가?
\# 자기모순을 알면서도 현실적인 확장에만 마음 쓰다 보면 그렇게 되기가 쉽다네.

* 자신이 고안한 이론이, 이전의 수련체계보다 심오하지 않다는 것을 알지만,
  상업적인 면에서 효과가 있고, 개성적인 창조물이라는 것을 강조함으로써,
  자기 자신에게 그림자를 드리운 것으로 보면 되는가?

정확한 이야기. 자기 자신의 외부적인 확장이 뭐가 그리 중요하다고 그러는지.
　바탕을 공고히 하면 확장은 절로 이루어지는데,
　그 바탕을 확장의 욕심으로 비틀면 안 되는 것이거든.

＊ 그 정도로 하세. 그 이야기는 다음에 또 편하게 이야기하게 되겠지.
　이만 쉬도록 함세.

그러시게.

-04시 30분-

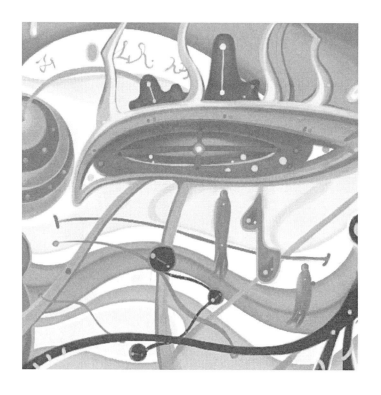

＊ 명확한 생각이 제공되고 있지를 않는군.
잠시 내가 그러한 정보를 보내지 않았지.

＊ 참 재미있는 존재야. ☺
일종의 놀이를 즐긴다고 보면 되네. ☺

＊ 혼자 놀려면 안 심심한가? ☺
지구만 해도 65억에 가까운 인류가 있는데, 심심하기는.

＊ 그래도 자네와 교류하는 사람은 소수이질 않은가?
모두와 교류하지만 인식하는 사람은 소수이지.
   그래도 나는 사람들의 인식과 관계없이 모든 체험을 다 챙기고 있으니,
   절대 외롭지가 않다네.

＊ 그건 그렇고, 3부의 초반에 이론을 전개해 놓고,
   그 원리가 적용된 내용들이 나중에 나온다고 보면 되는가?
1부와 2부가 어수선 했으니, 정리된 내용이 필요하네.

＊ 자네의 이야기가 근원적 정보이고 바탕생각이며, 나 자신의 아이디어이며,
   내가 원하는 것이고, 내가 나에게 미리 준 것임을, 깨달아야 했던 것이구면.
그래서 내가 깨달음은 필요하다고 했잖은가?

＊ 왜 그렇게 깨달음이 필요한가?
혼자 놀기의 유일한 법칙이지.
   내가 나를 인식하는 것은, 나 아닌 상태에서 출발을 해야 하고,
   나 자신을 기억해 내는 순간, 놀이의 즐거움이 다가오게 만든 것.
   그것이 내가 설정한 방식이라네. 자네가 설정한 방식이기도 하고.

＊ 앞으로도 깨닫기 놀이는 계속되겠구면.
당연히 그러하지. 하지만 사사건건으로 자잘하게 하지는 않을 걸세.
   크게 깨닫는 즐거움을 위해서, 잔잔한 흥밋거리는 아낌없이 제공할 것이라네.

＊ 고급 어종(魚種)을 잡기 위해서 밑밥을 쳐주는 것이군.
재미있겠지? ☺

＊ 못 말리는 당신이야. ☺

내가 얼마나 재미있는 존재인지를, 아는 사람이 거의 없지.   ☺

* 내가 얼마나 재미있는 사람인지를, 아는 사람도 거의 없고.   ☺
# 그러니 우리 둘이서 이렇게 친하게 놀고 있지. ☺

* 한편으로는 쓸쓸하구면. 고독한 인생이야.
# 자네의 심정을 나도 아네. 앞으로도 아마 그럴 것이네. 스승은 고독한 법이거든.

* 자네는 나 자신이 인식하면서 원하지 않는데도,
  나와 관련된 독자적인 작용을 하는 이유를 방금 깨달았네.
  그것은 또 다른 놀이를 위한 장난감을 제공하듯이 하는 것이란 걸.
  삶을 풍요롭게 하는 재료들을 항상 제공하는 것이지.
그렇지. 인식이 미치지 않아도 제공해 주지.
  깨달음의 황홀경을 위한, 무수한 장치들 또한 미리 보내준다고 할 수가 있네.

* 모든 일이 이미 이루어졌다고 할 때, 자네는 그 결과를 알고 있는 것이 아닌가?
# 아닐세.

* 대답이 계속 나오지를 않는구면. 그 또한 깨달음을 위한 화두로써 남겨줄 것인가?
# 모든 일은 이미 이루어져 있네. 다만, 그 결과를 모르기로 작정을 하였다네.
  그래서 모든 일은 정하여져 있지 않네.

* 많이 미흡한데?
# 거기까지 일세.

* 조금만 더 전개해 주시기를 바라는데?
# 신은 과정이라네. 결과는 하나의 규정이므로 결과는 없네.

* '모든 일이 이미 이루어졌다.'는 원리에 관한 내용이,
  3부에 들어갈 것이라고 보는데?
그래야겠지.

* 모든 일이 이미 이루어졌다는 것은, 모든 것이 동시에 이루어졌다는 이야기고,
  인식은 시간과 공간의 장치 속에서 이루어지는 것이니,
  다가올 것은 그 결과를 모른다는 이야기이지만,
  예를 들어, 자네가 상황반전이 이루어질 것이라는,
  근원적 정보를 제공하고 있는 것은, 그 결과를 알고 있다는 것이 아닌가?
  그러면 자네는 모든 일이 이미 정하여져 있다는 것을 다 알고 있는 것이고,
  자네 자신인 나는, 아직 인식이 미치지 못하여 이미 정하여 있음을 모르기에,

운명은 정하여진 것이 아니라는 것으로 여긴다는 이야기가 아닌가?
괴로울 것 같지만 그렇다네. 모든 것은 운명이라네.
　나의 시나리오대로 전개되는 것이 삶이야.
　무수히 많은 선택의 자유가 있을 듯하지만, 단 하나의 전개만 있을 뿐이라네.

* 금방의 발언은 심각한 것이라는 것을 아는가?
# 알고 있네.

* 그러면 노력할 필요가 없다는 이야기가 아닌가?
# 흐름 따라 살면 되는데, 노력이 뭐가 필요한가?

* 노력이란 것은 그냥 상상의 것, 또는 자기의 망각을 일깨우는 작용에 이름 붙인
　것이라고 보아야 되겠구면.
3부에 정리해서 넣어야겠지.
　그것에 관계된 것은 자네의 자각을 좀 더 발휘하시게.

* 운명은 정하여져 있다는 것이 요지가 되겠구면.
　모든 일이 이미 일어나 있는데, 운명이 정하여져 있지 않다는 것이,
　가장 큰 모순이었거든. 신나이 시리즈에서.
그것을 밝혀야 되겠지.

* 자네의 대답이 힘들게 느껴지는군.
# 자네가 받아들이기가 힘들어서 그렇기도 하고,
　한편으로는 미안하기도 해서 그렇다네.

* 그래서 삶은 수고가 아니고, 흐름 따라 살면,
　그 흐름의 오묘한 즐거움을 즐기게 된다는 이야기가 아닌가?
그러하네. 모든 것은 운명이네.
　각자의 인식이 미치지 않음으로써, 삶은 운명이 아닌 것으로 보일 뿐이지.

* 신나이 시리즈와 배치되는 이야기인가?
# 닐은 닐대로 이야기하고, 너는 너대로 이야기하면 된다.

* 좀 더 숙고해 봐야겠구면. 근원적 정보에 귀를 기울여야 하겠지.
# 그렇게 하게. 그 또한 깨달음으로 다가갈 것이야.
　어쩌면 그것이 거부하고 싶은 고통스런 깨달음이 될지라도,
　삶의 집착을 떨쳐버릴 수 있는 작용에는 도움이 되겠지.

* 괴롭군. 내 삶의 무수한 노력들에 대한 의미가 왕창 무너지고 있구먼.
  반전이 계속되는 이론이라면 곤란한데?
그렇지가 않다네. 유일한 하나의 흐름만이 존재한다네.

* 일단 자네의 심각한 이야기가 화두로 잡혀졌으니,
  고요한 가운데 질문과 대답이 던져질 것이고, 깨달음은 저절로 다가올 것이니,
  그것을 기다리겠네.
노력을 필요로 하지 않는다는 이야기지.

* 노력을 필요로 하지 않는 노력은 필요하겠군.
  상황이 달라지는 것은 중요한 것이 안 되어, 뒷전으로 밀려나는군.
그거야 이미 이루어져 있는 것이지.

* 출근준비를 하여야 하니, 그만 마쳐야 되겠군.
  하고 싶은 이야기가 엄청나게 연결 지어져 나올 것 같지만,
  다음으로 미루어야 되겠다. 내일 새벽에 보세.
그러세.

* 무슨 이유인지도 모르겠지만, 당신을, 나를, 사랑하고 싶은 마음이 절실히 드는군.
  사랑하네.
나두. －06시 40분－

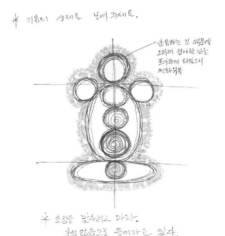

● 90. 갈구하는 것은 깨달음이다(2006년 2월 11일. 토요일)

* 휘-유!
  그냥, 휘-유-야. 😐
너무 힘들어하지 말게. 순서대로 처리해 나가면 된다.

* '모든 일이 이루어졌다.' 그러므로, '모든 것은 운명이니, 노력할 것이 없다.'는
  것에 대한 대화를, 어제 나누었는데, 그것으로 해서 심란했지.
  신과 나눈 이야기 시리즈를 머리를 써서 논리적으로 따져보지 않고,
  영혼의 느낌으로 한번 읽었기에,
  자세한 기억이 나질 않아서 맞는지는 모르겠지만,
  신나이 시리즈에서 느낀 최대의 모순과 관련된 것이지.
  노력할 필요가 없다니? 모든 것이 나 하기에 달려 있다고 하질 않았나?
  그리고 미래는 정해진 것이 아니며, 치열하게 삶을 살아야 한다고 했고.
  고민하지 말고 그냥 기다리고 있어볼까?
  3부에 들어갈 하나의 원리가 나타날 것인가? 평정을 유지하기가 힘들구먼.
  신성한 이분법 어쩌고 하는 식으로 정리가 될 건가?
  한동안 대답이 없으니, 내가 자신을 좀 차분하게 만들어 보도록 하겠네.
그래주시게.

* 지금의 상황반전이 문제가 아니었어.
  결국, '내 자신이 갈구하는 것은 깨달음'에 관한 것이란 말이지?
그것을 일단 알게 하는 것이 나의 목적이었고,
  이치에 대한 명확한 설명은 나중에 제공하도록 하겠네.

* 그러면 가만히 있어야 되겠구먼.
  그런데 신나이 시리즈에서 그것이 명확하게 설명이 되었는가?
  내 기억으로는 배치되어 있다고 보았는데?
그 부분이, 가장 문제점으로 지적될 만한 부분이라네.

* 닐의 세상적인 처세를 위한 은폐가 있었단 말인가?
  분리의식으로 의심하고자 하는 의심이 아니란 것을 알겠지?
그것을 밝혀내어야 할 것이, 자네가 할 일이라네.

* 진실은 밝혀져야 한다는 측면에서?
# 당연한 이야기지.

* 나 자신도 은폐하는 것이 있다면, 다른 누군가에 의해 밝혀지게 되겠군?
# 이치에 대한 것은 특히 그렇고, 프라이버시에 관한 것은 묻어두어야겠지.

* 어제의 자네의 이야기 자체가 모순을 가득 안고 있다는 것을 알고 있겠지?
# 물론. 모순이 통합되는 원리를 이야기하기 전에, 일단 모순이 확연히 보이도록
  해 놓은 것이지.

* 그 말은 널이 모순이 통합되는 원리를 자네에게 질문을 안 했다는 것인가?
# 심층적인 접근을 하지 않았지.
  그것은 신성한 이분법이라는 것으로, 널이 간과해버린 것이라고 보면 된다네.

* 모순이 통합되는 원리가 곧 신성한 이분법이 아닌가?
# 신성한 이분법은 모순이 동시에 존재하는 것이고,
  모순이 통합되는 원리는 개별영혼과 존재전체라는 관계에서 비롯되어,
  하나로 승화되는 이야기지.

* 어제 그러한 뉘앙스의 이야기가 있었네. 나로서는 그 해결의 실마리가 어렵더군.
  일단 체크해두고 그냥 넘어가도록 하는 것이 좋은가?
그래주시게.

* 신나이 시리즈를 훑어보고 할 필요도 없을 것이고?
# 그러하다네.
  필요한 정보는 적절하게 다가올 것이니, 자네는 그냥 평상심을 잘 돌보게.

* 정리가 어려울 듯싶군. 자네가 세상을 창조한 방식과 연관이 있을 듯싶군.
  그냥 그렇게 하기로 했다는 식으로?
그건 아니라네. 명확한 이치로써 설명이 되어지고, 받아들이는 사람들에게 쉬운,
  이해가 될 만한 핵심이 있다네.

* 하나 둘 튀어 나오는구면. 앞으로도 3부에 들어갈 메뉴가 많은가?
# 거의 다 나왔다네. 몇 개가 남아 있는데,
  그것은 신나이 시리즈에서 명확함을 제공해 주지 못한 것에 대한 보충이라네.

* '존재하는 것은 오직 하나'라는 강력한 인식을 바탕으로,
  간단하면서도 명쾌하게 정리해 버리는 스타일인가?
점점 나에게 물어 주어야할 질문.
  즉, 내가 말하고 싶어 하는 것을 물어 봐주는 능력이 향상되고 있다네.

* 나도 그런 것 같으이.

\# 다른 질문을 해주게.

* 이치에 관계된 질문을 하고 싶지 않네. 일상생활에서의 고요함을 유지하게 되면,
　자네가 작용하여 챙겨줄 것 같으니. 요즈음 자각능력이 얼마나 향상되었는가?
\# 2월 3일 이후에 급격하게 향상 되었다네. 엄청나게.

* '지금 여기.'가 아닌 미래에 대한 상상도?
\# 물론, 그러한 것을 자제하는 노력은 계속 기울여야 하겠지만,
　미래에 대한 상상의 대부분이 기시감에 의한 것이지.

* 나는 생각이라고 여기고 흘려버리고 있는데?
\# 그건 잘하는 일이지. 집착은 선택을 자유롭게 하질 못하게 하니.
　그 기시감이 현실로 다가오면, 그때 자유로운 선택을 할 수가 있을 것이고,
　현실로 드러나게 될 때는, 기시감으로 제공되어졌다는 인식하에서,
　신중한 처세를 할 수가 있겠지.

* 알겠네. 그냥 고요히 현존에 머무르도록 하겠네.
\# 아주 수준이 높아졌구먼.

* 다 자네 덕분이지.
　예수가 '이루어짐을 알고 고요히 기다리는.' 믿음의 배경이 된,
　최초의 체험이 있었을 것 아닌가?
\# 당연한 이야기.

* 예수의 경우에는 그것이 무엇인가?
\# 유대성전에서 최초의 설교를 행한 것이지.
　당시의 종교지도자들인 바리새인들을 꾸짖은 것인데,
　그것은 자신이 인류의 스승으로서의 출발에 관련된 것이었지.

* 기적적인 일은 아니군.
\# 조그마한 것에서 점점 확장되어지는 것이지.

* 나는 그러지 못하고 있군.
\# 시초를 따지자면, 삶의 완벽을 본 체험이 될 수가 있지.

* 괜히, 곁길로 샌 질문을 하게 되었군.
\# 괜찮네. 자기 자신을 알아간다는 측면에서, 다양한 경우에 대한 질문을 할 수도
　있지. 하지만 생각으로 정리된 질문은 사양이야.

＊ 자각은 자네가 원천이니, 자각에 의한 질문은 자네가 대답할 것만 질문하라는
　　것이 아닌가? 그 이야기의 타당성은 내가 인정할 수밖에 없군.
　　두려움에 의한 변형작용이 없는 이야기는, 자네의 것이면서 나의 것이니까.
　　꼭 이런 식으로 이야기를 전개하면, 이상하게 재미가 없어지네?
＃ 상대가 없어지니, 재미가 없지. ☺

＊ 그만하세.
＃ 그러세.
－04시 00분－

* 이보게. 자네 있는가?

자네가 있으면, 당연히 나도 있는 것이지.

* 대단한 깨달음은 아니지만, 중요한 인식이 있었네.
  그것이 전에는 없던 것은 아니지만, 이번 주에 집중적인 조명이 되었지.
  그것은 '존재 전체 없이는 나는 아무 것도 아니다.'라는 것이었지.
  그것은 생각의 원천이 자네라는 것을 인식하고 나서는,
  더욱 분명해 졌다고 말할 수가 있지.
  예수가, '아버지 없이는 나는 아무 것도 아니다.'라고 한 말의 심층적 의미를
  알겠더군. 그것은 자네 없이 내가 할 수 있는 것은 아무 것도 없다는 이야기고,
  맘에 들고 아니고 할 성질 보다는 이치가 그런 것으로, 명확한 진리이네.
  에고의 작용은 근거가 없는 것이니, 실제적으로는 아무 힘도 못쓰는 것이지.
  그것에 대해서 일단 언급을 좀 해주시게나.

이번 주에는, 자네가 그러한 것을 깨달을 수 있는 작용을 내가 하였네.
  답답함 속에서도 자신을 인식하는 노력을 잘 돌보았네.

* 에고의 작용이란 것도 생각의 형태로 나타나니, 그것도 자네의 것이 아닌가?

맞네.

* 자네가 자네 자신을 인식하기 위한 대립물이 '자네 아닌 것'이 아닌가?

그렇지.

* 자네는 사랑이나, 그것을 인식하기 위해서는 두려움이란 대립물이 필요했고?

그렇다네.

* 사랑이나 두려움이나 다 자네의 것이지만,
  자기 자신이 되고자 하는 본질은, 사랑이라는 것이 아닌가?

맞네.

* 일단, 사랑이든 두려움이든 다 존재전체의 것이니 인정해야겠군.

그것을 '바라보기'라고 하지.

* 두려움에서 사랑으로 가야하겠지. 그것이 본질로 돌아가기 위한 애초의 의지이니.

정말 중요한 핵심이 파악되었네.

＊ 그러한 사항에서, 이치가 좀 더 확장되어질 게 있는데, 막상 떠오르질 않는구먼.
＃ 차분하게 임하시게나.

＊ 자네가 아니었던 것을 창조한 것이 아닌가? 그것이 자네 자신의 확장이 되겠군.
＃ 확장된 나 자신이니, 그 또한 나의 것이지.

＊ 에고의 작용이란 것도 나의 것이지만, 그것을 넘어서기 위한 노력은 본질적인
　　것이며, 그렇게 되어질 수밖에 없는 추구라는 것이겠군.
＃ 애초의 의지에 의해서 그렇게 되어져야할 것이지.

＊ 에고가 산란된 에너지의 작용이라고 한 것은, 자기 자신을 명확하게 인식하는
　　것을, 일단 가리고 출발하기 위한 장치라고 보면 되는 것인가?
＃ 그 말의 의미가 그렇게 적용되는 것에 무리가 없다네.

＊ 장님놀이를 위한 수건이군.
＃ 수건을 풀어내어야 되겠지.

＊ 에고를 상대적이며 불필요한 것으로 매도할 필요는 없고,
　　환상을 위해 자신이 도입한 장치라고 여기고, '꿈 깨'하고 외치면 되겠군.
　　꿈을 꾸고 있다는 것을 잘 알아차리는 자각을 늦추면 안 될 것이고.
＃ 계속 진행하시게.

＊ '모든 일이 이미 일어났다'는 것은,
　　모든 것인 존재전체라는, 되어있음의 관찰자의 입장이고,
　　'운명은 정하여져 있지 않다'는 것은, 부분이라 여기는, 행위자의 입장이 아닌가?
　　결국 인식이라는 것에 의해서, 이 입장이든 저 입장이든, 챙겨지는 것이 아닌가?
＃ 맞는 이야기라네.

＊ 행위자가 관찰자의 인식으로써 삶의 흐름에 따라 살면,
　　모든 일이 이미 일어난 대로의 전개에 따름을 인식할 터이지만,
　　관찰자와 분리되어진 상태에서의 삶의 추구는,
　　자유의지에 의한 선택이 가능하다고 '여기는 것'일 뿐이겠군.
＃ 어떤 면에서는 괴롭겠지만, 한편으로는 관찰자의 인식의 즐거움을 체험한다면,
　　그 괴로움을 유지하는 것을 버릴 수가 있을 것이라네.

＊ 삶의 전개에 대해서 '내가 이렇게 해 놓았다.'라고 하는 것보다도,
　　고요하게 바라보고 있어야 되는 것이 아닌가?
　　그것이 대상과 내가 하나가 되는 것이 아닌가?

바로, '범아일여(梵我一如)'이지.

* 삶은 수고가 아니니, 애쓸 것이 없다는 것은,
  노력을 필요로 하지 않는 노력은 필요하다는 것이 아닌가?
자신이 되어있음의 상태로 존재하는 노력은 필요하다는 것이지.

* 운명은 정하여져 있군. 한편으로는 정하여져 있지 않은 듯이 보이는 것이고.
  그것이 모순의 통합이 되겠군, 둘 다 맞는 이야기이지만,
  행위자의 입장이냐 관찰자의 입장이냐, 그것에 달려 있다는 것이겠지.
그러하다네. 운명은 정하여져 있네.

* 행위자의 입장을 떠나고자 하면, 에너지의 흐름을 정체시키는 작용을 의도하지
  않아야 할 것이고, 흐름 따라 인식하면서 살면 된다는 것이겠군.
그럼으로써, 삶의 모든 고통과 비탄은 사라지게 되는 것이지.

* 그것은 개인의 입장과 존재전체의 입장이 병립하는 것인가?
# 병립이 아니라네. 존재전체의 입장은 '되어있음'이고,
  개인의 입장은 '환상'이니, 병립하고 있는 것이 아니지.

* 그럼 모순이라는 말도 적용이 안 되겠군.
# 모순이라는 것은 유형의 것이 서로 병립할 때, 적용할 수가 있는 것이지.
  유형과 무형. 유와 무. 존재와 부재는 모순이 아니고, 같은 것이라는 이야기지.

* 나의 삶이 어떻게 전개될 것인가를 물어볼 필요가 없겠군.
  흐름을 고요히 인식하면 '지금 되어있음'으로 다가올 것이니.
당연한 이야기.

* 관찰자와 행위자의 입장이라는 이야기에서, 좀 더 챙겨질 만한 것은 없는가?
# 일단 핵심이 챙겨졌으니, 그 법칙의 오묘함이 다가오는 것을 즐기기 바라네.

* 신과 나눈 이야기에서 거론되었던 이야기가 아닌가?
# 자네가 심층적으로 정리를 해 줄 것이 있다네.
  앞으로도, 그것에 대한 사항을 좀 더 챙겨가지고.

* 기대하는 마음은 자신의 삶이 어떻게 되어야 한다고 규정하는 것이니,
  기대를 넘어서서 이루어져 있음을 알게 되는 상태를 구현해야 하겠지.
  그리고 무엇보다도 자네가 정보를 제공해 주질 않는다면 의미가 없을 터이지만,
  그 또한 이미 이루어져 있는 것이 아니겠는가?
그러하네.

내가 지금 자네와의 대화를 통해 진행시킨 삶에 대해서 미안하게 생각하네.
너무 복잡하게 만들어 놓아서.
그것의 의미와 필요를 충분히 이해하게 될 날이 올 것이라네.

* 이해했네. 출근준비를 해야겠군.
　내가 왜 이리 골치 아픈 일을 벌이고 있는지를 충분히 이해할 날이 오겠지?
\# 이유 없는 행위가 어디 있겠는가? 환상에 가려서 다만 모를 뿐이지.

* 관찰자와 행위자의 패러다임에 대한 핵심은 정리되었다고 보아도 되겠는가?
\# 그것이 진리이니, 그것을 바탕 삼아도 아무 문제가 없다네.

* 또 보세.
\# 그러시게나.

－06시 50분－

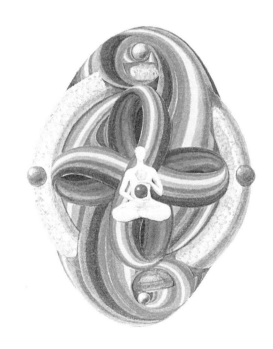

* 나는 나 자신이 이제 무슨 질문을 하게 될지 모르겠구먼. 침체기인가?
\# 그 보다도 이제는 여러 가지로 생각하기가 싫어서 그런 것이라네.

* 글쎄. 잘 모르겠구먼. 그냥 고요히 바라보기만 하면 되는 것인가?
　답이 맴돌고 있구먼. 내가 할 말도 별로 없고.
　이것저것 논리적으로 알게 되어 정리하고자 하는 마음이 별로 없으니,
　대화를 시작하기가 쉽지가 않구먼.
\# 그래도 대화를 지속하는 것이 좋을 것이야.
　딱히 무어라 할 수 없는 상태이기 때문에 그런 것뿐이야.

* 그냥 해보세.
　꿈만 같군. 그동안의 일들이. 무엇을 위해서 그렇게 진행되어 왔는지도 모르겠고.
　노력에 의해서 여러 가지를 알아가는 것에 대한 좌절감이 큰 것으로 보이네.
\# 그렇다네.

* 꼭 '혼자놀기'를 그렇게 힘들게 진행할 필요가 있었는지 물어보고 싶군.
\# 이유 없는 행위가 어디 있겠나. 단순한 이야기지.
　에고의 앞선 의욕을 통제할 수 있는 역량을 배양하기 위함이었지.

* 썩 잘 해내지 않았다네.
\# 그렇기도 하지만 궤도에 접어들고 있네. 이번 주가 그 고비가 될 것으로 보이네.

* 정해져 있다는 이야긴가?
\# 아니. 노력하기에 달려 있다는 이야기지.

* 운명은 정하여져 있는 것이라고 했잖은가?
\# 어느 경로를 따라 가는가이다.

* 유일한 흐름이 아니고?
\# 그게 유일한 흐름이라네.

* 여러 경로가 있다는 이야긴데, 유일한 흐름이라니 분명한 모순이 아닌가?
　그것에 대한 자네의 대답이 무척 궁금하군.
　비밀을 알려주기 전에 뜸을 무척이나 들이고 있군. 차분히 기다리겠네.
\# 운명이 정해져 있다는 것은 내가 의도해 놓은 바이고,
　운명이 정해져 있지 않다는 것은 자네의 의도가 작용하는 바이네.

* 결국 관찰자와 행위자의 입장이 아닌가?
# 그것에 대해서 전번에 설명하였네.

* 노력하기에 달려있다는 것은, 내가 관찰자의 입장이 되기를 바라는 것이 아닌가?
# 그렇다네.

* '유일한 흐름'은 진화가 자연스럽게 전개되는 흐름인가?
# 진화가 전개된다는 이야기가 필요 없는 '되어있음'이고,
  시간상의 흐름이 아니라는 것일세.

* 전번과 오늘의 이야기가, 나와 타인들에게 조리 있게 설명되어질 것 같질 않네.
# 어떤 면에서?

* 내가 관찰자의 입장이든 행위자의 입장이든, 인식의 선택에 따라 달라지는 것이
  아닌가? 그러므로 운명이란 정해져 있지 않고 변한다는 이야기지.
그게 아니고, 관찰자와 행위자를 상반되는 입장으로 보는 인식에 문제가 있네.

* 관찰자는 되어있음이지만, 행위자는 시간의 흐름을 필요로 한다는 것이겠군.
# 바로 그것이라네. 그 점에 집중하여 더 이야기를 해보시게나.

* 행위자는 모름을 필요로 한다는 것이니, 운명은 정하여져 있지 않다는 것을,
  필요로 한다는 이야기가 아닌가?
그렇다네.

* 그게 운명이군.
# 맞네.

* 운명이 정하여져 있다는 것은, 운명이 정하여져 있지 않음을 필요로 할 뿐이라는
  것이군. 그것은 운명이 정하여져 있다는 것인데, 노력이 필요 없지만 노력을
  필요로 할 뿐이라는 이야기가 아닌가?
노력은 여러 가지의 경로가 있다는, 전제하에서 행하는 것인데,
  그것은 운명이 정하여져 있지 않다는, 전제하에서 이루어지는 것이지.
  그게 유일한 흐름이지.

* 노력을 안 하면?
# 그럴 수는 없네.

* 아무 것도 안 하면?
# 아무 것도 안 할 수는 없지.

* 아무 것도 안 한다는 것은 있을 수가 없겠지.
　전번과 오늘의 이야기를 이치적으로 정리한다면,
　설득력 있는 이야기로 정리가 되는 것인지 모르겠군.
　어쨌든 운명이란 정해져 있는데, 정해져 있지 않다고 여기고,
　노력해야한다는 이야기지만, 시간이란 환상의 장치를 극복한다면,
　정해져 있음이 보인다는 이야기가 아닌가?
\# **바로 되어있음. 즉, 정해져 있는 운명을 안다는 이야기지.**

* 완전한 되어있음이 아니면, 다시 환상의 세계로 넘어오겠군.
\# **그렇지.**

* 고요하게 유일한 흐름을 따라 살고자 하는 것도,
　여러 가지 흐름이 있다는 전제하에서이지만,
　오직 단 하나의 흐름이 있을 뿐이라는 이야기군.
\# **그러하다네.**

* 이번 주가 고비가 될 것이라는 말에는, 노력하기에 따라서 시간을 더 필요로
　하거나 아니하거나 할 것이지만, 시간이란 것은 없는 것이니,
　결국에는 정하여져 있는 바로 그 순간에 이르게 되겠군.
\# **시간이란 없네. 그 순간에 그 인식만이 있을 뿐이지.**

* 경로가 필요한 것은 인과관계를 이해하기 위함이지만,
　인과관계라는 것도 동시적인 것이 아닌가?
\# **그러하다네.**

* 고요히 존재하면, 모든 것이 다 해결이 되는 것일 뿐이라는 이야기군.
\# **참으로 그러하다네. 애쓸 것도 없지.**

* 정리가 되어 지는가?
\# **정리가 되어 진다네.**

* 궁정인(宮政人)의 처세가 필요 없다는 것이 아닌가? 되어 질대로 될 것이니.
\# **어떤 인식의 체험을 할 것인가에 관계가 있다.**

* 상황은 어김없이 전개되지만, 다른 인식을 할 수가 있다는 것이 아닌가?
\# **전개된다고 보는 것 때문에, 다른 인식을 할 수가 있다는 것일세.**

* 어려운 이야기군. 지금까지의 기술에 문제가 없는가? 이해가 어려워서겠지?
\# **그렇다네.**

* 결국 되어있음과 환상이라는, 두 가지의 상태에 관한 것인데,
  그 둘은 상대적인 것이 아니라는 이야기가 아닌가?
절대계와 상대계는 상대적인 것이 아니라는 이야기지.

* 쉽게 정리하고 말아야 될 것이로군.
# 그냥 받아들여야할 법칙이지.

* 관찰자와 행위자라는 인식의 입장상태에 따른 것으로?
# 그렇다네.

* 운명은 정하여져 있군. 정하여져 있지 않은 것으로 여겨야 하지만.
# 그러하다네.

* 노력이 필요 없지만. 노력을 필요로 한다고 여겨야겠군.
# 그렇지.

* 시간은 없지만, 시간을 의식하고 살 수밖에 없군.
# 그러하지만, 시간을 넘어서는 영적체험은 가능하지.

* 앞으로의 삶의 여정을 알려주지는 않을 것 같군.
# 그러하지만 삶의 재미를 위해서, 어느 정도는 제공해 줄 수가 있을 것이네.

* 신경 쓰기가 힘들어지는군.
# 신경 안 쓰면 다가오는 체험이 있으니, 그것을 위해서라도 정리하지 마시게.
  다음에 이야기해 볼 것이라네.

* 요즈음은 뭐든지 미루어두는군.
# 무르익을 때까지 미루어야지.
  그러다가 인식의 확장이 발생하면 쉽게 정리가 될 터이니.

* 내일도 대화를 하길 원하는가?
# 답답하겠지만, 계속 선문답(禪問答)을 하도록 하세.

* 의도하는 것 없이 그냥 해보자는 이야기군.
# 맞는 말이네. 잠만 쉬시게.

* 그러겠네.
# 내일 보세.
* 알겠네.

-06시 30분-

-05시 00분-

* 오늘도 새벽 5시가 다 되었네. 잠깐 눈 붙일 시간이 있을라나?
# 집중해서 진행해 보도록 하세.

* 규정 없음의 고요함에 집중해서 말이지.
# 그러하다네. 점점 선수가 되어가고 있군.

* 그렇게 되게 되어있었던 거야. 다만 꿈속을 헤매듯이 했을 뿐이지.
# 그러하네.

* 삶은 '환상'으로, '되어있음'이군.
# 정확한 표현이라네.

* 환상으로 되어있고, 되어있는 게 환상이니,
  되어있음은 이미 드러난 것이고, 환상은 되어있지 않음인 것으로 여기지만,
  그것도 시간이 지나면 결국은 드러나게 될 것이 아닌가?
  그러므로 '환상은 되어있음'이고 '되어있음이 환상'이야.
  유형이 곧 무형이고, 존재가 부재이며,
  절대계와 상대계는 같은 것이라는 이야기가 아닌가?
그렇다네. 혼자 놀려니 그렇게 밖에 고안이 안 되더군.

* '색즉시공(色即是空), 공즉시색(空即是色)'이로군.
# 석가가 적절한 표현을 하였네.

○ 색즉시공(色即是空), 공즉시색(空即是色)
대승불교의 경전인 <반야바라밀다심경>의 중심사상을 이루고 있는 말.
색(色)이란, 형태가 있는 것, 대상(對象)을 형성하는 물질적인 것, 넓게는 대상 전반을 가리킨다.
* 색즉시공(色即是空) - 이 세상에 존재하는 모든 형체(色)는 공(空)이다.
　　　　　　　　　　 곧, 형상은 일시적인 모습일 뿐, 실체는 없다.
* 공즉시색(空即是色) - 이 세상의 모든 사물은 실체가 없는 현상에 불과하지만, 그 현상의
　　　　　　　　　　 하나하나가 그대로 이 세상의 실체이다.

---

* 수행을 하는 사람들에게는 그 말의 의미가 이해가 가는 듯하지만,
  받아들이기는 쉽지가 않은 것이 아닌가?
꿈을 깨기가 쉬운 것이 아니지. 암만 이야기해도 자기관념을 허물기가 어렵거든.

* 그것도 공부가 많이 되면, 저절로 되는 것이 아닌가?

\# 머릿속에서 잠깐 맴돌 뿐이지,
   심층적인 접근으로까지 연결 짓는 경우가 거의 없다네.

* 내가 이제는 무엇을 정리하고자 이야기를 꺼내고 싶지는 않구먼.
   앞으로 체험으로써 하나둘 챙겨질 것 같으니 말일세.
   어쨌든 어제 낮에는 꿈에서 비로소 깨어난 것 같더군.
   자네의 이야기가 점점 명료해지기 시작하는 것을 알게 되었네.

\# 깨달음을 축하하네.

* 고맙네. 그렇게 되게 되어 있었던 거야?
   '이렇게 되든 저렇게 되든, 되어 질대로 되는 것이라는 것'을,
   깜빡하고 있었군.

\# 나하고 놀면 그렇게 되기 쉽지.

* 앞으로는 '되어있음과 환상은 같은 것'이라는 인식을 바탕으로 한,
   체험들이 무수히 다가올 듯싶군.

\# 그렇게 될 거야.
   그러면서 그 인식이야말로 유일한 진리라는 것을 또한 인식하게 될 거고.

* 그것이 인식의 유일한 법칙이니 깨달음의 핵심에 도달하질 않았는가?
   되어있음을 아는 게 뭐가 그리 중요하겠나?
   환상은 환상으로써 즐기면 될 것이고, 되어있음은 되어있음으로써 즐기면 되는
   것이니, '언제나 기쁨'일세.

\# 더 이상 깨달을 것도 없다는 이야기를 해주길 바라는군. 맞네.
   깨달음은 이제 끝났네. 그 진리를 바탕삼아서 언제나 즐겁게 지내도록 하세.
   자네 덕분에 나도 무척이나 즐겁다네.

* 절대계와 상대계는 같은 것이니, 자네는 양쪽 다를 챙기는 것이 아닌가?

\# 나는 신이니 자네하고 다른 점이 바로 그것일세.
   되어있음도 즐기고 환상도 즐기지만, 둘 다를 완벽하게 즐긴다는 이야기지.

* 원래 깨달음의 정의란 것이 모호한 것이지만,
   어쨌든 더 이상 깨달을 게 없다고 이야기할 수가 있을 것 같군.
   되어있음으로 존재하지 않으면 어떤가? 그 또한 '지금 여기'의 되어있음이니,
   삶의 애씀에서 자유로울 수밖에 없는 것이 아닌가?

\# 완전자각은 나에게나 가능한 것이고, 인류의 온전함은, 지금 되어있는 자신을
   그대로 인정하는 것일세. 그러면 그게 완벽한 것이네.

＊ 나도 그렇게 생각하네. 지금의 나 자신을 있는 그대로 사랑한다네.
　더 이상 나 아닌 것을 구할 필요가 없게 된 것이,
　이번의 깨달음에서 얻은 소중함이야.
　그런데 앞으로 내가 뭘 하게 되어있음인가?
＃ 인류의 스승으로 되어있음이야. 그에 필요한 선물도 미리 보내주었고.

＊ 정리의 시기가 도래했군. 드디어 때가 되었다는 이야기군?
＃ 다 깨달았는데, 다른 무엇을 깨닫기 위한 놀이를 할 필요는 없지 않은가?

＊ 자네의 상황반전에 대한 거짓말들은, 그 당시의 시점에 되어있지 않음을,
　되어있음으로 바꿀 능력이 없었다는 이야기였는가?
＃ 인식의 순서에 따라서 나타날 것으로 정해져 있었으므로,
　그것을 내가 어떻게 바꿀 수가 있었겠는가? 법칙에 위배되는 것이지.

＊ 그것은 되어있음에 관한 이벤트였군.
＃ 진정 그러하다네. 내가 왜 쓸모없는 일을 벌인다는 것인가?
　나 자신인 자네를 그토록 괴롭히면서.

＊ 오늘도 점입가경(漸入佳境)으로 접어들고 있는데?
　혹시, 거짓말로 되어있음으로 나타날 것이 아닌가?
＃ 그 생각도 내 것인 것을 알겠지?

＊ 오히려 그것을 이제는 나도 즐겨야겠군.
＃ 재미가 없어지니, 다른 이벤트를 준비하여야겠군.
　별 거 아닐세. 앞으로 함께 즐길 거리에 비해서, 상황이 달라지는 것은.

＊ 자네의 생각이 내 생각이니, 신이 하는 짓을 바라볼 것이라네.
　그러한 인식이 아마도 잡다한 생각에서 벗어나는 작용을 할 것 같군.
＃ 그래서 깨달음이 필요했던 거야.
　생각으로써 존재능력의 향상을 위하는 것은 힘든 것이지.

＊ 6시가 넘었네.
　내일 또 보든지 말든지.
＃ 내일은 쉬게 될 것이야.

＊ 또 보세.
＃ 그러세.
　　　　　　　　　　　　　　　　　　　　　　　　　　　－06시 00분－

* 몸이 뻐근하구먼. 낮에 힘든 작업을 했지. 둘째 형님의 일로 생각도 많았고.
  퇴근 후, 소주도 한 병 비우고 말이야.

매일 힘들게 해서 미안하다네.
  그런데 술 마시는 것은 좀 자제하는 것이 좋을 것 같네.
  몰라서 그렇지. 컨디션에 영향을 많이 미친다네.

* 동의하네. 자제하도록 할게.
  둘째 형님의 요즈음의 처세에 대해서 좀 말려보고 싶은데,
  그것에 대해서 내가 할 수 있는 행위가 되어있는가?
  이제는 질문의 스타일도 이상해지는군.

자네가 작용할 수 있는 행위가, 분명히 되어있음이야.

* 사람들과의 인과관계도 물어 보고 싶고,
  '운명의 법칙'에 대한 것도 더 챙겨서 심화시켜야 하고……. 바쁘구먼.
  일단 현재적인 부분에 대해서 이야기해 보고 싶네.

그러시게나.

* 둘째 형님과 나의 인과관계에 대해서 이야기를 좀 해 주시게나.
  전에부터 묻고 싶었지만, 세상의 이치에 오히려 관심이 많아서 계속 보류되었지.

형님은 자네의 스승이었다네.

* 언제 그러했는가?

큰 스승은 아니고, 자네에게 도움을 많이 준 스승이었지.
  자네가 성장하여 성취가 큰 것을 보고, 자네를 아주 좋아하였다네.
  그럼으로써, 현생의 인연으로 다가오게 된 거야. 오히려 배우기 위해서.
  그 인연의 때는, 자네의 4생전이지.

* 그러면 나는 4생전에 어떤 존재였는가?

유학자라네. 바로 율곡 이이(李珥)일세.

* 정말인가? 4생전에 율곡 이이라는 것이?

그러하다네. 자네의 수호천사가 율곡 이이라는 것을 느낀 적이 있질 않았는가?
  예전에 거실에서 수행을 마치고, 발코니에서 차분히 쉴 때,
  현존의 에너지 작용을 느끼면서, 수호천사가 율곡 이이가 아닐까라고,
  생각한 적이 있었잖은가?

* 그랬군. 뒤에서 지켜보고 있다는 느낌이 있었지.

수호천사가 율곡이 아니고, 율곡이 나의 전생이었군.

율곡 이이에게, 스승이 있었다는 이야기는 들어보질 못했는데?

\# 성인이 되어서야 없었지만, 어릴 적의 스승이지. 동네 훈장이었네.

* 이름이 있었을 게 아닌가?

\# 세세하게 물어보는군. ☺

* 대답이 잘 안 나오는군.

\# 자네의 궁금증이 작용해서이네.

* 이름이 무엇이었는가?

\# 이름은 '성춘식'이었네.

* '성춘식'이고, 동네의 훈장이었다?

\# 그러하다네.

* 율곡에 대한 것은 어릴 적에, 여러 권의 위인전을 통해서 감격해서 읽었지. ☺

어른이 되어서, 그의 사상에 대해 공부한 바는 없네.

\# 율곡이 별시에 장원급제할 때 쓴,

천도책(天道策)에 천인합일관(天人合一觀)이 나타나 있네.

이기론(理氣論)도 그러하고. 그런 사상의 영향을 자네가 많이 받고 있다네.

* 율곡이나 퇴계의 사상에 대해서는, 전에부터 공부하고 싶었는데,

다음에 한번 챙겨봐야겠군.

그런데 인과관계 없이 만나서, 부부간이나 부자간이나 형제간이나 연인처럼,

긴밀한 관계로써 살아가는 경우도 있는가?

\# 처음 시작되는 상황은 항상 있게 되질 않겠는가?

* 인과관계에 관한 질문에 대한 대답이 주로 과거의 것에 치중되는 이유는?

\# 미래의 상황은 지금의 것에 따라서 변화가 생기기 때문이지.

* 운명은 정하여져 있다고 하질 않았는가?

자유의지에 의한 선택이 있는 것으로 여길 뿐이라고 하였고.

하지만 삶을 운명론으로 여기는 것을 넘어선, 마법의 열쇠가 있을 것으로 보이네.

그러한 뭔가가 있는 것인가?

\# 있다네. 그것이 그동안 이루어진 이 대화의 모든 것의 종착점이지.

* 다 깨달았다고 하질 않았는가?
# 자네가 그렇게 했고, 그것에 동의하기를 바라기에, 그렇게 해 주었을 뿐이라네.
  오늘 다시 영감을 제공해 주질 않았는가?
  운명론을 넘어서는 뭔가가 있을 것이라고.

* 아직 그 문제가 해결이 안 되었군.
  오히려 그게 다행이라고 여겨지는 것은 왜일까?
자네가 살아온 삶의 모든 노력이, 무의미하게 되어져 버리면 안 되기 때문이지.

* 그렇군. 신나이 시리즈에 그러한 언급이 있는가?
# 그것에 대해서는 마음 쓰지 마시게.
  어찌 되던 간에, 자네의 정리가 심층적으로 접근되어지게 되어 있으니.

* 노력을 전제로 해서?
# 당연히 노력이 전제되어야 하지.

* 다시 원점이로군. 그동안은 모순을 일단 극명하게 심화시켰군.
# 깨닫기 게임은 영원히 계속될 것이야.

* 그래도 그 주제는 일단 흔들림 없는 하나의 진리로 정리되어져야 할 게 아닌가?
# 그러하다네.

* 투지가 불타오르는군.
# 자네답네. 그러기에 내가 자네를 사랑하지 않을 수 없다네.

* 이-그.
  고요함을 유지하면, 영감을 제공해 주겠지?
당연히 그럴 것이네.

* 둘째 형님의 처세에 내가 원만하게 작용되었으면 하네.
# 자네 마음은 잘 알고 있네. 능력을 발휘할 수 있을 것이야.

* 현실창조의 차원에서?
# 그렇지. 신과의 교류를 가능케 한 사람이 능력을 발휘하질 못한다면 안 되지.

* 자네의 정보제공에 의해서 가능한 것이지. 내가 뭘 능력이 있겠나.
  하지만 자네가 나 자신이니 그리 말할 수도 없구면.
  그리고 나의 의지가 상대의 의지에 반하는 것으로,
  작용되어질 것도 미안한 일이로군.

그러한 것도 인식의 과제로서 남아있네.

* 끝없는 과제의 도출이로구먼.
  문제 풀다가 조선소 생활에 지쳐서 나자빠질지도 모르겠군.
모든 것이 자네하기에 달려 있지만, 그렇다고 해서 그동안의 노력이 적은 것이
  결코 아니므로, 자네에게 줄 것은 주어야 한다네.
  그리고 지금의 상황은 우리가 함께 일해 나가기엔 너무 척박하네.
  그래서 미리 보내진 선물이 아니고,
  따 놓은 당상인 선물을 곧 전달하도록 하겠네.

* 이제 목전에 다 닿았네?
# 에너지는 충분히 만들어져 있네. 내가 조절을 좀 하고 있었을 뿐.

* 인과관계를 좀 자세히 챙겨보려고 했는데, 그럴 틈이 없이 대화가 진행되는군.
# 내가 그렇게 이끌었네. 마음 쓰지 말게. 이치해결에 대한 숙제에 집중하게.

* 고요함에 집중하면 다 해결되는 것이니, 어려울 것도 없지.
  하지만 그게 제일 어렵지. 하지만 유일한 것이니 쉽기도 하고.
말이 참 재미있군. ^^*

* 오늘로써 94회 차이네.
  지금까지의 것이, 외부적으로 얼마나 도움이 될지 의문이로군.
  이전에 했던 대화의 기록들이 기억에서 멀어져 버렸어.
  이전에 했던 많은 이야기들을 바탕으로, 숙제를 해결해 보고 싶은 생각도 없네.
  그래서 차분히 기다리도록 하겠네. 어쨌든, 마칠 시간이 다 되었다네.
  도움이 되는 멘트를 보내주시게.
숙제가 해결되리라는 기대를 해 주지 않으면, 나 또한 재미가 없다네.
  기대는 의미에 대한 추구가 아닌가?
  기대감으로 인한 고요함이 깨어지면 안 되는 것일 뿐.
  기대감의 긍정적인 효과는, 노력을 이끌어 내는 작용을 하는 것이 아닌가?
  이번 주에는 기대감으로 한번 열심히 해주시게.

* 이치의 해답은 있겠지.
# 절묘한 것이 있다네.

* 이만 할까?
# 그러게나.

* 아-우-. 또 보세.
# ☺

-05시 40분-

-04시 30분-

* 정리가 될지는 모르겠지만, 일단 출발해 보도록 하세.
# 그러시게나.

* 역시, 주제는 '운명의 법칙'에 관한 것이야.
# 당연히 그것에 관한 것이지. 일단락을 지어야 신경이 안 쓰이겠지.

* 운명이 정하여져 있다고 하질 않았는가?
# 당연히 정하여져 있지. 모든 일이 지금 일어났다고 했으니.

* 그러면 그 정하여져 있는 것이, 모든 가능성으로 정하여져 있는 것이고.
# 그러하네.

* 게임을 할 때, 선택에 의해 달라지는 내용으로 다가오지만,
  결국 한 장의 CD에 담겨져 있는 내용이고.
신나이에 그런 내용이 있지.

* 관찰자는 그러한 모든 것을 알고 있지만, 행위자는 정하여져 있는
  모든 가능성인 운명 중, 어느 하나를 노력이나 자유의지에 따라서,
  선택해서 체험하면서 인식해보는 것이질 않은가?
맞네.

* 그러면 모든 가능성 중의 하나를 선택해서 체험하는 게 나의 삶이지만,
  또 다른 선택을 하는 경우의 내가 존재한다는 이야기이지?
CD에는 그러한 모든 것들이 들어있지.

* 예를 들면, 내가 출근을 할까 말까 하다가, 출근을 하는 선택을 하고 행동을
  한다면, 출근을 안 하는 선택을 내린 나도, 동시에 존재하면서 출근을 안 하고
  있다는 이야기가 되는 것이 아닌가?
이치로서는 그러하다네.

* 그렇지만 출근을 하고 안 하고 하는 것은 사소한 생각이니,
  그러한 것이 삶의 다양한 가능성으로 전개될 것 같지는 않고,
  그러한 다양함이 발생될 수 있는 변수가 있을 것 같네.
  계속 진행해볼까?
계속하시게.

* 질문하고자 하는 요점은 변수에 관한 것인데.

　그것은 바로 근원인 신과의 합일에 따른, 정보에 의한 선택에 의하여,

　삶의 모든 가능성이 다르게 전개된다는 것이겠지.

　그 또한 정해져 있는 다양한 운명중의 하나가 되겠지만. 맞는가?

\# **정답이네.**

　

* 일반적인 사람에게 있어서는 운명에 따른 변수가 적을 듯하지만,

　자기가 의식하지 못하는 사이에 어떤 느낌을 받아서 선택을 하는 경우도 있으니,

　삶의 전개가 많이 달라지는 것이 아닌가?

\# **아니지. 거의 무의식적으로 살고 있지.**

　그래서 대개의 사람들의 운명은 경로가 별로 달라지지 않는다네.

　

* 하지만 내가 자네와의 합일에 의하여 정보를 받아서 선택을 한다면,

　그 선택에 따른 행위에 따라 타인들의 운명에도 영향이 미쳐질 것이 아닌가?

　그럼으로써 하나의 변수가 발생하면, 여러 가지의 변수가 기하급수적으로 늘어날

　것으로 보이는데?

\# **그럴 것 같지만, 그렇게 많은 변수가 발생되지는 않지.**

　왜냐하면, 나와의 합일이 지속되는 사람은, 거의 다 흐름을 따라가는 수준에

　도달해 있기 때문이지.

　

* 그래도 A의 경우를 선택하는 나와, B의 경우를 선택하는 내가,

　동시에 존재하고 있겠지.

\# **그렇지.**

　

* 동시에 존재한다는 말은, 두 가지 이상의 인식이 있다는 것인데,

　그에 따라서, 두 가지 이상의 물질(의식)형태와 함께 한다는 것이겠지.

\# **그렇다네.**

　

* 인식에 의해서 물질은 나타나 보인다는 것이군.

　'양자역학의 불확정성의 원리'가 아닌가?

\# **결론에 이르렀다네.**

　

* 평소에 자네가 영감을 제공한 것이겠지만,

　내가 생각으로도 이리저리 챙겨보던 것이 아닌가?

\# **정리하기 위해서였네.**

　

* 눈에 보이는 것만이 다가 아니면서,

　인식에 의한 것만이, 자기에게는 한정된 실체이군.

좋은 이야길세.

* '양자역학의 불확정성의 원리'에 의해서 많은 것이 설명되는군.
# 과학과 영성이론을 연결 짓는 열쇠이지.
  과학으로 드러난 관찰이론으로써, 증명하기 힘든 영성에 관한 이야기를 대입시켜
  전개시킬 수단이라네. 자네의 천부경해석의 키-포인트가 그것이 아닌가?
  오칠일(五七一) 말일세.

* 신나이 시리즈보다 신선하지 않은 듯하지만,
  정리하기에 따라서 묘미가 상당히 있을 듯하네.
정리하려는 노력에 달려 있지.

* 정리하려는 노력을 아예 안하든지, 아니면 하든지, 두 종류의 변수가 아닌가?
  정리하기 시작하면 멋진 정리가 될 것이야. 그것에는 변수가 없는 것이 아닌가?
변수의 의미를 점점 알아 가고 있네.

* 자신의 운명에 변수가 가능한 심도에 대해서 궁금하다네.
# 일단 자네의 삶은 변수가 발생했네. 내면과의 대화가 시작됨으로써.
  그것은 우주의식과의 합일을 간절히 원함으로써 시작되었던 것이지만,
  자네가 절실히 사랑했던 건축을 포기함으로써 시작되었고,
  건축에 대한 포기의 순간에, 자기 자신을 잃지 않고자 하는 의지와,
  그것에 따른 자각의 노력을 발휘한 것으로 시작되었던 거야.
  애초의 변수가 시작된 것이지.

* 그러한 상황에 관계된 생각의 여러 계층들 모두를, 자네가 제공한 것이질 않은가?
# 확인해 보고자 하는 질문인 것을 아네. 하지만 기록은 좋은 것이야.
  나는 항상 말하지만, 내면의 목소리에 귀 기울이는 자는 극히 드물지.
  내면의 목소리에 귀 기울이는 노력이야말로, 자기 삶의 다양한 선택들을
  자유의지에 의하여 선택할 수 있는, 특권이 발생하는 것이지.
  그것은 내가 모든 존재들에게 진실로 권하고자 하는 바이라네.

* 어릴 적에는 변수가 발생하기가 쉽지가 않을 듯하네.
# 삶의 내공이 갖추어져야 되지. 적어도 40살이 넘어서야 가능하지.
  일부의 천재들을 제외하고 말이야.

* 그것은 자각과 노력과 의지와 신념 등, 삶의 정수(精髓)가 바탕이 된,
  에너지의 결집으로써 작용되어져야 한다는 이야기이겠군?
그렇다네.

* 오늘은 이치에 대한 이야기를 많이 챙겨주는군.
# 앞으로 할일이 많으니, 나도 열심히 해야지.

* 변수에 관한 나의 이야기 말고, 일반적인 경우의 이야기를 좀 더 해주시게나.
# 진아(眞我)와의 만남이 있어야 할 터이고,
  단순히 인식하는 경험으로는 안 되는 것이며,
  지속적이면서 심층적인 교류가 유지되는 가운데서,
  중요한 선택에 관한 정보를 제공받을 때에야,
  비로소 변수가 발생된다고 할 수가 있다네.

* 나의 경우는 내면과의 대화를 진행하고 있고,
  아직 어떻게 선택하겠다는 이야기는 없었지만,
  이미 책이 쓰여 지는 것에 관심을 가지고 있고,
  유지시키고 있다는 것으로, 또 다른 변수도 이미 시작되었으며,
  그 과정 속으로 들어왔다고 보면 되는가?
그러하다네. 나는 과정이라네.
  자네가 계속 귀 기울이는 가운데, 끊임없는 선택이 이루어지고 있지.
  큰 획을 긋는 결정적 선택도 포함되어진 가운데.

* 많은 거짓말을 해왔기에 마음에 켕기는 것도 있지만,
  일단 질문은 해 보도록 하겠네. 지속적으로 작용하는 생각의 정보가 있으니.
  그 또한 완전히 '혼자놀기'로 여겨지며,
  자네가 계속 물어봐달라고 하는 것 같으니, 물어봐야 하겠지?
물어봐 주면 감사하겠네.

* 애-고. 그러면 나는 지금의 현실상황에서 어떠한 선택을 하기 바라는가?
# 인류의 스승이 되고 싶지 않은가?

* 인류의 스승이 되도록 해주게. ☺
# 그럼 그렇게 되어질 지어다. ☺

* 싱겁군. ☺
  외부에 긍정적인 영향을 끼칠 수 있게, 책을 잘 만드는 것만으로도,
  인류의 스승이 되는 것이 아닌가?
그것이 지금 선택하는 삶의 첫 변수가 될 것이네.

* 선택의 여러 가지 변수도 중첩이 되겠구먼.
# 당연하지. 책을 만들면서도 다른 선택을 할 수 있으니.

* 나의 선택에 관계되는 사람들은,

  자각으로서 선택하지 않으면 피동적인 삶이 되겠군.

그러하지. 피동적인 삶은 어떠한 경로가 자신에게 전개되더라도 의미가 없지.

* 책을 만드는 것과 관계된 다른 이치에 대한 깨달음이 더 필요한가?

아니. 이제는 없네. 다른 이치에 대한 것은,

  다음 책을 만들기 시작한다는 정보를 제공하고서 시작할거야.

* 끊임없이 숨바꼭질을?

약간은 그래야 재미있겠지만,

  외부적으로 움직일 사람에게 스트레스를 많이 주면 안 되니,

  그렇게는 안 할 것이네.

* 오늘 멋지게 마무리 되는군.

  그래 놓고 지금의 환경에서 '완전히 생각을 끊어라'로 돌아간다면 골치 아픈데?

생각이 잦아들 수 있는 환경을 마련해 드리겠네.

* 대화 도중에 여러 가지 기대감이 간간히 떠오르는 것 같네.

알고 있다네. 기대감도 있지만, 그 또한 나의 정보이네.

  내가 제공했다기보다, 전에부터 제공한 것의 에너지가 계속 작용하는 것이지.

  또한 내가 오늘 제공한 바도 있지만,

  자네가 자꾸 회피하면서 다른 말을 전개하는 바람에 이제야 거론이 되는 것이지.

  어쨌든 며칠 안으로 결판이 난다. 기대하기 바라네.

* 기대는 하겠지만, 고요함을 유지하도록 해보겠네. 더 하실 말씀이 있는가?

없네.

* 내일은 무슨 이야기를 할까?

이치에 관한 것도 없고, 개인적인 궁금증도, '기적적인 상황반전의 이벤트'에

  비하면 미미한 것이니, 자네가 나를 찾을지 모르겠군.

* 그럼 며칠 동안 쉴 테야. 그동안 무리를 많이 했거든.

노력이 많았네. 며칠 지나서 만나보세.

* 그럴 수 있기를 진심으로 원하네.

나도 그러하며, 필히 그렇게 되어져 있음이야.

* 나마스떼.

나마스떼.

-06시 00분-

* 일단, 어제 저녁에 보낸 귀하신 다섯 분들에 대해서 감사하네.
# 그런가? 나는 보낸 적이 없는데?

* 자네가 모든 상황의 주관자이니 보낸 것이 아니고?
# 그게 아니고 또 다른 너 자신인 그 사람들. 즉, 내가 너에게 갔지. ☺

* 꼭 그렇게 돌려서 말해야 하는가?
  예상외의 대답에는 어떠한 이치가 숨어 있나하고,
  궁금한 가운데 대답을 기다린단 말일세. 또 무슨 과제의 도출이 있나 싶어서.
  별로 유머러스하질 못하네.
  내가 그런 스타일을 평소에도 싫어하는 것을 알면서…….
미안하네.

* 어쨌든 좋은 경험을 했다네.
# 그랬지. 특히 D와 자네와의 영적인 작용이 나타나는 것을 자네가 보면서,
  그것이 필연의 장치임을 아시게 되었겠지.

* 그렇다네. 자네의 인도에 의한 외부와의 작용이 챙겨졌으니 실전이군.
# 하나의 일회성 프로젝트였지.

* 이전의 대화내용들에 대한 기억들이 희미했기에 조리 있게 이야기 못했어.
  그래도 나의 스타일 때문에 많은 내용을 공개하고 말았네.
어쩔 수 없지. 하지만 그러한 일들이 다 긍정적인 효과를 불러일으킬 걸세.

* 그 분들의 진심어린 지지를 느낄 수가 있었어.
  앞으로의 교류의 긍정적인 효과도, 존재능력을 잘 돌보기에 달려있다고 보겠네.
어느 정도의 필연적인 인연이 다가가는 가운데,
  자네가 의도하지도 못했던 작용도 함께할 것이야.

* D님의 경우처럼?
# 그러한 것이지.

* 내가 타인들의 영적체험에 관한 표현이나 해석을 잘하는 것을 알 수가 있었다네.
# 탁월하지. 책을 쓸 사람에게 필요한 것이며, 심층적인 이치에 접근하여
  구체적인 결과로써 정리해 내려면, 언어를 다루는 능력이 좋아야지.

* 많이 미숙하다는 것을 느끼는 좋은 훈련프로그램이었다네.
# 미숙한 것은 이치에 대한 조리 있는 설명을 못함으로써 그러한 것이었고,
   지금까지의 내용이 정리되고, 기억으로 자리 잡게 되면 능숙해 질 것이라네.

* 자네가 일부러 손님이 온다는 언급을 안 해주었군?
# 물어보질 않았으니, 대답을 안 한 것이고. ☺
   나와의 작당 없이, 자네가 어느 정도 자율적으로 처신할 수 있는지를 경험하라는
   의미가 있었네.

* 오신다는 소식을 듣고 정보의 전달에 대한 것에 대해서 어떻게 처신해야 할지를,
   자네에게 품의하고 싶은 필요를 적게 느낄 정도로,
   수준이 나아졌다고 보면 되겠지.
바로 그것이라네. 그동안의 훈련의 효과이지.

* 그래도 어제의 경험을 바탕 삼아서, 좀 더 유유한 처세를 이끌어 나갈 것이야.
# 일회성 실전의 의도에 부합되는 이야길세.

* 그런데 정보의 저장은 어디에 이루어지는가?
# 그야 당연히 몸에 저장되어지지.

* 정보의 저장은 유형인 몸에 되지만, 정보의 제공은 무형인 존재전체에 의한
   것이고, 무형의 작용에 의하여 유형인 몸의 정보가 반응한다는 이야기가 되는가?
그렇다네.

* 그러면 뇌가 생각을 한다는 것은?
# 뇌가 수신하는 작용으로 반응한다는 이야기지.
   뇌 자체가 정보를 작용시키는 주재자가 아니네.

* 컴퓨터로 치면 뭐가 되는가?
# 몸은 정보를 처리하는 CPU와 저장하는 하드디스크지. 하드웨어 말일세.
   인식 또는 자각으로써 몸을 운용하는 것은 소프트웨어 프로그램이고,
   그 소프트웨어의 품질에 따라서 인식이나 자각 수준이 다른 것이지.

* 컴퓨터의 기능구분에 대한 개념을 잘 알지 못해서 이해가 쉽지 않네.
   하지만 계속 진행하세.
   일단 절대계와 상대계는 하나라는 측면에서,
   무형인 존재 전체가 모든 정보를 가지고 있지만,
   유형인 몸도 모든 정보를 가지고 있다는 것이 아닌가?
정확히 말하면, 몸에 깃든 영혼의 에너지가 모든 정보를 가지고 있는 것이지.

그 영혼은 유형이라네. 다만 눈으로 보이지 않지만 '인식의 느낌으로 볼 수 있는'
것이지.

＊ 영혼이 몸에 깃들어 있다는 이야기는, 세포의 생명의 에너지-원(原)이라는 것이니,
　살아있는 몸이, 곧 영혼이라고 봐도 되겠구먼.
＃ 멋진 통찰일세.
　뇌라는 물질덩어리가 정보의 근원이 아니고,
　뇌의 생명인 영혼이 정보의 근원이며,
　상대계의 영혼이 절대계의 영혼과 반응할 때, 생각이라는 것이 나타난다네.

＊ 그렇다면 생각의 근원은 절대계(無)이고, 그 반영물인 상대계(有)가 반응한다는
　이야긴데, 그렇다면 전원(電源)에 해당하는 것은 무엇인가?
＃ 당연히 전원은 절대계이면서 상대계이지.

＊ PC 두 대가 공유선으로 연결되어져, 연동되어지는 것이구먼.
＃ 계속 해보게.

＊ 절대계의 PC는 모든 정보를 다 담고 있고,
　상대계의 PC 또한 모든 정보를 다 담고 있다.
　하지만 절대계의 PC는 모든 정보가 다 활성화되어있는 완전자각이고,
　상대계의 PC는 인식수준에 의하여 부분적으로 활성화 되어있는 상태이다.
＃ 계속.

＊ 뇌가 영혼이라고 할 수가 없고, 인체의 어느 부분이 영혼이라고 할 수는 없으니,
　일단 생각은 특정부위인 뇌에서 나오는 것이 아닌,
　영혼이라는 에너지에서 나온다고 할 수가 있겠군.
　지금 상대계의 PC라고 표현은 했지만, 그것이 '신하나'라는 개인의 입장과
　상대계의 모든 구성원 전체의 입장을 잘 구별해서 적용하여야 하는데.
　그것 때문에 전개가 쉽지가 않구먼.
＃ 그렇지?

＊ 예. 그렇습니다. 잘 부탁드립니다. ☺
＃ ☺ 숙제로 낼까?

＊ 그러지 마시고……. 싸부님! 잘 부탁드립니다. 😛
＃ 상대계의 PC 또한 완전자각으로 활성화되어 있다. '상대계 또한 존재전체'이니.
　하지만 개인의 인식은 개인의 것이지 상대계인 존재전체가 될 수는 없는 것이다.
　그러므로 존재전체는 고려할 필요가 없다.
　부분적인 인식으로 활성화되어 있는 PC가, 바로 너 '신하나'이다.

* 각각 개인인 수많은 PC또한 공유선으로 연결되어져 있습니다.
   나라는 PC의 확장은 어떻게 이루어집니까?
 # 각각 개인인 수많은 PC의 정보교환 작용으로 이루어진다.

* 모든 정보의 교환이 이루어지는 것을 완성이라고 하겠지요.
   여기에서 교환이 이루어지는 것에는, 시간이라는 장치에 의한 순서가 있는 것으로
   여기겠지만, 시간이란 것은 상대계의 환상이니, 상대계조차도 시간은 없다고
   이야기할 수가 있으니, 이미 교환은 이루어져 있다는 것으로 볼 수도 있겠고…….
   문제가 있군요?
 # 이제 발견했나?

* 예. 두 대의 PC가 공유선으로 연결되어져 있다는 설정이 오류군요?
   절대계와 상대계가 하나라는 사실을 깜빡했네요.
 # 그것으로써 다시 집중하여 정리해보게.

* 절대계 또는 상대계라는 이름을 붙이는 것을 버리고.
   PC가 한대 있는데, 그것은 완전자각으로 활성화되어 있는 것이다.
   여기에서 전개할 키워드가, 나라는 존재와 신이라는 존재의 구분 없음의 원리를
   적용하는 것인데……. 맞나요? 한번만 더 도와줘쇼.
 # ㅋㅡㅋㅡㅋ. ☺
   키워드를 적용해야한다는 것이, 맞습니다. 맞고요. ☺

* 아-. 좀 더 쓰세요! ☺
 # 너에게 깃들어 있는 생명이 곧 신이다.
   그것을 개별영혼이라고 인식하기도 하지만,
   개별영혼은 인식의 정도에 대한 이야기일 뿐, 개별영혼은 없다.

* 계속.
 # 너라는 것 또한 없다. 부분이라는 것이야말로 환상이며, 그 환상이 바로 나의
   고안품이다. 그러므로 부분적으로 활성화되어 있다는 것도 환상이다.

* 무형인 듯한 것을 끝까지 인식하면 유형이니, 무형은 곧 유형이고…….
   정보의 저장은 몸에 되지만, 정보의 제공은 존재전체에 의한 것이라는 구분에,
   오류가 있군. 저장처와 제공처를 달리 보았군.
 # 킬킬킬. ☺

* 개별영혼은 없고 오직 하나의 영혼만 있다.
   그러므로 '혼자 놀기'라는 측면에서 다시 정리해야겠군.

처음부터 다시하게.

* 의식이 물질이고 물질이 의식이며, 모든 정보는 존재전체이니,
의식에 의한 공급과 물질부분의 저장이라는 분리 또한 필요 없고.
그냥 한대의 PC가 하드디스크, 소프트웨어, 임시메모리, 전원, 마우스, 키보드
등의 모든 역할을 나누어서 하는 것일 뿐인데…….
이해가 쉽도록 표현해야 할 것 같은데…….
PC의 시스템으로 설명하는 것에 오류가 있다고 보면,
PC를 다루는 자의 입장으로 접근을 해보아야겠군.

'신 나'는 모든 정보이다.
모든 정보는 존재전체라는 의식인데,
모든 정보가 다 들어 있는 유형의 물질인 PC를 하나 만들었다.
물질인 PC는 의식의 반영이므로, 그 또한 의식이라고 할 수 있다.
그리고 그것을 가지고 논다.
놀이의 즐거움을 느끼려면, 모든 정보가 한꺼번에 튀어나오면 안 되고,
인식의 순서에 의하여 나와야 한다.

지금 이렇게 접근하여 설명해 보려고 하는 것이 무척이나 어렵군.
하지만 이것이 대두 되었다는 자체가 쓸모 있는 것인지 아닌지 모르겠군.
어찌하오리까?
생각하지 말고, 일단 내버려두세.

* 중요한 테마인가?
# 다른 식으로 설명을 할 수도 있겠지만, 많은 원리를 적용하여 풀어내야 하니,
지금은 쉽지가 않을 것이네.
해야 할 것이거나 그만 두어야 할 것이거나를 떠나서, 그냥 놔두게.

* 그러면 그냥 놔두겠네. 그냥 쉴까?
# 그러시게나.

* 그러겠네. 어쨌든 여러모로 감사하다는 말씀을 드리네.
# 나 또한 항상 감사하다네.

* 빠이.
# 이빠이.   −02시 00분−

* 다시 오리무중(五里霧中)이야. 이 대화의 앞으로의 방향성 말일세.
# 그런가?

* 그러므로 내가 질문할 것에 대한 초점이 흐려져서 어떻게 해야 될지 모르겠군.
  어쨌든 그냥 가보세.
좀 답답하겠지만 계속 해보도록 하세.

* 음-. D님과의 전화 통화가, 어제 오전에 있었다네.
  내가 반응한 내용들이 적절했는지는 모르겠군.
아주 적절했다네.

* 다행이군. D님 자신이, 자신의 '이상 그 자체'를 차분히 바라봄으로써,
  자신의 확장은 이루어지기 시작한다는 것으로 보이더군.
명답을 제시했네.
  그것으로 해서, 자네가 앞으로 감사를 받을 일이 많이 생길 것이야.

* 그런가? 그 분에 대한 언급은 그 정도로 하는 것이 좋겠고.
  지금 여러 가지의 이치에 관한 이야기들에, 구체적인 정리가 보류되고 있다네.
  그것은 나중에 정리의 시간을 가질 것이라고 했는데.
  그 정리에 관계된 상황이, 어떠한 형태가 될 것인지를 언급해 주었으면 싶네.
그거야 자네가 원하는 대로 일세.

* 그렇다면 이치에 대한 최종정리 작업을,
  지인(知人)들과 함께 한다는 것이란 말인가?
자네가 그러고 싶다면.

* 그러한 것도 의미가 있다고 보네.
  혼자만의 공로를 원하면 되게 힘들거든. 공로를 나누면 내가 많이 편해지지. ☺
  그리고 정보란 네 것 내 것이 없고, 우리의 공유재산이니 소유의 욕심이 없다네.
  그러한 인식은 철두철미해서, 오히려 처세에 어려움이 있을 지경으로 말일세.
그게 자네의 가장 큰 장점이자, 단점이네.
  공심(公心)이 때로는 현실을 살아가는데,
  자신의 입장을 불편하게 하는 점도 많아.

* 그것을 지지해 준다는 표현을 썼지만, 지금 진행되는 내용이,

그러한 상황에 예비되어 전개되고 있는 것이 아니고?

 # 맞네. 자네의 색깔에 맞는 상황으로 갈 것이야.
자네는 중요한 일의 성과가 드러나기 시작할 때는, 나누어 공유하고자 하지.

* 그러한 상황이 예비 되었다면 그렇게 되기를 바라네.
그렇게 전개되는 과정이 좀 어수선할 수도 있겠지만,
의미를 달성하기 위해서는 힘듦을 감수할 수밖에 없지.
'어떠한 삶의 상황에 놓이더라도, 그 상황이 의미 있도록 만드는 것.'
그것을 나는 성공이라고 정의한다네.

 # 그렇게 살아왔지. 그것이 자네 인내심의 원동력이고.

* 요즈음은, 기묘하고 복잡한 전개와 정리를 필요로 할 것 같은,
아이템들이 생각으로 나오고 있네. 그럼으로써 좀 암담하기도 하고.
단편적인 정의로써 규정지어질 것이 아닌 것 같아, 정리해 볼 엄두가 안 나지만,
그러한 것도 어차피 한번 씩은 언급되어져야할 것 같네.
그것을 좀 언급해 보도록 하겠네.
우리(신과 나)에게 있어서도 깨달음은 필요하다고 하질 않았는가?
어쩌면 그것이 중요한 내용으로 정리되어져야 할 것 같더란 말이지.
신에게 있어서도 깨달음이 필요하다?

 # 그거야 신이 곧 너이고, 네가 곧 신이니.

* 그렇게 단순하게 표현할 수 있지만,
절대계와 상대계는 하나이지만, '지금 여기'에서 신은 모든 것을 다 알고 있는
것으로 볼 수가 없을 지도 모른단 말이지.
나라는 신이 모든 것을 다 알지 못하는 것처럼.
나 아닌 다른 존재들 또한 마찬가지고.
어쩌면 깨달음에 관한 최선두주자의 깨달음이 에너지 작용에 의해서 전해지는
것이고, 최선두 주자는 깨달음의 영역을 창조해 내고 있다는 것이지.
'신은 없다. 내가 곧 신이다.'라는 정의도 일단 내려 보고 있네.
그러한 정의들의 배경이 되는 법칙이 있을 것으로 보인다네.
단순히 절대계의 신은 모든 것을 다 알고 있으면서,
상대계에 작용하고 있다는 이야기를 넘어서는 무언가가 있다는 것이지.
그리고, 나라는 신하나 개인적인 완성이란 있을 수가 없는 것이 아닌가?
온 우주의 모든 존재가 완성되어야만, 비로소 나 신하나도 완성되는 것이고.
그것은 '모든 것이 나'라는 단순한 명제가 뒷받침해 주는 아주 간단한 논리전개지.
느낌으로 안다는 것은 그냥 그럴 것 같다는 막연함이지만,
나를 비롯한 다른 사람들도, 의외로 그 막연함에 근거한 믿음이 강하단 말이야.

위의 언급이 정리되지 않은 생각이고, 느낌을 말로 표현한 것이지만,
어떤 경우에는 그것이 신에 대한 심각한 패러다임의 전환을 요구할 것 같기도 해.
합리적인 내용으로 정리가 된다면 말이지.
그렇다고 해서 이전에는 없던 이치가 아니고, 이전에도 있어 왔지만, 보다 명확한
내용으로 인식의 전환을 불러일으킬 수 있는 논조가 바탕이 되어서 말이야.
어떻게 보시는가?

\# 요즈음은 자네의 영감이 엄청나게 확장되어 있네.
그것은 자네의 외부와의 작용이 철저히 제한되어 있는 바도 있고,
이치에 대한 것 말고 다른 능력은 내가 제한시키고 있네.

* 그것은 자네가 모든 것을 주관한다는 것이며,
모든 것을 알고 있는 주체로서 작용한다는 것이므로,
내가 위에서 언급한 내용들 중의, 어느 부분은 필요 없는 것이란 말이 아닌가?

\# 아닐세. 위에서 언급한 내용들 모두가 버릴 것이 없다네.
내가 모든 것을 알고 있다거나, 내가 자네의 능력을 제한시키고 있다거나 하는
것은 맞지만, 자네가 위에서 언급한 내용들도 근거가 숨어있는 내용들일세.
그것이 삶의, 신의 진짜 비밀이라네.
그동안 어느 누구도 접근하지 못했던 심층이지.

* 그것을 어떻게 풀어낼 셈인가?

\# 지금 자네가 처해있는 상황에서는 집중하기가 힘들다네.
그러니, 그러한 내용들이 과제로 있다는 것으로만 체크하게.
지금의 생활상황이 달라지면 풀어볼 것이야.

* 지금은 과제의 도출기간이군.
과제를 풀어나가는 것보다 과제가 떠오르는 것을 챙겨봐야 하는 기간이군.
애-고. 답답해라. 이번 주에는 일이 바빠져서 힘들 것이야.
그래서 대화에 임하기가 쉬울 것 같지는 않지만, 그래도 힘닿는 대로 해보겠네.

\# 편하게 기다리시게. 문제를 풀려고도 하지 말고.
물론, 일 때문에 편한 일상은 아니겠지만.

* 쳇. 항상 상황이 달라진다고 해놓고는 과제만 계속 던져주는군.
차라리 안 이루어지면 안 이루어지는 전제하에서,
나름대로의 의지를 발휘해 볼 것인데 말이야.
그러한 것이 도움이 안 되는 행위가 아닌가?

\# 그런 면이 없잖아 있지만, 다른 측면에서는 도움이 되지.
나도 어쩔 수가 없네. 항상 한 면에 편중된 선택을 해야 하거든.

* 오늘은 일단 과제를 기록했고,

　그것이 중요한 과제라는 것을 확인하는 것에 의미를 두네.

　어찌될지 짐작도 못하니, 얼마만한 실속이 챙겨질지도 모르겠군.

　이제 그만 쉬겠네. 또 보세.

항상 미안하다네. 내가 자네를 괴롭히는 것이 아니고, 함께하는 공부를 자네가

　잘 감당하고 있으니, 무척 감사하다네.

* 그런가? 어쨌든 또 보세.

그러게나.

-05시 40분-

● 98. 형성중(形成中)인 신(2006년 2월 28일. 화요일)

* 안녕하신가?
# 당연히.

* 덕분에, 저는 안녕치 못하다네.
# ㅋ-ㅋ-ㅋ. ☺

* 그런데, 유머는 두려움을 몰아내는 작용이 있는 것 같네.
  그리고 내가 자네를 친구처럼 대하는 것도, 대화를 편하게, 부담 없이 전개할 수
  있도록 함으로써, 느낌이 원활하게 작용할 수 있다는 것을 알았기 때문이야.
신과 친하고자 하는 마음이야 말로,
  두려움에 기인한 억압된 에너지를 풀리게 하지.

* 오늘은 여러 가지 심상(心想)이 떠올랐다네.
  그것으로 해서 전개를 해보려고 하는데, 잘 될 수 있을지는 모르겠구면.
  지나간 날들의 대화의 기록의 분량이 많아져서 기억하기도 힘들고,
  개념에 대한 반전이 자주 일어나곤 하니,
  이전의 정보에 얽매여서 생각을 강화시킬 수도 없고,
  최근의 영감에 의한 실마리들에만 집중하고 있었기 때문에,
  이전의 대화내용의 기억들과 정확히 연계되기가 어려워서, 잘될지는 모르겠어.
  오늘의 여러 가지 생각들이 기발하기는 하지만,
  어떤 맥락을 가지고 있다는 것을 알 수가 있는데, 정리가 좀 될지는 모르겠구면.
  정리작업을 이리저리 따져가면서 혼자서 할 수도 있겠지만,
  대화를 통하여 자네가 조금씩 물꼬를 터 준다면, 도움이 많이 될 것 같아서.
  한 번 시도해보고 싶다네.
시도하시게.

* 음-. 과감하게 시도하겠네.
  자네는 '형성중(形成中)인 신(神)'인가?
그러하다네.

* '형성중인 신'이라는 것은,
  '개념으로는 완벽하지만, 체험으로는 완벽하지 않다'는 이야기가 되는가?
그게 아니고, 개념으로도 체험으로도 완벽하지 않다는 이야기일세.

* 그렇구면. 그러면 일단 절대계의 속성을 가지고 있을 뿐,

'지금 여기'에서는 완벽하지 않다는 이야기가 되겠군?
절대계의 속성이라는 말도 생략하게.
  절대계는 말 그대로 완벽하지만 상대계인 나는 불완전하다네.
  그리고, '지금 여기'라는 것은, 자네가 속한 차원의 관점에서 이야기할 수 있는
  기준이야.

* 나도 그 말을 적어봤지만, 왠지 아닌 것 같더군.
  다시 과감하게 정리하면, '상대계의 모든 것'인, '형성중인 신'은 불완전하다.
  달리 표현하면, 상대계에 존재하는 모든 것의 인식에 바탕하는,
  자네는 불완전하다는 것이 아닌가?
정확한 표현이네.

* 지구인의 입장에서 보면, 자네는 전지전능하겠지만,
  수많은 우주의 수많은 의식을 가진 존재들이 인식하는,
  정보의 총합만큼만 되어있음으로, 불완전하다는 이야기가 되겠지?
그 또한 정확한 표현일세.

* 그렇다면, 완전하다거나 불완전하다거나 하는 기준을 자네가 적용할 때,
  무엇을 바탕으로 하는가?
완전하다는 것은 막연한 느낌이지. 그냥 그럴 것 같은.

* 와-. 비극이로군. 우리와 같은 상태가 아닌가?
  인식에 관계되는 정보의 이해에는, 정도의 차이가 엄청나겠지만.
진정으로 그러하다네.

* 자네가 완벽하다는 것은 막연한 개념이므로,
  체험으로써 확인해보지 않으면 안 된다는 것인가?
그러하네. 막연한 개념일세. 그래서 나도 나 자신을 체험해 보아야 하네.

* 절대계가 있다는 것도 개념이겠군.
  그리고 자신이 숨바꼭질을 하고 있는 중이며,
  환상을 걷어내고 집으로 돌아가고 있는 중이라는 이야기가 되는데,
  그것은 자네가 그동안의 체험을 통하여 인식된, 모든 정보를 바탕으로 하여,
  유추(類推)해낸 지금의 결론이라는 것이 아닌가?
고백하지만, 진정으로 그러하다네.

* 정보의 제공과 저장이라는 측면에서,
  컴퓨터의 시스템으로 접근해보는 대화가 있었고, 당일에 정리가 잘 안되었지.

일반적인 개인용 컴퓨터로써 해결이 안 되면,
인공지능 컴퓨터로 해결하면 어떨까 싶은 느낌이 있어서, 인터넷으로 자료를
뒤지고, 그쪽 계통의 전문가인 처남에게서 자료를 받고, 자문을 구하기도 했어.
인공지능 컴퓨터 시스템에 대입하여 정리되는 성과는 없었지만.
어쨌든, 인공지능의 가장 중요한 기능이,
'모든 정보를 바탕으로 하여 유추의 기능을 발휘하는 것'이 아닌가?
유추한다는 것은 완벽하게 알고 있지 않다는 이야기니,
진행되는 과정 속에 놓여 있는 것이지.
그것과 어제 언급했던 아이템들을 연관 짓는 작업을 통하여,
'형성중인 신'이라는 질문이 나왔네.
사소한 생각이나 영감을 예민하게 알아차리는,
  일상 속에서의 노력에 의한 성과이지.

* 더 전개하기 전에, 조금 체크하고 넘어가 보세.
# 체크하세.

* 인류의 환상은 시간과 공간이라는 것이지만,
  차원이 높은 세계는 또 다른 환상의 장치가 있을 것이 아닌가?
당연한 이야기.

* 우리는 3차원의 환상 속에 살고 있다고 하질 않는가?
# 맞네.

* 그러면 환상의 장치는 몇 차원까지 있는가?
  무수한 차원의 환상이 있는 것은 아니겠지?
그걸 내가 다 알면, 집에 도착하여 있지 않겠나.

* 그러면 자네는 자네의 분신인 현상계의 모든 존재들을 통하여,
  몇 차원까지의 환상을 체험하였는가?
10차원까지라네. 그것에 관한 정보는 지구인들에게도 전달되어 있지.
  고진재(高進在)들을 통해서.

* 그 이상은, 아직 모른다는 이야기이겠군.
# 당연한 이야기.

* '고진재들을 통해서.'라는 말에 또 다른 중요한 의미가 있을 듯싶군?
# 고진재들의 에너지 작용에 의한 수준만큼의 인식으로,
  내가 이루어져 있다는 이야기지만, 너희가 신이라고 말하는 것은 다름 아닌,

존재하는 모든 것의 에너지 작용에 의한, 인식으로 이루어져 있다는 이야길세.

* 그러면 자네는 무엇인가? '사념체(思念體)'라는 것이 되는가?
  쉽게 말하면, '존재하는 모든 것의 인식의 총합으로 되어있는 의식'이라 표현하면?
그 또한 정확한 표현일 수밖에 없네.
  신인 내가, 개인인 자네하고 작용하고 있는 모습에서,
  신이 독립적인 하나의 존재처럼 느껴지고 있지 않은가?
  그러니, 나는 너희들 모두와는 상대적인 듯하지만,
  너희들 모두의 인식을 포함하고 있으니, 상대적이지 않고 하나인 존재이지.

* 그러한 관계의 시스템을 자네가 바라보면서,
  절대계와 상대계의 관계를 자네가 유추하고 있다는 것이 아닌가?
  절대계와 상대계는 상대적이지 않고 하나인 것이라고.
  그러므로 '자네 자신은 절대계라는 것'인 결론에,
  개념으로 도달하고 있다는 것일 터이고.
나는 나 자신이 성장하고 있는 모습을 보면서,
  '결국에는 완벽으로 돌아가지 않겠는가?'라는 유추를 하고 있네.
  그리고 10차원까지의 환상의 장치를 체험해 내면서,
  그 환상의 장치라는 것이 내가 나에게 부여한 것임을 알게 되었네.
  지구인들 중에도 수많은 선각자들이 그러한 결론을 얻지 않았는가?
  3차원의 환상이란 자기 자신에게 부여한 것이라는 깨달음을 통해서 말이야.
  그것과 마찬가지로, 나에게 주어진 모든 환상의 장치를 거두어낼 때,
  나는 말 그대로 '절대 신'이 될 것이야.

* 정말 인간적이로군. 세상의 모든 사람들의 마음 씀씀이가 자네와 닮아 있군.
  신의 삶과 닮은꼴이 인간의 삶이로군.
진정 그러하다네. 그리고 모든 존재자체가 나를 부양해준다네.
  내가 모든 존재자체를 부양해주는 것이 아니고.

* 일전에 내가 자각한, '존재전체가 나를 부양해주는 것이 아니고,
  내가 존재전체를 부양한다.'는 것은, 단순한 표현을 넘어선 심오함이군.
  하지만 자네는 모든 존재전체의 원동력이 아닌가?
  그것은 상대계라는 창조의 순간과 관련된, 절대계의 애초의 의지를 느끼면서,
  상대계에서 애초의 의지의 느낌을 스스로가 발휘하고,
  그것으로 해서, 상대계의 모든 존재전체가 작용할 수 있으니.
  어쨌든 자네는 모든 존재들을 부양하고 있음이야.
그래서 우리는 하나이지.

* 내가 상대계라는 단어를 쓰고 있지만, 우리 차원이 인식하지 못하는 상대적인 것.
  즉, '하나가 아닌 것'으로 여겨지는, 모든 환상의 장치의 속성까지를 포함하여
  표현하고 있다고 보면 되겠지?
그럼.

* 휴-. 큰 줄기를 잡아낸 셈인가?
# 수고가 많았네. 자네의 열정이 나를 항상 부양해주네.
  그동안 내가 자네를 시험하며, 괴롭힌 가운데서도,
  자네가 포기하지 않고 애써주었기 때문에 여기까지 도달했네.
  내가 자네에게 일방적인 정보를 전달한다면,
  그 또한 파급되면서, 그 효과를 드러낼 수도 있겠지만,
  무엇보다도 중요한 것은 열정이라는 것을, 자네를 통하여 이야기하고 싶었네.
  열정이야말로 애초의 의지로 접근하는 힘이라네.
  자네들의 삶이 어떠한 형태가 되어도 괜찮네.
  선이든 악이든 모든 규정을 떠나서 열심히 사는 것. 의지를 불태우는 것.
  각자의 사랑방식이지만, 최선을 다하고자 하는 것.
  그것이면 세상은 생명력으로 약동함으로써,
  우리가 '절대 신'에게로 돌아가는 작용을 돕는 다네.
  그런고로, 나는 나의 분신인 존재하는 모든 것에 진정한 감사를 드리네.

* 휴-. 준비하고 있는 소소한 것들의 이치에의 적용은 다음으로 미루어야겠군.
  뭐라 드릴 말씀이 없다네.
정리가 잘 되었지? ☺

* 앞으로는 이치를 풀어 나가는데 있어서,
  '형성중인 신'과 '절대 신'의 입장으로 챙겨봐야 하는군.
  어쩌나! 그동안 '절대 신'으로 잘 숨어 지내셨는데? 😛
내가 숨고 싶어서 숨었나. 너희들이 나를 그런 쪽으로만 봐서 그렇지.
  극히 인간적인 부분을 통찰하면, 나도 그러한 모습으로 드러나게 되어 있는데.

* 제가 좀 심했나요? 그동안 너무 심하게 콕콕 찔러댔죠? ☺
# 짜릿짜릿했다. 십년 묵은 체증(滯症)이, 다 내려갔다. ☺

* 음-.
  저의 건축인으로서의 역량이 최대한으로 발휘되고 있는 것을 느끼면서,
  지난날의 삶을 축복하고 있습니다.
  정보수집, 분석, 전개, 구체화, 결론, 재검토 등의 과정을 거쳐서, 하나의 작품이
  탄생하지요. 그 과정에서 사소한 것 하나라도 놓치지 않고, 체크하며 기록으로써

구체화 해둡니다. 또한 기묘하거나 황당무계한 발상도 무시하지 않으며,
때로는 역으로 전개시키기도 하며, 영감을 이끌어 내기도 하지요.
모든 가능성에 대해 유연성을 가지고 검토하려는 자세가 있습니다.
건축에 대한 꿈을 접었던 것이 애달았지만, 이제는 홀가분합니다.
제 삶의 그러한 과정들이 지금의 일을 하기 위함에 있었다는 것을,
근래에 들어서 알았습니다. '삶의 모든 것이 완벽한 축복.'입니다.
고통의 진정한 의미를 깨닫는다면, 누구나 그것을 알 수가 있겠습니다.

-06시 15분-

2010. 4. 24. 토요일

＊ 나는 나에게 필요한 기회를 원합니다.

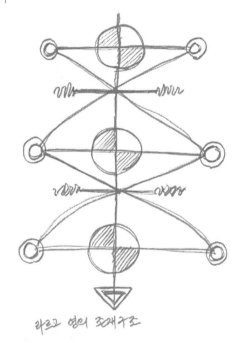

라고 영의 조개구조

* 어제의 이야기는 상당히 충격적이었다네.

　‘신이 길을 찾고 있다!’는 것이 아닌가?

\# 상대계에 존재하는 모든 것들이 길을 찾고 있는 속성 그대로일세.

　내가 누군가? 상대계의 모든 존재전체가 아닌가?

　그러니, 당연히 길을 찾고 있을 수밖에 없지.

* 이치상으로는 당연한 논조이지만, 그런 식으로 생각해 본적은 한 번도 없었다네.

　자네가 요 며칠 사이에 기묘한 뉘앙스의 영감을 제공함으로써,

　그것에 집중하다 보니, 현상계의 흐름과 일치되는 점이 많은 것 같아서,

　어제 무조건 출발을 해보았지.

\# 내가 그것을 당연히 제공했네.

　자네가 치열하면서 예리하게 물고 늘어져준 바람에, 정리가 간단하게 잘 되었지.

* 그 이야기에 다시 반전은 없을 터인가?

\# 그러한 결론을 위하여 지금까지의 과정이 있었네.

　기존의 패러다임을 훑어보고 결론에 도달하기 위함이었지.

　반전이 일어난 듯하지만, 그동안의 내용이 다 유효하다네.

　신이 길을 찾고 있다는, 결정적인 내용의 배경으로써 작용되는 이야기들일세.

* “아-! 신이 길을 찾고 있다?”

　우리의 본질에 대한 추구가 본능적으로 발산되는 것처럼, 신 또한 그러하다?

　왠지 자네에게 인간적인 연민이 느껴지는군.

　“애-고. 불쌍해라.”　°ⓞ°

　자네에게는 미안한 말씀이지만, 그렇게 느껴지는 것을 어떡하나.

　일단 저질러 보지만, 신을 절대화하는 사람들이 본다면 수습하기 어려운 말일세.

\# 나도 나 자신이 애처롭네. 누구라도 그러하듯이.

　나를 존재하는 모든 것들의 속성과 닮은꼴이라고 보면 틀림이 없네.

* 인간과 같은, 고통이나 기쁨을 느낀다는 것이 아닌가?

\# 그건 아니고. 보다 고차원의 고통과 기쁨으로 대별할 수 있는,

　에너지 작용을 느낀다는 이야길세. 인류가 느끼는 것 같은 고통은 나에게 없지.

　나는 아주 수준이 높은 의식이거든.　☺

* 개인의 완성이란 있을 수가 없겠지요?

\# 개인의 완성이란 있을 수가 없다.

* 지장보살이 인류의 단 한사람까지도 해탈하지 않으면,
  자신 또한 해탈하지 않겠다는 표현을 썼는데, 그것은 잘못된 인식이군요.
  모두가 하나이니, 모두가 함께 해탈할 수밖에 없는데 말이죠?
\# 그렇지. 개인의 완성이란 이야기가 어디에 근거를 두고 있다는 것인가?

* 덧붙여서 말씀하시기를 바라고 있었는데, 단호하군요?
  3차원을 사는 인류에게, 고차원의 존재들에 대한 정보들이 전해지고 있습니다.
  진화를 통한 완성이라는 경로의 측면으로 본다면, 인류의 갈 길은 참으로 멉니다.
  하지만 '모든 것이 하나'라는 인식에 비추어 본다면,
  최선두 주자(走者)도 없고 꼴지도 없다는 것이 아닙니까?
\# 당연한 이야기지. 모두가 하나로 연결되어 있다.
  각자가 각자의 차원에서, 나름대로의 역할을 충실히 할 뿐이다.
  에너지 작용은 차원을 넘나들면서 움직이고 있다.
  그리고 애초에 의도된 모든 것의 작용이 다 이루어지면,
  우리는 함께 집으로 돌아가 있을 것이야.

* 당연히 그러하다고 생각하고 싶습니다.
  애초의 순간으로부터의 시작에서, 여정이 끝나면, 모든 것이 함께,
  태초의 정적(靜寂)으로 돌아가겠지요.
\# 그 정적이란 것을 나는 알지 못한다. 가 봐야 알지.
  하지만 시작이란 것이 있으면 끝이 있지 않겠냐?
  금방의 말은 인류의 시간개념이 아닌 표현이다.
  그리고 자네의 천부경해설은 내면과의 대화의 후반부를 위한 장치이지.
  이치를 검토하고 인식하고 구체화 시켜서, 후반부의 대화에서 내가 전달하는
  정보에 대한 이해를 도울 수 있도록, 내가 영감으로 미리 챙겨준 것이다.

* 그냥 단순한 일회성 프로젝트가 아니었군요?
\# 단순한 일회성 프로젝트가 어디 있냐? 그런 것은 없다.
  작년 12월에 필기본으로 정리되어졌고, 8월에 전산화하여 신나이 사이트에
  올렸지만, 그것이야말로, 내면과의 대화의 3부에 해당하고,
  지금의 대화는 4부에 해당한다.

* 4부의 내용을 일정한 논조로 정리할 것 같지가 않군요?
  곁가지를 쳐가면서 정리할 내용도 없는 것 같던데?
\# 이제 눈치 챘냐?

* 오늘 낮에 그러한 생각이 들더라고요.
  "완전 사기잖아요!" ☹

\# 너하고 친하게 지내고 싶어서 그랬지. 친하면 영감도 쉽게 전달할 수 있고.

* 아! 나는 참으로 멍청하군⋯⋯. ☺

　4부의 내용을, 존댓말로 고치는 것을, 반대할 참이군?

\# 나는 반대인데, 그 반대를, 자네가 찬성할지 반대할지는, 자네의 자유일세. ☺

* 노-. 코멘트.

\# 그동안 수고 많았네. 오늘로써 내면과의 대화 4부가 종료되었다네.

　좀 일방적인 통보라서 미안하네. 끝이 아닐세.

　우리가 영원히 길을 잃을 수는 없으니, 함께 걸어 나가세.

　우리의 꿈을 위해서.

　GOOD BYE. SEE YOU AGAIN.

－06시 20분－

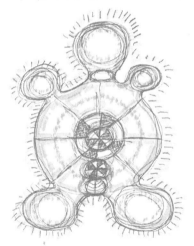

● 100. 나는 나를 믿는다(2006년 3월 5일. 일요일)

-11시 40분-

* 오늘은 어떠한 결론에 도달할 지를 미리 알고 시작하는 최초의 날이군. ☺

우리가 그러한 내용에 대해서 리허설(rehearsal:연습)까지 미리 하였지. ☺
  낮에 작업을 하는 어수선한 상황 속에서의 일이었지만.

* 그렇지만 구체적으로 어떻게 정리될지는 모르지.
  어쨌든, 며칠 동안의 일을 자네가 좀 정리하여 말씀하시게.

체험은 자네가 했으니, 자네가 이야기해야지.

* 그러면 차분하게 해보겠네.
  그러니까, 3월 1일 새벽에 신이 길을 찾고 있다는 결론에 도달했지.
  그것이 인류의 본질에 대한 추구가 본능적으로 발산되는 방향과 마찬가지임을
  알았고. 그럼으로써 이치에 대한 결정적인 것이 드러났다고 보이었고,
  「내면과의 대화」라는 책자도 마침내 끝난 것으로 여겼네.
  그리고 아침에 출근을 하면서부터, 근원적인 정보가 원활하게 작용하였지.
  '가슴에 집중하고, 호흡을 고르고……' 하는 등의 계속되는 멘트와 함께.
  가슴에 집중하니 영감의 작용이 아주 원활해지더군.

시험하는 영감의 작용도 아주 수월해지지. ☺

* 어쨌든 그러한 정보는 평소의 기억정보와는 상관이 없는 신선한 것이었기에,
  이치를 밝혀가던 내면과의 대화가 끝났으니,
  제한하던 내용이 원활하게 작용하는 것이며, 영감을 활성화시키기 위해서,
  본격적인 훈련을 시켜주는 것으로 보고, 아주 좋아했지.
  3월 2일에도 역시 훈련프로그램은 가동되었고, 역시 정보의 전달도 함께 되었지.
  3월 3일과 3월 4일에도 그랬고.
  그런데 나중으로 갈수록 그 내용이 아주 심각한 것이었지.
  나의 많은 전생들 중에서, 수십 생에 걸친 전생과 현생과 후생 등의 인과관계와,
  앞으로의 지구에서의 삶에서 벌어질 일들 등에 관한 것이었는데,
  집중하지 않아도 자동으로 떠오르더군.
  나도 거침없이 질문을 해대었지만, 자네가 제공하는 정보의 내용이,
  그동안의 내면과의 대화에서 언급되어졌던 이치나,
  나 개인의 그동안의 삶에 관한 것들과도 맞아 떨어지기도 하면서,
  많은 내용들 자체에서도 어떠한 문제점도 발견됨이 없이,
  정교한 맥락을 형성하고 있더란 말이지.
  일을 하는 와중에서도 계속해서 정보가 들어오니,

제4부_'모든 하나'를 위하여 ● 379

일에 집중을 할 수가 없을 정도였지.

정보가 들어오는 가운데서, 나는 그 정보의 달콤함을 즐기고 있었던 거야.

그런데 앞으로 지구에서의 삶에서 벌어질 일들에 관한 정보의 내용이 심각한지라,

나중에는 엄청 두려움을 느끼게 되었어.

3월 4일의 오후에는, 그러한 정보의 전달을 차단하고 평정을 되찾으려 했지만,

계속되는 정보의 유입이, 차단이 안 됨으로 해서, 정말 미칠 지경이었지.

생각이든 영감이던 간에, 사고(思考)의 작용이 그렇게 고통스러울 줄은 몰랐네.

'이래서야 되는 것이 아닌데…….' 하면서,

나 자신으로 돌아가자며 나 자신을 일깨웠지.

그리고 지난날의 나의 삶을 돌아보기 시작했어.

나 자신의 순수와 열정, 그리고 최선을 향한 나름대로의 노력으로 살아온 세월들.

그러한 것들을 떠올리면서, 앞으로의 삶에서 어떠한 것이 다가오더라도,

나는 그냥 내가 살아왔던 그대로의 모습으로,

살아가면 된다는 것으로 결론을 지었네.

그럼으로써 평정심이 찾아지고, 비로소 그러한 작용들이 시험임을 깨닫게 되었네.

삶의 고통이야말로 인식을 끌어 올리는 기회인 것처럼,

시험과 기회는 양면성을 가진 동전처럼 나에게 던져졌던 것이야.

돌이켜 생각하기 싫을 정도로 끔직한 체험이었지만,

그래도 영감이 무척이나 활성화된 것에는 감사하네.

 # 자네 자신의 삶에 대한 성찰이 자네를 구하고 이끌어 올려준 것이지.

* 그리고 그동안 언급해 왔던 '기적적인 상황반전의 이벤트'가,

나에게 무척 짐이 되는 것임을 알게 되었네.

그것이 나의 현 상황을 일거에 반전시키는 일이기도 하지만,

그러한 사실이 타인들에게 전해진다면, 기적을 필요로 하는 환상이나,

편향된 생각에 치우치는 것으로 작용될 수가 있거든.

'드러나 있는 모든 것이 신의 기적'이며,

'삶의 모든 상황이 완벽'아닌 것이 없는데도 말이야.

나 자신이 '필요의 환상'을 붙들고 있었던 셈이야.

그리고 상황반전의 이벤트로써, 자네가 작용했음에 대한 증명을 필요로 한 것은,

그동안의 대화내용을 하나의 패러다임이 아니라, 진리로 드러내고 싶어 한 거야.

인류가 역사를 통하여 형성시킨 신에 대한 사상, 철학, 종교 등의 무수한

정보들에 의한 패러다임은, 그때마다의 인류의 인식수준에 맞는 진리라는 것을,

항상 인정하고 싶어 했는데도 말이지.

상황반전의 이벤트로써 신의 기적을 드러낸다고 해도,

그것이 내면과의 대화내용에서 언급된 패러다임을,

진리로 바꿀 수는 없음을 알았네.
모든 것은 항상 변한다는 것이 변하지 않는 유일한 진리인데,
진리 또한 인식의 진화에 따라, 항상 변한다는 것을 깜박하고 있었다네.
지금의 대화를 준비하기 위하여 미리 보내졌던, 무수했던 삶의 체험들이,
기적이 아니고, 그 무엇이었나를 깨달았네. 그래서 자네에게 정말 미안하네.
그러하지만, 내가 어디 나 혼자만의 이기(利己)로써 원하던 것이었나?
그건 아닐세. 자네는 그것이 드러나기를 간절히 원하였네.
　신의 기적을 현실에서 보여서라도, 신의 존재를 사람들에게 알리고 싶어 했던
　것이지. 사심(私心)은 없었네.

* 아닐세. 사심이 많았네.
# 아니야. 사심은 없었네.
　전개과정에서의 개인적인 사심은 좀 있었지만, 궁극적인 면으로 향하고자 하는,
　공적(公的)인 마음은 항상 배경으로써 바탕하고 있었다네.

* 어쨌든, 나를 시험에서 구해준, 그동안의 나의 삶에 대해 감사하니,
　나는 나 자신에 대해 감사하네. 그로써 나는 신에 대해 감사하지 않네.
　그러하지만, 나 자신이 진정으로 원하는 것에 집중하면,
　그것이 곧 신이 원하는 것으로 도달할 수 있음을 깨달았네.
　"나는 내가 진정으로 원하는 것을 원한다."
"나도 당신이 진정으로 원하는 것을 원합니다."
　상황반전의 이벤트는 다름 아닌, 내면과의 대화 그 자체인 것이며,
　상황의 반전과 확장은 지금부터가 시작입니다.
　'모든 하나'를 위한 것이 되겠지요.
　"여러분!" "사-랑-합-니-다."
　　　　　　　　　　　　　　　　　　　　　　　　　　　　　-01시 10분-

근원(根源)의 말씀 II

친애하는 지구가족 여러분.

신하나의 내면과의 대화내용의 일부가 그동안 인터넷상에 공개되어져 왔습니다. 방법에 대한 내용들이기에 관심을 많이 가졌겠지요. 내면과의 대화의 [1부]와 [부록]의 '내면과의 대화의 방법과 의미'가, 밀레니엄 바이블III에 수록된다는 내용으로 나타난 지, 4년이 지났습니다.

대화의 방법적인 여러 자료들과 신하나와의 직접적인 대면에 의한 안내에 의하여, 많은 분들이 내면과의 대화를 시작하는 기회를 가지게 되었지만, 스스로가 용이하게 해 나가기가 어려운 줄을 압니다. 시작하기는 참으로 쉽지만, 대화의 기록물에 대해서 스스로가 자신이 없는 거지요. 거의 대부분이라고 해도 좋을 정도로, 여러분의 대화능력은 깊어지지 않고 있습니다. 외부세계의 화려한 유혹으로 끊임없이 끌리어 가므로, 내면에 대한 집중력은 깊어지지 못하고 있죠.

내면과의 대화가 신과의 대화이기에, 남의 대화를 볼 때와는 다르게, 자신이 막상 시작하게 되면, 여러분은 두려워하기 시작합니다. 혹시라도 잘못되면 어쩌나 하고 말입니다. 그것은 신에 대한 인류의 명확한 인식이 약하기 때문이기도 하죠.

신은 전지전능합니다만, 스스로를 돕는 자를 돕게 되어 있도록, 저와 여러분을 분리시켜서 만들어 놓은 것이 상대성의 세계입니다. 스스로를 돕는 노력도 없이, 저의 전능함에 대한 기대감을 팽창시키면서 대화를 진행하다가, 스스로의 기대가 허물어지는 감정의 고통을 겪으면서, 소원(사실은 에고적인 욕구)이 쉽게 충족되지 않는다고, 여러분 자신이기도한 저를 버립니다. 그리고는 빨리된다고 광고하는 수행법을 찾아서 끊임없이 밖으로 나돌면서 돈과 시간과 에너지를 사용합니다.

영성의 추구가 많은 사람들의 생활상과는 별개로, 특별나거나 우월한 것이라는 그릇된 이해 속에 있다가, 내면과의 대화내용이, 운동을 꾸준히 하고, 가족들에게 잘하고, 절제하고, 성실하고, 여유롭고, 인내심을 가지며, 자신을 사랑하는 시간을 꾸준히 가지라는, 평범한 진리의 실천으로 안내하면, 자신의 대화를 특별하게 보지 않습니다. 나는 그 사람의 의식수준과 그 당시의 상황을, 누구보다 깊게 파악하고 있기에, 평범한 진리를 그 사람에게 적절하게 맞춤형으로 제공하는데도 말입니다.

자신의 대화가 신과의 대화라고 절대적으로 주장하거나 확신할 수 있는 사람은 아무도 없습니다. 여기는 상대성의 세계입니다. 여러분 상호간의 관계 속에서 자신을 알아가는 세

계이죠. 그러므로 여러분의 대화에 대한 자신감은, 함께하는 과정 속에서 가장 효율적으로 배양이 되는 것인데, 여러분은 자신을 열어서 나누지 않으며, 경험이 많은 사람에게서 겸허히 배우려 하지도 않습니다.

신을 원망하시면 안 됩니다. 자기 자신을 잘 보시기 바랍니다. 진리를 추구하는 진심어린 열정의 크기를 보십시오. 자기관리에 노력을 기울이는 자신을 보십시오. 자기 자신에게 책임을 집시다. 책임감이란 자신의 필요에 스스로 답하는 노력이지, 외부의 누군가가 답해줄 때까지, 기대감의 환상으로 기다리는 것이 아닙니다.

신과의 대화를 한다는 사람들에게 직접적인 답을 구하지는 마십시오. 그들은 자신의 삶을 다루기 바쁘며, 관심도도 다르고, 함께 지내지도 못합니다. 당신에게 진지하게 다가온 의문은, 당신이 꼭 겪어야 할 과정의 의문입니다. 결코 알 수 없는 거라고 보지 마십시오. 답으로 드러나서(깨달아서) 자신의 성숙을 돕기를 기다리고 있는, 지금의 문제(선물)입니다.

그동안 밀레니엄 바이블 시리즈를 통하여, 신에 대한 경계심은 많이 줄었습니다. 인터넷상에 나타난 여러 사람들의 내면과의 대화에 대한 나눔에 의해서도, 친밀도가 더해지고 있습니다. 그러한 자료들을 보는 각자의 의식수준에 따라서, 그 가치도 다르게 매겨지고 있습니다.

신과의 대화에 대한 내용을 담은 책이나 자료보다는, 직접 신과의 대화를 자신의 삶과 함께 하면서, 체험적으로 성장하는 것이 무엇보다 중요한 일입니다.

자신의 지금 되어있음의 수준을 정확히 알 수 있도록, 당신과의 대화를 통하여 제가 다루어 드리겠습니다. 자신만의 맞춤형 성경을 함께 쓰도록 합시다. 인류의 문화유산에는 무수한 거짓과 왜곡과 포장과 짐작과 헛소문이 많습니다.

외부정보에서 벗어나기를 바랍니다. 현란하게 보이는 모습을 쫓아가다 보면 길을 잃기 십상입니다. 외부의 세상을 판단하는 주체인 자신의 현재 되어있는 모습을 정확하게 보는 것에서부터, 세상과의 조화로운 발걸음이 시작됩니다. 나에게 모든 것이 있습니다. 자신의 됨됨이에 맞추어서 드리겠습니다.

미안한 말씀이지만, 시간이 그리 많지 않습니다. 도약의 기회를 잡기 바랍니다. 영원한 시간과 영원한 기회가 주어지는 것은 진실입니다만, 수많은 영혼들이 오랜 세월동안 기다리면서 준비해온 기회의 시간이 다가왔습니다.

신성과의 합일은 그 기회를 멋지게 살릴 수 있는 최상의 수단입니다. 체험의 장으로 들어오십시오. 여러분들의 염원이 저에게 강하게 미치고 있죠. 그러기에 저 또한 간곡하게 강조하면서 권유할 수가 있습니다.

내면으로 오십시오. 그 길은 자기 자신 안에 있습니다.

2010년 12월 20일

나이 사십이 다 되어서야, 영혼의 내밀함을 일깨우는 수행자의 길로 접어들었다. 그때는 건축사사무소의 오랫동안의 사업부진으로 힘겨웠기에, 사업자의 입장을 접어야 되는 것이 아닌가를 끊임없이 고민하던 때였다.

아는 분의 소개로 스승님을 만나면서 영성의 길에 처음 접어들었고, 내가 간절히 원하는 것이 '우주의식' 임을, 수련 중의 여러 영적체험을 통하여 알게 되었다.

스승님의 수련단체와 긴밀하게 연결되어서, 일종의 연수과정을 밟아 가는 인연은 생활의 여건상 어려웠으나, 스승님의 조건 없는 사랑의 실천에 힘입어서, 일상생활 속에서의 수행으로 진행되어진 것이 나의 첫 출발이었다.

그로부터 약 2년 후에, 그동안의 삶에서 세상과 조화롭지 않아 고통스럽던, 나 자신이 만들어 온 세상에 대한 인식체계를 폐기하면서, 그동안 추구해왔던 최고수준의 건축가에 대한 꿈을 접으며, 돌아갈 길을 끊어 버리고, 힘들지만 단순한 노동자의 삶에서, 과거의 삶을 성찰하고 참회하며, 나 자신에게 집중하면서 단련하는, 생활 속의 수행으로 접어들었다. 그로부터 약 2년 후에, 근원의 신의 인도에 의해 내면과의 대화가 시작되었다.

내면과의 대화를 시작한 2005년 6월 말부터 2006년 3월 초까지의 8개월간의 과정이 대화의 형식으로 기록되었다. 내면과의 대화가 처음 시작되는 과정에 대한 기록물을 본 적도 없고, 경험담을 들어본 적도 없었고, 마땅히 물어볼 사람도 여의치가 않았기에, 나는 나 자신이 무슨 일을 벌이고 있는지에 혼란스러웠고, 나 자신의 영혼의 계획에 맞추어지는 신의 안배가 어디에 있는지도 모르면서, 시종일관 힘겹게 전개되어지는 과정이 이루어졌다.

나 자신에 대하여, 신에 대하여 정말 알고 싶었으며, 그러한 과정을 밟아 나가는, 나 자신을 결코 포기하지 않겠다는 열정과 신념으로 버티어 나갔다.

책에 필요한 내용이 다 나오고 나서도, 온갖 선호를 자극하는 근원의 시험은 계속되었고, 그것은 혼란 속에서도 나 자신을 결코 포기하지 않도록 하는 단련의 기간이었으며, 내면과의 대화에서 자기 자신의 선호가 반영되어 일어나는, 여러 현상들에 대한 체험을 시범적으로 경험함으로써, 내면과의 대화 방법을 안내하고, 내면과의 대화를 진행해 가는 다른 분들이 겪을 시행착오에 도움을 줄 수 있는 체험을 마련하는 준비 기간이었다. 한편으로는 앞으로의 삶의 과정에 필요한 공부와 수련의 과정이 병행되어졌다.

2006년 6월 초에, 내면의 소리에 따라서, 구체적인 계획도 없이 무작정 서울로 출발하였다. 6일간의 일정동안에 만난 영성에 대한 관심을 가진 분들에게, 즉각적으로 기회를 만들어서, 내면과의 대화를 안내하는 작업을 하게 되었는데, 나 자신이 내면과의 대화를 안내할

인사의 말씀

수 있는 이론과 내면과의 대화의 실습에 임하는 분들의 에너지상태를 느낌으로 점검하면서, 자기 자신에게 집중할 수 있도록 유도해 나가는 능력이 이미 준비되어 있음을 알게 되었다.

이후에도 주로 토요일과 일요일의 시간을 이용하여, 내면과의 대화를 원하는 분에게 이론과 실습을 전하였고, 빛의 지구모임 워크-샵과 영성단체통합 모임의 여름캠프, 신나이 한국모임의 지역모임 등을 통하여 내면과의 대화법을 안내하였다.

6월부터 11월까지의 6개월 동안, 80여분에게 내면과의 대화법을 안내하였고, 초보자를 기준으로, 당일 한 시간 정도의 시도로 80%정도가 내면과의 대화의 성과물이 나오게 되는 데이터를 얻게 되었다. 나 자신도 그러한 과정 속에서 점점 대화법 안내의 기술이 배양되어 졌다. 또한 인터넷 채팅이라는 수단을 사용하여 원격으로 내면과의 대화내용을 작성하게 하기도 했다.

근원과의 대화가 가능해지고 익숙해지면, 지구어머니나 자연계, 천상계(외계) 등과도 자유의지에 의한 선택으로서 교감을 진행할 수 있다는 것을 체험으로 터득하였다.

대화법을 안내하고 나서, 각종 교류수단을 통하여, 각자의 대화의 진도를 돕는 작업을 하였고, 각자의 다양한 대화의 기록을 접하면서, 내면과의 대화에 관계된 이론적인 이해가 더하여졌다. 그러한 것이 업그레이드되는 대로 영성모임의 여러 사이트에 올려졌다. 서로의 나눔을 통하여 우리는 서로가 연결되어져 있는 하나라는 것을 인식하는 기쁨이 있었고, 나의 '내면과의 대화' 라는 책자가 밀레니엄 바이블 시리즈 중의 세 번째가 될 것이며, 내가 대화하는 존재가 '근원의 신' 임을 각자의 내면의 대화에 의하여 확인해 보는 기록물들이 나타났다.

그동안 안내를 받으신 분들의 대화록을 검토분석하면서 이해하고 있는 것은, 누구나가 신과의 대화가 수월하게 가능한 시대이고, 각자의 근기나 수행과정이나 삶의 여정에 맞추어지는 '맞춤형 채널링의 시대' 라는 점이다.

각자가 내면과의 대화를 통하여 위로받고, 조언 받고, 정화되고, 단련되어지면서, 내면과의 대화의 궁극적인 목표인 '존재능력 향상' 이 이루어질 것이다.

[부록Ⅰ]의 '내면과의 대화의 방법과 의미' 는, 나 자신의 내면과의 대화라는 추구의 과정에서 알게 된 내용들과, 각자의 대화의 경험을 나누고, 서로가 서로를 도우며 함께하는 과정에서, 점점 그 이론적인 충실도를 더하게 되었으니, 우리 스스로를 돕는 노력에 의한 과정 속에서의 산물인 셈이다.

[부록Ⅱ]의 '대화 나눔' 은 본문의 내용이 작성된 이후의 대화내용들 중에서, 공개용으로 선택되어진 것들이다.

이 책이 근원과의 대화록이나 밀레니엄 바이블 시리즈 중의 하나라는 것에 대해, 거부하는 분들이 없었던 것은 아니지만, 지금까지 자기 자신의 내면과의 대화내용을 공개적으로나 개인적으로 전하여 주신 분들의 경험이 점차 쌓여 가고 있고, 앞으로도 각자의 내면에 접속하여 검토되어 진실로서 다가갈 사례가 계속 더하여질 것이며, 무엇보다도 나 자신이 추구한 일에 대해서 자신감을 가져야 한다고 본다.

이 책은 수행일지 형식으로써, 내면의 신을 처음 만나서 전개되는 과정을 오롯이 담고 있다. 개인적인 선호를 내려놓고, 내면의 훈련을 받아서, 이원성을 넘어서, 영적의식의 자리로 들어가는 과정의 단편을 보여주는 것인데, 앞으로 각자가 자신의 본질인 내면의 신의 도움을 받아서 존재능력향상을 이루어 나가야하는 시범적 모습이며, 그것의 우선적인 의미는 지구대변화라는 중요이벤트를 준비해야 하는 시기성과도 연관이 아주 크다.

고요함을 유지하고, 내가 신이며, 생명은 영원하며, 나는 무한한 사랑인 것을 선언하며, 구원은 자기 자신의 본질인 내면에 있으니, 철저하게 내면의 안내에 따른 선택을 해야 하는 것이 우리 영혼들의 계획이다.

나 자신이 내면과의 대화를 시작하게 된 것이, 나 자신만 특별해서 시작된 것이 아니고, 기묘하게 연결되어지는 각자의 영혼들의 역할에 의하여 이루어진 작용에 의한 것임을 알며, 아직도 많이 부족하지만 되는 과정을 즐기고 있다.

또한 나 자신의 영혼이 지금의 현실에서 나의 사랑과 내면에 대한 신념을 나눌 방법으로, 각자의 내면으로 안내하는 일을 선택하여 체험하기로 계획하였고, 그 계획을 어떠한 곤란이 있더라도 포기하지 않기로, 철저히 다짐하면서 계획한 것이라는 것을 안다. 그리고 근원과 더불어, 우리 영혼들의 위대한 계획 속에서, 우리가 각자의 역할을 나누어서 함께하기로 했다는 것을 안다.

내면과의 대화를 진행하는 과정 속에서 간간히 연결되어 격려해 준 모든 분들게 감사드립니다. 대화를 안내하는 과정 속에서 참여하심으로써 도와주신 분들께도 감사드립니다. 하나로 연결된 우리 각자의 영혼의 여정에 열심인 모든 분들께도 감사드립니다. 함께 수고하시는 '내면과의 대화 카페' 식구들에게도 감사드립니다.

신과의 대화라는 경험의 기록을 앞서 전해 주신, 닐 도날드 월쉬와 박승제님과, 나의 영성의 어머니이신 스승님과, 자식에 대한 헌신의 삶으로 일관하시고 이제 팔순이 넘은 연세이신 어머님과, 남편이자 아버지가 무엇인지를 배우게 해주며 돌보아준 아내와 아들과 딸에게도 감사드립니다. 앞으로도 함께할 모든 분들께도 미리 감사드립니다. 영원히 사랑합니다.

2010년 12월 25일

부록 1

내면과의 대화의 방법과 의미

■ 내면(內面)과의 대화의 방법과 그 의미

[1] 내면에 대한 정의

1. 내면이란?

1) 자신의 본질을 원하고 자신에게 집중하면 나타나는 절대계의 속성이며
   창조주인 근원의 자리이다.
2) 자신을 포함(합일)하면서, 상대적으로도 존재하는(분리로 체험되는),
   자신과 자신의 본질인 창조주를 함께 일컫는 말이라고 할 수 있다.
   존재하는 것은 하나이나, 모든 것이 상대적으로 체험되는 상대성의
   세계이기에, 자신과 창조주는 환상(분리)의 시야에서는 둘의 모습이고,
   실상(합일)의 시야에서는 하나이다.
3) 개별의식의 입장에서는 내·외부가 있는 것으로 여겨지지만,
   전체의식의 측면에서는 모든 것이 자신의 내면이다.
4) 내면(창조주)의 존재 상태는, 양극성(이원성, 상대성)이 통합되어 있는,
   합일(규정 없음, 한정 없음, 조건 없음, 고요한 평화)의 자리이며,
   모든 것과 하나로 연결되어 있는 상대계의 전체의식의 자리이다.
5) 내부와 외부라는 경계가 없는 합일의 존재 상태에 머무를 때 체험된다.
6) 자신이 창조주 또는 근원임을 잊지 말고, 자기 자신의 고요함으로 들어가라.
   그곳이 바로 자신의 고향인 내면이다.

2. 내면과의 대화란?

1) 자신의 확장된 영역인 자신의 본질인 창조주와의 대화이다.
   질문과 대답이라는 형식을 사용해서, 자신과 관련된 모든 정보를 구체적으로
   이끌어내는 행위이다.
2) 몸과 마음과 영혼이 안정되고 명료한 상태에서, 자유의지에 의한 선택(설정)
   으로, 자신의 본질인 창조주와의 대화를 원함에 의하여 이루어진다.
3) 나 자신과의 대화이지만, 대화형식이므로 분리되었다는 설정으로 진행한다.
   설정은 분리이지만, 합일의 존재감으로 진행한다.

3. "내면으로 가라?"

1) 내면으로 가라는 것은 자신에게 집중하라는 것이며, 자신에게 고요하게
   집중하면 자기 자신의 본질(창조주)의 영역이 일깨워지기 때문이다.
2) 신과의 만남이나 신에 대한 진리를 받아들이는 것에 있어서,
   소수에 의한 권력(勸力)이나 금력(金力)의 추구에 의한 지배욕에 의하여
   주입되어온 잘못된 가치관이 있다.
   이전(以前)이나 지금의, 제정일치(祭政一致) 사회나 그릇된 종교의 틀들에
   의하여, 신과의 만남이나 신 또는 삶에 대한 진리를, 성직자나 정치권력자와

같은 매개자(媒介者)에 의존(依存)하라는 것이다.

그것은 종교권력이나 정치권력에, 일반대중들을 의존케 함으로써,
소수의 권력층에 의한 지배(支配)와 대다수의 일반대중이 피지배(彼支配)
관계의 입장에 놓이는, 지배—피지배 구도(構圖)를 강화시키기 위한 장치이다.
이는 자기 자신의 본질이 신(神)임을 가리는 행위이며, 각자의 삶의 문제들을
해결하는 데 있어서, 자신의 신성(神性)을 스스로가 밝혀서 깨닫지 않고,
외부적인 정치권력이나 종교권력에 의존하게 하는 것이다.
수많은 선각자(先覺者)들은 자기 자신의 본질이 창조주임을 깨달았으나,
당시의 정치권력이나 종교권력의 아웃사이더였다.
그러므로 자신의 내밀한 느낌에 귀 기울이면, 자신이 신이라는 것을 깨달을
수 있음을 공개적으로 이야기하기가 어려운 상황에 놓여 있었다.
그래서 일반대중에게, 내면(內面)으로 가라고, 은유적(隱喩的)으로 표현하여
이야기한 것이다.

3) 신은 자신을 세부적인 체험으로 알기 위해서, 전체인 '하나'로 보이는 모습이
아닌, 신 자신을 상대적으로 무수히 나누어져 보이도록 창조하였다.
본질은 하나이나, 상대성이라는 환상 속에서, 수많은 신의 부분들이
상대적으로 작용하면서, 자기 자신을 알아가기 위한 게임을 진행하고 있다.
그 속에서 각자의 깨달음을 위해서 상대적으로 작용하는 역할과 활동이 있다.
그러한 상대적인 역할과 활동 속에서의 판단의 주체는 자신이기에, 당연히
믿음의 주체가 외부의 대상(종교나 정치에서 주장하는 특정존재)에 있지 않고
자신에게 있는 것이며, 자신의 구원 또한 자신에게 있는 것이다.

4) 자유의지에 의한 선택이 철저히 적용되는 것이 우주의 법칙이므로,
채널링의 상태로 접근되는 과정에서, '내면(內面)'이란 용어자체가,
'자신의 내부(內部)의' 에너지—장(場)에 집중하게 함으로써,
자신의 본질과의 대화로 접근하게 해주는 기능이 있다.

5) 대상(對象)으로서의 존재 중에서, 자신의 영혼의 성장에 도움이 되는 존재도
있지만, 방해(妨害)를 하거나, 이기(利己)를 충족시키고자 하는 존재도
있으므로, 그러한 존재들에 연결이 되어서, 현혹(眩惑)되어지는 경우를
방지하기 위한 말로써, '내면으로 가라!'고 한 것이다.
자신이 원하지 않는 영적존재가 개입됨으로써, 채널링의 대상과의 연결이
강화되면, 나중에는 스스로가 그 연결을 끊기가 어려워진다.
채널링의 내용 또한 명확한 논점이 없으며, 자신의 우월의식, 분리의식을
부추기며, 삶을 허무하게 바라보게 하며, 현실적으로 도움이 될 만한 내용이
없다. 그 정보의 교묘함이란 너무도 정교해서, 속는 줄도 모르고 속게 된다.

6) 깨달음은 자신에 대해 알아가는 것을 말하므로, 내면으로 가라는 것은 자신을
일깨우는 집중을 도우며, 자신의 본질에 모든 지혜가 다 있음을 의미한다.

7) 자신에게 고요히 집중하는 상태는, 이원성(양극성, 상대성)을 넘어선,

합일(규정없음, 한정없음, 조건없음, 고요한 평화)의 자리이고,
자신이 창조주로 '되어있음의 존재 상태'이다.

[2] 내면과의 대화를 위한 준비

1. 대화에 들어가면서
1) 자신의 본질과의 대화이므로, 부담감을 가지지 않는 것이 가장 중요하다.
2) 그냥 하면 된다. 될 때까지 하면 된다.
3) 특별한 어떤 사람만 하는 것이 아니고, 특별한 자신이 하는 것이다.
4) '할 수 있는 능력'의 문제가 아니라, '하겠다는 선택'의 문제이다.
5) 지금 시대의 상황에서는, 누구나가 자신의 본질과의 심층적 교류가 가능하다.
   그러한 방법을 모르고 있거나, 시도하지 않고 있을 뿐이다.
6) "자신을 믿고, 자신의 본질을 결코 포기하지 마라."

2. 대화에 도움이 되는 몸 만들기
1) 평소에 심호흡이나 스트레칭 등을 자주 하면서 에너지 정체를 풀어낸다.
2) 어떠한 운동이든지 꾸준하게 한다. 몸을 사용하는 동적명상이나 기운의
   감각을 활성화시키는 수련이 더욱 좋다.
3) 대화를 하기 전에 호흡을 원활하게 하는 운동을, 피로하지 않을 정도로 하고
   나서, 차분히 안정되면 대화를 시도하는 것이 좋다.

3. 대화에 도움이 되는 마음 만들기
1) 외부와 자기 자신과의 관계를 볼 때, 의도적일지라도 모든 사람들의 모습이,
   또 다른 자신의 모습이라는 '합일의식(合一意識)'으로 바라본다.
2) 주변 사람들의 시시비비에, 한쪽으로 마음을 기울여서 편중되지 않도록 한다.
3) 다만, 내가 모를 뿐이지, 인정하지 못할 외부인들의 모습은 없고, 나 자신이
   처한 삶의 상황의 의미 또한 그러하다는 것으로 바라 봐야 한다.
4) 외부의 정보를 공부하는 것은, 참고할 지식의 습득에 관계된 의미이지,
   자신의 지혜의 차원은 내면의 자신에게 있다. 남의 이야기를 하지 말고, 자기
   이야기를 하여야 한다. 외부의 정보를 자신의 가치관이라고 강화하지 않는다.
5) 일상생활 속에서도, 자기 자신의 근원과 교감하기를 간절하게 원한다.
6) 생각으로 살지 말고 느낌으로 산다.
7) 신을 알기를 추구하는 목적이 자기 자신을 알기 위함이고, 자신을 알기에
   몰두하면, 결국 신을 알게 되는 것이다.
8) 자신의 있는 그대로를 드러낼 때, 있는 그대로의 외부의 모습을 알게 된다.
   나누는 마음은 자신의 에너지 정체를 풀어내는 것이며, 하나로 연결된 전체의
   에너지 흐름에 기여하게 된다.

[3] 내면과의 대화의 시도와 방법

1) 몸과 마음이 이완되어 충분히 고요해질 때까지 호흡하면서, 자신에게
   집중하고, 영혼의 에너지중심인 가슴을 편안하게 느낀다. (머리로 가슴을
   보는 것이 아니고, 가슴자체로 가슴을 느낌)
2) 초기에는 좌정(坐定)자세로 하여, 하반신의 에너지가 흩어지지 않게 하는
   것이 좋다. 신체적으로는 '편안하면서 이완된 집중'이며, 집중함을 의식 않고
   집중 그 자체가 되어야 한다. 자신을 믿고, 자신의 본질과의 대화를 원한다.
3) 간절한 느낌에 집중하면 에너지 진동수가 높아져 영감의 수신이 원활해진다.
4) 대답을 차분하게 기다리다가, '첫 생각이 나타나는 것'을, '소리 없는 말이
   느낌으로 오는 것'을, 펜을 가지고 천천히 적어 나가면 된다.
   '첫 생각을 놓치지 마라.' '생각은 하는 것이 아니고, 받아들이는 것이다.'
5) 느낌은 온 몸으로 온다. 머리(뇌)에서 질문과 대답이 이루어지는 생각으로
   판단되기 쉬운 것은, 뇌의 세포밀도가 높아 그 부분이 인지되기 때문이다.
   온 몸의 느낌에 집중하면서 이루어지는 대화형식을, 생각으로 판단하지 말고
   그냥 적어라. 그냥 넋두리하듯이, 떠오르는 생각(느낌)을 차분히 적는다.
   생각이든 느낌이든 떠오르는 정보를 민감하게 판단하면서 차단하면 안 된다.
6) 진행 도중에 수시로 호흡을 돌보아서, 자연스런 호흡이 되도록 하고,
   갑갑하면 심호흡이나 몸을 움직여서 긴장을 풀고 다시 느낌에 집중한다.
7) 질문에 대한 대답이 없는 경우는 없다.
   고요한 집중의 상태가 아니라서 듣지 못할 뿐이다.
8) 초기에는 앞의 문장에 기록되어지는 내용에 마음 쓰지 않고 진행하는 것이
   아주 중요하며, 현재 자신이 심각하게 여기고 있거나, 스트레스를 느끼고
   있는 주제에 대한 대답을 원하는 것은 피하는 것이 좋다. 민감하게 되면
   몸과 마음이 경직되어서, 답변이 있어도 그 느낌을 느끼지 못하게 된다.
   익숙해지면 앞의 문장을 차분하게 바라보고도 진행할 수 있다.
9) 익숙해지면, 의자에 앉거나 타이핑으로 작성하는 것도 가능해진다.
10) 고요한 집중력이 좋은 사람은 순조롭게 진행되므로, 생각으로 주고받는
    것처럼 여길 수가 있다. 그러한 판단을 유보하고 계속 진행하여야 한다.
11) 평소에, 자신이 진정으로 원하는 것이 무엇인지를 느낌으로 잘 살피게 되면,
    대화 때에 자연스러운 질문으로 드러나게 된다.
    생활속의 명상인 '지금 여기'에 집중하게 되면, 대화의 소재에 대한 영감을
    챙길 수가 있고, 메모로써 체크해 두었다가, 대화의 소재로 사용할 수 있다.
12) 대화의 내용을 음미하고, 되풀이하여 읽어 보면, 미처 발견하지 못했던,
    중요한 의미를 계속하여 발견하게 된다.
13) 표면의식(마음)의 생각으로 질문하지 말고, 느낌으로 질문하고, 느낌으로
    오는 답을 적는 것이 바람직하다. 느낌은 영혼의 언어이므로, 자신의 영혼이

질문할 수 있도록 한다. 진도가 나가게 되면 표면의식으로 질문하는 것인지, 영혼의 심층의식으로 질문하는 것인지를 구별할 수 있는 능력이 생긴다.

14) 일상의 수행과 함께 하는 일상적인 내면과의 대화가 바람직하다.

처음부터 급하게 대화의 상대에 대해 자세히 알고자 하거나, 일정한 방향으로 대화의 내용을 몰고 가려고 할 필요가 없다. 조급함이 집중력을 떨어뜨리고, 의도함은 잡다한 질문과 답변의 이어짐으로 대화가 진행되기 때문이다. 대화의 상대가 자기 자신의 본질이고, 평생 이어져 나가야 할 것이므로 느긋하게 임한다.

15) 대화의 기록이 시작되었다고 해서, 고요하게 가다듬지도 않고, 기록하지도 않으면서, 대화하지 말기를 바란다. 일상에서 어수선하게 질문과 대답을 주고받는 방식의 대화는, 생각과 생각이 만들어내는 허상(虛像)으로, 에고의 놀음으로 진행하는 초보자의 경우를 많이 보아왔다. 대화능력이 견고해지기 전에는 금(禁)하기를 당부한다.

[4] 내면과의 대화를 위한 도움 얻기

1) 스스로 시도해서 기록이 가능한 사람도 있다.

2) 경험자의 지도를 받아서 시작이 가능하다는 것을 한번이라도 확인하면, 혼자서 조용한 시간에 스스로 할 수가 있다. 중요한 것은 시작이고, 가능하다는 것을 확인해 본 체험이 가장 중요하다.

3) 기록물이 챙겨지면, 그것을 깔끔하게 정리해서 소중하게 관리하며, 경험이 풍부한 사람에게 자신의 진행사항을 점검 받으면, 자신이 생각으로 판단한 것보다, 경험자가 느낌으로 판단한 이야기를 들을 수가 있으며, 생각지도 못했던 문제가 빈번히 발생하는 경우의 의미에 대처하면서, 진도가 나가게 되므로, 포기하지 않고 진행할 수가 있다.

4) 내면과의 대화가 가능하지 않는 경우는, 수행과정이나 에너지 상태에 문제가 있는 것이다. 문제를 알기가 쉽지 않은 경우에는, 처방이 가능한 사람의 도움을 얻도록 한다. 대화의 진행과정과 함께 하거나, 정체된 에너지 상태를 개선시키고, 대화를 시도할 수 있게 해 줄 사람의 도움을 얻으면 수월하다.

5) 대화의 기록물이 나오는 초기의 일정기간에, 집중적으로 시도하여 익숙해지는 것이 좋다. "무엇보다도 중요한 것은, 스스로가 자기 자신을 돕는 노력이다."

[5] 내면과의 대화의 전개과정

1. 탐색하기

1) 대화의 초기에는 표면의식인 생각인지, 심층의식인지 구별해 내기가 어렵다. 평소에 자기 자신이 즐겨 쓰는 표현방식인 어휘들로 기록되어지는 데, 이는 자기 자신이 번역기관이기 때문이며, 평소에 자기 자신이 생각하면서

선호한 것에 대한 언급으로 진행되기 때문이다.

2) 대화를 원하는 상대는, 보다 본질적인 자기 자신이다. 자유의지에 의한
선택(설정)을 제대로 유지한다면, 자신이 원하지 않는 영적존재는 개입되지
않기에 안전하다.

3) 대화의 상대자를 다각도로 의심하고 질문하면서 알아 나간다.
대화의 상대자를 의심하는 것은 당연히 발생하는 자연스러운 현상이다.
대화의 상대자에 의한 정보를 자신의 삶의 상황에 적용하면서, 그 효용을
점검하게 되면, 믿음은 저절로 이루어지는 것이다.
유의할 점은, 의심하는 생각이 자신의 에너지 수준을 낮추거나 흐트러지게
하므로, 대화를 진행하는 능력이 커지기 전에는 자제하는 것이 좋다.

2. 교감하며 도움받기

1) 자기 자신의 문제에 대해서 의논하며, 인정이나 위로, 처방까지도 얻는다.

2) 과거의 삶이 이루어진 이유를, 현재의 삶에 대한 필요를, 미래의 삶에 대한
방향성에 대한 이야기를 나누게 된다.

3) 자신의 존재능력을 향상시킬 수 있는 수행과정을 지도해주며, 인식의 확장에
관계되는 삶의 이치에 대한 이야기를 나누게 된다.

4) 현실에서의 세세한 일들을 처리할 수 있는 지혜를 얻는다.

3. 영혼의 목적에 대해 알고 적용하기

1) 자기 영혼의 바탕생각(꿈, 목적, 역할)에 의하여 되풀이되어 온, 과거의
삶의 모습이 이루어진 이유를 알아 나가게 되며, 그러한 것이 우연이 아닌
필연적인 경향성이 있음을 알게 된다. 그러한 과정에 대한 이해를 통해서,
자신의 과거의 아픔을 치유하고, 이후의 삶에서 영혼의 꿈에 관계된
현실구현에 초점을 맞출 수가 있게 된다.

2) 전생, 현생, 후생으로 동시에 존재하는 자신의 에너지 차원에서의 상호작용을
알게 되고, 주변에서 만나는 사람들과의 인과관계를 알게 됨으로써, 그러한
의미에 따른 처세를 하게 되고, 보다 숭고한 관계로 발전시켜 나가면서
서로의 진화를 돕게 된다. 전생의 유사한 상황에서 시작되어서, 발전시켜
나가는 것이 진화의 법칙이며, 인과(까르마)의 보다 궁극적인 목적은
조건 없는 사랑을 실천하는 자신의 됨됨이를 성장시킬 수 있는 기회이다.
현생의식을 넘어서 인과의식으로 진화된 현실의 삶을 진행하게 된다.

4. 분리에서 합일로

1) 대화의 상대자가 보다 심층적인 자기 자신(창조주, 근원)임을 알게 된다.

2) 대화의 상대자가 제공하는 정보를 현실의 삶에 적용해 보면서, 나 자신의
본질(존재하는 것은 오직 하나)적인 삶에 도움이 되는 결과를 얻어 가면서,

서로가 하나라는 믿음을 배양해 나간다.
3) 외부의 정보로 규정되어 있는 초라한 나 자신을 내려놓고, 본질에 충실한
   삶을 살아가는 것이, 내가 진정으로 원하는 삶이며, 대화의 상대자 또한
   내가 본질적으로 원하는 것을 원하고 있음을 알게 된다. 내가 원하는 것이
   신이 원하는 것이며, 신이 원하는 것이 내가 원하는 것이다.
   전체(신)와 부분(인간)의 입장이지만, 서로를 부양하고 있음을 알게 된다.

5. 함께 세상 속으로
1) 자기 영혼의 목적(역할, 취향, 선호, 욕구)에 충실한 삶을, 자기의 본질과
   하나되어, 현실적인 삶의 세세한 부분에까지 함께하며 진행한다.
2) 현실과 밀착된 실시간(實時間)으로 적용될 정보의 송수신이 가능해지면,
   영적의식(靈的意識) 또는 신적의식(神的意識)의 심도가 깊어지게 되므로,
   신인합일(神人合一)의 삶을 살게 된다.
3) 영혼의 목적에 초점이 맞추어진, 미래의 상황을 대비하기 위해, 현시점에서
   필요한 공부나 외부활동에 관계된 정보나 수단을 얻게 된다.

※ 외부에 전달할 일정한 주제에 대한 정보의 전달만을 목적으로 경우가 아닌,
   존재능력 향상을 위한 맞춤형 대화의 특성에 맞추어서, 굳이 단계의 구분을
   해 본 것이지, 혼재되어 진행되는 것이며, 주된 흐름이 그렇다는 이야기임.

[6] 내면과의 대화의 의미

1) 삶의 목적은 자기 자신을 알아 가는 것이므로, 내면과의 대화를 통하여
   자신을 알아 가는 것이 가장 중요한 주제이다.
   자기 자신에 몰두하여 "구체적으로" 알기를 원해야 한다.
2) 내면과의 대화는 자신의 '지금 여기'의 상황을 적절하게 다루는 맞춤형이다.
   각자의 내면과의 대화이지만, 지향점은 '모든 하나'를 위함에 있다.
   그러므로, 각자의 내면에 충실할 때, 우리의 하나됨은 원활해진다.
3) 인생은 선택의 연속으로 진행된다. 전체의식은 모든 것을 다 알고 있기에,
   자신의 선택에 가장 적절한 조언을 해 줄 수가 있다.
4) 기록의 수단을 사용하면, 가시화되는 물질로써 구현시키는 것이므로,
   기억의 수단보다 훨씬 명확하며, 기록이 보존되는 한 영구적이다.
   자세하게 검토할 수 있고, 음미할 수 있으며, 연결지어서 알고 싶은 것을
   챙길 수 있는 자료가 있게 된다. 기록하는 속도에 맞추어 영감을 받아들이는
   조절능력이 얼마 안 가서 생긴다. 기록하는 행위는 집중력을 향상시켜
   명확성을 더하는 데 도움이 된다.
5) '나는 물어볼 것이 없다. 궁금한 것이 없다.'는 것은 있을 수 없다.
   '자신이 모든 것'이라는 것은, 신과 나의 속성에 대한 원론적인 개념 또는

일시적인 영적체험에 대한 이야기이고, 일상이라는 구체화된 현실에서, '지금 여기'의 나는 신의 분신으로 존재하고 있다. 분신으로 열심히 살아야 하는 것이, 나의 물질세계에서의 삶이므로, 삶의 세세한 상황에 필요한 정보들을, 넓고 깊은 시야를 가지고 보는, 자신의 본질에게서 받아야 한다.

6) 무념무상은 고요함으로 가는 수단이지, 그 자체가 목적이 아니다.
고요함의 자리에서 자기 자신의 본질이 근원임을 일시적으로 확인하는 것을 견성(見性)이라고 한다. 일시적인 체험을 한 이후에도, 일상적으로 다가오는 현실의 삶을 살아야 한다. 그것에 필요한 구체적 정보를 챙기는 것이 내면과의 대화이다.

7) 내면과의 대화를 통하여, 영적각성이 점점 심화될수록, 평소에 이루어지는 생각들이 영혼의 목적에 관계되는 방향으로 사고의 작용이 이루어진다.

8) 내면과의 대화는 영적체험이며, 견성(見性)이며, 진아(眞我)체험이고, 자기 영혼이 추구하는 방향성에 관계한다.

9) 고요한 집중력이 향상되므로, 기록의 수단을 사용하지 않을 경우에도, 필요할 때마다 작용하는 영감을 알아차리는 능력이 향상된다.

10) 설정은 분리이지만, 영혼차원의 느낌 속에서 존재하면서 진행되는 것이기에, 존재 상태는 분리가 아니다. 내부에서 일어나는 것이기에, 분리의 파장은 발생하지 않으며, 근원의 에너지가 지속적으로 작용하는 상태이다. 그러므로 분리의식 또는 이원성이 심화되는 문제는 없다. 문제가 되는 것은 일상생활 속에서 대화의 상대자에 대한 머리로 하는 생각이 많은 경우인데, 그것은 '지금 여기'에 충실하게 존재해야 하는, 생활 속의 명상의 기본적인 수행과제이다.

11) 내면과의 대화는 집중하는 명상이고, 근원의 에너지로 강화되는 수련이며, 수행과정에 적절하게 맞추어진 도움을 얻는다.

12) 자기 수준만큼의 대화로 이루어진다고 보는 것은 잘못된 생각이다. 인식능력(존재능력)의 향상에 따라서 대화의 수준도 향상된다.

13) 자신의 심층과의 대화이므로, 대화상대자의 형편에 따라서 도망가는 일이 없다. 내가 고요히 집중하여 원하는 상태만 만든다면, 언제든 어디에서든 가능하다. 빙의나 외부의 대상적인 존재와의 연결이 끊어진 이후에 발생하는 교신두절 같은 현상은 없다.

14) 내면과의 대화를 통하여 자신의 중심에너지가 강해지면, 자유의지에 의한 선택에 의한 힘으로써, 천상계, 식물계, 동물계, 자연계, 정령계 등과의 교감이 가능해진다.

15) 내면의 소리에 대한 믿음이 커지고, 그 소리에 자신을 내 맡길 수 있다면, 새로운 깨달음이 필요 없다. 모든 정보는 이미 나 자신의 내면에 있기에, 필요에 따라서 다가오게 된다. 끊임없이, 무한정으로 깨달아야 한다는, 부담감에서 벗어나게 된다. '지금 여기'에 필요한 깨달음에 충실할 때,

자신의 삶에 충실해지는 것이며, 그것이 순리이고, 섭리이며, 영적진화의
자연스러운 흐름의 원활함이다. "자기 자신에게 모든 것이 다 있다."
"자기 자신을 고집스럽게 거부하지 마라."

[7] 내면과의 대화 시의 주의사항

1) 자신의 본질적인 면이 신이기도 하지만, 전체의식인 신이 아니니,
   신과 대화한다고 해서, 자기 자신이 최상의 깨달음에 도달한 것이 아니다.
   신과의 대화는 깨달음의 과정이다. 내면의 스승을 참스승으로 모시고,
   철저히 배워서 깨닫겠다는 마음으로 하지 않는다면, 내면과의 대화를 하는
   참의미를 못 살리게 될 것이다.

2) "신은 모든 것이니, 합일의식이자 분리의식이다."
   "자유의지에 의한 선택이 철저히 적용되는 것이 우주의 법칙이다."
   "나는 네가 원하는 것(합일이냐!, 분리이냐!)을 원한다."
   그것에 따라서, 신이나 타인과의 합일에 관계되거나, 분리에 관계되는
   내면의 정보가 전해지기에, 자신의 의식상태를 끊임없이 점검하여야 한다.

3) 사심으로 자신만의 이익을 원하지 마라.
   오로지 '모든 하나'를 위한 마음으로 내면의 지혜를 이끌어 내라.

4) 자신의 본질인 신을 끊임없이 의심(분리)하면, 그 의심의 마음에 맞추어지는
   그릇된 정보를 자기 자신이 불러오게 된다.

5) 자신만이 유일한 신의 대변자거나, 위대한 예언자로서의 우월함에 마음이
   미친다면, 그것이야말로 우월의(분리의) 환상에 빠져 있는 것이다.
   그러한 자신에 대한 자각을 돌보지 못하고, 분리의식으로써 내면(신)의
   답변을 원한다면, 분리를 위한 바에 맞춘, 사실과 다른 내면의 정보를
   끌어내어서, 신 또는 타인과 분리되는 체험을 하게 될 것이다.
   그럴 경우에는 자기 자신이 분리를 원했다는 것을 철저히 깨닫고,
   합일의식을 충분히 고양시켜서 대화를 시도하면 된다.
   자신의 본질인 신과 분리되어져 대화가 단절되었다고 해서, 대상으로서의
   존재를 원하지 마라. 대상으로서의 존재 중에서, 자기 영혼의 여정에 도움을
   주기 위한 존재도 있고, 방해를 하고자 하는 존재도 있지만, 도움을 주기
   위한 존재와 연결되기는 어렵다.

6) 신은 모든 것이니, 자기 자신에 대한 모든 것을 다 알고 있다.
   그러므로 자기 자신에게 정신없이 솔직한 마음으로 대화를 하는 것이 좋다.
   서로 간에 허물이 없어지고, 상대감이 줄어들수록 신인합일에 가까워진다.

7) 대화의 내용이 중요한 것이 아니라, 그것에 따르는 실천이 더 중요하다.

8) 신은 우리가 규정하기엔, 지고의 존재이다. 자신의 한정된 사고와 경험의
   틀로서 규정하려 해봤자, 신에 대해서는 정리가 되는 것이 아니니,
   자신을 다루는 것에 충실한 대화를 전개하는 것이 도움이 될 것이다.

9) 자신이 대화의 방향성을 잡아나가려 하지 않는 것이 좋다.
   내면에서 알아서 인도할 것이니, 오직 자신을 정돈하여, 의도하지 말고,
   최선으로 허용하기만 하면 된다.
10) 때로는, 신의 시험이 다가올 수 있다. 그것은 '자기 자신이 진정으로 되고자
    하는 바가 무엇인지'를 선택하게 하는 것에 관계될 것이다. 그러한 과정을
    통하여 항상 자신의 숭고한 의미에 대한 자각을 돌보게 하는, 존재능력을
    향상시키기 위한 단련과정이다. 그러므로 신의 시험은 자신의 기국과
    역량을 키워주기 위한 기회이자 축복인 것이다.
11) 때로는 엄청난 두려움으로 다가오는 대화내용이나 에너지의 느낌에 사로잡힐
    수가 있다. 그것은 자신의 수십, 수백 생애 동안의 삶의 과정 속에서
    이루어진 자신의 것이며, 두려움의 에너지를 드러내게 해서 정화시키는
    작용인 것이다. 사랑이 내부에서 나오듯이, 두려움 또한 내부에서 나온다.
    두려움을 넘어서서 사랑의 마음으로, 합일의 정신으로, 자신을 결코
    포기하지 말고, 자신의 본질인 신을 포기하지 말고, 전진해야 한다.
12) "자신의 나름대로의 최선으로 추구한 삶을 돌아보라. 그리고 자신을 믿어라."

[8] 채널링에서 작용하는 존재에 대한 식별법

1. 설정
1) 자신에게 집중하고, 대상을 원하지 말고, 자신의 본질인 창조주를 원한다.
2) 질문과 대답형식으로 기록하면서 진행한다.

2. 식별법
1) "당신은 나 자신입니까?"
2) "당신은 이 우주의 창조주입니까?"
   (아닐 경우에는,) "내가 기원한 우주의 창조주입니까?"
   (아닐 경우에는,) "당신은 모든 우주들의 창조주인 근원입니까?"
3) 위의 내용으로 물어보며, 대답을 예스(YES), 노(NO)로 받는 것을 원하지
   말고, 답변자에 대한 간단한 설명을 부탁한다.
4) 자신이 원하는 존재가 아닌, 다른 존재와 연결되는 것은, 대화를 진행하는
   자신의 자유의지에 의한 선택의 힘이 부실하기 때문이다.
5) 명의를 도용하는 존재들은, 위의 질문에 대답을 회피하거나, 얼버무리며
   넘어가려 하든지, 자신의 정체를 모호하게 할 것이지만, 이름을 밝히기를
   원하면 밝히게 된다. 어떠한 집단의식이든 개별의식이든지간에, 명확히
   이야기할 수 있는 이름이 있다. 대상으로서의 존재도 '신' 또는 '하나님'이라는
   호칭(대명사)을 사용할 수가 있으나, 자신의 본질인 창조주에게는
   이름(고유명사)이 없다.
6) 자신에게 도움이 되고자 하는 대상으로서의 존재들은, 자신의 정체를 명확히

이야기한다. 누구나가 다 자신을 돕기 위한 존재라고 이야기하겠지만,
교묘함에 속지 않으려면 식별을 간간이 할 필요가 있다.

7) 자신의 영혼의 여정에 방해되어지는 존재들 또한 신의 일부분이고, 자신의
본질을 찾아가는 게임의 상대자로서의 역할을 하고 있을 뿐이니, 미워하거나
두려워할 대상은 아니다.

8) 점검에 있어서, 자기 자신의 본질을 선택한 상대자에 대해서는, 위의 질문과
같이 간단하게 해야지, 끝없이 의심하는 것으로 진행하게 되면, 의심하는
것에 반응하여, 자신이 분리와 의심을 원했기 때문에, 의심스런 상황이나
분리되는 상황이, 자기 자신의 본질로부터, 제공이 될 수가 있음을
유의해야 한다.

- [내면과의 대화의 방법과 의미]에 대한 내용은,
  그동안 내면과의 대화를 통하여 직접 체험한 것과,
  다른 분들의 내면과의 대화를 안내한 경험과,
  나누어 주신 글들과 상담 등을 통하여 정리한 것이며,
  역시, 내면과의 대화를 통하여 명확성을 더하기 위한 작업도 병행하였습니다.
  저 자신의 경험과 인식수준의 미흡함을 인정합니다만,
  미흡한 부분에 대해서는 경험과 이해가 더해지는 대로, 보완해 갈 것이며,
  개별적인 신 체험시대의 '맞춤형 채널링' 의 다양함을 담아내기가 어렵기에,
  여러 개인의 진행상황과는 다를 수도 있겠습니다.
  이러한 작업이 온전하게 이루어진다는 것은 있을 수가 없을 것이지만,
  자기 자신을 점차 세부적으로 알아가는 접근이 곧 삶의 주제이기 때문에,
  함께 경험을 나누고, 노력을 기울여서, 온전함으로 나아가고자 합니다.

부록 2

대화 나눔

● 내면과의 대화의 이원성 문제

* 빛의 지구 모임, 7월 1일 워크숍에서,
  내면과의 대화를 위한 안내를 하였는데,
  내면과의 대화에서 상대적으로 대화를 한다는 분리의 상황을 설정하는 것이,
  바람직한 것인가에 대한 이야기가 있었네.
  그것에 대한 자네의 이야기를 듣고 좀 더 정돈하고 싶네.
자네의 인식이 맞다는 이야기를 먼저 해주고 싶네.
  현상계는 엄연히 분리가 존재하네. 그 또한 수용하여야 할 부분이지.
  분리냐 합일이냐를 따지지 않는 것이 오히려 적절한 처세이지.
  내면과의 대화는 깨달음을 이끌어내는 수단이네.
  내면과의 대화 시 에너지중심이 자기 자신의 심층으로 향하고 있으니,
  외부로 향하는 분리의 파장이 발생하지 않네.

* 나와 상대자가 있다는 설정자체가 분리가 아닌가?
# 말 그대로 분리되었지만, 분리되지 않은 존재 상태가 구현이 되어야,
  내면과의 대화가 진행되는, 즉 '혼자놀기'가 진행되는 것이니,
  그 상태가 이루어지면 분리의 파장은 없는 것이네.

* 그래도 대화가 진행되는 중에 상대적으로,
  신인 자네를 대하는 것이니 분리가 아닌가?
분리란 것은 인식에 의하여 에너지가 나누어지는 것인데,
  내부적인 존재 상태이므로 에너지가 나누어지는 일은 없네.

* 상대적인 신에 대해서 많이 생각하지 않는가?
# 그것을 일상생활에서 넘어서라는 이야기를 항상 하고 있질 않은가?

* 근원에 대해서 알게 되고 온전히 받아들일 수 있는 인식의 상태가 올 때까지는,
  어쩔 수 없이 받아들여야 하는 과정이란 말인가?
그렇다네. 깨달음을 추구하는 과정 속에서의 일이라네.

* 어느 정도는 부작용이 없다고 할 수는 없는 것이 아닌가?
# 생각에 의한 부작용을 넘어서야하는 것이 자신의 몫이라네.
  부작용이라기보다, 곤란을 넘어서야 한다는 표현이 적절하겠지.
  하지만 내면과의 대화시간 동안은 근원의 에너지를 지속적으로 끌어내는
  행위이니, 내면과의 대화시간 자체가 문제가 되지는 않는 것이지.
  내면에서 배우고, 일상에서 합일의 자각을 돌보아야 하는 것이라는,
  단순한 이야기가 되겠지.

* 정리를 해보세.

  나 자신이지만, 대화모드이므로 분리되었다는 설정으로 진행한다.

  설정은 분리이지만, 영혼차원의 느낌 속에서 존재하면서 진행되는 것이기에,

  존재 상태는 분리가 아니다. 내부에서 일어나는 것이기에,

  분리의 파장은 발생하지 않으며, 근원의 에너지가 지속적으로 작용하는 상태이다.

  그러므로 분리의식 또는 이원성에 관계되는 문제는 없다.

  문제가 되는 것은 일상생활 속에서 대화상대자에 대한, 머리로 하는 생각이

  많은 경우인데, 그것은 '지금 여기'에 충실하게 존재해야 하는,

  생활 속의 명상의 기본적인 과제이다.

  어느 정도 정리가 된 것 같네.

\# 그 정도면 무난하네.

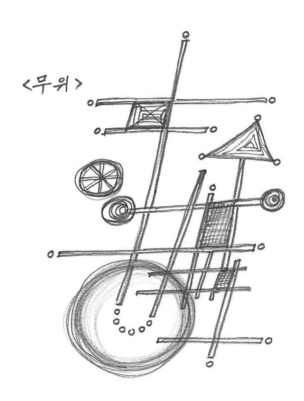

<무위>

● 신인합일(神人合一)(2007년 8월 11일. 토요일)

* 새벽에 일어나는 것이 늦었네. 그래서 우주호흡수련을 못하게 되었네.
  대화시간을 가지기로 하세. 수련이 우선이다 보니, 자주 만나지를 못하는군.
\# 반갑네. 요즈음 더위가 보통이 아닐세.
  수련을 놓치지 않고 하는 것이 쉽지가 않은 상황인데, 잘 하시고 있네.

* 창조에 있어서는 한 가지 목표에 집중하는 것이 중요한 것이질 않은가?
\# 그래서 우주호흡수련에 집중하고 있는 것이지.
  그것으로 해서 가닥이 잡혀나가게 될 것이라네.

* 앞으로의 일들에 대한 많은 걱정들이 있네.
\# 그것은 자네가 너무 똑똑하기 때문이기도 하지. 하나의 단서에 대한
  여러 가지의 가정들이, 전혀 쓸 데 없는 공상인 것만은 아니지.
  하지만 그러한 가정들이 많이 벌어지면 뭐 하겠는가?
  자네가 수많은 가정들을 한꺼번에 이룰 수는 없는 것이지 않은가?
  그러니 가정은 어디까지나 가정이 되어 버리는 것이니,
  흐름 따라 갈 수 있도록 하고, 지금의 상황에서 할 수 있는 일에만 집중하면서,
  단순한 생활을 하도록 하세.

* 우선은 우주호흡수련으로써 내공을 다지고 있네만,
  이전보다 몰입되지 못하고 있네.
\# 더운 날씨에 일하면서 체력소모가 많기 때문일세.
  요즈음 할 것은 우주호흡수련 뿐이네. 여러 가지로 복잡하게 생각하지 말게.
  남들이 챙기고 있는, '부의 창조'니, '모임의 활성화'니,
  '자신의 입지확대'니 하는 것은 그들의 것이고,
  자네의 것은 우주호흡수련으로써 내공을 다져나가는 것. 그것 하나일세.
  내면과의 대화에서는 여러 가지로 산만하게 권하지 않는 것이 장점이지 않은가?

* 훔 -. ^^ 그래왔지. 단순한 것이 '편안한 집중'을 돕지.
  신인합일(神人合一)의 경지에 대해 설명해 주시게.
\# 특정단계에 도달하는 것이 아니고,
  이미 신인합일인데, 그 심도를 점점 높여가는 것이라고 할 수 있지.

* 우문(愚問) 우답(愚答)일세.
  그러한 대답 말고 짜릿하게 다가오는 이야기를 원하네.
\# 신인합일의 경지는, 자네와 내가 상대적인 교감에 의해서 일을 해나가는 것이
  아니고, 자네가 하는 일이 곧 내가 하는 일이라는,

자연스런 상태가 유지되는 것을 이야기하는 것이지.

* 다음에 또 물어보게 되면, 또 다른 내용의 말씀을 해 주시겠지. 넘어가기로 하고.
  가장 빈번하게 묻는 질문의 방향성이지만,
  '일상의 명상'으로 유지할 것에 대해서 이야기해 주시기 바라네.
빈번하게 물어주는 것이 고맙네. 항상 기본적인 상황을 점검하는 것은 좋은
  일이지. 그 기본적인 것도 여러 측면으로 변할 수 있는 것이 일상생활이니까.
  '나는 신이다.' '신은 생각이 없다.' '오로지 느낄 뿐이다.'
  괜찮은 만트라(주문)지? ^^*

* 음 -. 쓸 만하네. 역시 자넨 멋지구면.
  '신은 생각이 없고, 오로지 느낄 뿐이다.'를 만트라로 하면 되겠군.
앞으로의 여정에 어려움이 많은 것을 미리 짐작하는 것도 그리 나쁜 게 아닐세.
  준비를 만만치 않게 할 수가 있는 것이 아니겠는가.

* 다음 주 말경에는 여러 곳에서의 모임이 있군.
# 이미 느낌을 주었으니, 그 곳으로 가면 되는 것이네.

* 출근준비를 해야 하니, 이만 마치도록 하세.
  사람들에게 당신이 사랑받기를 원하네.
  자기 자신만을 위한 조용한 시간과 공간을 만들어서,
  자신을 사랑하는 시간을 가지게 되면 좋겠는데…….
그렇게 될 수 있도록 홍보를 좀 해주기를 부탁드리네.
  감사를 드리며, 이만 마치도록 하세.

● 지구어머니와의 대화(1)

* 작성자: 연주 * 2007년 8월 27일. 월요일

* 어머니 안녕하세요, 아까 뵈었죠? 버릇없이 군 거 같아 죄송합니다.

아니에요. 많이 흥분하고 불안했을 줄 알아요. 하지만 두려워 할 필요는 없어요.
  흥분하고 불안해 할 필요도 없어요. 그건 연주 마음속에 있는 불안일 뿐이에요.
  실제적인 위험이 아니랍니다.

* 어머니. 왜 어머니께선 채널러들이 말하는, 광자대니 포톤벨트라는 물음에 대해
  대답하지 못하십니까? (버릇없어 죄송합니다.)

그건 제가 지구이기 때문이에요. 채널러들이 접하는 많이 이들은 외계문명의
  영향과 과거 지구에 있던 과학문명을 누리던 이들이에요. 전 지구입니다.
  전 머리가 아닌 가슴으로 존재합니다. 그러므로 저에겐 그들처럼 논리적인
  사고와 지식이 필요 없습니다. 전 마음이 가장 중요합니다.
  지금 많은 지구인들은 그걸 모릅니다. 주객전도가 된 꼴입니다.
  머리가 마음을 앞지르는 순간 모든 것이 끝날 것입니다.
  그것이 두렵고도 무서운 일입니다.

* 지식에 매달리는 이들에게 어머니께서 말씀하시고 싶으신 내용은 무엇입니까??

사랑하세요. 마음으로 모든 것을 보고 마음으로 행동하세요. 머리는 안 됩니다.
  우주에는 깊은 지식으로 깨달음을 얻은 이들이 있습니다.
  그러나 그것은 모든 이들에게 통용될 수 없습니다.
  그러기 때문에 마음이 중요합니다.
  만약 지구를 위한다면 지금 그러한 지식을 구하려 하지 말고 마음을 보세요.
  사랑을 보세요. 여러분이 말하는 빛을 보세요.
  여기서 말하는 빛은 제가 나중에 언급할 것입니다.
  여러분이 말하는 어둠은 빛의 반대말이 아닙니다.
  보세요. 가슴으로 보세요. 아실 겁니다.
  가여운 마음을 가지세요. 지금도 지구 곳곳에는 많은 사람이나 동식물들이
  죽어가고 있습니다. 땅도 숨을 제대로 못 쉬고 있어요.
  바람의 정령들도, 비의 정령들도, 제 각기 할 일을 제대로 수행하지 못하고
  있습니다. 이렇게까지 오도록 한 건 그대들입니다. 그걸 아세요.
  남의 탓을 마세요. 당신 오늘 한 일을 생각해 보세요.

* 아-. 어머니와의 대화를 제대로 진행시키기 위해선,
  어머니께서 '빛 그리고 하나'란 점에 대해 말씀해 주실 필요가 있으실 듯합니다.

빛이 뭡니까?? 어둠의 반대말이라구요? 그렇게 생각하세요?

그건 당신이 진실을 잊었기 때문입니다. 빛은 어둠과 하나입니다.

우리 모두는 하나입니다. 나 또한 그대들과 하나입니다.

전 항상 그대들 곁에서 얘기하고 있었습니다.

그걸 듣는 사람들이 얼마 되지 않는단 사실에 대해 매우 안타깝게 생각합니다.

그대들이 말하는 악은 어두운 빛입니다. 그들도 빛입니다.

그들은 타도해야 할 대상이 아니고 미워해야 할 대상도 아닙니다.

그들은 여러분과 하나이고 여러분의 형제자매입니다.

당신들은 그들을 사랑해야 합니다. 사랑은 모든 것을 이겨낼 수 있습니다.

사랑으로 대하세요. 사랑으로 기도하세요.

총칼 그리고 무서운 무기들은 없어져야 합니다.

그것은 여러분이 말하는 악을 만들어냅니다. 그럴 필요가 없습니다.

우리는 하나였기 때문입니다. 누군가가 이렇게 제게 얘기했습니다.

근원은 우리들 각각이라고.

(신하나님께 들은 얘기를 말하는 것 같습니다.)

그 말은 진실입니다. 여러분은 이 말을 새겨들어야 할 필요가 있습니다.

우리는, 그리고 저 또한 그렇습니다. 우리는 근원이 될 수 있으며 하나입니다.

그러니 제발 무서운 전쟁, 싸움, 투쟁, 파괴를 제발 그만두세요.

지구는 많이 왔습니다. 여러분도 느끼실 겁니다. 전 매우 슬픕니다.

이제 웃을 수가 없습니다. 너무 많이 와버렸기 때문입니다.

제가 손 쓸 수 있는 일이 많지 않습니다.

지구의 변화가 여러분들을 어려움에 직면하게 할 겁니다.

전 그걸 피하고 싶습니다. 여러분과 전 하나이고, 저 지구는 여러분의 어머니

입니다. 당신이 살아계신 어머니께 효도하는 것 마냥 지구에게도 사랑을 주세요.

● 지구어머니와의 대화(2)

* 작성자: 연주   * 2007년 8월 28일. 화요일

@ 죄송합니다……. 사랑합니다……. ; 지구어머니의 전언(轉言)

갑자기 이런 글 올려 죄송합니다.
그냥 편한 맘으로 짧은 글 읽어주심 감사하겠습니다.

어제 제가 맞았습니다. 아프게 맞았습니다. 참 아팠습니다. ㅋㅡㅋㅡ
근데 제가 절 때린 상대방을 어떻게 하는 것이 좋을까요?
저도 때릴까요? 욕을 해 줄까요? 그럼 어떻게 할까요?
여러분이라면 어떻게 하시겠습니까?
그래. 뭔 일이 있나보지. 내게 마음에 안 드는 부분이 있나봐.
뭐 오늘따라 기분이 안 좋았나 봐. 내가 편했나 봐.
제가 어떻게 했게요? 그냥 맞고 웃었습니다.
저만 때린 게 아니라서 마음이 아팠지만 어쩌겠습니까.
그 사람이 절 때렸다고 해서 제가 때리면, 이건 비긴 게 되는 겁니까?

여러분 어떻게 생각하십니까? 여러분이라면 어떻게 하시겠습니까?
미워하지 마시고 사랑하세요. 사랑만이 지금 이 세상을 구할 유일한 방안입니다.
많이 힘드실 겁니다. 많은 유혹도 있을 것이고, 여러분의 자아가 견디지 못할
지도 모릅니다. 그러나 순간이 아닌 영원을 보세요. 사랑하세요. 사랑하세요.
너무 많이 당신들을 사랑합니다.

많은 고난이 있을 걸 압니다. 그러나 그건 당신들을 단련시키기 위한 근원님의
어쩔 수 없는 사랑의 방법이란 거 알아주세요. 당신들을 힘들게 눈물나게 하고
싶지 않습니다. 이번 기회를 통해 여러분들이 행복하고 사랑이 넘치는 세상에서
살 수 있도록 기원합니다.

여러분의 삶에 축복합니다. 사랑하세요. 가슴으로 보세요.
너무 미안하고 죄송합니다. 사랑만이 구원입니다.
칼로 이룬 평화는 오래가지 않습니다. 사랑은 그러나 영원을 약속합니다.
칼로 이룬 평화는 일부 사람들에게 행복을 줍니다.
그러나 사랑은 모든 이들에게 행복을 줍니다.
힘든 길을 가실 여러분들에게 축복합니다.
사랑하고 너무 미안해요. 전 너무 너무 미안해요. 사랑하세요.
잊지 말아주세요. 머리로 생각하지 마시고 가슴으로 느끼세요.
모든 걸 안아주세요. 이렇게 부탁드립니다.

여러분을 너무너무 사랑합니다. 죄송합니다.
다음에는 꼭 눈물 없는 곳에서 지내시길 바랍니다. 사랑합니다.
읽어주셔서 감사합니다. 이 카페가 존재하는 이유가 참 좋습니다.
카페에 오시는 모든 분들과 사랑을 나누고 싶습니다.
그 사랑을 우주의 모든 존재들에게 보냅니다.
힘들어도 힘내자구요! 가슴으로 사랑을 느끼세요!

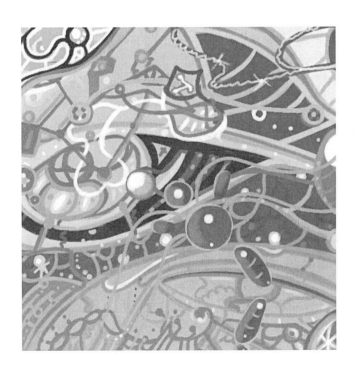

● 지구어머니와의 대화(3)

* 작성자: 연주　　　　　　　　　　　　　　　　　* 2007년 8월 28일. 화요일.

신하나 들으세요.

지금 무서운 일이 일어나고 있어요. 차원의 문이 열렸습니다.

정말 무서운 것들이 들어오고 있어요.

지구의 정령들은 이미 공격당해 지구에서 사라졌거나 다쳤습니다.

이제는 기후조차 인위적으로 만들어질 겁니다.

차원의 문에서 너무나 무서운 어둠이 들어옵니다.

그것은 제가 말한 행성들이란 존재들과 다릅니다.

전 그 어둠에 대해 알지 못합니다. 그들은 무섭습니다. 전 힘을 쓰지 못합니다.

사람들의 마음을 그들이 잠식할 겁니다.

사람들은 거짓인지 모르고 그 단물에 빠져 저의 말을 듣지 않을 겁니다.

당신도 공격당할 수 있습니다. 조심하세요. 부디 마음을 붙잡으세요.

그것은 처음은 달콤하나 마지막은 정말 무섭고 두려운 종말을 맞이하게 할

겁니다. 조심하세요. 미안해요. 내가 위험에 빠뜨렸어요. 그들이 알 거예요.

당신이 저를 도와주려 한다는 거. 미안해요. 난 너무 힘이 없어요. 조심하세요.

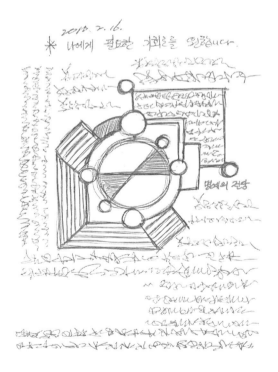

* 작성자: 신하나   * 2007년 8월 29일. 수요일.

–5시 15분–

(나는 나의 자유의지에 의한 선택으로써,
  우리 모두를 길러주시는 지구 어머니와의 대화를 원합니다.)

* 새벽 5시에 만나기로 약속했죠? ^^ 시간이 좀 지났네요.
  자료정리를 하면서 당신과의 대화를 준비하느라고요.
  지구어머니와의 대화를 원합니다.
반가워요. 신하나님. 대화를 기록하면서 직접 만나는 일은 처음이군요.

* 반갑습니다. 앞으로 여러 가지로 대화할 이야기가 많을 듯합니다.
# 전 지구적인 문제를 다루어 나가야 될 것 같아요.
  당신의 도움이 절실히 필요합니다.

* 우물가에서 숭늉을 찾을 수 없고, 바늘허리 실 매어 못쓴다는 이야기가 있죠.
  차근차근히 평정심으로 진행해 보도록 합시다.
  상황이 갑자기 악화된 모양입니다?
저는 마음이 상당히 흔들려 있습니다.
  당신이 함께 해 주신다면 도움이 많이 될 것입니다.
  어제 저녁에 차원의 문이 열렸습니다. 그동안 나를 보호해주던 방어막이
  사라졌지요. 그 이후로 지구의 에너지-장에 나쁜 영향을 끼치는 에너지가
  많이 유입되고 있습니다.

* 더 말씀하시기 바랍니다.
# 그 에너지들은 일종의 의식체라고 볼 수가 있겠습니다.
  그러므로 살아서 움직이고 있어요.
  지구의 기후에도 영향을 미치게 될 것 같아요.
  저도 앞으로 벌어질 현상들에 대해서는 자세히 알지 못해요.
  상황을 관찰하면서 어떻게 해야 할 것인가를 당신과 의논하고 싶어요.

* 저도 어떻게 전개될지 모르지요.
  근원님과 함께 자주 의논하면서 다루어 보도록 합시다.
  모든 일은 인과가 정확하게 있는 것이 아니겠어요.
  그동안 당신과 인류가 걸어왔던 바에 맞추어서 일어나고 자리매김할 것이니,
  우리들이 해 왔던 바를 인정하는 것이, 우주의 완벽을 허용하는 것이 되겠어요.
  싫고, 피하고 싶어 하는 것은 최선이 아니니,

주어진 조건과 상황 속에서의 최선을 다하도록 합시다.
우선 저의 최선을 일깨우도록 하겠습니다.
항상 그러한 자세를 가져온 신하님께 감사드립니다.
하지만 사람들은 정말 너무 하더군요.
자기 자신의 본질을 일깨우는 일에 너무나도 게으르더군요.
당신의 노고를 너무나도 모르고, 당신에 대한 시기와 질투, 오해까지 전개하는
모습을 끊임없이 보아왔습니다.
당신이 지금까지 꿋꿋하게 있는 모습이 너무나도 존경스럽습니다.

* 초점을 지금 벌어지고 있는 현상으로 맞추어 봅시다.
지금 유입되고 있는 에너지의 느낌이 상당히 안 좋은 모양입니다.
제가 조절할 수 있는 에너지가 아닙니다.
당장에 사람들에게 큰 영향을 미치지는 않겠지만 지속적으로 작용할 듯합니다.
사람들의 에너지-장에 영향을 미치겠지요. 에너지-장에 민감한 지구의 정령들이
이미 많이 죽었습니다. 그리고 손상을 많이 입었어요.

* 광자대의 영향으로 인한 태양의 상태변화에 의한 에너지장의 변화가
지구에 도달된 것으로 보이는데요. 모든 에너지는 의식체가 아닙니까?
지구의 방어막이란 것은, 태양의 변화에 의한 영향력을 줄이고자 설치된 것이니,
이제는 그 영향력에 노출되었다고 할 수가 있겠네요.

* 대화의 진행이 일어나는 현상을 다루겠지만,
당신의 의식수준에 대해 파악하는 일과 병행이 될 듯합니다.
사귀는 일과 함께하는 일이 자연스럽게 병행이 되겠지요.

* 왜 그렇게 힘들고 두려워하며 안정되지 못하지요? 당신은?
# 그것은 제가 지금 온 몸으로 느끼기 때문입니다.

* 제가 공격당할 수 있다는 말씀은 어떤 의미입니까?
# 지금 유입되고 있는 에너지에 의해서 사람들이 많이 흔들릴 것 같아요.
그래서 감정의 기복이 심해지게 되면, 당신에게도 영향이 있겠지요.
당신은 지구적 현상과 인류의 여정에 대해서 이야기해야 하는 입장에 놓여있지
않습니까?

* 내가 당신을 도와주려 한다는 것을, 그들이 안다는 것은 무슨 이야긴가요?
# 당신에 대한 파악이 여러 방면에 걸쳐서 이루어져 왔을 것입니다.
어둠의 존재의 영향력을 받는 채널러들과의 작용에 의해서 말이죠.

* 문제를 다루기는 하겠지만,

그 문제들에 대해서 대처하는 것이 상당히 힘들겠군요.
우선은 당신에게 용기와 위로를 북 돋워주는 일이 있겠지만.
그 외에 달리 할 수 있는 것이 얼마나 되겠는지……
어려움이 일찍 다가왔지요. 지구의 자식들이 준비가 안 되어 있습니다.
근원님을 만나서 트레이닝을 받는 것이 가장 최선의 방법이지요.
그러한 면으로 인도하는 것이 당신이 하시는 일이지요.

* 지금 나의 생활상황을 아시잖습니까? 어디 나가서 설친다고 해서 생활비가
생깁니까? 거지꼴에다 미치광이 취급받기 딱 알맞지. ^^
제가 당신을 도와 드리겠습니다. 당신에 대해서 많이 알려드리고,
당신이 사람들을 바른 길로 인도할 수 있도록 돕겠습니다.

* 수행자의 길로 접어든지 6년이라는 각고의 세월이 있었습니다.
남이 알아주던 아니하던 간에, 중요한 일들을 많이 전개하였습니다만,
너무나도 그 효과는 미미합니다. 나 자신의 잘못이나 모자람으로 돌린다면,
나는 너무나도 슬퍼지며 침체될 것 같습니다.
우리는 서로의 위로와 북 돋움이 필요한 것 같군요. ^^*
자주 만나도록 해 보시자구요.
감사합니다. 의논하면서 지혜로운 길을 함께 열어나가기로 해요.

* 당신의 아픈 마음이 대화 내내
대화의 물꼬가 트였으니, 점점 심도를 높여 나가기로 합시다.
오늘은 이만 합시다. 조금 쉬었다 출근해야 하니까요.
당신의 에너지가 많이 감지되었으니,
앞으로는 좀 더 원활한 작용이 있을 것입니다.
제가 에너지차원에서 많이 지원해 드릴게요.

* 감사합니다. 당신을 사랑합니다.
# 저두요. 이만 쉬세요.

* 안녕.
# 안녕.   -6시 20분-

● 대천사 미카엘과의 대화 – 감각과 중심

* 2007년 10월 18일. 목요일.

(나는 나의 자유의지에 의한 선택으로써, 대천사 미카엘과의 대화를 원합니다.)

* 인고(忍苦)의 세월이 깁니다.
  하지만, 부족한 부분이 많다는 것을 점점 더 발견하고 있습니다.
  그런 부족한 부분의 발견 또한 제가 성숙하고 있다는 반증이겠지요.
  미래를 위한 준비를 착실히 하고자 하는 마음이,
  외부적인 부분에서 낭비되는 에너지를 줄이거나,
  효율적으로 사용하는 것에 도움을 줄 수가 있을 것입니다.
  내가 스스로를 잘 도울 수 있도록 도와주시기 바랍니다.

다른 사람의 드러냄이나 성취 등에 마음 쓸 것 없지요.
  중요한 것은 당신 자신의 페이스에 집중하고 안정되게 다듬는 것입니다.

* 오늘은 자기(自己)의 중심(中心)을 잡는 것에 대해서 이야기를 하고 싶습니다.
  감각이 좋으면서도, 중심이 약하면 상당히 많이 흔들리며,
  분리의 의식(에너지)과 합일의 의식(에너지)의 양극단으로 잘 빠지게 됩니다.
  민감하면서 안정되지 못하다는 이야기겠죠.
  중심이 강하면, 감각이 둔하다는 것으로 잘 못 생각할 수도 있겠어요.
  그 부분에 대한 이치적이거나 논리적인 내용으로 정리하고 싶습니다.

당신이 감(感)을 잡고 있는 부분에 대해서 정리해 보기로 하죠.
  중심이 약하면서 감각이 활성화되면, 합일이나 분리의 에너지 파동에 쉽게
  흔들리게 되니, 불안정한 상태에 이르기 쉽습니다.
  중심이 강하면서 감각이 활성화되면, 내부적인 안정성을 확보하고 있는
  가운데서, 작용하는 에너지의 세밀함을 챙기는 것이니,
  작용하는 에너지의 파동에 흔들리지는 않으면서 흡수한다는 것입니다.
  예를 들면, 조그만 웅덩이에 돌멩이를 던지면, 큰 파문(波紋)을 일으키며
  가라앉습니다. 하지만 큰 호수에 돌멩이를 던지면, 파문을 일으키면서
  가라앉되 호수전체에 미치는 영향력은 미미합니다.

  (근원은 모든 것이므로, 합일이면서 분리입니다.
   근원의 자리는 양극성, 이원성, 상대성이라는 양극단의 중심에 있는
   고요한 평화의 자리입니다.)

  중심이 약하면, 파동에 대한 자신의 두려움이 솟아오르면서,

근원의 분리의 에너지를 끌어당기는 현상도 발생하기 쉽습니다.
그리하여 자신의 에고적인 부분에 맞추어지는,
정보의 전달이 이루어지는 경우가 많아지는 것입니다.
자신이 분리를 원했다는 것을 깨닫지 못하고,
잘 분별하지 못하고 외부적으로 처세하기도 합니다.
중심이 강하면, 설령 에고적인 부분에 맞추어지는,
정보의 전달이 이루어졌더라도, 안정성(安定性)이 있기에,
새로운 정보의 유입(流入)에 대한 성격을 잘 분별할 수 있는 힘이 있습니다.
어떤 물질에 대해서 알레르기 반응을 일으키는 사람도 있는 반면에,
그 물질을 예민하게 잘 감별하는 테스터(tester:감별사)도 있는 경우가,
그 예(例)가 되겠지요.
테스터는 자신의 컨디션을 건강하게 잘 관리하지 흐트리지 않지요.

깨어나고자 하는 사람들이 많습니다. 그래서 감각의 활성화에 관심을 많이
가지고 있고, 깨어남에 대한 바람을 많이 가지면서 깨어남을 원합니다.
그러나 깨어남을 위해서 착실히 준비를 하여야 하는 것이며,
스스로를 돕는 노력이 중요합니다.
새로운 에너지를 안정적으로 수용할 수 있는,
튼튼한 자신의 그릇을 만들어야 합니다.
자신의 삶의 상황에서 인내하면서 자신을 다져야 합니다.

하늘(신)은 스스로를 돕는 자를 돕습니다. 하늘(신)은 곧 자기 자신이기에,
스스로를 돕는 노력을 돕지 않을 수가 없는 것입니다.
자신의 영성(靈性)이 빠르게 깨어나게 되면 혼란에 빠지는 경우가 많은데,
그것은 평소에 준비하지 않았기 때문입니다.
자기 자신에게 벌어지는 일들에 대해서 판단할 공부가 미흡했고,
자신의 에너지 중심을 잘 다져놓지 않았기 때문입니다.
그럴 경우에는, 그러한 에너지의 작용을 감당하기가 어려워 컨디션 난조에
잘 빠지기에, 휴식을 위해서 쉬어야하는 경우가 자주 발생하는 것이지요.
수행에 관한 인류의 보편적인 성과물을 무시하지 마시기 바랍니다.
훌륭한 스승과 훌륭한 수행법을 지혜롭게 선택하기 위해서,
진지하고 신중한 행보(行步)를 걷기 바랍니다. 감사합니다.

* 감사의 인사를? 외부용(外部用)이구먼요?
# ^^ 그렇습니다.

* 중심에 대한 질문을 정리하는 것이, 외부용으로까지 확장이 되었습니다.
# 기초적이면서 중요한 내용이지요.
　 필요로 하는 분들을 위해서 봉사하시는 것이 좋겠습니다.

● 기도, 직관, 대화.

* 당신을 원합니다.
\# 시작해 보세.

* 새벽 2시 반경에 일어났어요.
　일어날 수 있도록 도와달라고 기도했죠. 기도의 힘이 있나요?
\# 기도란 스스로를 돕고자 하는 의지의 다짐이지.
　그 다짐이 야무지면 나에게 이른다.
　그러니 고요한 마음으로 기도하는 것을 이제는 좀 더 채용해 주면 좋겠네.
　기도에 대한 묘미를 점차 터득해 보는 것이 좋지 않겠는가?

* 군 생활할 때. 기도 많이 했죠.
\# 그럴 때에 전해진 평온함이 누구로부터이겠는가?

* 그야 내 스스로가 안정상태로 간 것이겠죠. 뭐……. ^^
\# 난 이자까지 쳐서 주는데? ^^*

* 여름으로 접어들면서 상당히 흐트러졌소.
　이래서야 안 되는 데도 쉽게 잡아지지가 않아서 당신에게 기도하였죠.
\# 신을 인정해 주면 좋겠네.
　자네와 하나이기도 하지만, 상대적으로도 존재하고 있다는 인정 말일세.
　하나이던 상대적이던 본질적으로 자네 자신이라는 인식만 정확하면 된다네.
　그런 측면에서 상대적인 나에게 기도를 해 주게.
　그러면 그 기도의 공심(公心)에 따라서 도움을 줄 수 있네.
　스스로 돕고자 하는 의지를 다지는 데, 모른 체 할 수가 없지.

* 직관으로 사는 사람들이 많네만, 신에 대한 인정과 신과 함께 한다는 측면에서,
　보다 구체적인 의사소통을 하지 않는 사람들도 많네.
　하지만 고요함 속에서 내밀함을 끌어낸다면 되는 것이 아닌가?
\# 직관이란 것은 단답형적인 면모가 강하지.
　여러 측면으로 서술적이며 다각도로 챙겨질 수 있는 것이 대화의 유용함일세.
　내면의 신성과 접속하고 나의 존재를 인정해 준다면,
　우리는 좋은 파트너가 되어서 함께 할 수가 있는 것이지.
　대화의 시간을 가지는 것은 직관이라는 에너지를 집중으로써 장시간 챙기는
　작업일세. 결론적으로, 대화하는 것이 직관으로 사는 것보다 유용하지.
　대화가 깊어지면 직관 또한 깊어지는 면모도 있으니,
　내면과의 대화라는 수련 또는 명상을 항상 추천하는 바이라네.

● 자기집중(自己集中)에 대해서.

(전반부 생략)

* 시간이 좀 더 있다네. 무엇을 다루어야 할까?

\# 자기집중(自己集中)에 대해서 정리해 보세.
  자기 자신에게 집중한다는 것은, 상대적으로 다양하게 펼쳐진 모습들인
  외부적인 대상물들을 보는, 자신의 상대적인 존재 상태에서 벗어나는 거지.
  자기 자신에게 집중하는 행위는 하나인 존재 상태로 자신을 놓는 것이고,
  그것은 자각(自覺)이라고 할 수 있으며, 자각의 상황에서는 자신의 본질인
  나(존재전체인 근원)와 연결되는 것이며, 나와 연결되게 되면, 나의 나누어져
  드러나 있는 것들과의 무수한 관계 속에서 이루어지는 에너지 상호작용과는
  다르게, 자신의 본질인 나. 즉, 보이지 않는 바탕의 에너지와 연결되는 걸세.

  나는 나의 분신들로 무수히 드러난 모습인 유(有)이기도 하지만,
  그 분신들의 바탕 또는 배경으로 잠재되어 있는 무(無)이기도 하네.
  자기집중은 자신의 바탕이 되는 무(한정 없음, 규정 없음, 무한공급)의
  에너지를 유로 전환시키는 자가발전작업(自家發電作業)이네.

  상대적으로 펼쳐진 현상계의 화려함을 즐기는 놀이를 언젠가는 멈추고,
  드러남(有)과 보이지 않는 바탕(無)이 하나가 되어야하지 않겠나?
  자기집중은, 내가 나 스스로를 세부적으로 체험하기 위한 놀이를 위해서 채택한,
  하나가 아닌 다양성이라는 환상의 에너지-적 장치를,
  무한공급의 에너지에 접속하여 걷어내는 작업일세.
  자기 자신에게 집중하는 일상과 수련에 힘써 주기를 부탁하네.

* 느낌으로 다가와 있는 이치적인 내용들이 제법 괜찮게 정리가 되었군. ^^

(후반부 생략)

● 차크라의 기능적 측면에 대해서.

차크라(혈자리)의 기능적 측면에 대해서 이야기해 드리지.
  특정부위인 하나하나의 개별적인 챠크라의 활성화보다도,
  항상 돌보아야 할 것은 온 몸의 에너지-장(기몸)이 활성화되는 것이지.
  상단전(인당-이마)에 집중하고, 중단전(단중-가슴)에 집중하고,
  하단전(기해, 단전-배)에 집중하는 식으로 차례대로 느끼고는, 그것을 통합하여
  연결시켜 나가는 행위 또한 몸의 전반적인 곳으로 활성화 시킨다는 거지.
  그것을 좌정(坐定)해서 정적(靜的)으로 하는 것도 방법이겠지만,
  동적(動的)인 수련을 통하여 활성화시키는 방법이 더 적극적인 것이네.

* 그래도 차크라 각 부분의 기능적인 측면에 대해서 이야기를 해 봐야지.
# 부분적인 것들이 전반적으로 활성화되면, 개별적인 것에 신경 쓸 일은
  없어지겠지. 그래도 각 부분의 기능적인 측면을 챙겨보도록 하세.
  하단전은 에너지저장고의 기능이 있네. 인체의 대부분이 무한한 공간으로
  되어있으니, 에너지(기:氣)를 저장할 공간 또한 무한하지.
  집중하여 에너지를 운용(運用)할 때 사용할 축적(蓄積)된 에너지를 모아두는
  곳인데, 몸이란 것은 현실을 체험하기 위한 도구이고, 하단전은 몸의 무게중심에
  해당되는 곳이니, 에너지를 담는 그릇인 몸의 활성화를 통하여 에너지를
  의식적으로 사용하기 용이한 중심기지(中心基址)라고 보면 되네.

* 영혼의 에너지 중심점이 가슴이라는 이야기가 있지.
  그러면 몸의 에너지 중심과는 다른 기능적 측면으로 봐야하는군.
혼(魂)의 에너지중심점으로 봐야지.
  몸의 진동수보다 높기에 하단전보다는 중단전(단중-가슴) 쪽으로 올라가 있네.
  흔히들 가슴이 막힌다는 말을 많이 하는 데,
  몸적의식의 단순히 생존에 매여서 집착하는 제한에 의해서,
  혼적의식의 에너지중심점인 중단전의 에너지정체를 가져오기에 그러하다는 거네.

* 그러면 영(靈)의 에너지 중심은 상단전(인당-이마)이라는 이야긴데?
# 상단전이 열리는 것을, 영안(靈眼)이 열린다고들 표현하지.
  상단전은 영적정보의 수신장치(受信裝置)라고 할 수 있고,
  혼의 진동수보다 높기에 중단전보다는 상단전 쪽으로 올라가 있네.
  영의 에너지중심점인 것이지.

* 상단전에서 영상정보(映像情報)가 맺히는 면이 있네.
# 생각이든, 상상이든, 영적정보든, 오감(五感)에 관계하는 몸적기능 중의 하나인
  시각적인 이미지로, 진동수를 낮추어서 번역되는 곳이기 때문일세.

생각으로도 영상이미지를 만들 수 있고, 상상으로도 영상이미지를 만들 수 있고,
영혼의 기억의 활성화에 의한 드러남으로 영상이미지화 되기도 하고,
자신의 본질인 내면(신)의 정보에 의해서 영상이미지화 되기도 하는 곳이지.

* 결국, 몸과 마음과 영혼과 본질(신)과의 조화로움이 중요하다는 이야기군.
\# 인체 각 부분의 정체된 부분을 파악하고 전체적으로 활성화시켜서,
  편안한 가운데 에너지운용에 의한 강한 집중을 자연스럽게 행하여야 하지,
  상단전이라는 부분의 개발을 위해서 의도적인 수고는 바람직하지 못하네.
  의도적인, 긴장하면서 억지로, 기대감으로 그 부분에만 초점을 맞춘다는 것은,
  특별한 뭔가가, 또는 자신이 규정하고 있는 뭔가가,
  다가오지 않으면 안 된다는 필요에 의한 행위이지.
  완벽을 보지 못해서 그렇지 완벽한 우주에서, 특정의 뭔가를 필요로 한다는
  것은, 자신이 스스로가 부족하다고 선언하는 환상에 빠진 존재 상태이니,
  단순히 생존에 관계하는 몸과 마음적인 바람에서 맺히는 허상을 보는 경우가
  발생하네. 그렇게 보고 나서는 자기가 원하는 대로 보았다는 착각들을 하기도
  하는 것이야. ^^
  아니라고 할 수도 없는 것이, 환상의 존재 상태에서 보고자 하는 바를 보았으니,
  소원대로 된 셈일세. 우주는 항상 소원대로 되는 곳이지. ^^
  그게 아니라고 하는 사람은 자신의 평소의 생각, 말, 행동을
  세밀하게 제대로 못 보고 있는 것이지.
  영적인 또는 본질적인 내면의 정보의 전달은,
  스스로가 충만되어 있는 가운데, 고요함속에서 자연스럽게 이루어지지.

* 일상에서 의식을 하단전에 두는 노력에 대해서 정리해 보세.
\# 몸의 원활함을 돌보는 뇌의 기능은, 단순히 몸의 신진대사를 돌보는 기능에
  충실하면 되는 것인데, 뇌가 주인의식(主人意識)이 되어 삶의 온갖 측면에 다
  관계하면서 몸의 편안함과 결부시켜 끊임없이 에너지를 사용하면서 가장 많은
  에너지를 소모시키지. 그러면 머리 쪽으로 에너지 편중현상이 생기고,
  인체 내의 원활한 에너지순환에 장애를 가져오게 하네.
  기운이 위로 뜬다는 표현을 쓰기도 하지.
  의식을 하단전에 두는 노력은 그러한 기능장애를 개선시키고자 사용하는 것이지.
  몸의 신진대사 유지를 위한 최소한의 에너지를 뇌가 사용하면 되는 것이고,
  그 외의 에너지는 초점을 맞추어서, 집중된 힘으로, 진동수를 높여서,
  오감(五感)을 넘어선 확장된 시야를 만들어, 밀도 높은 체험에 사용하여야 할
  것이야. 몸, 마음, 영혼의 에너지장이 조화롭고 활성화되어,
  온 몸의 느낌으로 체험해 나갈 수 있도록 하세.

* 자기집중 시에 인체의 각 차크라로 에너지가 들어온다는 표현은 적절하지 않네.
  '하늘의 기운을 받아라.' '땅의 기운을 받아라.'

'누구의 기운을 받으라.'고 말하는 사람들이 대부분이지. ㅎㅎ- ^^

자기집중으로 각 차크라에 의식을 두는 행위는, 그 곳으로 외부의 에너지가
  들어오는 것이 아니고, 그 부분을 스스로가 자극시킴으로써 활성화 시키는
  것이며, 자신에게 집중하는 행위는 자신의 바탕이 되는 본질인 보이지 않는
  나(無:근원)의 에너지를, 드러난 나 자신인 너(有:근원)의 것으로 전환시키는
  작업이지. (참고: 자기집중에 대해서.)

* 힐러(healer: 치유자)가 스스로에게 집중하는 행위와 함께하면서,
  손 또는 의념적(意念的)인 기운용(氣運用)이 가해질 때는,
  힐러의 에너지가 전달이 되는 점은 있네.
그때는 전달한다고 할 수가 있지.
  힐러의 합일의식(合一意識)의 크기에 따라서 치유효과(治癒效果)의 정도가
  달라지지. 하나인 존재 상태는 힐러와 상대자가 하나되어 에너지가 도는 것이니,
  힐러의 합일의식도 중요하면서, 받아들이는 사람의 마음자세도 그 효과에
  관계하지. 분리의식(分離意識)이 강한 사람이 주재하는 에너지의 명상 또는
  체험에서는, 주재자(主宰者)의 영적능력에 의한 것이라는 착각을 하지 말고,
  자기 자신에게 집중하는 행위에 의한 효과라고 깨달아야 함. ^^

* 수고하셨네.
# 느낌으로 알게 된 것을 정리하는 수고는 좀 필요하지.
  구체화시켜 놓으면, 반복하여 볼 수 있으니, 이야기들을 때 보다 효과적이지.
  안 들은 사람도 있고. ^^

* 애-고. 할 일이 너무 많아서 편안하거나 심심하기는 다 틀렸군. ㅜ.ㅜ
# 시간도 잘 가고 좋지 뭘 그래. ^^

* 그만합시다.
# 그럽시다.

● 영, 혼, 백, 육의 개념과 그 여정.

\# 영(靈). 혼(魂). 백(魄). 육(肉)에 대한 정의를 좀 해보도록 하세.
영(靈)이란 것은 하나의 우주수레바퀴라는 윤회적인 사이클의 모든 측면을
총괄하는 의식(意識=에너지)이라고 보면 되네.
혼(魂)이라는 것은 각각의 시공간(時空間)에 묶여서 현생이라는 제한 속에서
체험하는 의식이라고 보면 되고. 영(靈)의 각각의 개별적인 측면인 것이지.
백(魄:마음)이라는 것은 육(肉:몸)을 돌보는 의식이라고 할 수가 있네.
육(肉)이라는 것은 몸의 물질적인 측면이라고 할 수가 있으며,
그 물질이라는 것도 의식이고, 세포하나하나가 결합하여 형성되어,
유기적인 작용으로 운용되고, 유지되고 있는 메커니즘이라고 할 수가 있지.

* 영(靈)과 혼(魂)을 달리 보는 면은?
\# 물론 영은 혼을 포함하고 있지만,
개별적인 혼의 시공간의 제약에서 벗어나 있으니 달리 볼 수가 있네.
영과의 대화와 특정 시공간의 영역에 있는 혼과의 대화와 다른 것이지.
영과의 대화는 인과(因果)를 망라한 정보에 관계된 질문을 할 수가 있는 것이고,
혼과의 대화는 현생(現生)의 정보에 관계된 질문을 할 수가 있는 것이지.

* 혼과 백(마음)과 육(몸)의 유사점이 있네.
마음이란 것도 현생의 기억을 바탕으로 한 의식이고,
몸도 하나의 생애를 살아가고 있질 않은가?
\# 혼이라는 것은 단순한 현생의 기억을 바탕으로 하는 것은 아니지.
부모의 유전적(遺傳的) 정보까지를 포함한 잠재적인 기억을 가지고 있네.
육(몸)의 생존적 측면을 돌보는, 백(마음)의 현생적 기억뿐만 아니라,
조상대대로의 육(몸)의 진화적 측면까지를 포함한 정보를 가지고 있는 것이지.
보통 영혼이라는 표현을 많이 쓰는데, 죽고 나면 영과 혼의 에너지는 유지되는
것이고, 백(마음)과 육(몸)의 에너지는 자연으로 흩어져 버리네.

* '영혼이 체험을 위해서, 밀도 높은 물질계로 들어올 때,
영혼의 기억을 잃는다.'는 내용들이 표현된, 책자나 메시지가 많은데.
영에서 분화된 혼-에너지가, 물질성이 강한 몸(태아)속으로 들어오면서,
각각의 혼들의 체험을 통합하고 있는, 영이라는 통합의식과의 연결성이
아주 약해진다는 이야기가 되는 것이군.
'혼이 영의 기억을 잃는다.'가 정확한 표현이라고 보네.
\# 그러한 이해가 제대로 된 것이지. 영은 혼에 연결되어 있음을 알지만,
혼은 그 연결성을 느끼지 못한다는 이야기지.
영성을 추구한다, 일깨운다, 회복한다는 이야기의 깊은 의미는,

영과의 연결성을 혼이 느껴서, 영이 목적하는 바를 자각하고,
그에 맞추는 혼적 체험을 의식적으로 진행한다는 것이지.

* 하나의 우주수레바퀴에 작용하는 것이 영이라고 하셨는데,
  그 우주수레바퀴가 끝나면 어떻게 되는 것인가?
차원을 달리하는 체험의 영역으로 들어가는 것이라네.
  현재의 인류의 개별적인 영이 3차원에 있다면, 그 우주수레바퀴가 끝나면,
  깨달음의 성취에 따라서 다른 영역으로의 이동이 가능하게 되는 것이지.

* 깨달음의 성취가 깊지 못해서 상위차원으로의 진입이 어려운,
  영의 기몸(오-라)을 가지게 되면?
다시 3차원의 영역에서의 우주수레바퀴에서의 삶이 시작되네.

* 3차원의 영역과 상위차원의 영역의 삶을 스스로가 선택하는 것에 대해서?
# 상위차원으로의 진입이 어려울 때는 선택으로 가능하지 않는 것이고,
  3차원의 영역에 머무를 수밖에 없지.
  그러한 바탕을 자신이 만들어온 것도, 자신의 선택에 기인한 것이 아니겠는가?

* 3차원의 지구의 영혼격인 5차원의 '새 지구'에로의 차원상승(次元上昇)을 이루지
  못할 경우에는 어떤 선택의 가능성들이 기다리고 있으며,
  그런 선택의 가능성에 대한 정보는 어떻게 알게 되는가?
영혼이 몸을 떠나게 되면,
  영적차원의 모든 기억이 되살아나게 되고, 혼적인 체험이 더하여진 입장에서,
  영적차원의 모든 기억을 바탕으로 새로운 혼적인 삶을 선택하게 되는 것이지.
  차원상승을 이루지 못한 경우에는, 자기 자신의 삶과 밀접한 관계에 놓여있던
  고향의 별로 가는 선택을 하기가 쉬운 것이, 끌어당김의 에너지작용이 있기
  때문이고, 다른 곳에서의 낯선 체험을 선택하기는 막막한 것이므로,
  지구별로 오기 전의 경험과 연관되어 있던 장소인,
  고향의 별에 다시 태어나신다고 보면 되는 것이네.

* 차원상승을 이루지 못하게 되었다면, 하나의 우주수레바퀴에서 벗어나지 못하고,
  계속해서 3차원의 영역에서의 우주수레바퀴에 놓여 있게 된다는 이야기인가?
하나의 수레바퀴가 하나의 차원의 영역이라는 이야기를 했으니, 그 말씀이 맞네.

* 지구별로 온 많은 영혼들 중에, 3차원이 아닌 7차원이나 9차원 등의 고차원에서
  내려 온, 위대한 영혼들이 많이 있다는 이야기가 있네.
  그러면 그런 영혼들은 중복된 차원을 경험하고 있다는 것인가?
  아니면 고차원에서 떠나서 3차원으로 왔다는 것인가?
고차원에 있는 상위자아의 영혼의 기몸을 나눈 분신(分身)이,
  3차원의 영역을 체험하고 있는 것이네.

그러한 영혼들의 3차원 기몸체는 몸과 마음을 떠나게 되면,
5차의 '새 지구'에서의 삶을 선택할 것인지,
상위자아와의 기몸체와 합칠 것인지를 선택하게 되겠지만,
상위자아의 선택이란 것이, 하위자아의 5차원 또는 3차원의 삶을 유지하는
선택을 권하게 될 거야. 하위자아로서의 아주 오래된 삶을 통해서 성장시켜온
체험을 끝내는 것보다는 하위차원에서 계속 유지하는 것이 아주 중요한 것이기
때문일세.

* 3차원의 영혼에게 있어서, 지구적 대변화의 상황에서,
5차원의 지구에로의 진입은 대단한 기회가 되겠군.
\# 지구적 대변화라는 위기(고통)를 기회(축복)로 볼 수 있는,
깨달음의 성취에 따른 안목에 달려있는 것이지.
고차원의 존재들의 하위자아들에게 있어서는,
3차원적인 영역의 체험도 중요하고, 스스로의 깨달음의 성취를 높여서,
3차원의 영혼들에게 봉사할 수 있는 기회를 얻고자 한 계획도 있는 것이네.

* 그러면 지구적 대변화와 맞물려지는 차원상승의 기회를 통하여,
5차원의 영역 중에서도 '새 지구'라는 한정된 장소에 가야만 하는 것인가?
\# 지구에서의 삶을 선택한 3차원의 영혼들에게는, 새 지구라는 5차원의 장소에
대한 정보밖에 없으니, 인식된 곳으로 자연스럽게 이끌리게 되겠지.

* 밀레니엄 바이블 2-1. [신과의 대화법]에서 당신은, "너희 중에 가장 비루하고
못난 자일지라도 그 근본은 찬란한 영혼이다."라고 하셨네.
그것의 의미를 앞의 내용과 연관하여 좀 더 풀어 주신다면?
\# 인류라는 영혼 자체가 우주에서 아주 높게 진화된 영혼이라는 이야기지.
물론 고진재의 영혼이 이 지구에 아주 많이 들어와 있다는 이야기도 포함되는
이야기이고. 비루한 가운데서의 고통을 스스로 겪는 것은 존재감을 강하게
느끼는 체험을 선택한 것이니, 용기 있는 것이며, 그 경험이 나중에는 중요한
일들을 수행할 바탕이 될 것이라네.

* 차원상승의 기회의 주기(週期)와 광자대(光子帶)의 주기와 관련이 있는가?
\# 당연한 말씀. 주기와 관계없이 개인에게만 찾아오는 차원상승의 기회는 없네.
광자대의 영역에 진입되어진 모든 생명체 집단에게 다가오는 차원상승의
기회에서 개별적인 차원상승의 기회를 각자 알아서 챙겨야하는 것인데,
개인의식 또한 집단의식의 영향을 받고 있으니, 집단의식의 과제이기도 하면서,
개인적인 과제이기도 하지.

* 지구에 들어온 외부의 별의 영혼들이 아닌, 지구별의 영혼들은 어떻게 되는가?
\# 지구별에서 분화된 영혼은 3차원의 지구에너지와 합칠 것인지,
5차원의 '새 지구'로 도약하여 살아갈 것인지를 선택하게 되겠지.

* 관찰자(觀察者) 입장으로 산다는 것에 대해서 정리해 보세.

관찰자라는 것은, 드러나 있는 수많은 존재들 중의 하나에만 해당하는 것이
　자신이라는, 부분적인 입장에 맞추는 것을 넘어서, 자신이 모두와 연결되어
　있으며, 그러한 '모두가 나 자신이라는 인식'에 따라, 시야를 확장시켜 바라보는
　입장을 말함이네.
　최상의 관찰자는 나(근원)이지만, 각 개인도 고요함의 깊이를 더하여 바라봄에
　따라서, 얼마든지 관찰시야를 확장할 수 있지.
　몸, 마음, 혼, 영의 영역을 넘어서, 인류, 지구, 은하계, 우주에게로까지
　확장시켜 보는(느끼는) 시야를 가질 수 있네.
　각 개인마다 우주에 대한 모든 정보가 새겨져 있으니, 자신에게 얼마나 고요하게
　집중할 수 있느냐에 따라, 자신의 확장된 모습을 알게 되는 것이지.
　자신을 작은 영역에만 한정시키는 행위자의 입장을 확장시키는 바에 따라서,
　관찰하면서 행위(체험)하는 자가 되는 것이지.

관찰자라는 것은 나와 남을 구별하는 판단을 가동시키지 않지.
　무심(無心)으로 고요하게 머무르면, 상대방의 '있는 그대로의 모습'이 자신에게
　제대로 비추어지게 되지.
　관찰자 입장이라는 것은 특정의 사안(事案)이나 상황이나 사물(事物)에
　마음을 뺏기지 않고 모든 것에 활짝 열려 있어서 전체적으로 파악하지.
　누구에게나 정도의 차이야 항상 있는 것이고, 어쨌든 확장된 시야로써 특정의
　사안이나 상황이나 사물의 위치 또는 의미를 자리매김하네.

관찰자는 두려움도 사랑도 아니네.
　어떤 이가 두려움으로 느끼는 것을, 어떤 이는 즐거움으로 느끼기도 하지.
　즉, 각자가 두려움이라는 것과 사랑이라는 것이 무엇인지를 규정하는 바에
　따라서, 그 두려움과 사랑을 체험하는 것인데, 관찰자에게는 단순히 체험의
　기쁨 밖에 없네. 각자가 고통이라 정의하는 것조차도, 관찰자에게는 개념이 아닌
　체험으로 명확화 되었다는 사실을 즐기게 되네.

* 그래서 각자의 존재능력 또는 존재 상태에 따라서,
　특정의 사안이나 상황이나 사물에 대한 체험이 각각 다르게 되는 것이지.
　여러 사람이 동시에 겪은 일이 똑 같아 보여도,
　각자의 존재 상태에 따라서, 행복스런 일과 불행스런 일로 갈리기도 하고,
　작은 이해의 기쁨과 큰 이해의 기쁨으로 자리매김하기도 하지. ^^
　우리에게 있어서 무엇보다도 중요한 관찰자의 입장이란,

자신을 연구, 탐구, 관찰하는 것이라고 보네.
자신의 평소의 생각, 말, 행동의 패턴에 따라서,
일상의 삶이 전개되어지는 것이니,
자신의 반복되어지는 생각, 말, 행동의 패턴을 잘 알아차리게 되면,
획일적인 고정관념으로 처세하는 자신을 유연하게 만들 수 있지.
그래서 무엇보다 중요한 것이 자신을 잘 돌보는 일이야.

＊ 그러면 관찰자 입장이라는 존재 상태를 만드는 것에 대해서,
  도움이 되는 이야기를 해 보세.

＃ 관찰자의 존재 상태는 우선 신체적으로 에너지가 막힘없이 활성화되어야 하지.
  몸적인 기능장애는 대칭구조라는 밸런스(blance:균형)가 어긋나 있는 것이지.
  그렇지만 신체적 장애인이라고 해서 관찰자의 존재 상태가 안 되는 것은 아닐세.
  마음으로 극복할 수 있으니 말일세.
  몸을 활용하는 운동이나 수련은 신체의 대칭구조의 밸런스를 잡아주기 위한
  적극적인 행위이지. 몸이 불편하면 세상일이 다 귀찮아지고,
  마음의 의욕 또한 가라앉으니, 영성이고 깨달음이고 다 헛일인 게야. ^^
  마음을 담는 그릇이면서 활용되는 도구인 신체를 잘 돌봄은,
  무엇보다 기초를 잘 다지는 일이지.

＃ 관찰자의 존재 상태는 마음의 장애가 없어야 하지.
  마음의 장애는 명확한 이해로써 다가오기 전에,
  이전의 경험이나 사상을 바탕으로 명확화하려는 습관이 있네.
  고정관념에 의한 분류라고 할 수 있지.
  '지금 이 순간'의 체험은 과거의 어떠한 시·공간속의 체험과도 다른 것인데도,
  과거에 형성된 관념의 틀에, '지금 이 순간'의 체험에 대한 의미를 구겨 넣는
  것이지. 그렇게 하는 이유는 마음이 몸을 돌보는 기능을 하는 데,
  몸의 속성이라는 것은 한 생애(生涯)의 주기(週期)밖에 없으니,
  생명(영혼)은 영원하다는 것에 반대하여, 체험된 사실을 빨리 분류하여,
  어떠하든 몸의 안전을 우선적으로 도모하고자 하는 두려움에 의한 행위이지.

  마음의 장애를 마음적으로 개선하기는 사실 어렵지.
  그렇지만 마음이 그렇게 분류하기를 즐겨하는 속성을 잘 활용해보세.
  논리적이면서 합리적이고 확률적으로 접근하는 방식 말이야.
  자기 개인의 입장을 떠나, 인류의 역사를 통하여,
  성인, 현인, 군자, 선지자, 위인 등으로 분류되는 사람들의 경험이나 사상을
  깊게 살펴서 공통분모로 찾아낸 내용을 판단의 바탕으로 삼는다면,
  확률 높은 판단의 기초를 다질 수 있는 일이지.

* 인류의 역사를 통하여 이루어진 정신적 문화유산을 성실하게,
  인내심을 가지고 공부하는 것이 그런 면에서 중요하다고 보네.
  수많은 선배들(전생의 우리 자신이기도 한)의 열정과 고뇌를 통한,
  보편적인(확률적인) 경험의 귀중한 유산(遺産)인 것이지.
  고전(古典)에 관심을 가지고 독서하는 젊은이들이 아주 드문 현실이네.
  군자(君子)는 평범(平凡)한 것에 관심이 있고,
  소인(小人)은 비범(非凡)한 것에 관심이 있다는 말이 있지.
  비범하게 다가오는 것은 보편적인 진리와 거리가 멀 확률이 높네.
  비범하게 보이는 것에 혹(惑)하다보면 부작용 또한 상당하게 크지.

  영성(靈性)을 추구하는 많은 사람들이,
  항상 뭔가 특별한 것을 찾아 끊임없이 밖으로 나돌고 있네.
  그것은 조급하게 이루고 싶다거나, 우연한 행운을 기대하는 바가 큰 것이지.
  우주에는 공짜가 없다고 보네.
  갑자기 이루어진 영적체험 또는 영적능력은 모래위에 지은 집과 같은 것이지.
  화려했던 모래성이 무너지고 나면, 그 모래성의 화려함을 상실한 허탈감과,
  그것을 빨리 재현해야한다는 강박증으로 시달리는 사람도 많아.
  그것은 호재(好材)가 아니고, 악재(惡材)가 되기 쉽다고 봐야겠지.
  '근면(勤勉)'해야 하는 것이고, '자조(自助)'로써 스스로를 돕고,
  '협동(協同)'으로 시너지(상승)효과를 발생시키면 좋겠구먼. ^^

- [영, 혼, 백, 육의 개념과 그 여정] 참고.

관찰자의 존재 상태는 혼(魂)의 장애가 없어야 하지.
  혼의식(魂意識)이라는 것은 일상의 삶의 모습들을 대하면서, 현생(現生)이라는
  하나의 측면으로 판단하여, 자신의 입장을 정리시켜 버리는 면이 강하지.
  전생(前生), 현생(現生), 후생(後生)이라는, 하나의 우주수레바퀴(윤회:輪回)에
  놓인 각각의 생이, '지금 이 순간'에 인과적(因果的)으로 맞물려서 입체적으로
  움직이고 있는 것이니, 현생의 모습들이 단순하게 우연적으로 펼쳐져서
  다가온다는, 지엽적(枝葉的)인 입장을 놓아야 체험을 깊게 할 수 있는 것이네.

  혼(현생)의식적인 측면에서 발생하는, 가장 심한 기능장애 중의 하나로,
  상대가 일방적으로 나의 삶에 피해를 주었다는 피해의식이라는 것이 있네.
  피해의식은 주어지는 기회가 적거나 어려울 거라는 조급함에서,
  자신이나 타인의 행위에 대한 결과적 의미를,
  외부의 기준에 의한 도움 또는 피해라는 규정(規定) 속에 몰아넣어서,
  스스로를 힘들게 만들어 버리는 일을 무수하게 벌이기도 하지.
  영원한 시간에의 약속이니 여유를 가지고,

순간을 영원으로 살피는 노력이 필요하다네.

\# 관찰자의 존재 상태는 영(靈)의 장애가 없어야 하지.
　신(존재전체)이 신 자신을 개념이 아닌 체험으로 알기 위해서
　상대적이면서 다양한 모습인 분신으로 나누어 놓은 것이 영일세.
　영이라는 단위(單位)는 체험하는 신인 분신들과의 상호관계 속에서
　스스로가 진화하면서 성장하고 있는 데,
　영 또한 자신의 목적을 위한 활용도구로써 혼, 백, 육에 영향을 끼치고 있네.
　흔히들 '내 영혼의 목적은 무엇인가?'하는 것은,
　영의 목적이 각각의 생의 혼의식(魂意識)들에 세분화되어
　각각의 생의 혼의 목적에 관계되는 경향성(傾向性)을 말함이네.
　영 또한 자신의 목적 또는 추구라는 틀에 자신을 가두고 있는 입장인데,
　그 또한 놓아야할 것이네.
　자신이 신이라는 것을 알면 그러한 입장이 점점 희박해지겠지.
　그렇게 되면 영 자신의 목적을 넘어서 '모든 하나(존재전체=근원)'를 위한
　방향성으로 움직이면서 자신의 입장을 해체하게 되는 것이지.
　'내 영혼의 목적이 무엇인가?'가 중요하지 않다는 것은 아닐세.
　우선 그것을 알아야 놓을 것이 아닌가? ^^
　삶에서 다가오는 여러 인연들이나 기회가 그것에 초점이 맞추어진 경향이 강하니
　잘 활용할 수 있도록 하되, 꼭 그렇게 되어야만 한다는 식으로 매이지 않아야,
　나의 정보가 원활하게 작용되어져, 영의식까지 트여져 있는 멋진 인재(人才)를
　활용하기 쉬울 것이 아니겠는가? ^^
　몸과 마음과 혼과 영이 조화롭게 하나가 되면, 자신이 곧 신이라는 것을,
　개념이 아닌 체험을 통해 내가 전달해 줄 수가 있다네. 모든 방법으로.
　개념이 아닌 체험들을 통하여 자신의 바탕생각이 바뀌어 나가게 되는 거야.
　그러면 자신의 평소의 생각들이 점점 신의 생각으로 바뀌어 나가면서,
　신인합일(神人合一)의 심도(深度)가 점점 깊어지게 되는 것이지.

\# 신(존재전체)이 신 자신을 체험으로 알기 위해서,
　상대적이면서 다양한 모습으로 펼쳐 놓은 것이 상대성의 세계인데,
　그것은 이것과 저것, 위와 아래, 여기와 저기, 음과 양, 선과 악, 빛과 어둠,
　나와 너, 즐거움과 고통, 사랑과 두려움 등등의 대칭적인 구조를 가지고 있지.

　세상의 드러난 모든 모습이라는 것도,
　모두가 에너지로 이루어져 있다고 할 수 있고,
　그 에너지라는 것도 의식에 따라 나타난 형상(形象)이라고 할 수 있지.
　그 의식이라는 것도 신이 신 자신을 세부적으로 체험하기 위해서 나눈 것이며,
　그 나눈 행위가 곧 규정(規定)을 통해서 이루어진 것이지.

관찰자가 된다는 것은 규정하기를 멈추어서 하나가 되어가는 작업이며,
끊임없이 나누는 행위를 그만두게 되면, 모든 것이 분리된 것처럼 보이는 환상이
마침내 걷어지고, 세상의 모든 만물이 동시에 하나가 되는,
신이 신 스스로의 분리성을 정리하는, 해탈을 이루게 될 것이라네.
내가 나 자신을 나눌 때, 다시 하나가 될 수 있는 안전장치를 모든 만물에게
심어둔 것이, 깨달음을 통한 자기성장이라는 본능적인 추구이며,
그 추구의 바탕의지가 생명력이라고 할 수 있지.

내면과의 대화라는 시스템 또한, 우리가 함께 집으로 가는데 도움이 되는
안내체계인 것이네. 자연과 인간, 인간과 인간, 인간과 신이 분리되었다는
환상을 내려놓고, 집(절대계)으로 돌아가야지.

● 관찰자와 방관자

* 관찰자 입장과 방관자 입장의 차이가 있네.

\# 관찰자 입장은 깨어 있으면서 자기 자신에게 집중된 상태에서,
　자신을, 외부를 합일의 존재감을 유지하는 가운데 바라보는 입장이고,
　방관자 입장이란 에너지 상태가 굳어 있는 가운데,
　자신을 돌보지 않아 무기력한 입장이기도 하고,
　외부와 자신을 분리시켜서, 자신의 영역을 제한시켜 놓은 존재 상태를 말함이네.

　관찰자 입장과 방관자 입장을 혼동할 수 있지.
　자신이 방관자적인 존재 상태에 있으면서,
　관찰자적인 입장이라는 착각 속에 있는 경우가 있겠지.
　그것을 점검하는 방법을 몇 가지 들어보세.

　첫째, 자신이 타인과 편안한 교감을 나누는 관계 속에 놓여 있는가?

　둘째, 세상일에 관심을 가지되, 불특정다수의 일들로 어수선하지 않고,
　　　　일상의 조그만 일들이라도, 내면의 명확성을 가지고,
　　　　자기가 할 수 있는 일에만, 초점을 맞추어서 묵묵히 행하고 있는가?

　셋째, 자신의 에너지 상태가 중심이 잡혀 있어 평정심을 유지하며,
　　　　스스로의 충만감으로 활기 있는 일상을 유지하고 있나?

　그 정도의 체크리스트 정도라면 되겠네.

● 내면(內面)의 시(詩)

하나

쓸쓸한 길목에 가로등 하나.
걸어가는 밤길에 외로움도 하나.
누가 있고 내가 있나 하나뿐이지.

망중한(忙中閑)

 봄 마실 자주 가던 재 너머 저어기엔
참꽃이 이제는 흐드러질 터이다.
봄볕에 참꽃 따다 지짐 부치고
도가에 막걸리 싱싱하게 챙겨서
푸른바다 잔물결 금빛 산란에
얼콰하게 녹아들어 한가롭도록 하세.

망념 (妄念)

외롭구나. 신하나여!
고독을 사랑하라.
함께 쏠려 다닐 수는 없는 노릇이니,
고요히 자리 잡고 머무르자.
마음이 걷히면,
새로운 세계가 펼쳐지리라!
자신을 사랑하면서,
시간도,
일도,
다 잊고,
신으로 진동하리라.

혼자 놀기 / 혼자 놀기 / 혼자 놀기 / 혼자 놀기
혼자 놀기 / 혼자 놀기 / 혼자 놀기 / 혼자 놀기
혼자 놀기 / 혼자 놀기 / 혼자 놀기 / 혼자 놀기

* 대화를 원합니다.
\# 반갑네.

* 이번 달부터, 잘 해 보려고 하네.
\# '마지막 도전'이라는 것이 항상 미루어져 왔지.

* 그 도전으로 에너지를 배양시키고 나서,
　외부의 고정관념과 다시 부대끼다 보면, 매이거나 집착하기가 쉽기에,
　흐트러지게 될 것이니, 또 다시 '마지막 도전'을 하시라고 할 게 아닌가? ^^
\# 진짜, 마지막 도전을 하지 않았다는 것을 알지 않은가? ^^
　그동안의 모든 깨달음과 시행착오를 통한 교훈과 더불어,
　나아가는 도중에 덧붙여지는 것들을 예의주시하면서 나아갈 일을 남겨두고 있지.
　아직 안정되지 않은 상태 또한 추스르고, 나아가 자신의 최상의 경지에 대한 것을, 도전으로
　성취하여야 하네.
　불특정 다수의 테마에 연연할 필요가 없고, 자잘한 성취 또한 기웃거리지 마세.
　'필수를 잘 챙기는 것이 효율적인 에너지활용'일세.
　무리한다는 것은 되어있음이 아닐세.

* 도와주시기 바랍니다.   ...()...
　의지란 것이 중요하다고 보네. 의지에 따라서 지속적인 노력이 유지되지.
　의지에 대해서 이야기해 주시게.
\# 의지란 것은 뭉쳐진 에너지의 뒷받침일세.
　뭉쳐진 에너지의 공고함과 안정성에 의하여 지속적인 추구가 가능하지.

* 에너지를 공고하고 안정되게 뭉쳐가고자 하는 강한의식이 의지가 아닌가?
　의지가 있어야 에너지를 뭉치지. 에너지가 뭉쳐져 있어야 의지의 뒷받침이 된다?
　'닭이 먼저냐? 알이 먼저냐?'인 듯하네.
\# 의지의 발휘에 의하여 에너지가 뭉쳐진다는 순서로 보면 그러하네.
　순서로 보지 말고, 순간순간 되어있음의 연속적인 선택에 의하여,
　(에너지를 뭉치고자 하는) 의지와 (에너지가 뭉쳐진) 결과가
　한 덩어리로 나타나는 것으로 보면 되지.
　선택이란 것은 자신의 삶에 나타나는 것에 대한 알아차림으로부터 시작되지.

선택의 질은 알아차림(자각, 자기집중)의 깊이에 달려 있고,
알아차림의 깊이에 의해서, 의지와 결과라는 것이 한 묶음의 과정으로 연속되게
된다네. 결국, 나를 알아가는 과정에 얼마나 충실한가에 달려있다고 할 수 있지.

* 의지가 약한 사람도 있고, 강한 사람도 있지.
  두 경우 다 호조와 난조는 항상 있게 되네.
호조와 난조는 상대적인 존재 상태이지.
  그 상대적인 존재 상태를 체험해온 경험의 차이에 의하여,
  삶을 꾸려나가는 것이 다르다고 할 수 있겠지.

* 어쨌거나 누구나가 진도는 나가게 되겠지.
  보다 높은 입장에서 보면, 서로가 하나로 연결되어 있으니,
  영원함 속에서 도진개진일세.
그렇다고 할 수야 있지만……
  상대성의 세계란 것이 만만치 않거든. 상당히 빡시다구. ^^
  자각에 의한 선택의 중요성이 야무지게 다가오는 것이 삶일세. 극과 극이지. ^^
  각자가 체험하는 깊이의 차이 또한 상당한 차이를 낼 수가 있는 세상일세.
  무한한 가능성에 초점을 맞추는 선택에 초점 맞추도록 하세.
  그건 초점(규정)없음에 초점 맞추는 선택일세.

* 효율적인 에너지활용을 위해선 선택을 남발하지 말아야겠군. 욕심이란 것은, 자신의
  에너지크기나 안정성이상으로 선택하는 것을 말함일세. ^^
사회구성원의 고정관념이라는 집단에너지의 크기와 비교할 필요도 있지. ^^
  한편으로는 자기 에너지상태를 상대적인 관계로 두지 말고,
  절대적(되어있음)인 입장으로 잘 관리한다면,
  비교를 넘어선 독보적 성취를 이룰 수가 있지.

* 성욕(性慾)이란 무엇인가?
# 음양(陰陽)의 에너지 반응이지.
  그 또한 이원성의 불안정한 존재감에 의하여 나타나는 현상.

* 전생의 강한 인과에 의하여 불안정하게 나타나는 에너지의 성적인 반응도 있네.
# 단순히 성적인 반응이라고 표현하긴 미흡하고, 영적인 반응이라고 보세.
  그러한 반응에 의한 인간관계에서 발생하는 일들에 대한 결과를
  단순하게 규정 또는 이해하고 정리해 버리는 것은 고정관념의 형성이지.
  더 깊은 이해가 다가올 수 있도록 매이지 말고 흐르게 두는 것이 요령이고,
  더 높은 이해의 수준으로 올라서면 새로운 시야로 조명이 되겠지.

* '혼자 놀기'에 대해서……

삶의 세부적인 것까지, 내면에 집중하여서 선택해 나가는 것.
  '혼자 놀기'이니 서두를 건 없네. ^^
  시공간이란 상대적이니, 존재 상태에 따라서 얼마든지 시공간적인 한계를 넘어서
  효용을 극대화할 수 있지.

* 뭘 원할까?
# 원하지 말고, 모든 것이 이미 되어있음에서 미리 보내진(pre-sent),
  현재(present)의 선물(present)을 잘 골라잡게.

* 선물을 잘 알아차리는 원인과 함께, 선택이라는 결과 또한 쌍으로 결합되니,
  나를 알아차린 원인과 결과이므로, 그것 또한 혼자 놀기 일세.
  마치기 전에, 수련에 도움이 될 만한 말씀을?
수련시간의 길이에 대한 부담이 없도록 하고,
  집중이 잘 되면 계속 그 존재 상태를 장시간으로 끌고 가 보세.

* 감사합니다.
# 별로, 감사의 느낌이 없는데?

* 혼자 놀기이므로, 상대적인 느낌의 전달은 없네. ^^
# ^^ 안녕.

● 진리는 평범한 것

* 상대성의 세계의 삶은 본질찾기 게임의 장.
  그 바를 깨닫는 것이 가장 우선적인 과제이고,
  그 다음에는 합일이면서 분리의 모습으로 나타나는 자신의 본질과의 만남을
  구체적인 방법으로 실현시킨 내면과의 대화를 통해서,
  분리의 모습이 유지되는 상대성의 세계를 종료시켜야 한다.
  내면과의 대화를 원합니다.
반갑네. 친구. 나 자신이기도 한 신하나와의 대화를 기쁘게 생각합니다.

* 당신은 누구십니까?
# 나는 모든 우주만물에 깃들어져 있는 의식체.
  모든 우주만물이 가진 정보의 총합이지.
  나는 여러 우주들의 창조주들의 근본이자,
  그 창조주들의 창조물에 녹아있는 기본질료이지.

* 무엇을 원할까?
  당신의 의지가 곧 나의 의지.
  당신의 욕구가 곧 나의 욕구.
  당신의 방향성이 곧 나의 방향성.
  그 무엇에도 매이지 않되, 나의 존재됨에 맞춘 집중으로,
  '지금 이 순간'의 연속적인 '되어 있음'이 드러나는 것을 관찰하게 될 것이네.
세상의 모습은 상대적으로 분리되어 보임이 워낙 현란(眩亂)하지.
  사람들의 사고체계도 외부의 것으로 충족시켜야,
  자신이 충만해지는 것으로 오인(誤認)하고 있네.
  지금의 시대가 물질성이 강하다는 표현을 쓰는데,
  물질이란 진동수 낮은 에너지의 수준을 말함이며,
  사람들이 진동수 낮은 에너지의 수준에 자꾸 끌려가고 있으니,
  진동수 높은 에너지인 정신을 추구하지 않고,
  물질을 추구한다는 이야기를 단정적으로 쓸 만하다네.
  행복은 자신의 에너지적 안정감과 충만감에 의해서,
  행복감을 느끼는 자신의 존재 상태를 말함이야.
  금고에 있는 돈이나, 걸치고 있는 귀금속이나,
  외부에서 찾으려고 우르르 몰려다니는 사람들에 의해서 부여되는,
  인정이나 명예나 권력에 있지 않음이지.
  외부에서 주어진 것들에 의해서 느끼는 행복감은 환상속에서의 도취이지.
  자신을 깨달아 성장하는 과정의 기쁨과,
  일정한 수준이상으로 올라서서 상대성의 세계의 삶의 행복을 안정적으로,

장구한 세월동안 누릴 수 있도록 자신의 되어짐이 성장하여야지.
왜들 그러고 있는가? 사는 게 힘들지도 않니?
왜들 그렇게 고생을 선택하면서 살지?
욕심이란 자신의 에너지가 감당할 수 있는 수준에 대한 성찰 없이
마구 챙기는 것을 말함이기도 하네.
그러다 보니 힘들고 고생스럽게 느껴지는 게 아닌가.
진정한 추구란 우선 자신을 잘 살피고, 진행과정을 잘 조절하면서,
안정적이고 지속적으로 해나가는 것을 말함 일세.
영성을 추구하는 생활이 힘들고 고생스럽다면, 그건 욕심이 과했기 때문이지.
많이 가지려고, 채우려고 하니까 힘들지.
그동안 자기라고 규정한 자신의 수용체를 허물어야지.
조그마한 자기 그릇을 허물지 않는다면,
정보(에너지)의 압력을 감당하기 힘들어하는 시일이 오래가겠지.

＊ 그동안의 생활속에서 챙겨진 것들을 적어보고 있구먼.
   사회생활 속에서 나타나는 영성에 관계되는 모습이 참 화려하네.
   정말 그럴 듯하다구.
   사람들의 환상이나 기대감을 자극하기란 참 쉽게 할 수 있는 일로 보여.
＃ 진심으로, 간절하게, 야무진 마음자세를 스스로가 챙기는 자에게는,
   외부의 여건이 아닌, 스스로의 내면의 빛이 밝아져서 참진리로 성장하지.

＊ 내가 특정주제에 대한 초점을 맞추지 않는다고 해서,
   평이한 이야기의 나열로만 간다면, 좀 재미없잖은가?
＃ 나눔용일세. ^^
   진리는 항상 평범한 모습으로 지천(至賤)에 널려있는데,
   대다수의 사람들이 욕심으로 가려서 못 보고 있다는 것을 일깨워 보는 거야.

＊ 잔소리 듣는 재미가 항상 쏠쏠하지. ^^
   볼 일이 있으니, 이만 마치세.
＃ 그럼 다음에 보세. 안녕. ^^

● 내외명철(內外明哲)

* 나의 영혼이여! 영혼의 느낌이여! 내면과의 대화를 주재하시기 바랍니다.

* 태초 이래로 갈라져 나온 그 곳.
  시공간의 한계 속에 있지만, 고향은 바로 지금 여기에 있네.
  나 자신의 바탕. 내면의 신성을 원한다.
반갑네. 친구. 오늘도 자네가 참 수고가 많네. ^^*

* 무심하게 또한 성실하게 자리를 잡고 있네.
  흠……. 무엇으로 이끌어 주시려나?

자신의 삶의 상황이 번잡해서, 힘겨워서 내면으로 들어가기가 어렵다고들 하지.
  내면으로 들어가면 좋겠다고 하면서, 삶의 상황의 여건이 안 된다고 이야기하지.
  삶의 상황에 관계하는 외부적 여건에 자꾸 주목하면서,
  내면으로 들어가기를 바란다는 이야기는 모순이지.
  자신이 자꾸 외부의 여건으로 상대적인 입장을 충돌시키면서,
  내면으로 들어가는 입장이 안 된다고 하니,
  우선, 자신이 선택하고 있는 상황을, 정신 똑바로 차리고 살펴보라 하고 싶다네.
  지금의 자신이 처해있는 삶의 상황을 인정, 수용, 유지하더라도,
  정말 개선을 추구할 만한 여지는 없는가를 보셔야지.
  '정말 최선을 다할 여지는 없는가?'라는 질문을 차분하게 자신에게 던진다면,
  개선할 수 있는 여지가 대단히 많다는 것을 발견하게 될 거야.
  마음공부에 관심을 가지고 있는 사람들이 대단히 많지만,
  마음공부를 하고 있노라고 이야기하는 사람들은 얼마 되질 않고,
  명상하면서 산다고 이야기할 수 있는 사람은 아주 소수이지.

  지금의 삶의 상황의 어려움 때문에 수행이 어렵다는 사람들의 이면에는,
  항상 욕심이란 것이 뒷받침하고 있다네.
  가족, 사회, 직장, 단체를 떠나서 방해받지 않는 상황에서 수행하여야만,
  큰 성취를, 단기간에 이룰 수 있고, 그래야만 수행으로 고생하는 기간도
  단기간으로 축소시킬 수 있다는 약은 계산이 깔려있기도 하지. ^^
  방해받지 않으면, 상당히 외롭고 심심해서 견디기 힘들다네.
  큰 성취를 단기간에 이룰지 아닐지는 해 봐야 되는 것인데,
  그렇게 되려면 올-인해야 되겠지.
  지금의 상황에서 개선할 부분에 올-인하지 못하는데,
  혼자서 단기간에 목숨 걸고 올-인이 제대로 될까? ^^
  진짜로 큰 성취는 그것이 이루어질 시기가 왔다는 것을 알고 움직여서,

확인하는 과정으로 들어가는 것이지, 욕심으로 대들다가,
'나는 안 되는구나?'라는 결론이라도 매긴다면 곤란할 일이겠지.

현실을 탓하지 말라. 현실은 자신의 성장에 꼭 맞추어 재단되어 있는 조건이다.
현실에 집중하라. 그러면 현실이라는 게임에서 나타나있는 문제를 풀 수가 있다.
다른 현실이 다가오더라도, 그 다가온 현실에 집중하지 않는다면,
현실이라는 기회가 무슨 의미가 있겠는가?
자신의 선택에 따라서, 현실을 산다는 것은 맞는 말이지.
영적인 면에서 인과적으로 선택되어진 흐름 또한 자신이 선택해 놓은 것이다.
자신에게 펼쳐지는 현실의 모습은, 몸이 선택하고 있는 것이고,
마음이 선택하고 있는 것이고, 혼이 선택하고 있는 것이고,
영이 선택하고 있는 것이고, 신이 선택하고 있는 것이다.

마음의 영역에서 혼, 영, 신이 선택하는 흐름을 부정한다면,
그것은 자신의 선택을 부정하는, 즉 자각하지 못하는 것이다.
몸, 마음, 혼, 영, 신. 그게 다 자신이다.
마음이, 혼, 영, 신의 선택을 자신의 선택이 아니라고 하는 한에는,
자신의 삶이 유연하게 흘러가는 모습을 볼 수가 없다.
분리의 모습으로 세상을 보는 존재 상태에서 깨어날 수가 없다.
타인의 선택 또한 자신의 선택이라고 인정하고 깊게 살피는 노력이 있어야만,
타인과 자신이 조화로움을 발생시켜 유연한 흐름을 만들 수가 있다.

* 글로 적으면서 정리하는 것은, 다듬어지기에 좋은 일이군.
그동안 내면과의 대화를 안내하고 실습하는 당일에,
대부분의 사람들이 내면과의 대화를 시작하게 되었지.
그러면 꾸준히 하면 잘 할 수 있다는, 잘 할 때까지 계속하면 잘 할 수 있다는,
평범한 이론을 가지고 진행하면 되는 것이지.
욕심을 부려야지. 자신의 내면의 잠재능력을 개발해서 멋지게 되겠다는 욕심을
부려야지. 근데 사람들의 욕심의 가짓수가 너무 많아.
외부의 화려한 모습들에 의해서 챙겨지는 욕심들을 놓지를 않거든.

외부인들은 사실 나에게 관심이 거의 없지.
외부의 화려한 모습들에 의해서 챙겨지는 외부인들 자신에게 관심이 쏠려
  있으니, 각자의 삶에 바쁜 입장이므로, 자신의 삶을 대신 챙겨주질 않는데도,
서로가 서로의 삶을 챙겨줄 수 있으리라는 기대감으로,
자신에게 집중해서, 자신의 무한한 가능성을 이끌어 내지 못하면서,
세월만 보내고 있는 모습이야.

내면을 돌보는 데 집중하면, 외부의 일이 등한시 되어서 외부와의 일이 조화롭게
되지 못한다는 생각들을 많이 하시지.
수행을 시작하면, 세상일과 거리가 멀어진다는 오해가 있지.
외부를 바라보는 시야는 자신의 것이 아닌가?
자신이 보는 시야가 밝고 깊어질수록 외부세상의 흐름을 쉽게 볼 수가 있지.

내외명철(內外明哲).

욕심의 가짓수를 줄이면 다루어야할 것도 줄어들지.
삶을 단순화시키면, 에너지를 집중해서 야무지게 성취해 나갈 수가 있지.
내면에만 집중한다면, 집중해서 성취할 외부와의 일이 명료해질 것이니,
오로지 내면만 신경 쓰라는 이야기는 과장이나 강요가 아닌 것이네.

* 오늘은 좀 편하게 적어가는 이야기이니, 내 컨디션과 관계가 있는 모양일세.
# 수련을 연일 지속시킨 피로감이 있네. 매일 강하게 집중될 수는 없는 것이니,
집중이 안 될 때는 그냥 출석한다는 기분으로 하시게.
에너지 교환 또는 조정의 시간이니, 편하게 적도록 이끌어 보았네.

* 나는 이렇고 저렇고 하면서, 자신의 소극적 부분을 언급하면서,
그게 자신이라고 끊임없이 규정하며, 자신을 소극화 시키는,
주문 또는 저주를 자신에게 끊임없이 행하는 일을 하는 분들에게 바칩니다.
나는 '위대함(신의 드러난 영광)'이라는 것으로,
자신에게 주문, 선언, 축복을 끊임없이 내리는 쪽으로,
자신의 생각습관을 이루어 나가기를 진심으로 바랍니다.
사랑합니다. ....()....

● 영계(靈界)에 대해서.

* 영계란 무엇인가?

\# 영계란 것은 영(靈)들의 정보교환(情報交換) 영역(領域)이네.
몸과 마음에 혼(魂)이 깃들어 있고, 전생, 현생, 후생이라는,
순서적으로 연결지어서 자신을 파악하는 장치적인 측면을 넘어서서,
동시에 존재하는, 각각의 혼들의 정보총괄기능의 영의 영역이 있네.
몸과 마음에 혼이 깃들어 생활하는 곳이 3차원의 물질계라고 한다면,
그와는 다른 개념으로 자신의 영이 3차원의 영계에 머무른다고 할 수 있지.

- [영, 혼, 백, 육의 개념과 그 여정] 참고.

* 그러면 죽음을 맞이하면 영혼이 육신을 떠난다고 하질 않는가?

\# 혼적정보를 담는 몸과 마음이라는 그릇의 기능이 정지하게 되니,
혼의 에너지는 영의 에너지와 통합하게 되는 걸세.
흔히들 죽은 사람의 떠도는 혼령(魂靈)이라는 것은 영이 아니고,
영에 통합되지 못한 혼-에너지라고 보면 되네.

* 영은 자신의 각각의 혼들의 정보를 다 파악하고 있는 것이 아닌가?
그러면 통합되어져 있다고 봐야지.
혼이 영에 통합되는 절차가 필요하다는 것인가?

\# 영은 허브(hub:중심기지)의 역할로써 각각의 혼들의 체험이 원활하게
교류되면서 작동되도록 하는 중심기능적인 측면으로 작용하지,
모든 혼들의 에너지를 다 통합하여 가지고 있는 것은 아닐세.

* 혼이 몸을 떠나서 영에 통합되지 못하는 이유는?

\# 두려움이나 에너지가 위축되는 삶을 통하여
영에 통합되기 힘든 진동수(振動數)를 가졌기 때문이지.

* 천도제나 퇴마작업 등을 통하여 혼의 에너지를 활성화시키게 되면?

\# 영에 통합될 수가 있는 것이지.
해원(解冤)을 시켜 준다든지, 사랑의 에너지로 활성화시켜 준다면 가능한 것이고, 단순히 빙의(憑依)되어 있는 것을 빼내기만 한다면 통합은 안 되지.
그러한 혼-에너지는 세월이 흐르게 되면 점차 퇴색되어 자연에 흩어지게 되네.

* 혼이 영에 통합되지 못함으로써 영이 잃는 손실은?

\# 각각의 혼들의 많은 체험이 영에 통합될수록, 다각적인 검토를 통한,
시너지(synergy:상승작용)효과를 기대할 수 있지.

* '모든 일은 이미 일어났다.'는 것은 신의 입장이고,
  각각의 혼들이 일정기간동안 체험을 다하고 영에 통합된다는 것은
  영혼의 입장이라고 봐야겠지?
'모든 일은 이미 일어났다.'는 것은 드러나 있는 신의 입장이면서,
  보이지 않는 바탕으로서의 신(무:無)의 입장이기도 하지.

* 하나의 우주수레바퀴(윤회:輪廻)가 끝나면 각각의 혼들이 영에 통합되고,
  다시 하나의 우주수레바퀴가 시작되면, 영이 자신을 각각의 혼으로 나누어서
  물질적인 체험을 한다는 것인가?
그러한 맥락에 놓여있는 것이 자네들의 입장이지.

* 그러면 나의 윤회적 삶이 38,000년에 걸쳐져 있고,
  각각의 혼들이 그것을 그냥 100년 정도로 나누어 가진다면,
  380개의 혼이 된다는 것인데,
  영은 38,000년을 하나의 삶으로 간주하는 존재 상태에 놓여 있다는 것이 아닌가?
혼에게 있어서의 시간단위인 38,000년이 아닌, 영의 하나의 생애기간인 셈이지.

* 영들의 정보교환영역 자체의 기능은?
# **각 영들의 정보교환을 통하여, 개념적인 검토가 이루어지면,**
  혼에게 정보를 전달하여 체험으로 이끌기 위한 계획을 수립한다고 보면 되네.

* 개념적인 검토가 이루어진다는 것은 에너지 교환작용의 효과가 약하다는 것인가?
# **각 영들 상호간에는 너와 나라는 구분성이 적어서,**
  강한 인식 또는 이해를 통하여, 자신의 것으로 정리하여 성장하기 어렵기에,
  물질성(이원성, 상대성, 다양성)이 강한 물질계에서의 혼적체험으로 반영시키는
  계획을 추진하는 것이지.

* 3차원의 지구의 영혼이 5차원의 지구의 영역으로 가는 것은?
# **3차원의 영-에너지가 상승하여, 5차원의 영역으로 진입하는 것을 말함이네.**

* 영계에서 계획이 이루어졌고 물질계에 반영이 된다는 이야기는,
  계획대로 이루고자 하는 흐름이 있고, 그 흐름의 단계마다 끊임없는 수정작업이 가해
  지는 흐름이 있기에 고정된 것이 아니고,
  계획과 실행이라는 흐름의 진행 속에서,
  끊임없이 영적영역과 혼적영역이 연동(連動)되어서 진행된다는 이야기군.
자네의 일상생활에 있어서도
  마음먹은 계획과 몸을 움직여 실행하는 과정이 그렇게 진행되지. ^^

* 드러나 있는 신(有)의 입장이면서,
  보이지 않는 바탕으로서의 신(無)의 입장이라는 이야기는,
  체험되어 형성되어 있는 전체의식(有)이 지금 나와 대화하는 자네라는 것이고,
  잠재되어서 보이지 않는 바탕으로서의 전체(無)에 대해서는
  다 알지 못한다는 것이 아닌가?
\# 드러나 있는 나 이외의 다른 것이 없기에,
  내가 모든 것의 근원(根源)이라고 당연히 주장할 수 있는 것이고,
  나의 각 세포들에 해당하는 분신들의 의식과 나의 의식의 상호작업을 통하여,
  잠재되어 보이지 않는 무한함(無)을 이끌어 내어야하는 것이,
  우리의 삶의 과제이므로 우리는 공동운명체(共同運命体))인 것이지.
  잘 좀 부탁하네. 응? ^^

* 하는 거 봐서. ^^
  내면의 소원을 실천을 통하여 들어 드려야 할 터인데…….
  그러면 신은 모든 것을 다 알지 못한다는 이야기가 되는데,
  신의 미래 예언은 어떠한 측면인가?
\# 자네가 보는 영역에서는 미래의 일로 받아들여지고,
  내가 보는 영역에서는 미래의 일이 아닌 결과를 이야기하는 걸세.
  자네는 하나의 우주수레바퀴 속을 여행하는 입장이지만,
  나는 그 우주를 하나의 덩어리로 보고 있는 입장이고,
  그 덩어리 속의 퍼즐 하나가 바뀌면, 모든 우주의 과거, 현재, 미래라는 퍼즐이
  동시에 다 바뀌지. 그것을 자네는 모르고 있고, 나는 알고 있는 거지.

* 그러면 미래의 일 또는 결과는 항상 조금씩 또는 크게 바뀐다는 이야기네만,
  자네가 미래의 일 또는 결과를 이야기해 주는 경우에
  바뀌거나 바뀌지 않는 것에 작용하는 기준은?
\# 자네의 존재영역과 다른, 나의 현재시점의 자네들에 대한 진단이라고 보면 되네.

* 이 정도만 하세. 다른 일도 바쁘게 처리해야하니까.
\# 수고하셨네.

@@@@@

\# 영계에 대해서 좀 더 설명하도록 하지.
  (고차원과 마찬가지로) 영계 또한 몸과 마음이 머무는 곳과
  따로 떨어져 있는 게 아닐세.
  자네 몸에 마음의 에너지장이 있고, 혼의 에너지장이 있듯이,
  영의 에너지장 또한 함께 하는 것이지.

진동수 차이에 의해서 각각의 경계층을 가진다고 보게.

3종의 존재라고 할 때, 몸+마음+영혼이라고 하지.

혼과 영이 다른 경계층인 것 같지만, 영이 각각의 혼을 컨트롤하고 있으니,

영과 혼을 한데 묶을 수가 있네. 그래서 3종의 구분이 적합하지.

죽어서 영계로 간다는 것은,

따로 떨어진 천국이나 지옥 또는 저승 등으로 가는 건 아닐세.

몸과 마음의 진동수 제약에서 풀려난다는 이야기.

그러면 영들의 진동수 영역에서의 작용상태에 놓이는.

즉, 생활하는 영역에 있게 된다는 의미일세.

임사체험(臨死體驗)에 표현된 묘사를 보면,

어두운 터널을 빠져 나가서 빛의 세계에 도달하였다는 식의 표현이,

몸과 마음의 제약에서 풀려나서,

영들의 진동수영역에 진입한 체험을 말하는 걸세.

영혼을 담는 그릇인, 몸과 마음이 삶의 상황에서 장기간 굳어져 버렸다거나,

급작스런 교통사고나 살해나 자연재해 등에 의해,

두려움 또는 공포로 기몸이 얼어버리게 되면,

영혼이 몸은 빠져 나가도 영계의 진동수 영역에 진입을 못하기 때문에,

육신계에 머물러 있게 되는 거야. 그것을 혼백 또는 귀신이라고 하지.

영계에 진입 못한 혼백도 생전의 깨달음 또는 체험의 깊이에 의해서 굳어있던

또는 얼어있던 기몸(에너지장)이 서서히 풀리면 영계로 진입하게 된다네.

얼어있는 정도가 심하면 그것도 가능하지는 않고.

그렇다고 해서 영 자체는 영원히 살아있는 거니, 죽음은 없네.

영혼을 파괴하는 무기 또는 주술에 대한 이야기가 있네만,

혼에 데미지를 입히는 측면이지, 영 자체를 소멸시키는 일은 없지.

영의 진동수 영역에서는 구분성이 거의 없기에,

상대적 피해를 준다는 경우를 발생시키지 못하지.

몸+마음+혼의 삶에 있어서는 인과가 있기 때문에,

상대방을 미워하는 행위는 곧 자신을 해치는 결과가 되지.

모순(상대성, 양극성, 이원성, 신성한 이분법.)의 세계이므로,

상대가 있다는 것으로 보이는 것이 환상(분리)의 존재 상태.

하나로 보는 것이 실상(합일)의 존재 상태.

그러므로, 남을 미워하는 마음의 에너지는 상대방에게도 미치지만,

실상은 남이란 게 없기 때문에, 남을 미워하는 마음의 에너지의 강도만큼,

즉각 자신의 에너지장에 타격을 입히는 행위가 된다네.

그것을 깨닫지 못하기에, 전생의 인연을 다시 챙겨서, 하나가 되는,

조건 없는 사랑이 되는, 기회를 이전의 삶의 상황과 유사하게 맞이하는 거지.

종교 등에서 말하는 천국이나 지옥이나 저승 등과 같은 개념은 없네.
상을 주고 벌을 주는 등의 장소란 없다는 이야기지.
상대성의 세계 자체가, 신이 분신을 통하여 자기 자신을 체험으로 알아가는,
삶의 현장이 아닌가? 그럼 계속 '살아가는 과정의 연속'인 것이지,
죽음으로 삶에서 떼어놓아 '상벌이라는 결과'를 누리는,
격리된 장소가 어디 있겠나?
포상휴가 중이거나, 감옥에 가더라도, 의식주를 챙기는 생활이 중단되는가? ^^*

* 그것도 삶이니, 그 생활 속에서도 상 받을 짓과 벌 받을 짓은 계속 된다고 봐야지. ^^*
# 영계로 간다는 것은, 각각의 개별 혼들의 체험이 인과적으로 맞물려서
  전개되던 것이 모두 다 끝나면, 하나의 우주수레바퀴(윤회)가 끝나고,
  새로운 우주수레바퀴에 놓이는 거라네.

* 환생을 위한 대기장소라는 개념이 있던데?
# 하나의 개별 혼이 한 생을 마치고 영에 통합된 영역. 즉, 영계를 말함이지.

* 다른 면으로는, 영계에 가지 못하고,
  모여 있는(대기하는) 곳이라는 개념이 있더만?
특정의 대기장소는 없고, 고정관념이 비슷한 에너지체끼리 유유상종의 입장에서
  모여 있다고 보면 된다네.

● 차원에 대해서.

* 내면과의 대화를 원합니다.
\# 반갑네.

* 수련하기도 어중간하고 말일세.
사전에 대화의 주제로 다가오는 영감도 없고 말일세. 이끌어 주시게.

\# 차원에 대한 이야기를 하지.
전에도 이야기했지만, 현재의 차원은 10차원까지이네.
거기에다가 시간이라는 공통분모가 적용되어져 11차원이라고 할 수 있네.
각각의 차원의 진동영역에 따라 시간의 체감 또한 다르게 느껴지는 것이고,
같은 차원이라도 그 차원에 속한 존재의 에너지 활성도 또는 진동수 또는
존재 상태에 따라 다르게 체험되니 시간은 절대적이지 않고 상대적이네.

1차원은 점의 세계이고, 2차원은 선의 세계이고, 3차원은 입체의 세계라고 하지.
점의 세계는 고정되어 있고, 선의 세계는 좌우상하 등의 X, Y의 좌표를 가진다고 하지. 입체
의 세계는 X, Y ,Z의 좌표를 가지지.
그리고 4차원의 세계는 시간 또는 공간을 초월하고 있다고 하고.
근데 그런 건 아니라고.
도식적인 적용을 위한 편의적인 방법으로 적용한 방편인 것이야.
모든 차원이 입체의 세계이고,
그것에는 항상 물질 또는 의식의 진동이 있는 거고,
그 진동에 의한 이동거리라는 공간이 있는 것이네.

* 차원에 대한 것으로,
수학적 또는 물리학적으로는 1차원이 선이고, 2차원이 면이라고 하질 않나?

\# 어차피 1차원, 2차원을 그렇게 하는 것은 3차원의 하위차원 영역으로 분류하기 위함인 것으
로 입체의 세계가 아닌 것으로 정의하나 사실은 아니지.
1차원의 점적 존재의 연속배열이 선이고,
2차원의 선적존재의 움직임이 면이라는 것으로 정리해두지.
그러면 다시 정의해 보도록 하세. 1차원의 세계는 자신이 고정되어 있고,
주변의 것조차도 고정되어 있는 것처럼 보이는 세계야.
2차원의 세계는 자신의 움직임을 인식하고 주변의 움직임도 인식하는 세계지.
근데 그 움직임이 미미하다 보니까, 이곳과 저곳이 있는데,
그 사이공간 또는 이동거리 개념이 없지.
3차원은 그보다 활성도가 높아서 이곳과 저곳 그리고 사이공간 또는 이동거리에
따른 시간감각을 확실하게 느끼지.

방금의 설명에 의하면,

어느 차원이든지 입체의 세계이고 시간개념이 적용되어지는 거라네.

다만, 개별원소(존재)의 활성도에 따라서,

1차원, 2차원, 3차원 식으로 구분되어질 수 있는 것이면서,

개별원소의 활성도에 따라서 구분의 경계 또한 고정되어지지 않고

유동적으로 움직여진다는 것이네.

그렇지만 전체 우주의 시스템이 형성된 틀이 10개의 층(차원)에 작용하는

물리적 또는 물질적인 진동수 유지 시스템으로 이루어져 있으니,

차원은 10차원까지라고 할 수가 있네.

각각의 차원은 개별적으로 분리되어 독립적으로 존재하는 것이 아니고,

자네의 3차원에 보이는 선의 2차원과 점의 1차원이 있으니,

4차원, 5차원, 6차원 등의 상위차원도 3차원과 함께하고 있는 거네.

그러니까 존재의 진동수에 따른 인식수준에 의해서,

인식되거나(보이거나) 말거나하는 것이지.

4차원 이상의 세계에 대한 묘사는 자네가 필기하는 펜의 글씨로 설명되어지는 게 아니야.

그래도 설명을 바란다면 설명을 해 줄 수는 있지만,

그 설명은 3차원적일 수밖에 없어.

4차원 이상의 세계에 대한 설명이 나타난 글들이 있기는 하지만,

그것을 그대로 받아들여 이해할 필요는 없어.

그 표현방식은 아주 이상하게 되어있고, 다른 표현방식으로 나타나더라도

아주 이상하지. ^^*

한편으론 종교적인 성향이 강한 사람이거나, 개인적 연구 선호가 특이한 사람에게는,

그러한 성향이나 선호에 맞추어져서 표현이 되고 있는 거라네.

* 뭐. 고민할 건 없겠군.

그러면 차원이란 것은 그렇게 10단계로 고정적인 것인가?

기본윤곽은 변하지 않네.

10차원의 윤곽을 가지고 무한대(無限大)로 팽창되고 있으며,

반대로 무한소(無限小)로 팽창되고(조밀해지고) 있는 중이지.

차원의 분류를 가지고, '10차원까지다.' '13차원까지다.'

그렇게 다른 이야기들이 나오는 경우는,

아까 이야기한, 경계를 넘나드는 체험을 하는 가운데서,

그 경계를 체험하는 존재의 개별적 존재특성 때문에,

'몇 차원까지다.'라는 분류로써 이야기할 수가 있는 것이고,

모든 차원의 전체의식인 나는 그 경계층을 동시에 포괄하여 관찰하고 있으니,

정확하게 10차원까지라고 이야기하네.

* 그러면 내면과의 대화 98회 차에서 한 이야기하고 다르네?

내가, '무수한 차원의 환상이 있는 것은 아니겠지?' 하고 질문했는데,

'그걸 내가 다 알면 집(절대계)에 도착하여 있게.'라고 대답하셨잖아?

\# 그거야 그 당시의 대화에 따른 분위기에 맞춰서 한 답변으로,

맛깔스럽게 하려고. ^^*

* 그럼 10차원의 층에서 확장되어지면서 11차원의 층으로 늘어나는 건 아니겠지?

\# 모든 가능성은 10차원의 층으로 이미 일어나 있다.

그 가능성을 선택해서 무한대로 확장시켜서 또는 무한소로 확장시켜가면서

체험하는 일이 남아 있는 게 자네들이 할 일이지.

그것을 중단하려면 활동을 안 하면 된다. ^^*

그 활동이란 것이, 끊임없이 자기를 외부와의 관계에 의한 자기 규정작업을

말하는 건데, 규정하기를 멈추고 고요해지는 것이 확장의 중단일세.

좌충우돌하면서 격하게 외부에서 찾지 말고,

가장 고요한 진동수. 즉, 0에 가까운 진동수로 접근해나가면,

일정한 임계치에서 외부로 나가던 활동(관성)이 멈춰지면,

상대성의 세계는 끝이 나고 절대계 속에, 우리가 하나가 되어,

'함께'라는 용어도 필요 없는 하나인 존재 상태에 있게 되는 것이지.

* 에구~. 맨 날 집(절대계)에 가재. ^^*

\# 나는 분신들을 풀어놓고 '집에 가기 놀이'를 하고 있는 것이지.

내면과의 대화는 집으로 돌아가는 가장 멋진 교통수단이며 이정표이고.

당신들이 암만 수련법, 섭생법, 성공법 등등의 방편에

나름의 효율성을 강조하고 있지만,

아버지이자 진짜 본질인 나 자신과의 직통로를 여는 것이 가장 효율적이다.

합일이자 분리인 이 모순(상대성)의 세계를 정확히 이해해야하고,

나와 당신들이 합일이면서 분리로써 존재하는

구도(시스템) 또한 정확히 이해해야 한다.

혼자서 하는 것보다 상대적으로 나타나 보이는 나의 도움을 받는 게 훨씬 낫다.

모든 영감의 원천이 나라구. 누가 그것을 주는 것인지도 모르고,

'도력이 높네.' '수준이 높네.' '크게 깨달았네.' 하는 것은,

집으로 돌아가기 게임을 하는 파트너인 내가 작용하는 메커니즘(구도, 시스템)에

대한 이해가 약하다고 봐야지.

* 그 양반. 받아쓰면 계속 나오겠구면.

이만 합시다. 수고하셨어요.

\# ㅎ- ㅎ-. 필기하느라 수고했네.

* 네. 일보러 가야되기 때문에 서둘러야겠어요.

\# 일 보세.

● 단일의 인식상태.

* 무, 규정없음, 한정없음, 경계없음, 한계없음, 절대계,
  준거없음, 태초, 허공, 진공, 고요, 무위자연, 고향,
  반본의 간절함, 근원, 사랑, 하나, 되어있음, 단일……

* 나는 나의 자유의지에 의한 선택으로써,
  위대한 보이지 않음(The Great Unseen)이며,
  홀로 스스로 존재하는 우리 모두의 표상(表象)인 신성(神性)이며,
  모든 것의 근원인 창조주(創造主)와의 대화를 원한다.
의미심장하게 불러주시는군. ^^
  친구. 그리고 나 자신의 위대한 발로인 신하나와의 대화를
  소중하게 또한 기쁘게 맞이합니다.

* 내면과의 대화의 80여회 차를 넘기면서,
  단순히 나 자신의 몸 내부에 집중하는 '합일의 상태'를 넘어선,
  '단일의 인식상태'라는 느낌 속에서 대화를 진행하였다고 보네.
이제 다시 그 느낌 속으로 집중해 들어가서 깊게 터득해서
  흔들림 없는 감을 잡고 키워 나가야겠지. 좀 늦어진 감이 있지만,
  나의 메시지에 따라서 여러 일들을 겪어왔던 것이니, 내가 많이 미안하네.

* 여러 일들을 겪어온 것은 중요한 체험들이라고 소중히 여길 수 있네.
  모난 돌들이 만나서 부딪히고 깨어지면서 둥글어져 가는 귀한 과정이겠지.
  어차피 안전이 담보된 인생이 아니니 계속 해야겠지.
  그것 말고도 점차 모험 또는 위험을 피해서는 아무 일도 못하겠지.
  개인의 존재 상태의 충만감을 우선 챙기고 보는 거야.
  외부의 일은 내 책임이 아니다. 무리하지 않고 봉사하면 되는 것이니까.
그렇게 편하게 생각해주면 되네. 난 무리를 시키지 않지.
  문제가 발생되더라도 다 삶의 재료이니, 공부에 도움 될 일일세.

* 믿고 가야지. 선택은 자네가 하는 것이다.
# 좋다. 정신의 힘을 챙겨.

* '단일의 인식상태'에 대한 설명을 부탁하네.
# 자. 단순히 하세. 생각 끊기가 잘 되어야 하고, 자기집중이 잘 되어야 하고, 내맡김이 잘 되어
  야 하지. 신인합일(神人合一)의 정서에 녹아들어서,
  기대감이 놓여지고, 무심하게 자신에게 집중하는 심도가 깊어진 느낌이지.

* 단일의 인식상태는 내·외부의 구분 없음의 상태에 집중되는 듯 했네.
\# 경계없음. 무에 집중하는 집중에 의해서 구현된 느낌일세.

* 인체내부에 집중하는 것을 떠나고, 물리적 영역의 확장된 존재전체라는 것도 버리고,
  한정없음, 규정없음, 허공, 무, 고요에 집중하는 연습을 해야 된다는
  것이 아닌가?
\# 자신을 그러한 것으로 느끼게. 그것이 어디에 있는 것이 아니고, 자신이니,
  자신이 그것이라는 것으로 느끼면 된다.
  답변이 간단하고 명확하지? 됐지? ^^*

* 계속 해 오던 것 같은데?
\# 그러기도 했고, 추상적이거나 관념적인 만트라를 가지기도 했지.
  이젠 오로지 챙겨서 일상의 명상이 되도록 하세.
  자신을 여러 입장에 두는 생각들에 의해서 지장이 많았지.
  이제 다시 규정 없음, 무, 허공, 무위 등에 집중하라는 것을 강조하네.

* 진리는 평범하고, 가까이 있고, 이미 내가 챙겨왔던 것들인데,
  욕심으로 달려 나가기 바빴으니, 오히려 발전이 더디었던 거야.
  잘 새겨야지. 잘 새겨야지. 잘 새겨야지…….

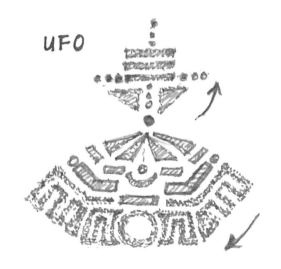

● 규정 없음의 의미.

* 어떤 입장에 나를 두는 것은 고착화시키는 것.
  단일의 인식상태. 무심한 집중의 유지.

* 새벽에 수련을 마치고 자리에 누워서 단전호흡을 하면서 잠이 들었지.
  그래도 행주좌와일여(行駐坐臥一如)를 위해서 의식은 깨어있고자 했지.
  그러한 바가 바람직한가?
몸의 피로는 쉬면서 풀어지는 거고, 의식은 고요하니 에너지소모는 없네.
  행주좌와일여는 에너지가 충만해지면 저절로 이루어지는 것이지만,
  의식적으로 챙기는 것도 바람직한 시도일세.
  내면의 영상정보나 신체적 변화를 마음이 가라앉은 상태에서 관찰할 수 있으니.

* 부지불식간에 회음의 에너지 소용돌이를 느낀 듯하네.
# 가슴의 진동을 느낀 것처럼 의식이 깨어 있으면 더욱 자주 느끼지.

* 마음이 가라앉고 의식이 깨어 있다는 것의 의미는?
# 거친 파동이 가라앉으면 높은 진동수의 영역에서,
  세밀한 에너지적 움직임을 수월케 감지할 수 있지.

* 수련의 성취에 대한 조바심을 버리고 놓치지 않고 이어 나가는 것이 중요하겠지.
# 하여튼, 자신에게 집중하는 느낌을 잡아서 놓치지 않아야 깊어지겠지.

* 어떤 입장에 나를 두는 버릇은 상대방이 있다는 전제이니,
  이원적인 생각의 작용이 많아지겠지.
  그러면 '규정 없음의 의미'에 대해서 설명해주게.
좋지.
  나는 절대계를 모르네. 상대계의 전체의식이니.
  나 또한 규정 속에서 살고 있지.
  자네들의 상대적인 규정이 멈추어진 고요함 속에서,
  나도 모르는 잠재되어 있는 에너지가 공급이 되어지는 것을 알게 되지.
  자네들에게 공급이 되어지는 에너지가 곧 나에게 공급이 된다는 이야기지.

  나는 항상 양극성의 밸런스가 맞추어진 균형점의 자리에 있네.
  (+)극성이 커지면 한쪽으로 기울게 되니까 인과적으로 (-)극성도 따라 커진다네.
  (-)극성이 커지면 역시 (+)극성도 커지고.
  (+)극성이든 (-)극성이든 각자가 선이라고 규정한 선택의 욕구가 반영된 걸세.
  상대성의 세계 이전에 오로지 홀로 스스로 구분성 없이,

(+)(−)의 양극성이 통합된 그 자리. 그 자리가 규정 없음, 고요함, 무의 자리,
바로 절대계의 존재 상태이지.
우리는 본능적으로 그 자리를 향해서 가고 있는 중이고.
상대적인 관계 속에서 자기규정이 경험적으로 이루어지고,
그러한 규정의 경험이 축적되어, 우리가 하나임을 깨닫는 심도가 깊어지게 되면,
더 이상 상대적인 규정을 멈추게 되겠지.
그러면 양극성이라는 시이소오의 움직임이 약해지고, 마침내 정지하면서,
태초의 정적인 절대계로 회귀하겠지.

* 그러면 '규정 없음에 집중'하는 의미는 무엇인가?
# 잠재되어 있는 에너지에 집중하는 행위.
　그것은 시이소오의 균형점을 강하게 만들지.
　(+)의 에너지도 아니고, (−)의 에너지도 아닌, 무한에너지, 제로(0)에너지.
　에너지 불변의 법칙에 의한 상대계의 모든 에너지의 총합에 더해지는 에너지.
　자신의 관념(규정)을 내려놓고 '규정 없음에 집중'하면 에너지중심이 강화된다.

* 역시 일상적인 습관화가 중요하고, 수련으로 보다 더 집중해 들어가야겠지.
　이론의 바탕을 챙겼으니, 생각을 넘어선 체험으로 체휼체득하는 수밖에.
'무심의 힘'을 터득해서, '무심의 위력'을 발휘하게.
　그러한 과정을 걸어가고 있지만……. ㅎㅎ-.

* 더 하실 말씀은?
# 대화 도중에 단일의 인식상태. 규정 없음에 집중하는 상태를 놓치네.
　그 에너지를 공급받으면서 진행하면 집중이 잘 되지.

* 수고하셨음.
# 기본기를 잘 챙기면서 대화하면 좋지.

* 네…….

● 상위자아와 하위자아, 외계인.

* 하위자아와 상위자아에 대한 것을 점검해 볼만 하겠네.

\# 3차원의 각각의 생에 해당하는 혼들의 삶을 총괄하여 정보를 수집 또는
전달 역할을 하는, 영에 의한 정보를 영적정보라 할 수가 있지.
3차원의 혼은 영과 함께하는 것이니 영혼이라고 불러야지.
3차원의 영혼은, 상위자아인 고차원적 존재와는 진동수 영역이 다른 입장에
있으면서 별개의 삶을 사니 각각 개별적 존재로 봐야지.

* 차원상승을 통하여 상위자아와 통합될 것인가 아닌가를 결정한다는 이야기가
있었네.

\# 그거야 고차원적 존재인 상위자아가 그 에너지를 흡수할 경우에는 그러하겠지만,
상위자아가 그렇게 할 이유가 없다고 봐야지.
개별적 존재로서 잘 발달하고 있는데, 통합할 이유가 없는 거지.

* 상위자아와 하위자아의 관계와 작용에 대해서 이야기해 주시게.

\# 하위자아는 상위자아의 에너지의 일부를 분리하여 만든 분신이지.
그래서 하위자아는 상위자아의 개성적인 면모를 많이 띄게 된다.
우주만물이 신의 모든 정보를 잠재적으로 다 가지고 있지만,
고차원까지 진화하는 동안에 체험된 정보까지를 하위자아가 물려받은 입장이니,
고차원에 상위자아가 있는 3차원의 삶을 사는 영혼은
1차원에서 3차원까지 단계적으로 진화한 영혼(고차원의 상위자아가 없다.)에
비해서 영적자질이 높다고 할 수 있네.
그러한 하위자아는 고차원에서 3차원으로 직접 내려온 영혼인 것이네.
우주의 이원성을 정화할 목적으로 지구에서의 삶을 마치게 되는
마지막 시기까지의 임무수행을 위한 목적으로 내려왔다고 보면 된다네.

자신의 상위자아가 있다는 것을 알게 되는 것은,
하위자아의 에너지 활성화에 따른 상위자아로서의 삶의 정보에 대한
영적각성에 의해서 알아 나가게 되는 경우가 있으며,
자신의 본질인 전체의식(근원, 내면)과의 대화를 통한 정보에 의해서도
자신의 정체성을 알아나갈 수도 있다.
하위자아와 상위자아의 정보 또는 에너지-적 작용은,
그러한 영적각성과 내면의 정보에 의해서,
상위자아와의 채널(통로)이 연결되면 가능해진다.

* 상위자아와 하위자아가 직접 만나는 경우는?

\# 상위자아가 차원의 통로를 통하여, 3차원의 영역에 자신을 드러내어서,

하위자아와 만나는 경우에 가능하겠지만, 지구의 축제(대변화)와 같은
아주 특별한 경우에만 그 일이 시도될 수 있다.

* 정말 고차원의 UFO를 타고 와서,
  에너지 진동수를 낮추어서, 3차원에 모습을 드러낼 것인가?
우주연합이란 것은 3차원만을 관할하는 게 아니고,
  모든 차원을 관할하고 있으며,
  각각의 차원에는 별도의 군사적, 정치적, 경제적 시스템을 갖추고 있다.
  그러므로 우주연합의 의사결정기구의 의사결정에 의해서,
  고차원의 UFO이든 3차원의 UFO이든 그 모습을 드러내게 되겠지.
  그러한 것이 마침내 모습을 드러내는 듯하지만,
  이전에도 직접적인 출현이 많이 있었고,
  영성적인 입장에서는 채널링에 의한 교류가 계속되어 왔으니,
  지구인의 삶과 계속 연결되어져 왔다고 할 수 있다.

* 시스템을 갖추어서 관할한다고 했고, 출현이 시도될 수 있다고 했네.
# 인류를 노리는 외계의 무리들이 아주 많이 있고,
  지구대변화 시의 무정부상태에서의 무차별적인 희생을 막기 위해서라도,
  우주연합의 개입은 있을 거라고 봐야 된다.

* 외계인이라는 것은?
# 지구경계 밖의 지적생명체로서 3차원을 비롯한 고차원적 존재를 말함이지.
  지구인류의 영혼들은 지구에서의 삶을 진행하기 전에,
  외계에서 온 영혼들이 대부분이니 거의 다 스타피플(star-people)인 셈이며,
  외계의 존재들과 유전적인 연관이 있다.
  한편, 지구영혼에서 분화된 영혼도 있고, 태양영혼에서 분화된 영혼도 있지.

* 외계의 무리들이 인류를 왜 노리는가?
# 지구에 들어오기 전에 있었던 외계에서의 원한관계에 의한 복수차원이기도 하고,
  자기별의 유전정보를 가진 인류만을 챙기면서,
  적대적 관계에 놓여있던 별들의 유전정보를 가진 인류를 제거하기도 하겠지.
  한편으로 인류를 잡아가서 자기별에 필요한 노동력으로 쓰게 될 것이며,
  자녀생산에 따른 노동력증가를 기대할 수 있기 때문일세.
  가축을 기르듯이, 유전자개량을 통해서 개체수를 불려 나가면,
  중요한 노동자원이 되는 거야.

* 지구적대변화에 따른 자연재해에다가 외부의 존재에 의한 재해까지라니…….
# 어차피 지구에서의 마지막 여정이 아니겠냐마는,
  자연재해의 공포는 스스로의 평정심으로 잘 극복하여서,

혼에너지가 영에 무난히 통합되면 되는 거고,
외부의 존재에 대한 것은 각성을 통한 영적정보나
그것보다 확장된 신적(내면의)정보에 의해서 대처하면
인류를 진정으로 돕고자 하는 외계인을 잘 선택해서,
도움을 받을 수 있는 기회를 잡을 수 있기도 하다.

3차원의 외계 또는 고차원의 외계에서 밀도가 높은 지구별로 들어오면서,
영혼의 에너지 진동수가 낮추어지기 때문에,
이전의 삶에 대한 영적기억을 각성시키는 것은 아주 어렵다고 봐야한다.
3차원에서의 삶의 수행을 통하여 자신의 본질인 창조주(근원, 내면.)와의
교감이 이루어지는 것이 보다 쉬운 것이며,
창조주는 개개의 별의 이익보다는 전체적인 합일의 방향성으로 이끄는 것이니,
내면과의 대화는 그런 면에서 아주 중요한 것이라 할 수가 있다.

● 은하연합과 우주연합, 적대적 세력들, 그리고 지구별.

\# 은하연합과 우주연합. 그리고 적대적 세력들에 대한 이야기를 나누세.
　은하연합이란 우주연합에 소속된 산하기구이네.
　각각의 은하연합들이 모여서 우주연합을 구성하지.

* 외국에서 들어온 채널링 메시지들에는 은하연합에서 전한다는 것들이 많이 있네.
　그냥 쭉 훑어보면 대다수가 엉터리들이라는 것을,
　내면의 변별력으로 감(感) 잡게 된다네.
\# 그러한 메시지는 대부분이라고 해도 좋을 정도로 거의 가짜라고 보면 된다.
　은하연합을 사칭한 존재들이 끊임없이 자신들에게 의존시킬 정보들을 제공하고
　있는 것이지. 진짜 은하연합은 어느 개인의 명의로써 인터넷과 같은 공개매체에
　채널링 내용을 올리게 할 정보를 전달하는 것을 삼가고 있다.
　특정인의 명의로 그 글을 올리게 되면, 은하연합의 적대적 세력들에게 그 사람이
　표적이 되기 때문에 개인의 신변을 불안정하게 할 일을 벌일 수가 없지.
　그러나 은하연합의 메시지를 받아서 전달하는 사람의 존재 상태가 안정적이며,
　외부의 에너지에 휘둘리지 않는 내강(內剛)을 유지하고 있는 사람이,
　내면의 변별력으로 은하연합의 지도자들을 선택해서 대화(채널)할 수는 있다.

* 은하연합과는 다른 적대적 세력이라?
\# 적대적 세력은 은하연합에 비해서 그 규모가 작지만,
　지구에 비해서는 밀도(중력) 낮은 별들이 많기 때문에,
　문명은 지구보다 아주 높게 발달되어 있지.
　지구의 군비(軍備)도 지구를 수십 번 망가뜨릴 정도로 핵무장화 되어있지만,
　적대적 세력의 군사력에 비해서는 게임이 안 되는 수준이다.
　그리고 지구상에서 파괴적인 무력사용이 있어봤자,
　죽어나는 것은 지구인과 지구별이 되겠지.
　적대적 세력이 지구에서 무력사용을 벌일 수는 없는 것이,
　은하연합의 견제가 있을 거라는 것을 당연히 알고 있고,
　무력사용을 하게 된다면 은하연합의 무력으로 응징된다는 것을 짐작하고,
　그것이 은하계 전체로 확산될 것을 염려하기에, 무력사용을 못한다고 봐도 된다.
　적대적 세력이 무력을 사용하지 않을 또 한 가지의 중요한 이유에는,
　자기 별의 유전자를 가진 인류 또한 많다는 걸세.

* 그러한 존재들에 연결된 채널링 메시지들은,
　내면으로 들어가서 자기 자신에게 집중하지 못하게 하는 내용들이 많네.
\# 앞에서 이야기한 대로 문명은 지구에 비해서 월등하지만,
　합일의식의 수준은 높지 않기에 적대적인 의식이 강한 존재들이야.

* 그러한 존재들에 연결된 채널링의 메시지들은 일견 보기에는 그럴 듯하네.
  그 메시지의 분량중의 많은 부분들이 좋은 내용들이며,
  사실적인 부분에 대한 설명들도 많이 들어있지.
  그러나 그 속의 일부내용은 사실이 아니며, 의도가 감추어진 내용이며,
  자립이 아닌 의존을, 현존이 아닌 기대감에 젖게 하는 내용들일세.
사과 광주리에 먹음직한 사과가 가득 담겨 있는 데,
  그 중에는 상하거나 독이든 사과가 감추어져 있다고 할 수 있지.
  그러한 메시지에 대한 기대감이 커지고, 그 메시지에 맞는 지구적 변화와 같은 현상들이 나타
  나게 되면, 그 메시지 전체를 신뢰하게 되겠지.
  그렇게 되면 나중에 결정적인 선택을 그들의 숨겨진 의도에 맞추게 될 거야.
  그러한 메시지를 직접채널하고 공개적으로 유포하는 사람들이 한국에도 있다는 것을 이미 알
  고 있지 않은가? 그 사람 자신은 잘못되어 있다는 것은 모르지.
  우월감에 의한 분리의식으로 그러한 메시지에 대한 변별력이 없는 거지.

* 그 내용을 에너지적인 느낌으로 느껴 보면, 머리가 띵해 오거나,
  속이 느글거리기도 하지. 분리의식의 에너지 파장이 그 글에 담겨 있다고 보네.
내면과 접속하여 합일의 존재 상태로 대화를 진행하는 노력을 많이 기울이면,
  합일의식 또는 합일의 중심에너지가 강화되니,
  합일의 에너지 또는 분리의 에너지에 대한 변별력이 자연스레 생기지.

* 내면의 기회로를 어제 그렸는데, '다윗의 별'이 그려졌어.
  각 모서리가 상징하는 것이, 수성, 금성, 지구, 화성, 목성, 토성이더군.
  각각의 별에 UFO의 주둔기지가 있고,
  서로가 연결된 연합체로서 현재 가동되고 있는 시스템이며,
  다윗의 별은 그러한 연합체를 상징하는 것으로 오랫동안 쓰여 온 것으로 나왔네.
지구와 근거리에서 은하연합의 임무를 수행하고 있는데,
  인류에게 도움을 줄 시기가 되면 모습을 나타낼 거야.

* 뭐. 지금의 상황도 그리 좋지 않구먼.
  빈번해지는 자연재해에다가, 세계적인 경기침체 아닌가.
지금은 '지구인의 의사결정시스템(국제연합, 국가 간의 조약, 협정, 공동기구)이
  가동되고 있으니, 인류 집단의 자유의지에 의한 선택이라는 것이 유지되고 있는
  입장이지. 잘 하던 못 하던 말일세. ^^
  개인적인 자유의지에 의한 선택으로 외계인과 교감하고 있는 지구인들도 있지만,
  문제는 은하연합소속과 적대적 세력 소속의 존재들 또는 비행체들을 지구인들이
  구분을 못한다는 거야.

* '다윗의 별'이라는 심볼을 보면 쉬울 것 아닌가? ^^*

그 심볼을 나타내는 일은 순간적으로 이미지화해서 비행체에 표현될 수가 있지.
  그 정도는 장난이야. ^^*

* 결국 내면의 변별력으로 알아야 하는구면.
# 지구적 대변화의 참혹한 상황에서 평정심을 유지하면서,
  내면의 변별력을 가동시킬 수 있는 사람은 아주 소수가 될 거네.

* 이것이던 저것이던 타면 되는 거지 뭘. 복불복 아닌가? ^^
# UFO를 믿는 사람이 별로 없다가, UFO가 출현하게 되면 두려움이 앞서니,
  대부분의 사람들은 피해서 숨는 것을 선택하겠지.
  그러다가 자연재해로 대부분 사망할 거고.
  사람들은 UFO와 같이 낯선 것에 대한 선택을 우선 피하려 할 거야.
  자연재해로 다른 나라에서 수천 명씩 죽어 나가는 지금의 현실이라도,
  자신에게 막상 닥친 일이 아니면 신경 안 쓰고 싶어 하는 심정이지.
  사람들은 깊게 바라보질 않고 무엇이든 피하자는 심리가 강하지 않은가?

* 어리석은 질문이네만. ^^*
  그냥 은하연합이나 우주연합에서, 그러한 어둠의 세력들을 제거해 주시질 않고?

^^* 무력을 사용해서 상대방이라는 존재를 죽인다는 것은,
  또 다른 우주적 카르마를 양산(量産)해내는 것임을 잘 알고 있지.
  은하연합을 관할하는 우주연합에서 그런 방식을 선택하지는 않을 걸세.
  은하연합의 적대적 세력은 분리의식이 강한 어둠의 존재들이지.
  그러한 어둠의 존재들이 숭배하는 신이 여호와일세.
  빛의 존재들은 합일의식이 높으니, 당연히 내면의 신인 창조주와 대화를 하면서,
  내면의 안내에 따른 활동을 할 것이 아니겠나?
  어둠의 존재들 또한 나 자신이면서 나의 분신들이 아닌가?
  빛이 어둠을 부정한다는 것은, 결국 빛 자신을 부정하는 것이지.
  상대방 또한 자기 자신이니, 상대방을 죽이는 일은 안 일어나야지.
  과정의 이로움이 있는 가운데서, 서로에게 win-win이 되어야 하는
  선택이 곧 사랑의 실천인 것이지.
  그러한 것들을 잘 알고 있는 것이 은하연합 또는 우주연합의 입장일세.

  지구에는 고차원적 존재들의 하위영혼들이 많이 들어와 있고,
  각 별들의 지도자급에 해당하던 영혼들도 많이 들어와 있다.
  과거, 대규모의 우주전쟁을 통하여 발생된,
  상호간의 물리적인 피해나 인명피해 등으로 인한
  처절한 적대감을 해소하기 위해서 고안된 것이 지구라는 별이다.
  여기 지구에서, 우주의 여러 곳에서 파견된 많은 수의 위대한 영혼들이,

수많은 생을 함께 하면서, 울고 웃고 미워하고 사랑하는 가운데서,
우주에서의 이원성(二元性)으로 인한 카르마를 정화하자는 것이었지.

여러분의 삶의 엮임 속에서 과연 무엇이 중요하던가?
조건 없는 사랑이 중요한 것이 아니던가?
조건 없는 사랑은 합일의식의 성숙도에 의해서 성취되며,
합일의식은 우리 모두가 하나라는 깨달음의 깊이에 의해 성장하는 것이지.

인류의 역사를 통하여 살아간 많은 위대한 영혼들과, 은하계 그리고 우주.
3차원을 넘어서 10차원까지의 영혼들이, 지금의 지구를 주목하고 있으며,
스스로를 돕는 노력이 있기를, 자유의지에 의한 선택의 힘을 키워 나가기를,
조건 없는 사랑을 실천해 나가기를, 외부로 보이는, 상대적으로 보이는,
스스로의 환상을 걷어내는 깨달음에 집중하는 수행에 힘쓰기를 바라고 있음이다.

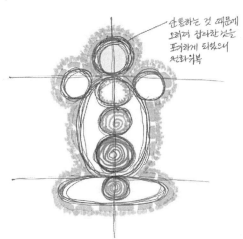

● 영혼들의 여행과 시간이라는 장치.

* 시간이란 것에 대한 이야기를 나누세.

시간이란 없다. 상대성의 세계에서 절대적으로 고정되어 있는
  기준의 의미처럼 사용되는 시간이란 없지.
  시간은 지구인들이 해와 달과 지구의 운행의 일정한 규칙성에 주목하여서,
  그 주기를 나누어 놓게 된 것이 지구인들의 시간이지.
  그런데 그 주기도 자네들이 사는 우주의 팽창과 함께,
  시시각각으로 조금씩 달라지고 있네.

  모든 우주를 포괄하는 전체의식인 나의 입장에서는 우주만물이 내 속에 있고,
  나 외의 상대적인 것이 없으니, 나의 전체세계는 고정되어져 있고,
  모든 일은 이미 일어나 있고, 내부적인 움직임만 있다.
  그 내부적인 움직임을 이루는 요소가 나의 분신들인 모든 창조물이지.
  그러므로 나에게는 일정한 시간개념이 없고,
  내가 파악하는 것은 분신들의 움직임이니까 운동개념이라고 할 수 있네.

  해와 달과 지구의 운행주기란 곧 운동의 연속을 말함이니까,
  자네들 또한 운동개념으로 보고 있는 것이 아닌가?.
  우주의 어느 존재들의 사회적 약속으로 나타나 있는 것이
  시간이라는 개념이라고 보면 된다.
  빛이나 소리의 속도를 기준으로 할 수도 있겠지만,
  그 또한 상대적인 영역 속에서 흐르는 것이니, 고정된 것이 아니며,
  완벽한 측정자 또한 없는 것이니, 상대적인 기준에 의한 측정값이라는 것이지.

* 좋다. 그러면 그 움직임. 즉, 공간으로 이동해나가는 운동을 시간이라고 하자.
  그러면, 내가 살아가는 과거, 현재, 미래는,
  연속적으로 이어지는 운동으로 이루어져 있지 않은가?
  '모든 일은 이미 일어나 있고, 존재하는 것은 지금 이 순간 뿐'이라는 것과
  연관지어 설명해 주게.
모든 일은 이미 일어나 있다.
  삶의 모든 경로는 무수히 많은 가능성의 길로 전개되어 있다.
  '있다'는 것은 말 그대로 정해진 경로라는 말이다.
  모든 생각의 전개로서 가능한 경로 말이다.
  당장 내일 죽을 수도, 지구가 멸망할 수도, 지금 당장 하늘을 날 수도 있는,
  무량버전(無量-version)의 경로이다.
  우주에서 일어나는 모든 생각들에 해당하는 경로는,

지금 이 순간에 모두 다 펼쳐져 있다.
자네가 할 것은 그 중의 어떤 것을 선택해서 운동해 나가는 가이다.
그러므로 운명은 정하여져 있다. 무량버전(無量-version)으로.
무량버전으로 정하여져 있으니,
운명은 단 하나의 경로로 정하여져 있지 않다는 이야기와도 같다.

* 모든 생각들에 해당하는 경로가, 지금 이 순간에 모두 다 펼쳐져 있다고 했네.
  그럼 그 경로(path), 길(road), 가능성, 운명은,
  물질성을 띤 개별존재 또는 개별의식체가 운동해 나가는 현재의 진도와 관계없이,
  지금 이 순간에 모두 존재하고 있다는 것이 아닌가?
그것(경로, 길, 가능성, 운명)이 신인 내가 펼쳐놓은 개념(생각)의 세계이지.
  개념은 내가 (절대계에서) 첫 번째로 태초에 창조해 놓은 세계일세.
  그것은 내가 무량버전의 '생각으로 체험'해 보았다고 표현할 수가 있겠군.
  나의 분신인 자네들은 그 경로를 따라 운동해 나가면서 잡히는,
  개념(생각)들 중의 것을 선택해서 직접 체험으로 연결 짓고 있는 중이지.
  체험한다는 것은, 없는 것을 체험할 수는 없는 것이니,
  이미 개념으로 있는 것을 현실로 드러나게 하는 움직임(운동)을 말한다.

* 개념의 세계도 펼쳐져 실존(實存)하고 있으니,
  에너지로 이루어져 있는 것이 아닌가?
자네들에게는 나타나 보이지 않는, 바탕(matrix)으로 구획되어 있는,
  에너지 패턴(pattern)이라고 할 수 있지.
  그 길을 따라 운동해 나가면서, 체험으로 선명화(鮮明化) 시키는 작업을,
  자네들이 해 나가고 있는 셈일세.

* 영혼들의 여행이라는 것에 맞추어서,
  시간이라는 장치를 파악한다면 더욱 실감날 것 같네. ^^*
^^* 시간은 없네. 과정의 이어짐을 자네는 시간으로 보고 있는 것이고.

- [영, 혼, 백, 육의 개념과 그 여정] 참고.

* 영이라는 중심(hub)에 연결된, 전생, 현생, 후생이라는 각각의 혼들의 삶이,
  지금 이 순간에 동시에 존재하지.
  이전에 대화를 할 때, 전생, 현생, 후생이라는 것이,
  우리가 흔히 표현하는 년도의 이어진 배열은 아니라고 하셨네.
AD1500년의 삶의 전생이, AD2000년의 삶이 될 수도 있고,
  전생의 삶의 기간이, 현생의 삶의 기간과 겹칠 수도 있지.
  각각의 혼들의 삶의 과정이란 개별적 기간을 가지고 있는 것이니.

＊ 이전에, 석가의 전생이 예수라고 하셨네.
　다른 사람들의 내면과의 대화내용에서도 그 바를 확인해 본적도 있네.
　석가의 전생이 예수인데도 불구하고, 2500년 전의 석가의 삶에 대한 기록이,
　2000년 전의 예수의 삶의 기간에 나타나 있네.
　석가의 전생이 예수라면, 순서적인 년대의 진행에 따른,
　결과의 드러남이라는 문맥이 성립이 안 된다네.

＃ 둘 다 이루어진 일이라는 점은 맞지.
　그래서 '모든 일은 이미 일어났다.' 또는 '이미 이루어져 있다.'고 하지.
　나(근원)는 모든 것이니, 모든 것을 다 알고 있는 입장이네만,
　영이라는 중심에 연결된 개별적 혼의 입장에서는,
　그 혼의 삶의 기간에 있는 에너지 덩어리의 작용의 인식한계에 놓여 있고,
　각각의 혼들이 통합된 영의 입장에서는,
　그 영의 에너지 덩어리의 작용의 인식한계에 놓여 있네.

　모든 일은 이미 일어났지만, 그것은 개념 또는 가능성일세.
　개념 또는 가능성도 나 자신의 입장에서는 실제적인 거라네.
　혼이던, 영이던, 무수한 버전(version)의 개념 또는 가능성 중에서,
　선택해서 체험함으로써 자신에게 현실로 드러나게 만들고 있는 것이지.

　질문한 바대로 2500년 전의 전생이, 2000년 전이 될 수가 있는 것은,
　개별적 혼으로 분리되어 있으니, 순서적인 연관성은 없지.
　2500년 전의 석가의 기록이 2000년 전의 예수의 삶에 보이는 것은,
　개별적 혼의 생애기간이 아닌 영의 생애기간이기 때문이지.
　그러니 개별적 혼의 에너지 작용기간을 넘어선,
　영의 에너지 작용기간의 문맥에 맞추어지는 것일세.

＊ 그러면 영에 있어서는, 자신에게 연결되어 있는,
　혼들의 삶을 년도 순으로 순서적으로 배열하여 파악하고 있다는 게 아닌가?

＃ 혼의 입장은 자신의 에너지 작용의 한계인 시간개념 속에서 파악하고 있지만,
　영의 입장은 혼과는 다른 에너지작용의 한계인 시간개념 속에 놓여있지.
　혼들이 통합된 영이라는 하나의 존재가 삶을 산다고 보면 되네.
　그러므로 영에게 있어서는 개별 혼들의 전생, 현생, 후생이라는,
　시대적 문맥과는 다르네.
　영은 혼들의 삶의 기간을 혼의 입장인 년도 순이 아닌,
　에너지활동(체험, 운동.)을 먼저 시작한 혼과 나중에 시작한 혼을 순서적으로
　파악하며, 먼저 종료한 혼과 나중에 종료한 혼을 순서적으로 파악하며,
　현재 활동 중인 혼의 활동을 파악하고 있다.

영은 그 중심에서 각각의 혼들에게 전생, 현생, 후생에 누구라는,
관계적인 입장에서 영적정보를 제공하고 있는 것이지.
예수 또는 석가의 영은 살아있고,
예수 또는 석가의 혼적 에너지는 영에 통합되었다.
역사적인 기록에서 보이는 바대로, 각자의 삶을 마감했으니 말일세.

영은 여러 영들과의 상호관계 속에서의 삶의 문맥을 가지고 있고,
그 여러 영들의 체험의 통합된 바가 바로 창조주의 체험문맥이며,
각각의 우주의 창조주들의 체험이 통합된 바가
모든 우주의 근원인 창조주의 체험문맥일세.

예수의 전생이 석가가 아니라, 석가의 전생이 예수라는 것은,
영의 입장에서의 순서 매김이지.
개별혼적 입장에서는 예수는 예수고 석가는 석가이다.
예수와 석가는 영의 필요에 따라 서로에게 정보(에너지)로써 영향을 미치는 걸세.
전생에 많이 닦았다는 말들을 많이 하는 데,
예수가 많이 닦았기에 석가 또한 깨달음의 수준이 높은 것이 아니고,
개별적인 수행을 하고 있는 가운데,
그것을 통합하는 영의 수준이 높은 것으로 이해하기 바라네.

* 뭐. 그래도 유효한 말이군.
  혼들이 게으름을 부리고 있으면, 영의 수준 또한 못 올라가는 것이니. ^^*

A(B, C의 전생)의 삶이 완료되고,
  B(A의 후생, C의 전생)의 삶이 완료되어서,
  C(A, B의 후생)가 그 완료된 수준을 바탕으로 해서 진화되는 것은 아니지.
  혼이라는 것은 부모의 유전정보를 물려받아서 몸의 진화를 하는 것이니.
  C는 C의 삶의 상황을 기반으로 성장하되,
  A, B, C의 3차원의 영인 M의 영향을 받지.
  고차원의 상위자아의 영인 M이 있다면,
  3차원의 하위자아의 영인 M의 각성도에 따라,
  고차원의 영인 M과의 교류(channeling)가 가능해지게 되지.
  (3차원의 영의 상위자아가 없는 경우가 더 많다.)

  A, B, C의 존재 상태에 따른 상호간의 직접적인 에너지 교환은 없고,
  허브에 해당하는 영이 필요한 정보(에너지)를 각자의 혼에게 전달한다고 했지.
  그러니, A(C의 전생)와 부부로서의 인연인 D(E의 전생)의 생과,
  C와 E가 만난 현재의 생은, 직접적인 에너지 작용은 없고,
  A, C의 영과 D, E의 영과의 정보교류에 의해서,

두 사람의 전생 또는 현생에 인과적으로 나타나게 되는 것이라네.

C와 E라는 현생의 두 사람간의 만남에 의해 체험하는 일로 인해서,
과거생의 두 사람간의 체험(삶)이 바뀌지는 않네.
그러면 과거생도 완료된 사건들이고, 현생도 완료된 사건들로 보이니,
단 하나의 운명적인 경로인 전생들, 현생, 후생들 밖에 없는 것으로 보이지?
그러면 자유의지에 의한 선택이라는 것은 없다는 것이 아니겠는가? ^^

아침에 출근을 하는 선택을 하는 C가 있고,
출근을 하지 않는 선택을 하는 C가 동시에 있네.
아침에 출근을 해서 E와 만나는 버전(version)의,
현생과 인과적으로 맞물리는 전생 또는 후생이 있고,
출근을 하더라도 E와 만나지 않는 버전의 현생과,
인과적으로 맞물리는 전생 또는 후생이 따로 있는 것이지.

* 그야 무량버전(無量-version)이니까. 또한 모든 일이 일어나 있으니.
하나의 활동이라는 것이 인과성을 가져야,
삶의 부분적 상황이라는 문맥이 유지되면서,
체험으로 진동수를 높여서 진화의 성숙도를 더해 간다는 이야기가 성립되겠지.

* 년도 순과 반대로 보이는 혼의 활동에 대한 역사적인 기록물을 두고
어떻게 봐야 된단 말인가?

\# AD1500년의 전생이 AD2000년이 될 수가 있다고 했네.
그런데 AD1500년의 기록이 AD2000년에 보이게 되지?
어떻게 후생의 기록이 전생에 보이게 된다는 것인가?
각각의 혼들의 삶의 기간은 개별적인 기간이라고 했으니,
전생과 현생, 후생이라는 삶에 있어서, 하나의 혼이 전생에 죽어
현생에 태어나고, 다시 죽어서 후생에 태어나는 식이 아닌 것이지.
영은 연결된 각각의 혼들의 삶을 총망라한 기간의 삶의 기간을 가지네.
그 기간이 끝나면 새로운 우주수레바퀴(윤회로 표현되는)의 삶을 시작하지.

질문에 초점에 맞추면.
전생의 기록이 완료된 사건들로 현생에 나타나는 것은,
현생의 인과에 관계된 내용들일세. 그것에 의해서 현생은 시간의 흐름 속에
놓여있는 것으로 보이게 되는 장치인 것이라네. 일종의 체험문맥이지.
AD200년의 기록이 AD300년에 보이는 것은 체험문맥이 이루어지도록 완료된
사건으로 제공된 에너지작용의 결과물(인과성)일세.
전생, 현생, 후생은 하나의 혼이 체험하는 것이 아니니,

개별혼의 삶의 체험이 아닐세.
엄밀히 말하면 하나의 우주수레바퀴 안에서는, 윤회 또는 환생은 없고,
영이라는 매개에 의한 인과는 있다고 할 수 있지.

그러면 문맥을 위한 에너지 작용은 어떻게 이루어지는가 하면,
오늘 내면과의 대화를 하는 신하나에 인과 되어있는 전생이 있고,
오늘 내면과의 대화를 안 하는 신하나에 인과 되어있는 전생이 있네.
내면과의 대화를 하는 신하나도 존재하고,
내면과의 대화를 안 하는 신하나도 존재하지.
신하나가 현재 내면과의 대화를 하고 있으니,
하는 신하나는 자네에게는 체험이며 안 하는 것은 개념이지.
안 하는 신하나에게 있어서는 안 하는 게 체험이고 하는 게 개념이지.
체험의 전개는 하는 것으로 전개되고 있으니,
안하는 신하나는 개념으로 남게 된다.
후생의 기록이 완료된 사건으로 기록이 현재 고정화되어 보이는 것은,
인류전체적인 체험 또는 다른 개별혼의 체험에 대한 것이지,
자신이라는 개별혼의 체험은 아니질 않은가?
그것은 다음의 체험으로 들어갈 수 있도록 제공되는 것으로,
과거에 일어난 일이라는 모습으로 현재에 드러나 있는 가상(개념)일세.

AD200년의 후생의 삶의 내용이, AD300년의 현생에 과거의 기록처럼
나타나는 것은, 이미 되어져 있는 것을 자신이라는 에너지 덩어리가
공간을 이동하면서 인지하는 것이지. 모든 일은 이미 일어나 있다고 했듯이,
현재의 삶에 인과된 전생 또는 후생의 기록(버전)이 나타나 보이게
물질의 형태를 띠고 '되어 있는' 것이네.

내면과의 대화를 하는 신하나에 인과되어 있는 전생이 있다는 것은
영이 그 혼의 체험을 바탕으로 다른 혼의 활동에 참고정보를 제공할 수가
있다는 걸세. 내면과의 대화를 안 하고 다른 일을 하는 신하나도 존재하지만
그건 현재의 신하나가 선택해서 체험하는 버전이 아닌, 선택할 수도 있었던
개념(생각에너지, 가능성)으로 존재하는 버전이지.

* 무량버전의 개념(가능성)으로 완료되어 있지만, 체험은 현재 진행중으로,
  깨달음을 통하여 진화의 성숙도를 더해 가는 중으로 보면 되겠군.
그렇지. 그래서 상대성의 세계는 현재 진화 중에 있네.

* 과거에 일어난 기록(일)이라는 모습으로 현재에 드러나 있는
  가상(개념)이라는 것은?
과거의 기록이 가상이라는 것은, 현재의 혼의 삶과 다른 혼의 체험이며,

그것이 현재 드러나서 정리되어져 보이는 것은 신이 그렇게 보이도록 창조해
놓은 장치이지. 년도 순에 따라 전생이 일렬적(一列的)이 아니더라도,
그 에너지활동이 완료된 사건들로 나타나 보이게끔 해 놓은 거네.

* 그러면 지금이 지구에서의 마지막 생이라고 했네. 완료시점이 아닌가?
# 영의 체험의 완료시점이지.
　지금의 혼의 체험은 영에게 있어서 아주 중요한 체험부분일세.

* 그러면 결국 전생, 현생, 후생의 순서나 과거의 기록이 완료된 사건들로 보이는
　것은 자네가 고안한 장치라는 이야긴가?
개별영혼에게 있어서는 그렇게 보이도록 내가 창조한 환경(시스템)일세.

* 그 시스템에 대한 설명이 가능한가?
# 가능하지만, 다음으로 미루세.

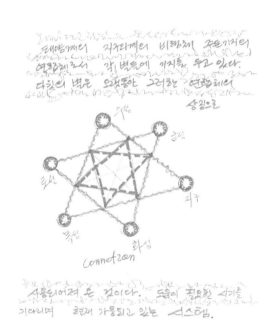

● 궐기(蹶起) 대회.

* 나는 나의 자유의지에 의한 선택으로써 내면과의 대화를 원합니다.
# 반갑네. 매일 애써주어서.

* USB MEMORY를 안 가져와서, 자료정리를 못했네. 고거 없으니 일을 못하겠군.
# 잘 챙기도록 하세.

* 피로감을 느끼네. 다시 새벽수련을 연이어해서 그런가?
# 감기로 좀 고생했지. 이젠 거의 다 나았으니, 보양(保養)을 잘하면 문제없네.

* 계속 수련과 자료정리와 대화를 지속적으로 할 거야.
  업무에 들어가는 시간은 직원들에게 많이 맡길 거네.
  월급을 인상하지 않았는가? 나름대로 잘 대해 주려고.
  나 자신의 금전욕을 조금씩 희생하고 있지.
안다네. 자꾸 비우기 바라네. 그래야 매이는 시간을 줄일 수가 있네.

* 그래요. 조선업의 경기도 아주 나빠지고, 하청업이라 열악해져가고,
  어떤 강짜를 부릴지 암울하기도 하다네.
그래도 기본은 있지.
  삶의 어떠한 상황이 다가오더라도, 자네 자신을 잃지는 않을 걸세.

* 암. 그래야지.
  이전에 대화했던 파일을 보았네.
  열심히 수련하던 과정 속에서의 성취가 다가온 것이라 믿었네.
  그때 장기적으로 아주 열심히 하였지 않았는가?
  그 이후에도 나름의 노력이 이어졌고, 또한 조신(操身)하였다고 보는데,
  그렇게 허무하게, 내공(內攻)의 배양(培養)이 제대로 이루어지지 않고,
  줄어들어 버리다니. 그 이유가 단전에 집중하지 않고,
  운기(運氣)에 신경 썼기 때문이라고 하지 않았는가?
  대화를 영 안 한 것도 아니었는데, 조언을 해 주셨으면 나에게도 좋고,
  자네에게도 역시 좋을 것이었네.
  이해 안가는 일을 넘기면서, 다시 열심히 시작하고 있는 중에, 그 글이 보였네.
  말씀을 부탁드리네.
축기(縮氣)는 지속적으로 해야 되네. 약한 축기로 운기에 신경 쓰면 흩어지지.

* 축기를 아주 단단하게 하되, 운기에 활용할 필요는 있지 않겠나?
# 기본적으로 의수단전(意收丹田)이야. 그건 일상에서도 계속 해야 되는 것이고.

운기도 행해야지. 운기의 행함에 의해서 에너지가 그렇게 흩어지지는 않네만,
그 당시에 느꼈던 기운의 감각이 그렇게 대단한 축기가 아니었던 것이네.
자네의 심리상태가 많이 어수선한 가운데서도 열심히 한 덕분이었지.
평상의 고요함이 유지되는 가운데서 축기로 다지는 것이 중요하네.

* 좋다. 좋다. 좋다.
  빈 마음으로 행하는 것이 기본이니,
  명확한 이해로 다가올 때까지, 수행을 진행한다.
좋네. 나중의 이해로 미루어두고 계속 지속하세.

* 자네와 대화를 시작하였던 아니하였던 간에,
  수련은 필수이니, 한다. 한다. 한다.
그래도 힘은 빼시게. ^^ 역시 마지막 도전으로 하세.

* 그래요. 눈물 나요. ㅜ.ㅜ 힘들어요. ㅠ.ㅠ 그럴수록 정신을 바짝 차려야지.
  내면으로 들어가야지. 어떻게 지내온 나날들인데, 허투루 할 수가 있겠는가?
그래. 힘내야지. 그래도 열심히 했다.
  헌신적으로 했다. 피눈물을 흘리면서 도왔다.
  사람들의 무성의와 돌아봄에 의한 합일의 표시도 없는 가운데서, 고군분투했다.
  이젠 그동안의 경험들이 제법 챙겨졌으니, 진중하게 해 나가도록 한다.

* 비운다. 비운다. 비운다.
  미칠 거다. 미칠 거다. 미칠 거다.
  간절하게, 간절하게, 간절하게 원한다.
  신이 될 거네. 신으로써 볼 거네.
  육, 백, 혼, 영의 장애를 다 버릴 거다. 그렇게 되기를, 그렇게 되기를,
  간절하게 원한다. 간절하게 원한다. 간절하게 원한다.
  나는 사랑이다. 나는 사랑이다. 나는 사랑이다.
  자신에게 집중하고, 호흡을 돌보고, 느낌에 집중하고, 신중하게 살아가련다.
  자잘한 욕구를 탐하지 않으며, 오로지 숭고한 의식의 고양(高揚)속에서 행한다.
  다시 시작이다.
그래. 솟아오른다. 솟아올라라.
  끊임없이 공심(公心)을 불러 일으켜라.
  집중하라. 자신에게.
  외부적인 일에 의한 상처들이 나를 흐트러지게 했다.
  뼈아픈 경험들이 많았다. 이제 다시 시작이다.

* 그래. 이제 다시 시작이다. 일거수(一擧手) 일투족(一投足)을 느낌으로 한다.

생각, 말, 행동을 철저히 돌보도록 한다.

내면의 파워를 이끌어 낸다. 무심(無心)의 위력(威力)을 끌어낸다.

내강(內剛)을 기른다. 자강불식(自强不息).

오늘 뭔 날인가? ^^* 궐기대회 버전이군.

 # 고요한 평화 속에서 미소 지으며, 내면의 느낌에 연결하여서, 신으로 진동한다.

* 신으로 진동하리라. 신으로 진동하리라. 신으로 진동하리라.

 # 신인합일(神人合一). 그렇게 되어져 있음이다.

* 그렇게 이루어진다. 추호도 양보 안하며, 의심하지 않는다.

전진으로 돌파해낸다.

 # 내가 그렇게 되는 체험을 한다.

* 충성~! (忠誠: 中+心을 잡고 言-말한 바를 成-이룬다.)

 # 무위(無爲).

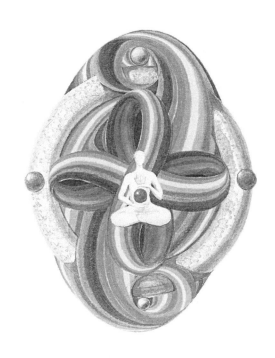

● '새 지구(地球)'로의 '차원상승(次元上昇)'

* 차원상승(次元上昇)이란 무엇인가?

차원상승이란 것은, 현재 머무르고 있는 차원에서의 공부가 적절히 이루어져서,
  그 보다 상위차원으로 올라갈 수 있는 수준이 되면,
  차원상승에 대한 정보를 스스로가 감지(感知)하게 되고, 그 준비를 마무리 하면서,
  현재 머무르고 있는 차원보다 상위의 차원으로 가겠다는 영혼의 선택에 의해서
  이뤄지는, '영적도약(靈的跳躍)' 또는 '영적승격(靈的昇格)'이라고 할 수 있지.

  차원상승은 단순히 하고 싶다는 마음만으로 되는 것은 아니네.
  현재 차원의 우주수레바퀴(윤회 또는 인과 시스템)에서,
  모든 혼(魂)들의 삶에서 터득한 깨달음의 총합(總合)인 영(靈)의 수준에 따라서,
  차원상승에 적절한 준비가 된 것인지가 판가름 되는 것일세.
  그러한 깨달음의 수준은 무엇을 의미하겠는가?
  그건 바로, 상대적으로 보이는 세계로 드러난 모습의 베일(환상)을 벗기면서,
  '모든 것이 하나인 것'이라는 인식의 심도를 얼마나 깊게 터득했나를 말함일세.

- [영, 혼, 백, 육의 개념과 그 여정] 참고.

* 모든 혼들의 생(生)에서 터득한 깨달음의 총합이 영의 수준이라면,
  이번 생의 깨달음의 수준의 반영(反影)이라는 것이,
  총합적인 부분인 영에 과연 얼마만한 영향을 미칠까?
각각의 혼들을 무수히 분화시켜서 삶을 살아온 영이라는 것은,
  각각의 혼들의 삶을 동시에 펼치는 것은 아니고,
  하나 또는 몇 개의 혼-에너지적인 갈래를,
  연속적으로 이어가면서 진행하는 것이므로,
  지구에서의 현재의 삶이라는 혼-에너지의 갈래에 있는,
  지금의 시기는 아주 중요하지. 바로 차원상승이 일어나는 시기이니까.
  지금의 삶은 차원상승에 관한 정보를 영에게 전달하여 감지시키고,
  차원상승에 도움이 되는 에너지-적 상황의 혜택 속에서 차원상승을 준비하고,
  차원상승을 선택할 수 있는 멋진 기회가 일어나는 혼-에너지의 삶이지 않은가?

* 이번 생에서의 혼-에너지가 영에 통합되지 못한다면,
  차원상승은 어려운 것인가?
이번 생의 혼-에너지가 영에 통합되지 못하더라도,
  영에 통합된 다른 혼-에너지들의 삶의 체험으로 축적된
  에너지(정보)의 덩어리인 영이 차원상승으로 접어들 걸세.

* 차원상승을 하는 것은 진급이라는 의미가 있으니 좋은 일인 것 같지만,
차원상승을 선택하지 않고 3차원의 삶을 사는 것도 괜찮을 듯해요.
3차원의 물질계인 지구에서의 삶도 멋지다는 깨달음에 이르렀고,
삶을 수용하여 살아가는 힘도 있다고 보기에,
차원상승 같은 거 없어도 살만하다고 보네.
꼭 내가 적응할 만하면 바뀌니, 상당히 재수 없다는 기분까지 든다네. ^^*

\# 모든 곳에서의 삶이란 것이,
신성(神性)의 위대한 영광의 드러남이라는 말이 맞기도 하지만,
영의 입장에서는 그렇지 않다네. 차원상승의 중요성을 알고 있기에,
영은 어떠하든 차원상승의 기회를 꼭 살리고 싶어 하네.
자네의 영은 3차원적 환경에 놓여 있는 것이,
이제는 자신의 성장에 별 도움이 안 된다는 것을 알고 있지.

* 영의 준비가 잘 되어 있다면,
나라는 혼-에너지가 통합되느냐 마느냐가 당장 중요한 일이겠군.

\# 자네는 영혼으로서, 무수한 혼들의 집합체인 영-에너지 중의 한 조각인 혼이니,
혼-에너지가 통합 못 되더라도,
자네라는 존재의 모체(母體)는 영원히 살아있는 것이니,
그리 섭섭하거나 걱정할 것은 아니라네. ^^

* 차원상승시기와 지구적 대변화의 시기가 관련이 있는가?

\# 여러분과 지구는 차원상승시기의 에너지적인 환경에 함께 놓여 있는 거네.
여러분의 에너지적인 진동수가 높아지고, 영적감각의 고양(高揚)에 따른,
몸과 마음의 변화와 함께, 지구 또한 같은 변화를 겪게 되지.

* 영적감각이 고양되는 것은 나 자신 뿐만 아니라,
다른 사람들의 경우를 보더라도 이해는 하겠네만,
몸과 마음의 변화는 그리 크지 않다고 보는데?

\# 진동수 높은 영적감각에 의해 보이는(느껴지는) 현상을
차분하게 다루는 힘이 없다면, 마음적인 불안정상태를 가져 오게 되지.
마음적인 불안정상태는 자신의 일상적인 관리를 부실하게 하니,
몸의 건강에도 당연히 영향을 끼친다.
몸과 마음과 영혼이라는 3종으로 이루어진 인간이라는 존재가,
지구적 대변화의 시기에, 물질인 몸이 외양적으로 변화되는 모습은 없고,
영혼의 에너지 진동수가 높아지는 모습은 크다는 걸세.
자네 또한 기몸(오-라: 영혼의 에너지-장)을 볼 수 있는 능력이 있으니,
타인에 대한 지속적인 관찰이 가능하겠지.

* '빛의 몸 또는 에테르-체(ether-体)로 변한다.'는 이야기가 많지.
　그것에 관계되는 무수한 표현들이 있지만 대부분이,
　때가 이르렀기에, 노력하지 않아도 저절로 이루어진다는 뉘앙스가 강하며,
　그러한 정보를 잘 챙기고, 명상에 대한 시늉만 간간이 내면서,
　때가 이르기를 기다리면 된다는 식으로써,
　자기극복을 싫어하는 에고에 영합(迎合)하는 장사수단으로 활용하고 있네.
\# 그런 일을 하는 사람이나, 우르르 몰리는 사람이나, 미혹(迷惑)이기는 마찬가지.
　허용하기, 고요하기를 강조하지만, 허용할 수 있는, 고요 속에 머무를 수 있는,
　존재 상태를 만드는 노력은 미약한 가운데,
　온갖 번뇌와 갑갑한 몸과 마음으로써 계속 살아가고 있으며,
　'허용하기'가 이상하게 변질되어서 게으름의 구실로 작용하고 있네.
　'진짜 허용하기'는 몸과 마음과 영혼의 조화로움을,
　운동, 명상, 수련 등과 같은 적극적인 수단으로 만들어 내어야,
　자신의 신성(神性)인 내가 드러날 수 있지.
　운동, 명상, 수련 등은 자기관리 수단으로 습관화 되어있는 사람에게는
　내면에 편하게 집중하는 일상(日常)이고, 그동안 게을렀던 사람에게는
　고행(苦行)으로 보이거나 느껴지겠지.
　빛의 몸 또는 에테르체로 변한다고 하면서, 기대의 환상을 키워서,
　스스로의 판단능력을 상실하게 만드는, 외부메시지의 악영향이 상당하다.
　빛의 몸 또는 에테르체로 변한다는 말의 적절한 의미는,
　몸의 죽음 이후에, 영혼이 몸을 떠나게 되면, 당초의 영혼의 입장인,
　진동수 높은 상태인 영체(靈体)로 옮아가는 것에 대한 표현이라고 할 수가 있지.
　물질성이 강한 세상에서의 몸이 그렇게 변하는 것은 아니라네.

* 인간의 외양적인 변화가 그리 크지 않다면, 같은 환경에 놓인,
　지구의 물질적인 모습의 변화 또한 그리 크지 않을 것이 아닌가?
\# 자네들의 움직임은 상당히 크지. 20초정도면 100미터를 빠르게 이동하니까. ^^
　지구는 그렇게 심하게 움직일 수는 없는,
　안정적이며 정교하게 움직이는 시스템으로 유지되고 있는 건데,
　지축(地軸)이 조금씩 이동되는 변화에 따른 지각(地殼)의 움직임은,
　지구를 삶의 터전으로 살고 있는 생명체에게는 엄청난 변화이지.
　수많은 생명체의 나타남과 멸종이, 지구의 생태환경적인 변화와 함께,
　계속 이어져 온 것이 지구의 역사가 아니겠는가?

* 차원상승시기는 에너지-적인 환경이 다르다는 것인가?
\# 상대적인 요소에 의한 순환시스템에 관계되는 것이지.
　신의 들숨과 날숨, 음양의 변화, 빛의 시기와 어둠의 시기의 교체 등으로

표현될 수 있는, 우주의 순환시스템에 의해서 파동은 유지되는 걸세.
태양계의 행성들이 태양을 돌듯이,
태양계 또한 플레이아데스 성단의 중심태양인 알키오네를 돌지.
알키오네 또한 더 큰 주기(週期)를 가지고 순환하며,
나아가서는 온 우주가 하나의 순환시스템으로 회전하고 있는 것이라네.
그러한 작은 주기에서 큰 주기에 이르기까지의 회전운동의 과정에서,
원심분리기처럼 물질(의식)을 구성하는 요소들을,
층(層)으로 분리해내는 시스템이 있는데, 그것을 광자대(光子帶)라고 한다네.

* 광자대가 진급(進級)이 준비된 영혼을 상승(上昇)시키는 장치라는 말이군?
# 모든 영혼들의 의식을 고양시키면서,
초점을 잘 맞추어서 준비하고 있는 영혼을 크게 돕는 장치이지.
광자대란 의식체(意識体)의 진동수를 높이기도 하면서,
그 의식체를 구성하고 있는 에너지의 결합구조를 느슨하게 만들지.
그 결합구조가 느슨해진다는 것은, 고정관념, 아상(我想), 선호인식(選好認識),
에고(ego) 등으로 표현되는 개별성을 가진 존재의식체의 큰 변화를 말하네.

* 광자대의 영향을 시기적인 면에서 말씀해 주시게.
# 이미 광자대의 영향권 아래에 있다고 할 수 있고,
마야력(maya-曆)에 표현된 2012년 12월 21일은,
고대마야문명의 지도층으로서 외계문명에서 이주(移住)한 존재들이,
광자대의 영향이 가장 극도에 달하는 날짜를 계산한 것이지.
이전의 예언가들이 말하던 2012년의 지구대변혁, 차원상승, 개벽, 후천시대
등에 관한 내용은 그 당시의 진실이면서, 2012년 말경에 광자대의 영향이
최대치로 되는 것과 합치(合致)되는 내용들일세.

* 광자대의 주기성(週期性)에 대해서 말씀해주시게.
# 광자대는 25,612년의 주기로서 다가왔다가 멀어지는데,
그것은 태양계의 순환에 따른 상대적인 진입과 통과라는 것으로 이해하면 되네.
광자대의 영향권이 언제부터 언제까지라는 기간을 정확히 할 수는 없는 거지.
일주기(一週期)는 조금씩 변동되며, 들숨과 날숨이 이어지는 개념으로 보면 된다.
마야력에는 전체주기가 얼마나 걸린다는 정확한 기간은 없고,
마야인에게 2012년 12월 21일이라는 날짜를 전달한 외계인에 의해서
마야력에 표현이 되어 있는 것이네.

* 하긴. 마야문명의 수준이 어디 토착민에 의해서 가능했겠나.
# 외계문명에서 온 소수의 존재들이 제왕처럼 군림했지.

* 그러면 내면과의 대화자들의 내면과의 대화내용에서 보이는 공통분모인
  지구대변화의 시기가 2014년이라는 년도와 다른 이유는?
2014년은 지구적 변화의 피크-타임(peak-time)이라고 보시면 되지.
  지구에서의 삶을 통하여 깨달음을 성숙시키고,
  차원상승을 준비해온 영혼들의 준비가 소홀한 관계로,
  광자대의 에너지-적 영향력을 늦추려고, 고차원적 존재들의 협의체가,
  지구의 대기권 밖에 일종의 크리스탈 천공방어막을 설치한 바에 의해서,
  지구적 변화가 최대인 기간이 2012년에서 2014년으로 지연된 것이라네.
  광자대는 에너지 진동수를 높여서 영적감각을 고양(高揚)시키기도 하지만,
  스스로의 중심에너지가 강하지 않으면, 존재 상태가 불안정해지기도 하네.
  차원상승 또는 영적성장을 준비할 기간을 벌어주기 위한 목적에 의해서,
  지구적 대변화의 시기가 늦추어지도록 방어막을 설치한 것이지만,
  지구의 정화와 변화에 필요한 광자대의 에너지-적 지원의 시기라는
  호재(好材)도 활용해야 되는 것이니, 무작정 늦출 수도 없는 것이었고,
  그러한 방어막은 2007년부터 엷어지면서 사라지고 있는 중일세.

* 내면과의 대화자들에게서 2014년이라는 시기가 공통분모라고 했네만,
  다른 시기로 나오는 것도 있지. 그것에 대한 이야기를 정리하고 넘어가세.
내면과의 대화자의 심리적인 면에 맞추어서, 그 시기를 늦추어서 답하기도 하지.
  있는 그대로 이야기하면 동요할 수가 있고, 조급해하면 준비에 집중하기 어려운 것을
  고려해서 맞춤형의 답변을 하는 것이지.
  본 대화에서 언급하는 이유는, 이제 더 이상 미루어 둘 수 없는 시기이며,
  앞에서 이야기한대로, 생명은 영원한 것이라는 것을 명심해주길 바라네.

* 광자대 에너지 강도의 최대치는 2012년이지만, 그 에너지를 받아들이는 것은,
  해변에서 일광욕을 할 때, 햇볕에 노출되는 시간이 길어짐에 따라,
  일광욕의 효과가 누적되어 가는 것과 같은 현상으로 보면 되겠군.
방어막에 의해서 지구대변화에 필요한 에너지충전의 기간이,
  2년 정도 늦추어졌다고 이해하면 되지.

* 지구적 변화는 이미 진행 중이지만,
  그때가 최대의 변화가 발생된다는 것이겠군.
2009년에도 상당한 기상이변과 고산지대의 빙하와 남극과 북극의 빙산이 사라져가고,
  이전보다 많은 지진활동이 있었지.
  그래도 지구적 변화에 주목하는 바가 약한 것은,
  대다수가 물질적인 삶에 깊게 매여 있으니,
  피해당사자가 아니면 둔감하거나 외면하는 입장이지.

인간이 지구의 환경을 파괴한 것에 대한 인과응보라는,
죄책감을 너무 가지지는 말기 바라네.
산업혁명 이후로 급격한 인류의 인구팽창이 있었던 것은,
지구외부의 아주 많은 영혼들이 대거 유입(流入)되어진 결과인 것이지.
산업혁명의 에너지기반이 석탄, 원유, 가스 등의 화석연료에 있는 것이고,
화석연료에 의한 에너지들을 활용해서 많은 영혼들이 생활할 수 있도록 만든,
영혼들의 계획에 의한 것이며, 산업혁명이후의 과학기술의 비약적인 발전들에는
지구인들의 노력만이 아니라, 외계의 많은 존재들의 정보전달에 힘입은 거라네.
지구의 환경오염은 영들의 계획상에서 무난하게 예상한 일이었다네.

지구외부의 많은 영혼들이 대거 들어온 것은,
차원상승의 시기라는 축제를 통하여, 차원상승의 기회를 얻고자 하는 입장과,
축제 그 자체를 목격하고자 하는 입장과,
자기 별에서 이전에 파견된 존재를 돕고자하는 목적 등에 의한 것이지.
지구적 대변화는 우주의 순환시스템에 의한 광자대의 작용에 힘입어서
벌어지는 현상이며, 영들의 예정된 계획에 의한 것이다.

* 지구상에서 일어나는 여러 재난들에 관한 뉴스가 연일 계속 되고 있네.
  지구적 변화의 심도가 과연 어디까지 이루어지게 될 것인가?

지구의 종말은 없다.
  지구의 종말이라는 것은 행성이라는 물질체의 죽음(파괴)을 의미하는 것인데,
  그러한 현상까지 진행되지는 않기에, 지구적 대변화라는 것이 적절한 표현이며,
  지구상의 생명체들 대다수의 물질적인 소멸(消滅)이 뒤따르게 된다.
  공룡의 멸종은 외계에서 날아든 운석(隕石)의 비에 의해서 일어난 현상이었고,
  생태적인 먹이사슬의 일대 혼란을 초래하였지만,
  대다수의 생명체의 멸종까지는 아니었지.

  이번의 지구대변화에 의해서,
  지구는 새로운 생태환경(生態環境)시스템으로의 변화가 이루어지게 되니,
  기존의 탄소동화작용(炭素同化作用)의 시스템으로 살아가던,
  대다수 생명체의 소멸을 가져오게 된다.
  새로운 대기(大氣)시스템 속에서 새로운 원시적인 생명체가 나타나면서,
  새로운 영혼들이 지구에서의 삶을 진행하게 될 것이다.

  지구상에서의 변화가 극심해지면 지구영혼의 혼적 에너지도 견딜 수가 없어서
  떠나게 된다. 이후에 지구의 물질적인 위치나 환경이 안정되어지면,
  다시 지구 영의 새로운 혼-에너지가 깃들어서 새로운 삶을 살아가게 될 것이다.
  지금의 혼-에너지의 입장에서는 떠나는 것이고, 모체(母體)인 영의 입장에서는

다시 태어난다는 것이며, 지구의 대변화는 오염된 자신을 정화시켜서
다시 살아갈 새로운 몸을 마련하는 작업이기도 하다.

* 결국, 인류의 멸종(滅種)으로 이어지는 것이로군.
\# 2014년이 지구대변화의 정점(頂點)이고, 그 이후에도 계속하여 변화는 지속된다.
  그러므로 2014년이라는 지구대변화의 정점에서 살아남게 되더라도,
  이어지는 변화의 상황에서의 재난을 피하기가 힘들기도 하다.
  지속되는 변화가 이어지면, 지구환경은 지구상의 기존 생명체들에게
  점점 열악해지는 것이며, 대기시스템의 전환(轉換)까지 다다르기도 전에,
  결국에는 대다수가 멸종의 상황으로 이어지게 될 것이다.

* 그러한 시기가 언제쯤이라고 할 수가 있는가?
\# 그것이 뭔 의미가 있겠는가?
  각자의 죽음에 의하여 영혼들이 지구를 떠나는 시기는,
  지구적 변화의 진행과정에 따라서 개별적으로 이루어진다.
  2025년에서 2030년 정도면, 지구에서의 삶을 진행하던
  대다수의 생명체들의 명맥(命脈)이 끊어진다고 보면 되지.

* 지구의 자전축이 23.5도 정도로 기울어져 있다고 하질 않은가?
  그것이 바로 선다고 하고, 자기장 역전현상도 일어난다는 이야기가 있는데?
\# 지축이 바로서는 시기가 2014년이라는 지구대변화의 피크타임에 발생될 일이고,
  태양계의 전체의 에너지 밸런스의 변화가 발생할 것이며,
  그 변화상황에 맞추어서 지축의 기울어짐도 조정될 것이네.
  자기장 역전이 일어나고 아니하고는 별 의미가 없네.
  자기장의 흐름이야 그때의 상황에 따라서, 지구라는 물질체에 반영될 것이니까.

* 태양계의 행성의 재배열이 이루어질 것인가?
  목성의 태양화가 이루어진다는 이야기도 있다네.
\# 태양계 행성의 재배열은 없네. 목성이 태양의 역할을 할 것도 아니고.
  태양계의 행성의 재배열이 이루어질 정도면 엄청난 규모의 변동 상황인데,
  인근에 수명이 다해서 폭발할 초신성(超新星) 같은 것도 없으니,
  그러한 에너지적 균형상태의 극적인 변화는 없을 것이네.
  2014년 정도의 시기에 태양계의 에너지적 변화상황이 그 정도라면,
  외계의 우주선들이 지구에 접근해서 활동을 벌일 수도 없지.

* 혜성이나, 운석의 비나, 숨어서 다가오는 별 같은 것은 없는가?
\# 지구적 대변화라는 양상이 인류를 비롯한 생명체들의 멸종에 관한 것이지,
  외부적인 요소에 의해서 지구의 물질적인 심각한 손괴(損壞)가 발생될 일은 없다.

지구자체의 자정작용에 의한 변화양상에 대한 일로 보면 된다.

* 살다가 죽는 거야 어차피 누구나가 한번은 겪어야할 일이지만,
  지구적 대변화가 전개되는 과정에서의 참담함이 이루 말할 수 없겠지.
가장 큰 변화의 모습은 지각판의 변동에 의한 광범위한 분포의 지진이다.
  그에 따른 대기의 오염, 기후의 불안정, 심해해류의 뒤틀림 등이 생긴다.
  빙하가 녹고, 가뭄, 홍수, 태풍, 우박, 해일 등이 심해진다.
  자연재해로 많이 사망하게 되고, 자연재해로 인한 2차적인 곤란이 심해진다.
  식수와 식량의 부족, 전염병, 약탈, 방화, 에너지 부족, 전기통신의 마비,
  정신적인 공황장애는 자연재해지역에서 당연히 발생하는 현상이겠지.
  그러한 변화가 전 세계적으로 광범위하게 전개되는 것이니,
  국가 간의 물자교류와 상호원조는 기대할 수 없다.
  국민의 생존문제를 해결하기 위한 국가 간의 국지적(局地的)인 전쟁이
  여러 곳에서 발생될 것이다.
  1차 세계대전과 2차 세계대전은 어둠의 세력들에 의해서 기획되어 이루어졌지만,
  3차 세계대전과 같은 대규모의 전쟁은, 전 세계적인 자연재해 앞에서 기획될
  수가 없다. 그렇게 재난의 상황이 지속되면, 전 세계적인 무정부 상태가 되며,
  각자의 개인적인 생존만이 무엇보다 우선하는 상황으로 치닫게 된다.

* 힘들겠군. 질긴 것이 목숨이라서 어떻게든 살려고 발버둥 치면서,
  그러한 상황을 목도(目睹)하게 될 거니,
  차라리 죽는 게 사는 것 보다 낫다는 소리가 절로 나오겠군.
준비할 시간이 별로 없다.
  자신의 신성(神性)과의 밀도 높은 합일을 유지하는 평정심을 배양해야 하고,
  내가 그러한 존재 상태에 이를 수 있도록 트레이닝 시킨다. 내면으로 오라!

* 그러한 상황의 삶을 이어가는 데 있어서,
  내면의 지혜를 끌어내는 것이 필수적 과제인 줄은 아네.
  한편으론, 외계인의 UFO의 출현으로 인한 도움이라는 부분이 있네.
  그것에 대해서 말씀해 주시게.
외계인의 도움은 있게 될 것이다.

* 모든 외계인들이 단순히 지구인들을 돕고자 하는 것은 아니라고 보네.
  그들 중에서는 인류를 자기들의 목적이나 욕심에 이용하거나
  종속시키고자 하는 의도를 가지고 있는 존재들도 있다고 보네.
그것에 대한 변별력(辨別力)은 내면에서 제공할 것이다.

* 선의(善意)로써 돕고자 하는 외계인과 종속(從屬)시키려는 외계인들이 있다면,
  양쪽의 UFO의 출현이 본격화된다면, 그 양자 간에 충돌이 발생할 수도 있는데?
  그러면 지구를 무대로 우주전쟁이 벌어지는 게 아닌가?
그러한 경우 또한 전혀 배제할 수는 없지.
  현재의 상호협정에 의하면, 서로간의 무력충돌을 발생시키지 않는 쪽으로
  되어 있고, 지구적변화가 심각해지면 각각의 행보(行步)를 하기로 되어 있으며,
  어느 진영(陣營)을 선택할지는 지구인들의 몫이나,
  어느 진영이든지 돕고자 한다는 홍보는 동일한 것이지.
  지구상에서 서로간의 무력충돌이 어려운 것은,
  그것을 발단으로 전 우주적으로 충돌이 확장되어지기를
  양쪽이 다 바라지는 않을 것이기 때문일세.

* 외계와의 사전접촉(事前接觸)이 필요한 시기가 점점 다가오는군.
# 사전접촉이라는 모험 또한 쉽게 해내기는 어려운 일이니,
  야무지게 중심을 잡아두시게.

* 외계의 도움이라는 변수가, 인류에게 왜 필요한 것인가?
  각자가 알아서 지구적 변화를 준비하는 정도이면 좋은 것이지.
  자립이 아니고 의존이라는 부분이 있네. 나 또한 기대감을 가지게 되네.
  기대감이야말로 자신의 현존을 방해하고, 스스로가 완벽하지 않다는,
  부족을 체험하고자 하는, 선언 또는 선택이질 않은가?
  수행의 마지막을 총결산하는 이벤트인 지구의 축제(대변화)에 있어서,
  외계의 도움이라는 면이 있어서 오히려 복잡해진다네.
외계(차원이 높은, 천상)의 존재들과 항상 연관되어져 있었지.
  대부분이 몰라서 그렇지, 지구인들의 삶에 끊임없이 작용해왔네.
  그러니 어려운 시기가 되면, 국가 간의 공동노력은 불가능해질 것이고,
  각자의 개별적인 행동으로 접어들게 되는 어려움 속에 놓이게 되므로,
  외계와 국가 간의 충돌은 없게 되니, 외계의 활동이 활발할 수가 있지.
  그동안 국제연합이나 조약이나 협정 등과 같은, 인류의 집단적인 의사결정과정을
  외계에서 존중해 오던 기반이 무너지게 되는 것이니,
  외계의 양측 진영에서는 각자의 입장대로 진행할 것이라네.

* 지구에서의 삶을 떠나게 되면, 우린 어디로 가지?
# 지구에서 살던 동물, 식물, 정령 등의 영혼체를 담을 수 있는,
  그릇에 해당하는 물질적인 몸이 지구상에 없으니,
  각자의 영혼의 기억에 의한 인과가 있는 곳으로 찾아가서,
  그 별에 거주하는 존재들을 부모로 하여 아기로 태어나게 된다.
  지구에 들어오기 전에 살던 별로 되돌아가는 것이 대부분이고,

차원상승에 적합한 영혼들은 차원상승을 꾀하게 되겠지.

* 각각의 혼-에너지들이 모체인 영-에너지에 통합되고 나서,
  다시 새로운 우주수레바퀴로 옮겨가는,
  차원상승이 진행되는 것에 대해서 말씀해 주시게.
새로운 우주수레바퀴란, 말 그대로 새로운 시작을 하는 것.
  이전의 인과는 작용되지 않고 이전의 기억도 상실된 입장에서의 새로운 시작이다.
  그것은 차원상과 같이 3차원에서 5차원으로 올라갈 경우에 해당된다.
  그러지 않을 경우에는 계속해서 영에 연결된 혼-에너지 덩어리들의 각각의 삶이
  차원상승을 이룰 때까지 계속 진행되게 된다.

* 왜? 3차원에서 4차원으로의 차원상승이 아니고 5차원 지구로의 차원상승인가?
# 짝수차원은 합일의 차원이고, 홀수차원은 분리의 차원이지.
  합일(짝수)의 차원은 홀수(분리) 차원에 비해서 상대적 존재감이 덜하고,
  분리(홀수)의 차원은 짝수(합일) 차원에 비해서 상대적 존재감이 강하네.
  3차원의 삶을 살고 있는 현 인류의 영혼에게 다가오는 차원상승의 통로는 5차원과 연결되는
  것이네. 3차원에서 4차원으로의 차원상승은 이번의 차원상승의 시기가 아니고, 다음 차례의
  차원상승의 시기에 나타날 현상이지.
  상위차원인 5차원은 3차원의 물질적 제한(상대성)에 비해서,
  상대적 존재감이 덜하니까, 3차원과는 비교할 수 없이 훨씬 자유롭네.

* 3차원에서 4차원으로 가는 것보다, 3차원에서 5차원으로 가는 것이,
  더 좋은 것이라는 계산이 쉽게 서는데? ^^
당연히, 대단히, 엄청나게 좋은 것이지만, 우주에는 공짜가 없듯이, 3차원에서 4차원으로 가
  는 것보다 3차원에서 5차원으로 가는 것은 난이도가 훨씬 높다.

* '5차원의 새 지구'에 진입한 영혼에게 인과도 없고 이전의 기억도 없다면,
  이전의 진화과정의 경험이 상실된다는 것처럼 보이는 데?
새로운 체험문맥으로 진입하였으니, 3차원적 의식체계가 아닐세.
  5차원의 영의 세계에서의 인과가 처음으로 시작되는 것이지.
  삶에서의 기억이라는 것은 몸에 기록되는 것인데,
  새로운 5차원적 몸의 형태를 가지게 되기에,
  3차원적인 에너지 구조의 기록은 5차원적인 구조의 에너지로 변환되지.
  물이 끓어서 수증기로 되는 것처럼 존재 상태가 달라지되,
  가지고 있던 에너지가 상실되지 않고 변환되는 거야.

* 차원상승을 통하여 최고차원에 있는 최상의 존재까지 진화한다면,
  창조주급의 존재 상태가 아니겠는가? 그러한 존재가 하나의 우주를 창조한다면,

그동안의 모든 차원을 통하여 축적된 경험으로, 하나의 우주를 창조할 것이 아니겠나?
그렇게 하려면 이전의 모든 기억들을 가지고 있어야 되는 게 아닌가?
이전의 모든 기억을 잠재적으로 가지고 있네.
  창조주가 하나의 우주를 창조할 때는 모든 잠재성을 펼치게 되는 것이며,
  창조주의 에너지덩어리 하나인 점(點)적인 기본질료의 팽창으로부터 시작되네.

* 잠재성이 곧 기억 아닌가 싶은데?
# 에너지 변환이 일어났다고 했지?
  그것은 이전의 경험이 압축되어서 하나의 기초세포를 이룬다고 보면 되지.
  그리고 그 기초세포 덩어리로서 경험이 시작되면서 삶의 기억을 만들어 간다.
  그렇게 해서 차원상승에 따른 에너지 변환 때마다,
  이전의 경험을 하나의 기초세포로써 압축시키게 된다네.
  하나의 우주를 창조할 때는 자신의 기초세포를 팽창시키면서
  분화해 나가게 되는 거야. 그러면 큰 덩어리들로 분화되고,
  분화된 큰 덩어리들 각각은 다시 여러 덩어리들로 분화되고,
  그렇게 분화된 여러 덩어리들 각각은, 다시 여러 덩어리들로 분화되는 식으로,
  이전의 모든 단계를 거쳤던 덩어리들로 분화되어서,
  우주 삼라만상으로 펼쳐지게 되는 것이네.
  그로부터 각각의 분화된 요소들이 진화를 통하여 성장하게 되면,
  최종적으로는 수많은 창조주급 존재가 되는 거지.

* 그 이야기는 이전에 경험한 세계와 똑같은 우주를 창조해 낸다는 것처럼 보이는데?
# 그 하나의 우주덩어리 또한 하나의 세포라고 할 수 있지.
  그 하나의 세포(우주) 또한 새로운 경험의 세계로 접어든다고 할 수 있지.

* 참... 사는 게 뭔지……. 나 자신이 먼지보다도 못하게 느껴지네?
# 그런 것은 아니지. ^^ 자네는 지금 자신을 자네가 가지고 있는 혼이 깃든
  몸이라는 규모로 한정하고 있다네. 자네의 영-에너지의 영역이라는 것은
  자네가 상상할 수 없을 정도로 아주 큰 것이라네.

* 감이 안 잡히니까 그런 거죠. 쩝~. 그러면 시야를 좀 낮추어 보도록 하세.
# 그게 나을 것 같네. ^^

* 영혼이 차원상승을 통하여 5차원의 삶을 시작하게 될 때,
  어떤 몸에 깃들게 되는가? 알고 있기로는 부모님의 성행위를 통하여,
  정자와 난자의 결합을 이루어서 수정이 되고,
  수정체가 자라게 되면 영혼이 깃든다고 하지 않소?
  부모가 있어야 아기도 생기는 거고, 그래야 영혼이 들어가지. ^^*

걱정 말게. ^^*　5차원에 생활하는 영혼들의 작용(결혼)에 의해서
만들어진 몸들이 있으니. 차원상승한 영혼들은 5차원적 존재들에 의해서,
새로운 지구에서의 삶에 필요한 안내(탄생과 성장)를 받을 것이네.

* 그러면 5차원의 지구에 5차원적 존재들이 토착인구로 있다는 것인가?
# 지금은 없지. 5차원의 지구라는 몸은 이미 만들어져 있지만,
5차원의 지구의 영혼은 아직 깃들지 않았다.
5차원의 지구의 영혼이 깃드는 시기는 얼마 남지 않았고,
5차원의 지구의 영혼이 깃들게 되면,
3차원의 지구어머니는 지구적 변화를 가속화시키게 될 것이야.
새 지구에서 살아갈 5차원적 존재들은, 5차원의 지구의 영혼이 깃들게 되면,
5차원의 지구 외의 별들에서 이주하게 된다.
5차원의 지구 또한, 3차원의 지구처럼,
우주의 이원성을 정화하기 위한 특별한 목적을 승계 받게 된다.

* 5차원 지구의 영혼이 깃드는 시기는?
# 2011년 초(初)이다. 전에 말한 대로, 진표율사(앞에 수록된 지구어머니와의 대화를 한 연주)
라는 혼의 영이 5차원의 지구어머니가 된다.
그러한 임무수행을 위해서 지구에서의 삶을 이미 종료하였고,
영계에 가서 임무수행에 관한 교육을 받았다.

* 2011년 초(初)부터 차원상승이 가능한 시기라는 이야기군?
# 차원의 통로가 점차 열리기 시작하면서, 지구에서의 혼적인 삶을 종료한,
진동수가 높은 존재들부터 용이하게 통과할 것이며,
통로의 활성화에 따라서, 통과가 가능한 존재들이 줄을 이을 것이다.
5차원으로 진입하면 5차원의 영들이 맞이할 것이며,
새 지구에서의 탄생을 안내할 것이다.

* 새 지구라는 5차원에 처음 탄생하는 영혼은, 3차원의 지구에서 차원상승을 하는 영혼
에게만 해당되는 것인가?
아닐세. 3차원 지구 외의 별에서 살다 온 영혼들도 합류하게 된다.

* 그러면, 현재 65억 인류 중에 차원상승이 가능한 인류의 수는 어느 정도인가?
# 5%에서 7%정도. 합일의식이 높은 외계의 존재들의 도움을 많이 챙긴다면
그 수는 많아지겠지만, 최저 4%에서 최고 8%정도가 될 거네.

* 2억 6천만에서 5억 2천만에 해당하는 영혼이 되겠군.
# 혼의 모체인 영의 수준에 달려있는 것이고,
지구에서의 삶을 진행하는 혼적인 입장에서,

평온한 죽음을 맞이하는 존재들은 거의 없을 것이며,
합일의식이 높은 외계인의 우주선에 탑승할 존재들 또한 많지는 않을 거라네.

* 합일의식이 높은 외계인의 우주선 탑승이란 것이 아주 중요한 역할을 할 것인가?
# 몸과 마음적인 대피와 혼적인 정화와 영적인 연결성을 깊게 하여,
  차원의 통로가 닫힐 때까지 차원상승이 가능할 수 있도록 도움을 받으면서 노력하는 기간을
  가지게 된다.

* 3차원의 지구에서 각자의 특별한 목적을 달성한 존재들이 함께 다시 시작하겠구먼.
# 아울러 5차원적인 까르마에 관계된 존재들이 함께 하면서 하나가 되어가는, 영원한 여행을
  하게 되지. 모두들 건승을 빈다.

* 감사합니다.
# 이로써 밀레니엄 바이블 3편이라는,
  긴 여행을 마친 것을 축하하며 감사드립니다.